U0585695

李福標　著

清初丹霞天然年譜

嶺南文庫編輯委員會　廣東中華民族文化促進會　合編

南方出版傳媒　廣東人民出版社·廣州

圖書在版編目（CIP）數據

清初丹霞天然年譜／李福標著．—廣州：廣東人民出版社，2020.4
（嶺南文庫）
ISBN 978-7-218-13850-3

Ⅰ.①清… Ⅱ.①李… Ⅲ.①天然和尚（1608—1685）—年譜
Ⅳ.①B949.92

中國版本圖書館 CIP 數據核字（2019）第 196444 號

Qingchu Danxiatianran Nianpu

清初丹霞天然年譜
李福標 著　　　　　　　　　　　　　　　　版權所有　翻印必究

出　版　人：蕭風華

責任編輯：夏素玲　謝　尚
責任技編：吳彥斌　周星奎
裝幀設計：亦可文化

出版發行：廣東人民出版社
地　　址：廣州市海珠區新港西路 204 號 2 號樓（郵政編碼：510300）
電　　話：（020）85716809（總編室）
傳　　真：（020）85716872
網　　址：http://www.gdpph.com
印　　刷：恒美印務（廣州）有限公司
開　　本：640mm×970mm　1/16
印　　張：32.75　插　頁：6　字　數：367 千
版　　次：2020 年 4 月第 1 版
印　　次：2020 年 4 月第 1 次印刷
定　　價：180.00 元

如發現印裝質量問題，影響閱讀，請與出版社（020－85716849）聯繫調換。
售書熱綫：（020）85716826

ISBN 978-7-218-13850-3
9 787218 138503 >

《嶺南文庫》前言

廣東一隅，史稱嶺南。嶺南文化，源遠流長。採中原之精粹，納四海之新風，融匯昇華，自成宗系，在中華大文化之林獨樹一幟。千百年來，為華夏文明的歷史長卷增添了絢麗多彩、凝重深厚的篇章。

進入十九世紀的南粵，以其得天獨厚的地理環境和人文環境，成為近代中國民族資本的搖籃和資產階級維新思想的啟蒙之地，繼而成為資產階級民主革命和第一次國內革命戰爭的策源地和根據地。整個新民主主義革命時期，廣東人民在反對帝國主義、封建主義和官僚資本主義的殘酷鬥爭中前仆後繼，可歌可泣，用鮮血寫下了無數彪炳千秋的史詩。業績煌煌，理當鐫刻青史、流芳久遠。

新中國成立以來，廣東人民在中國共產黨的領導下，摧枯拉朽，奮發圖強，在社會主義物質文明建設和精神文明建設中卓有建樹。當中國社會跨進二十世紀八十年代這一全新的歷史階段，廣東作為國家改革開放先行一步的試驗省區，被置於中國現代化經濟建設發展的前沿，沿改革、開放、探索之路突飛猛進；歷十年艱辛，轟轟烈烈，創造了中國經濟發展史上的空前偉績。嶺南大地，勃勃生機，繁花錦簇，碩果累累。

際此歷史嬗變的偉大時代，中國人民尤其是廣東人民，有必要進一步認識嶺南、研究嶺南，回顧嶺南的風雲變幻，探尋嶺南的歷史走向，從而更有利於建設嶺南。我們編輯出版《嶺南文庫》的目的，就在於予學人以展示其研究成果之園地，並幫助廣大讀者系統地瞭解嶺南的歷史文化，認識其過去和現在，從而激發愛國愛鄉的熱情，增強民族自信心與自豪感；高瞻遠矚，繼往開來。

《嶺南文庫》涵蓋有關嶺南（廣東以及與廣東在歷史上、地理上有密切關係的一些嶺南地域）的人文學科和自然學科，包括歷史政治、經濟發展、社會文化、自然資源和人物傳記等方面。並從歷代有關嶺南之名著中選擇若干為讀者所需的典籍，編校注釋，選粹重印。個別有重要參考價值的譯著，亦在選輯之列。

《嶺南文庫》書目為三百五十種左右，計劃在五至七年內將主要門類的重點書目基本出齊，以後陸續補充，使之逐漸成為一套較為齊全的地域性百科文庫，並作為一份有價值的文化積累，在祖國文化寶庫中佔一席之地。

嶺南文庫編輯委員會
一九九一年元旦

天然和尚像

天然和尚晚年像

天然昰禪師語錄卷第一

嗣法門人今辯重編

上堂

崇禎壬午住廣州訶林上堂師拈香祝聖畢復拈香
云此一瓣香天日覆而不知高地日載而不知厚舉
起則耀古騰今放下則傾湫倒嶽在山僧手裏以無
名示人天目前而爇破蓻向爐中畚申供養見住羅
浮華首臺堂上空隱獨和尚用酬法乳之恩遂就座
問荅別錄乃云盡大地是我人安居之場盡日月歲
時是我人安居之候從朝至暮穿衣喫飯掃地燒香

清康熙刻《天然昰禪師語錄》卷首

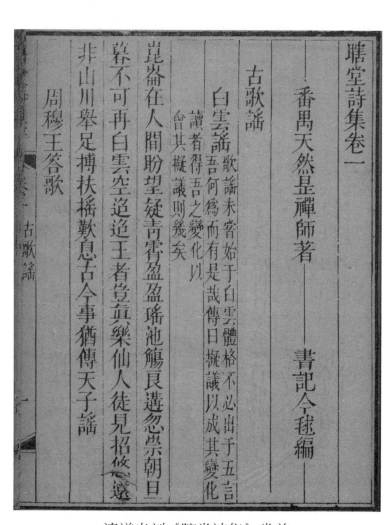

瞎堂詩集卷一

番禺天然昰禪師著　　書記今𣿮編

古歌謠

白雲謠

歌謠未嘗始于白雲體格不必出于五言
吾何爲而有是哉傳曰擬議以成其變化
讀者得吾之變化以
曾其擬議則幾矣

崑崙在人間盼望青霄盈盈瑤池觴艮遷忽崇朝日
暮不可再白雲空迢迢王者登眞樂仙人徒見招𠋫遠
非山川舉足搏扶搖歎息古今事猶傳天子謠

周穆王答歌

清道光刻《瞎堂詩集》卷首

薄漢祥而正開紫氣一輪寒日湯滄溟

陰靈洗後瀉陽起乾德清明萬彙醒暖色

己登新宇宙於猶映龜辰星海天上下觀臺

蒙百代興懷花勒銘

洛日亭似

又文大士

天然

天然和尚墨跡

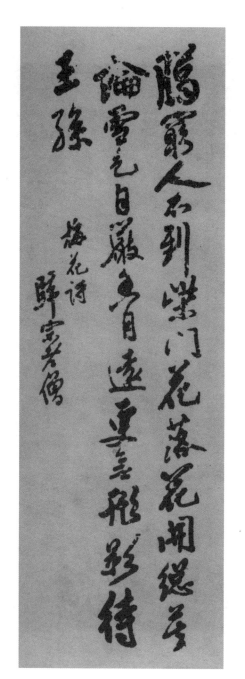

騰霜人不到柴門花落花開總未

論雪光日嚴身遠更無飛影待

王孫　　梅花詩

驛宗若儞

天然和尚墨跡

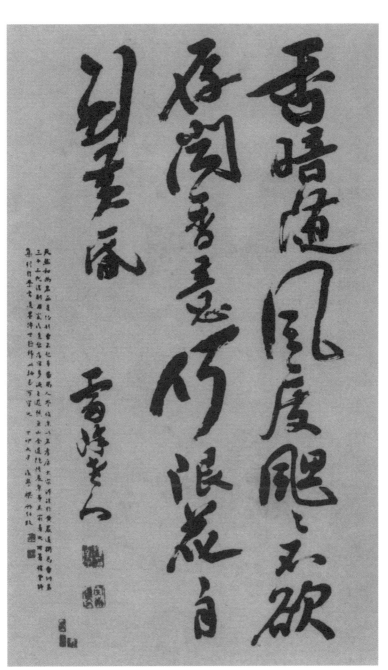

天然和尚墨跡

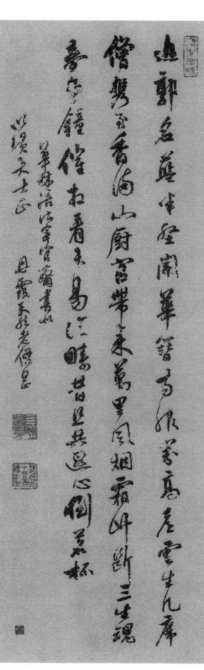

天然和尚墨跡

客到無多屬情平懶見人林前
病衲殿角一間身夜色秋旻
淨泉聲晚芒叟真昨岡江上
信又阻白門津

棲賢山居詩　天然

天然和尚墨跡

目　錄

凡 例

一、本譜以明末清初嶺南佛教領袖天然函昰禪師爲譜主。敍述其一生行履，起於明萬曆三十六年戊申（1608），迄於清康熙二十四年乙丑（1685），歷七十八年。

二、和尚一生，足跡徧於廣東、江西、福建、浙江、江蘇、安徽、北京等地，八住道場，影響及於全國。其門徒及護法既有尊其廬山天然者，又或稱爲雷峰天然、棲賢天然、歸宗天然、雷峰老人、丹霞老人，不一而足。今譜專稱丹霞，無乃有漏乎。然和尚得法乳於廬嶽，開爐輔於廣州訶林、海雲，更於六十之齡，卓錫丹霞，吹大法螺，一時僧俗，雲響影從，如水赴壑，山靈爲之肅然。丹霞高出天表，雄奇無二，又古韶石在焉，可不爲南粵之鎮乎。而我天然和尚，出儒入佛，其名與行，與唐南陽天然又豈有二乎。此丹霞萬古至今，亦待此一天然而已也，不表此奇緣，丹霞其肯乎？予豈好奇也哉，予不得已也。

三、本譜持細大不捐之旨，以天然和尚見存詩文別集、語錄爲主要依據，以前輩學者汪宗衍先生所撰《天然和尚年譜》爲基本參照，搜羅明末清初佛門史籍文獻資料加以擴衍。汪譜或前人之說偶有疏誤，則不揣淺陋以辨之。爲別於汪譜之按，凡本譜有膚淺申述辨證處，例加“今按”。

四、天然和尚出現於明清之際，爲法爲人，真參實證，多所樹立；即在詩國文苑，亦自領一隊，洞開方便之門。其詩文、語錄，或有能察其行履綫索者，多以節錄；而可使讀者深入瞭解、體認其宗教精神及人格魅力，想見其聲音笑貌者，則或全通錄出。

五、今毬編《瞎堂詩集》及今辯編《廬山天然昰禪師語錄》，同卷或多卷之中，多依時間先後爲序。本譜暗依其例，故詩文之繫於某年某月，或有不特別說明理由者。

六、汪譜引言中云有《弟子考》五卷單行，故其中有關天然和尚弟子之行履記述頗稀，殆大部託於《弟子考》矣。惜此五卷書未見於公私著錄，其詳情不可得知。故本譜將譜主詩文所涉師友、法子及孫等，凡能藉其傳世文集而考其出處行跡者，均一一錄之，藉以見和尚大乘悲願、婆和提攜之道行，亦可使讀者感受海雲法系師友相得、共撐法船之苦樂。

七、同時代與和尚相關之方內外人物行跡，亦勉爲發明；即其周邊其他重要人事，雖與譜主無甚直接干係，亦稍稍及之，以見其社會時代之背景。而竟以讀書聞見未廣，譜中所涉人物多有未能詳其履歷，可恨無奈何者，且俟之方家。

八、譜中所引和尚見存詩文、語錄中，或有地名生僻者，偶查相關方志以注之，以見和尚足履之所及。

九、譜中引用古籍，只標卷次，而於附錄引用書目中交代其版本；引用近人著述，則以腳註標示出處及頁碼，便於讀者核驗故。

清初丹霞天然年譜

丹霞天然禪師，法名函昰，字麗中，別字天然。

> 釋函昰《廬山天然昰禪師語錄》（以下或簡稱《天然語錄》）
> 附今辯撰《本師天然函昰和尚行狀》（以下或簡稱《行狀》）、
> 湯來賀撰《天然昰和尚塔志銘》（以下或簡稱《塔志銘》）。
> 今按：禪師乃明末清初曹洞宗元來無異博山系華首道獨一
> 脈禪僧。仇江《清初曹洞宗丹霞法系初探》云：“曹洞宗
> 博山系由元來無異和尚制定了世代遞傳的法號偈語：‘元
> 道弘傳一，忞光照普通。祖師隆法印，永傅壽昌宗。’道
> 丘所傳鼎湖法系，即依此偈，由道丘而弘贊、而傳源、而
> 一機……直傳至今。而華首一脈則由道獨另製偈語：‘道
> 函今古傳心法，默契相應達本宗。森羅敷衍談妙諦，祖印
> 親承永紹隆。’”① 和尚爲道獨座下上首，函字輩。昰，
> “是”之本字。《說文解字》云：“直也。”本爲日正中之
> 意。故其字麗中，別字天然，正與“昰”相發明也。

弟子稱天然老人。

> 釋今釋《徧行堂集》卷三七《和天然老人丹霞詩十首》等。
> 其他弟子文集中亦多有是稱者，如釋今無《光宣臺集》
> 卷五《雷峰都寺旋庵湛公六十一壽序》有“吾師天然老
> 人卓然騫起，智斧慧刃，如禹之能鑿龍門，決諸河而歸之
> 海，此大有爲道妙之姿也”云。

---

① 仇江《清初曹洞宗丹霞法系初探》，載《廣東佛教》2004 年第
6 期。

或稱天老人。

《光宣臺集》卷八《與梁敦五學博》書。

書云："七月別後，往返雷峰、羅浮，便了卻數月。天老人以佛母仙世，至今尚在雷峰。"

今按：是"天然老人"之省稱。

或稱瞎堂老人。

釋今釋《徧行堂集續集》卷八有《題瞎堂老人詩卷》文、卷一三有《送瞎堂老人出匡山》詩。

今按：瞎堂，乃和尚住海雲寺方丈名，和尚所居處並手書額者也。故釋子中或諱稱瞎堂老人。又，和尚示寂後釋子今毬爲整齊編輯詩集，即以瞎堂名。瞎堂，則又與"函昰"之意相反而相成也。

或稱雷峰老人。

《徧行堂集》卷二三《雷峰老人至載庵》詩。

或稱丹霞老人。

《光宣臺集》卷八《復陸麗京》書。

書云："丹霞老人機智穩密，無二十年耳提面命，揚眉瞬目，是在衲子妙於窺探。吾兄但辦肯心，自然相爲得徹。"

其他弟子如是稱和尚者另有澹歸今釋，其《徧行堂集》卷二八文部尺牘有《與陸麗京學博》書之七云："兄已至凌江，喜慰欲狂，惜弟又下仙城，且與孝老盤桓。欲見丹霞老人，不妨徑造也。"

或稱棲賢老人。

《徧行堂集》卷一七《書千山和尚詩後》。

文曰："千山和尚以弘法嬰難，闡化瀋陽，阿字座元一口芒鞋，啣棲賢老人命，孤探於雪窖冰天，皆法門豪俠，可喜可愕事也。"

或稱盧山天然禪師。

《嘉興藏》又續藏《廬山天然昰禪師語錄》。

乃曹洞宗第三十四世，博山無異元來下第三世，博羅華首臺宗寶道獨下第二世，番禺雷峰、韶關丹霞第一世。

《天然語錄》附《行狀》、《塔志銘》。

汪宗衍《天然和尚年譜》（以下簡稱汪譜）云：嗣長慶空隱道獨法，博山無異元來長孫。

仇江《韜光佛地記海雲》云："南明永曆二年（一六四八），天然和尚被恭請至隆興寺作開山第一祖，原寺主禮天然和尚爲師，取法名今湛，字旋庵。由於今湛這個決定，令默默無聞的隆興寺在十年後成爲名聞嶺南的大寺。……以天然和尚爲核心，以海雲寺爲基地，以天然'今'字輩的弟子如今無、今覿、今釋、今辯、今黿等爲骨幹，開花散葉，洞宗的寺院如雨後春筍，生機勃勃。番禺的海雲寺、海幢寺、無著庵，東莞的芥庵，羅浮山的華首臺寺，丹霞山的別傳寺，江西廬山的棲賢寺、歸宗寺等，都是清代頗負盛名的寺院。至於洞宗僧衆人數，光是天然和尚自身就有四千多弟子，他的第一法嗣今無，弟子也有一千多人，可以想見洞宗法徒之衆。不但人數多，而當時法衆素質之高超，社會影響之廣大，更是空前的。"①

又，仇江《清初曹洞宗丹霞法系初探》云："作爲丹霞第一世的天然和尚，是明末清初嶺南著名高僧道獨宗寶的首座弟子，道獨則是江西博山禪師元來無異的首徒，而元來無異又是江西'曹洞中興第一人'壽昌寺慧經無明和尚的首座弟子。可知丹霞山別傳寺之法系，是由曹洞宗江西壽昌支中博山一系再傳嶺南華首一脈。"又云："道獨和尚返回嶺南傳法，首住羅浮山華首臺寺，以天然和尚爲首座，這華首一脈先後創建或主法的寺廟有黃華寺、海雲寺、海幢寺、芥庵、別傳寺、無著庵等，連同元來無異另

---

① 仇江《韜光佛地記海雲》，載《嶺南文史》2002 年第 4 期。

一弟子道丘棲壑所傳鼎湖一脈主法的慶雲寺、新會玉臺寺、寶安廣慧寺、南海寶象林等，如雨後春筍，形成了清初嶺南曹洞宗中興的蓬勃局面。"①

今按：有明一代臨濟宗勢力較曹洞宗爲大，世有"臨天下，洞一角"之說。然明清之際，由良价禪師在宜豐洞山開創、弟子本寂在吉水曹山傳播之曹洞宗，在其發源地江西迅爾勃興，成雲居、壽昌、青原三大系。壽昌系由蘊空常忠之徒、曹洞宗第三十一世無明慧經所創，座下有無異元來、暗然元謐、晦臺元鏡、永覺元賢等著名弟子。壽昌系後又分出博山（無異所創，源於江西廣豐博山能仁寺）、鼓山（永覺所創，源於福建福州鼓山湧泉寺）及東苑（晦臺所創，源於福建武夷山東苑寺）三支。

博山無異元來禪師，乃無明慧經首座。廬州舒城（今屬安徽）人，俗姓沙。復興博山能仁寺，轉移福建董巖寺，大振宗風，稱爲八百人善知識。前往江西袁州大仰山寶林寺，大轉法輪。返回博山，弟子千人。有《無異元來禪師廣錄》傳世。

華首道獨，字宗寶，號空隱，南海（今廣東廣州）陸氏子。年二十九入博山，參禮無異禪師，乃得其法，於博山無異禪師弟子中最爲傑出。後迭主華首、長慶、海幢法席，將壽昌慧炬由江西傳至嶺南，在粵海大煽曹洞之風。

與唐代南陽丹霞天然無論出家前人生軌跡，出家後所得法號、所住道場名，均頗有相似。因緣殊勝，不可思議。

唐南陽丹霞天然禪師，籍貫不詳。原習儒業，應舉途中偶遇禪僧，勸其"選官不如選佛"，乃轉入佛門。先參馬祖，後禮石頭，披剃受戒，再往謁馬祖，受"天然"法

---

① 仇江《清初曹洞宗丹霞法系初探》，載《廣東佛教》2004 年第 6 期。

號。以曾駐錫南陽丹霞山，故稱丹霞天然，或丹霞禪師。《五燈會元》卷五云："（師）後於慧林寺遇天大寒，取木佛燒火向，院主訶曰：'何得燒我木佛?'師以杖子撥灰曰：'吾燒取舍利。'主曰：'木佛何有舍利?'師曰：'既無舍利，更取兩尊燒。'主自後眉鬚墮落。"以此公案爲人所知。千年之下函昰亦由儒入佛，亦先得天然之法號，後又住韶關丹霞山，人生軌跡多有巧合。

俗姓曾，名起莘，字宅師。廣東番禺慕德里司造逕村（在今廣東廣州市花都區北興鎮）人，世爲邑中望族。

《天然語錄》附《行狀》、《塔志銘》。同治《番禺縣志》本傳。

汪譜按：同治《番禺縣志》本傳注云："邑慕德里司造逕村'曾氏族譜'，有師俗支派。"雍正《廣東通志·選舉表》作"花縣人"。檀萃《楚庭稗珠錄》四云："一作花縣造逕人。"考康熙二十四年以南海、番禺兩縣地析置花縣，宣統《番禺縣續志·輿地圖》吉逕入花縣界內，與慕德里司毗連，《輿地志》同，蓋造逕、吉逕同地，本屬番禺，後入花縣，故有二說。道光《廣東通志·本傳》作南雄人，其《選舉表》及道光《南海縣志·本傳》作南海人均誤。

今按：朱萬章《明清之際嶺南釋氏畫風初探——兼論海雲諸今畫藝》一文考察釋今硑籍貫時稱：今硑爲天然和尚胞弟，俗姓曾，名起芸，原籍廣東南雄，後遷番禺。①

① 朱萬章《明清之際嶺南釋氏畫風初探——兼論海雲諸今畫藝》，載鍾東主編《悲智傳響：海雲寺與別傳寺歷史文化研討會論文集》，海關出版社2007年版，第428頁。又，楊權《天然函昰》亦稱："道光版《廣東通志》把曾起莘記爲'南雄人'，與其他文獻的記載有出入，實際上並無衝突。珠江三角洲地區的許多姓氏在從北方南徙東粵的過程中，都曾在南雄的珠璣巷居留過。"（嶺南美術出版社2012年版，第4頁）此亦可備一說，大約和尚不至於僅是"居留"而已。

則南雄乃和尚祖籍所在地。

父名昌位，字本淨。約生於明萬曆九年。

　　《天然語錄》附《行狀》、《塔志銘》。

　　今按：本淨公生年據釋函昰《瞎堂詩集》卷一〇《雷峰
　　三月》詩有"七十老翁初入寺"句。詩爲順治七年作，
　　逆推約生於萬曆九年。參順治七年條。

母林氏，出家後法名函福，字智母。番禺官塘村（即
今廣州市番禺區南村鎮）林羅陽長女。生於明萬曆十
二年二月八日，母郭氏。有同父弟五人，皆庶出。以
萬曆三十二年來歸本淨公。

　　《天然語錄》附《行狀》。《光宣臺集》卷一〇《大日庵智
　　母師太塔銘》。

本淨公生子一人，即和尚。女三：長適羅，蚤死；仲
與季皆出世，爲廣州城東無著庵比丘尼，頓徹今心其
仲，來機今再其季也。

　　《光宣臺集》卷一〇《大日庵智母師太塔銘》。

　　又，《瞎堂詩集》卷八《悼袁特丘中丞》詩四首，有"而
　　媳師吾妹"句，原注云："謂頓徹比丘尼。"

　　汪譜云：據無著庵祖堂神牌有頓徹心，其字派當爲今字。

　　今再，同治《番禺縣志·古跡略》作今最，誤。

妻某氏，後亦禮宗寶道獨爲尼，法名函脫，字善解。

　　《天然語錄》附《行狀》、《塔志銘》。

　　汪譜云：無著庵祖堂神牌有"善解脫"，蔡守《寒瓊室筆
　　記》稿本云："相傳爲來機之嫂。"是知和尚之俗妻，既
　　禮道獨，其字派當爲函字。

　　參"崇禎十五年"條。

天然函昰法系圖

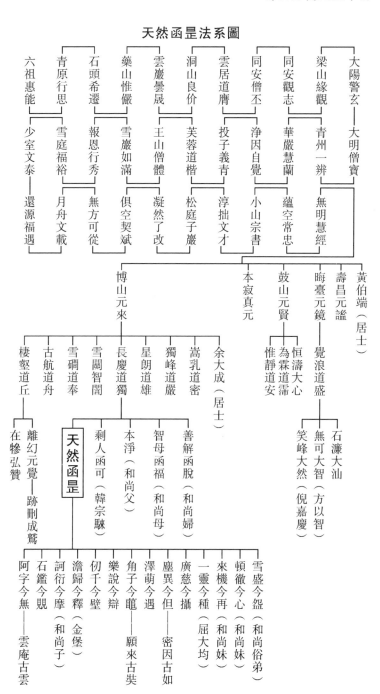

大陽警玄——大明僧寶

梁山緣觀——青州一辨——無明慧經

同安觀志——華嚴慧蘭——蘊空常忠

同安僧丕——淨因自覺——小山宗書

雲居道膺——投子義青——淳拙文才——本寂真元

洞山良价——芙蓉道楷——松庭子嚴

雲巖曇晟——王山僧體——凝然了改

藥山惟儼——雪巖如滿——俱空契斌

石頭希遷——報恩行秀——無方可從

青原行思——雪庭福裕——月舟文載

六祖惠能——少室文泰——還源福遇

鼓山元賢

黃伯端（居士）

壽昌元謐

晦臺元鏡——覺浪道盛

恒濤大心

為霖道霈

惟靜道安

博山元來

石濂大汕（方以智）

無可大智（方以智）

笑峰大然（倪嘉慶）

余大成（居士）

嵩乳道密

獨峰道嚴

星朗道雄

智母函福（和尚母）

善解函脫（和尚婦）

長慶道獨——剩人函可（韓宗騋）

雪嶠道奉——本淨（和尚父）

雪關智誾

雪嶠道奉

古航道舟——離幻元覺——跡刪成鷲

棲壑道丘——在犙弘贊

天然函昰

雪盛今盌（和尚俗弟）

頓徹今心（和尚妹）

來機今再（和尚妹）

一靈今種（屈大均）

廣慈今攝

塵異今但——密因古如

角子今䶢——顧來古槧

樂說今辯

仞千今壁

澹歸今釋（金堡）

訶衍今摩（和尚子）

石鑑今䫻

阿字今無——雲庵古雲

明神宗萬曆三十六年戊申（1608） 一歲

[**時事**] 努爾哈赤與明遼東副將及撫順所備御盟，立碑於沿邊。 南畿大水，南京、蘇、松、常、鎮等府被淹，爲二百年來所未有。 李之藻奉天主教。利瑪竇卒於北京。

和尚十月十四日亥時生，胎胞紫衣墮地始出。時和尚父約二十八歲，母當二十五歲。

　　《天然語錄》附《行狀》、《塔志銘》。《光宣臺集》卷一〇《大日庵智母師太塔銘》。

密雲圓悟四十三歲。

　　釋圓悟《密雲禪師語錄》附唐元竑《天童密雲禪師年譜》。圓悟，號密雲。江蘇宜興蔣氏子。歷住天台山通玄寺、嘉興廣慧寺、福州黃檗山萬福寺、育王山廣利寺、天童山景德寺、金陵大報恩寺六大名刹，爲臨濟宗中興之祖。有《密雲禪師語錄》行世。

無異元來三十四歲。

　　釋元來《無異禪師廣錄》卷三五劉日杲《博山和尚傳》。

棲壑道丘二十三歲。

　　釋成鷲纂《鼎湖山志》卷二《初代開山主法雲頂和尚年譜》。道丘，字離際，晚號棲壑。廣東順德柯氏子。明萬曆十四年生。參憨山、雪浪、一雨、蓮池，後禮博山元來無異參禪。崇禎九年開法鼎湖山慶雲寺，自號雲頂老人。禪、淨、律三學並行。住持慶雲寺二十三年，前後得度弟子數百人，得戒弟子三千餘人。

木陳道忞十三歲。

釋道忞《山翁忞禪師隨年自譜》。

道忞，字木陳，號山翁、夢隱。廣東潮州府大埔林氏子，
名莊。嗣法於密雲圓悟。歷住四明天童寺、越州雲門寺、
台州廣潤寺、越州大能仁禪寺等。後奉召入宮爲清世祖說
法，賜號弘覺禪師。

宗寶道獨九歲。

釋道獨《長慶宗寶道獨禪師語錄》（以下簡稱《宗寶語
錄》）卷首函昰撰《行狀》、錢謙益《塔銘》。

黃宗羲生。

萬曆三十九年辛亥（1611）　四歲

［時事］兩廣大水，廣西積雨達五月。南北二畿、
湖廣亦大水。

十二月初四日，剩人函可生於博羅縣（今屬廣東惠
州）里第。

《天然語錄》卷一二《剩人和尚塔銘》。汪宗衍《明末剩
人和尚年譜》。

函可，俗姓韓，名宗騋。明尚書韓日纘長子，諸生。少受
業於梁朝鍾，有濟世志。

黃周星生。

萬曆四十一年癸丑（1613）　六歲

［時事］五月，朝廷戒廷臣朋黨。

出就外傅。一日，覺身若隕虛，來無所從，大哭返家，

熟睡乃已。如是者兩度。

《天然語錄》附《行狀》、《塔志銘》。

本年宗寶道獨十四歲，得《六祖壇經》，初不識字，乃禮請大德教讀，竟能成誦。其宿根信向如此。自是往來寺中，依經問道。

《宗寶語錄》卷首自序、附《行狀》、《塔銘》，卷二"博山老和尚忌日示眾"。

自序云："偶遇《壇經》，一言便醒，如甘露灌頂，醍醐潤心。"《行狀》云："得六祖《壇經》，不識字，懷襟袖間，懇禮大士。一夕拜下，困極倒地，忽覺起如在空中，汗出浹背，輕快逾常。張燈出經讀之，意某字，詢之人，果然，遂數行俱下。自是始辭母入寺，依離念法，每坐達旦。年十四，習定樹下，忽胸中如劈竹，信口成偈云：'兀兀圓明體，騰騰物我如。此是無生路，無生更要離。'又云：'善惡不思處，亦不可追尋。休言云是道，是道是非生。'"《塔銘》云："年十四，辭母入寺。""示眾"云："得有因兮事有由，山僧自小便知有個事。十四歲見《壇經》，已識自己面目，便不向外馳逐。惟有宗門巴鼻，尚未了得。及參'石壓筍斜出，崖懸花倒生'語，始得撒脫。"

旋庵今湛生。

徐作霖、黃蠡《海雲禪藻集》卷二今湛小傳。

今湛，字旋庵。廣東三水李氏子，原名廷輔。小傳云跌化於清聖祖康熙十六年，世壽六十五。以此逆推，則生於本年。

張爾岐生。

顧炎武生。

萬曆四十二年甲寅（1614）　　七歲

［**時事**］浙江、江西、兩廣、福建大水。

澹歸今釋生。

  徐乾學《憺園集》卷三二《丹霞澹歸禪師塔志銘》。

  今釋，字澹歸。浙江仁和金氏子，名堡，字道隱，號蔗餘，又號衛公。明崇禎十三年進士。歷任臨清知州、兵部職方、清吏司員外郎、禮部給事中、本科右給事中署兵科事等職。

曹溶生。

陸圻生。

萬曆四十三年乙卯（1615）　　八歲

［**時事**］五月，男子張差持梃入皇太子所居慈寧宮，傷內監一人，被執下法司訊問，事連鄭貴妃，嗣殺張差，含混了事，是爲"梃擊案"。　是歲，努爾哈赤始建佛寺及玉皇廟。

宗寶道獨讀《語錄》，至"石壓筍斜出，崖懸花倒生"，復礙胸臆。偶山行，舉目巖花大放，始豁然冰釋。依止庵僧，無可意者，自攜刀就磐石，禮十方佛剃落。縛茅歸龍山，結廬而居。自是單丁十餘年。侍母盡孝。

  《宗寶語錄》卷首函昰撰《行狀》、錢謙益撰《塔銘》。

今按:《宗寶語錄》卷首《行狀》云:"母病須山泉,日肩擔走二十里,及城闉始辨掌紋。"殆是時宗寶住城外靜室修習,而其母住城中。卷一"小歇場示衆"云:"彼時山僧老母尚存,常到城中省視。老母深知山僧意,每道:'我實爲你累。若不是我,你早入山去也。'後來老母去世,靈泌弟將母衣物一時散卻,山僧亦將靜室中所用器具一時散卻,止剩些破衣襖。兩人共湊六十斤行李,走到博山。"又,卷二法語云:"山僧自小也是住靜,日間不過閑得一炷香。搬柴、運水、燒鍋、掘地,那一件事不是自己?於今叢林,一人當一件事,極好埋頭修行。山僧恨不得混在衆中埋頭修行,極是有趣,極是安閒。"卷六《靈泌潤公頌古序》云:"予幼即入道,以老母托之,得無內顧憂。"

張家玉生。

龔鼎孳生。

何運亮生。

萬曆四十六年戊午(1618) 十一歲

[時事]二月,朝廷振廣東饑。三月,振陝西饑。四月,滿洲努爾哈赤以"七大恨"誓師告天,興兵反明,陷撫順。 朝廷因遼餉缺乏,加田賦,每畝三厘五毫,合銀二百萬三十一兩有奇。

和尚小妹約生於本年十月。俗名未詳。後出家爲尼,法名今再,字來機。

汪譜據今釋壽來機詩真跡。

汪譜云:詩曰:"調御人天即丈夫,非男女相漫名模。欲栽美玉先觀地，更鑄精金別鼓爐。□□六天應共聽，難兄一宿豈殊途。南山莫獻無疆壽，禁得油□喝也無。"款署："丁巳陽月，寄爲來機大師六秩初度，同門今釋拜手。"以丁巳上推六十年，是生於戊午十月矣。宣統《番禺縣續志》卷三六王令撰《鼎建無著庵碑記》爲康熙十八年今再立石，則其時尚在，是年壽六十三，猶健在也。今按：《瞎堂詩集》卷一八《壽來機禪人五十一》七絕有"蓮花歲歲臘前開"句，當生於十二月前。《瞎堂詩集》每體詩中大致以年份先後編排，而卷一八此詩前次有《贈陸孝山太守》七絕二首，中有"借得秋光似明鏡"句。和尚以康熙丙午臘入丹霞，疑爲丁未秋作。此詩後次有《贈王沖和道者》七絕，有"華林初請法輪旋"句。和尚以康熙七年戊申入華林，則其壽來機今再詩疑爲丁未或戊申作。以五十一歲逆推，來機今再約生於本年間。《光宣臺集》卷二五亦有《壽來機師太六十初度》七絕二首，其一云："坐消冰雪見凄清，萬頃鴻濛未可名。妙得空王些子意，梅花歲歲滿空庭。"其二云："高懸慧日照須彌，六十還將六十期。三界總來無變相，何人識得末山機。"此詩編在同卷《先博山老祖於天啟甲子書予賤名，留從容庵壁間，已五十年矣。佛生老上座於甲寅七月歸之於予。作此謝之》詩之後。既作於甲寅之後，則當與澹歸今釋詩同時作於丁巳年。

侯方域生。

萬曆四十七年己未（1619）　　十二歲

[時事] 朝廷用熊廷弼經略遼東。　再加天下田賦，每畝三釐五毫。

石鑑今䪿生。

> 《徧行堂續集》卷八《棲賢石鑑䪿禪師塔志銘》。《海雲禪藻集》卷一今䪿小傳。

> 今按：《塔志銘》有"庚子受具"語，而今䪿小傳云："年四十二落髮受具。"庚子爲順治十七年。推之則生於今年。

> 石鑑今䪿，廣東新會人。俗姓楊，名大進，字翰序。

廣慈今攝生。

> 《海雲禪藻集》卷一今攝小傳。宣統《番禺縣續志》卷二七。

王夫之生。

萬曆四十八年　光宗泰昌元年庚申（1620）　十三歲

[時事] 朝廷再加田賦二釐，三次共加九釐，合銀五百二十萬兩，惟畿內、貴州不加。　七月，神宗崩。　八月，皇太子常洛即位，是爲光宗。　九月朔，光宗崩。皇長子由校即位，是爲熹宗。　熊廷弼整頓遼東防務，而屢爲朝臣所劾，罷，以袁應泰代之。

擬注《周易》。問"太極相生"於塾師，爲依文解說。和尚曰："此名言耳。太極究爲何物？且兩儀未生，極何從往？兩儀既判，極何從去？"塾師不能答。

> 《天然語錄》附《行狀》、《塔志銘》。

性好施與，有僧欺之再四，遂不喜見僧。

> 《天然語錄》附《行狀》、《塔志銘》。

魏際瑞生。

張煌言生。

焦竑卒。

熹宗天啟元年辛酉（1621）　十四歲

[**時事**] 正月，朝廷再發內庫銀五十萬兩以充邊餉。　二月，言者請究"梃擊"、"紅丸"、"移宮"三案。　後金兵陷瀋陽、遼陽，經略袁應泰自殺。後金遷都遼陽。

鐵機今沼生。

同治《番禺縣志》卷四九。《海雲禪藻集》卷三今沼小傳。

今按：小傳云鐵機卒年四十五，時隨和尚居東莞芥庵。則是康熙四年乙巳時事。逆推之，則生於本年。見康熙四年條。

今沼，字鐵機，廣東番禺人，和尚族姪，原名暐，字自昭。見順治十二年條。

天啟三年癸亥（1623）　十六歲

[**時事**] 朝廷以魏忠賢提督東廠。　神宗末年，廠衛活動漸少，至是重見活躍，爲毒更甚於前。

憨山德清卒，年七十八。

錢謙益《牧齋初學集》卷六十八《憨山五乳峰塔銘》。

德清，字澄印，號憨山。安徽全椒人，俗姓蔡。宣講三教一理，主張禪淨雙修。受蓮池袾宏影響，與紫柏真可稱至交。以詔獄遣戍，編伍於雷州，居五年移曹溪，爲中興之祖。既返廬山五乳峰，復度嶺，病卒。

天啟四年甲子（1624）　十七歲

[**時事**]　左副都御史楊漣劾魏忠賢二十四大罪，不納。與左光斗同削籍歸。　閹黨王紹徽以東林一百零八人比擬《水滸》人物，編爲《點將錄》。

補諸生。與里人梁朝鍾、黎遂球、羅賓王、陳學佺、張二果、韓宗騋、李雲龍諸人，在賓王之散木堂縱談當世務，以康濟爲己任。

《天然語錄》附《行狀》、《塔志銘》。《海雲禪藻集》卷四。陳伯陶《勝朝粵東遺民錄》。

梁朝鍾，字未央，號車匿，廣東番禺人。長和尚五歲。幼孤，依舅氏霍子衡。倜儻不羈，豪氣自舉。後爲兩廣總督熊文燦延入塾課其子。崇禎十六年進士。師禮宗寶道獨，山名函槃，字妙明。有《輔法錄》。

黎遂球，字美周，廣東番禺人。長和尚六歲，同爲邑諸生。善詩文，工畫山水。天啟七年舉人。與陳子壯等十二人重組南園詩社，後世稱"南園十二子"。有《蓮鬚閣集》。

羅賓王，字敬甫，號季作，廣東番禺人。明萬曆四十三年舉人，旋成進士，遂就選南昌同知。棄官歸，建散木堂，日與友人縱談時事。有《散木堂集》、《獄中草》。

陳學佺，字全人，廣東東莞人，遷居南海。崇禎六年舉人。長天然二歲。

張二果，字莿公，廣東東莞人，原名稚復。天啟七年舉人。

韓宗騋，即函可。見萬曆三十九年條。

李雲龍，字烟客。廣東番禺人。與和尚同爲邑諸生。曾走塞上，爲袁崇煥幕客。

羅賓王散木堂，據民國《番禺縣續志稿》載，在番禺芳草街（今廣州市越秀區中山四路農講所附近）。黎遂球《蓮鬚閣集》卷七《偕峨眉僧過羅大夫季作讀其新詩》云：“芳草街頭繞曲池，行吟堪與大夫期。”遂球故居，屈大均《翁山文鈔》卷一《黎太僕公畫像記》謂在芳草街東街，《番禺縣志》謂在豪賢街，要皆相近也。

時番禺諸生陳虬起從孝廉梁祐逮結淨業於芳草精舍，獲聞和尚與諸同志緒論。

《海雲禪藻集》卷三今儆小傳。

天啟五年乙丑（1625）　十八歲

［**時事**］是年逮楊漣、左光斗、魏大中、周朝瑞、袁化中、顧大章六君子下獄，旋死。　閹黨翻“三案”，以攻擊東林。　毀天下書院。　殺熊廷弼。

是時和尚一意讀聖賢之書，志存高遠。

《瞎堂詩集》卷五《莫厭貧十二首》詩。

詩其十一有云：“弱冠不知道，抱志志四方。讀書慕先賢，設心追上皇。”又云：“矞目切時艱，夙夜矢濟匡。寒雲起西北，中原臨蒼茫。”

然亦始知慕宗乘，智母師太因之素食。師太雅性嚴峭，和尚侍庭幃時，微有不合意，則默言竟日，必長跪色解乃已。

　　《光宣臺集》卷一〇《智母師太塔銘》。

和尚偶與同學薦亡友入寺，見一老宿，語及持咒能致功名，和尚漫應之，出語陳學佺曰："吾輩功名豈假咒力耶！"曰："隨人志願耳。求功名得功名，求慧性得慧性。"和尚然之。晨夕持誦，苦念慮不靜，於心性中，始生疑異，久不自安。一夕靜坐，忽覺向所擾者當下冰釋。讀《圓覺經》，與己見合，就十二菩薩法門各作一頌，示諸同學，無不推服。

　　《天然語錄》附《行狀》。

　　今按：由此可知，和尚習佛，似從《圓覺經》悟入。所撰諸頌今不得睹。又，此寺當指白雲山摩星嶺白雲寺，後和尚遊之，有詩。見順治二年條。

及閱《傳燈錄》，不解其旨，並失卻從前所得，疑情大發。懇親學出世法，親曰："汝欲出世，待名成償所學未晚。"和尚遂研精世典，克成通儒。

　　《天然語錄》附《行狀》。

嘗自言："予少從魯誥，囿于見聞，曾不知世外復有大聖人能過孔、孟。間從浮屠家多聞因果事，輒指為虛誕。以是數年可否，不肯作決定信。一日過友人，案頭得《首楞嚴》，讀三四卷，雖不甚解為何等語，然理趣深玄，業面熱心折，遂攜還，終十卷，所見十習因、六交報，一一皆從心生，不由外鑠。乃不敢以虛誕及淺近事誣謗因。自此由教乘入宗趣，歷八九稔，始識向上一路。"

　　《天然語錄》卷一二《刻牟子辯惑敘》。

　　又，《瞎堂詩集》卷三《憶昔二首》詩其一云："憶昔年

十八，矢志學浮圖。荏冉塵網中，坐令真人徂。讀書恨不
見，猶及宗其徒。博嶠曾有言，吾道惡歧塗。楊朱泣何
從，哀彼南北殊。始吾過吳越，親邁良不誣。倐忽三十
載，法運當誰扶。"

是年與李雲龍及其子雲子、龍子等同道結淨社于天關
書院，參究佛學。並謁離際道丘。離際和尚有詩贈之。

《鼎湖山志》卷六載釋道丘《贈雁水堂李烟客、曾宅師諸
公結社參究》四首。《海雲禪藻集》卷二。

《贈雁水堂李烟客、曾宅師諸公結社參究》詩其一云：
"般舟三昧舍安逸，吾佛翹勤七日立。猛然截斷小胡床，
一個蒲團何待七。"其二云："白馬青牛隨去住，西竺先
生何所遇。唯然一貫自銷融，萬象之中身獨露。"其三
云："女大須婚男大娶，團欒誰解無生句。眼底眉毛始放
開，腳頭早跨三臺步。"其四云："手握木蛇曹氏女，道
人本色無刀斧。嘉州大像喫黃蓮，陝府鐵牛滿口苦。"

今按：棲壑道丘是年當在法性寺修持，與和尚及二嚴等人
過從論道。

李雲子，字山農，廣東番禺人，雲龍長子，明經。龍子，
字田叔，雲子弟，崇禎十二年舉人。兄弟皆從天然禪師講
學課藝。

天關書院，乃明湛若水於廣州城東府第南所建，地在今廣
州市法政路北側一帶。

熊廷弼卒。

楊璉卒。

思宗崇禎元年戊辰（1628）　　二十一歲

[時事] 是年陝西大饑，張獻忠等起義。　　朝廷

以袁崇煥爲兵部尚書、總督薊遼。 錢謙益應召赴闕，
擢詹事轉禮部右侍郎，兼翰林院侍讀學士，協理詹事
府事。十月，會推黨人復追究浙江關節案，錢被貶職
放回；瞿式耜官吏科給事中，與錢同坐貶。

和尚在廣州，與諸同學遊。

    承前所述。

嘗聞兩僧夜話公案，不覺失笑。後問一老宿，亦不得
妙義真諦。

    《天然語錄》卷四康熙八年自恣日普說。

    法語云：記得老僧少年曾入一個保社，聞兩僧夜話。一個
云："真是怪事。僧問趙州：'狗子還有佛性也無？'州
云：'無。'蠢動含靈皆有佛性，爲什麼狗子卻無？"一僧
云："你不可作有無之無。趙州將出一柄劍，光爍爍地，
汝纔覷著，便瞎卻汝眼，觸著，便橫屍萬里。"前僧云：
"審如是，後來有僧亦如是問趙州，卻云'有'。又作麼
生？"後僧云："凡看語錄，不可太板煞，須是斷章取義。
汝若到'有'句，又當作一切衆生皆有佛性會纔是。"我
當時不覺失笑。後問一老宿，宿云："總不可在有、無二
字上作道理，你只須看趙州舉處。就如大隨，有僧問：
'劫火洞然，大千俱壞，未審者個壞不壞？'大隨云：
'壞。'僧云：'恁麼則隨他去也。'隨云：'隨他去。'祇
如'壞'與'隨他去'，不可亦在者兩句作道理，亦只須
看大隨舉處。"我當時不曾回他，但肚裏思量："果如是，
則趙州、大隨道法亦未見長處。"於今三四十年了，所謂海
內名宿大衲見解，亦何能出得者個圈繢？可見妙悟之難。

    今按：此段法語本無年份，然開首云"老僧兩三月來彊
半是患口瘡，少與諸人說話"，則是康熙八年在丹霞山時

所說。參康熙八年條。又云："如今三四十年了。"逆推
之，姑繫於此。

澤萌今遇生。

釋成鷲《咸陟堂文集》卷六《澤萌遇禪師傳》。

今遇，字澤萌。江蘇華亭孫氏子。

崇禎二年己巳（1629） 二十二歲

[**時事**] 楊鶴、劉宗周諫思宗勿"求治太急"，思
宗不能用。 後金大舉攻明，思宗中反間計，袁崇煥
下錦衣衛獄。 熊開元在吳江以縣官身份支持張溥開
復社。張溥、張采、周鍾等創辦之應社與復社合併，
在吳江舉行大集會，對外統稱復社。方以智入復社。
夏允彝、周立勳、彭賓、徐孚遠、陳子龍、杜麟徵等
六人，在松江別立幾社。

和尚在廣州，與諸同學遊。

承前所述。

宗寶道獨念嶺南時無善知識，遂於七月前後與其弟腰
包度嶺。謁博山無異元來，呈頌一首，受具足戒。

《宗寶語錄》附《塔銘》、《行狀》、卷二"博山老和尚忌
日示眾"法語。

"示眾"法語云："己巳年，度嶺去博山見先師。"又云：
"後來讀《壇經》云'見性成佛'，如釘入木。千方百計，
祇求見性。最苦嶺南前二三十年，無一人談及個事。漫道
個事，就持戒念佛也少。山僧當此時設有一人爲我剖斷，
便願身爲床座，身爲奴僕。閱人頗多，並無所遇，祇是一

部《壇經》行坐不舍。如今得個著落綫索，原從者裏來。憶當時但願者事停當，便深山窮谷，野鹿爲羣，就使在十字街頭，破衣糲飯，終日叫化，也都甘心。後同靈泌弟參博山，便絕念嶺南。"

《行狀》云："先有傳師行實至博山者，山異之，凡見粵僧，必問曰：'宗寶何不來？此道不到博山得麼？'至是聞師至，即呼入方丈，與語竟夕。一日以'倒騎牛入佛殿'話，命衆下語，師有頌呈曰：'貪程不覺曉，愈求愈轉渺。相逢正是渠，才是猶顛倒。蟻子牽大磨，石人撫掌笑。別是活生機，不落宮商調。'一衆環睹。山曰：'太粗生。'師云：'大了當人向善知識前，作麼開口？'山笑視，良久，云：'何消說。'師禮拜，山始與易名，登具足戒。"

《塔銘》云："山一見，曰：'宗寶！望汝來久矣。'"

朱彝尊生。

呂留良生。

崇禎三年庚午（1630）　二十三歲

[**時事**] 陝西起義軍聲勢日大，各部轉戰陝西、山西等地，活動範圍日廣。　明思宗以"謀反罪"殺袁崇煥。　朝廷加田賦，除已加九釐外，再加三釐，連前共加六百八十餘萬兩。　張溥因鄉試之便，在南京開復社金陵大會。

和尚在廣州，與諸同學遊。

承前所述。

博山無異元來和尚示寂，年五十六。

《無異元來禪師廣錄》卷三五劉日杲《博山和尚傳》、吳應賓《中興信州博山能仁禪寺無異大師塔銘》。

時宗寶道獨掩關廬山金輪峰舍利塔。

《宗寶語錄》卷首附函昰撰《行狀》。

又，《宗寶語錄》卷二"博山老和尚忌日示衆"、卷六《靈泌潤公頌古序》亦云是年在金輪掩關。

和尚之子曾琮生。

韶關丹霞山別傳寺藏今摩塔銘。《海雲禪藻集》卷一今摩小傳。《喻園集》卷首。

今按：今摩塔銘殘石近年出土，有拓片流傳，一本藏於韶關丹霞山別傳寺，略云："洞宗三十五世，棲賢第下闕訶衍大師諱今摩，廣州番下闕曾氏子。生於明崇禎庚午七月二十九日巳下闕清康熙戊寅年下闕子時，世壽六十下闕十有六，己□年下闕日巳時窆於廬下闕舍之陽塔下座艮下闕坐寅向卯，諸吉下闕。"汪譜未及見之，故據《海雲禪藻集》繫今摩生於去年。

今摩，字訶衍，和尚子，原名琮。康熙三十七年秋示寂，世壽七十，僧臘四十有六。少從梁朝鍾讀書，爲邑諸生，穎悟拔俗，頗好黃老之學，和尚不能禁。

屈大均生。

袁崇煥卒。

崇禎四年辛未（1631）　　二十四歲

和尚在廣州，與諸同學遊。

承前所述。

徐乾學生。

陳恭尹生。

崇禎六年癸酉（1633） 二十六歲

[時事] 明遼東廣鹿島守將尚可喜遣使與後金約
降。 冬，高迎祥、李自成、張獻忠等渡黃河南下，
進入豫西，南破鄖西、上津等處。

和尚舉鄉試第二。榜發日，方歌鹿鳴，坐念功名富貴
與己無預。

> 《天然語錄》附《行狀》、《塔志銘》。溫汝能《粵東詩海》
> 卷九八。
> 《瞎堂詩集》卷四有《雜詩》，其五云：“少年慕勳名，
> 挾策向京都。朝辭萊子衣，日暮登公車。萬里謁君門，
> 所志在攘除。朱户盡金張，許史無空廬。鼓鼙遍原野，北
> 郭皆丘墟。文臣死疆場，遊說多穰苴。九重日焦勞，闈左
> 夜笙竽。貢公不可學，胡爲滯通衢。寸陰詎勿惜，繕性
> 吾有餘。徘徊去長安，浮游歸蓬居。豈不懷匡濟，天運
> 當何如。漢興抉良何，隋衰生世虞。何山無良材，拳曲
> 顧盼紆。此理良固然，志士徒欷歔。貧賤安足驕，將以返
> 生初。偃息川嶽間，真樂非禽魚。”正其心境之寫照。

同舉鄉試者有姚子莊、曾開、霍師乾、陳慧業等。

> 《瞎堂詩集》卷七《輓陳慧業道人》、卷一二《戲柬姚六
> 康》詩題下原注、《曾公實過訪》詩題下原注。梁朝鍾
> 《喻園集》卷二《祭霍始生文》。
> 姚子莊，字瞻子，一字六康。廣東歸善人。官石埭（今
> 屬安徽池州）知縣。時與程可則、廖文英、梁佩蘭並稱
> “嶺南四家”，又與龔鼎孳、蔣超、徐元文、葉方藹、王
> 士禎等齊名。所交均文學名士，被稱爲“東粵名宿”。有
> 《姚六康集》。

霍師乾，字始生，廣東南海人。

陳慧業，廣東順德人。

曾開，字公實，號泰階，廣東儋州人。見《勝朝粵東遺民錄》卷四。

張二果於本年刻交光真鑑《楞嚴正脈》成。

釋真鑑《楞嚴正脈》張二果刻本原書跋。

今按：《楞嚴正脈》十卷，明崇禎六年東莞張二果刻本。卷端題“明京都西湖沙門交光真鑑述 蒲州萬固沙門妙峰福登校訂 寶安戒弟子弘方何鎬鎮弘晤張二果重較”。前有張二果刻書跋，署“時崇禎癸酉上元日弟子弘晤張二果頂禮謹跋”。既弘晤為二果法名，則張二果從交光真鑑受居士戒當在本年從宗寶道獨遊歷之前。其後重建華首臺，創水簾洞山諸清修之所，然又並未出家，至崇禎十二年尚在為縣令汪運光纂修《東莞縣志》。其未出家時山名弘晤，從宗寶道獨薙落後則改函悟矣。

宗寶道獨偕張二果遊徽州。七月，至杭州，寓於昭慶寺，黎遂球等與之相得甚歡。復徙廬山黃巖寺，為金聲、蔡懋德、熊文燦諸公所重，嘗造室問道請說法。

《宗寶語錄》卷首附《行狀》、卷一“小歇場示衆”。黎遂球《蓮鬚閣集》卷一六《西湖雜記》。《海雲禪藻集》卷四黎遂球小傳。韋盛年《明清之際廣東抗清文人年譜·黎遂球年譜》。

“示衆”法語云：“自出關後，便要別卻諸子，千較百計，支遣不開。及後菊公又到，與諸子遊徽州，復返廬山。一路追隨，偶到黃巖，樂其深入，遂止於此。”

《西湖雜記》云：“癸酉七月，同年張子菊公以宗寶禪師至，同居昭慶。予嚴之於歌板酒厄，卻之如童子時秘弄具以對塾師也。而師與菊公顧不過督予於是，日夜相視笑語，較他人斷臂立雪尤爲親切。"

《海雲禪藻集》卷四黎遂球小傳稱：遂球師禮空隱爲居士，山名函美，字於斯。

金聲，一名子駿，字正希，號赤壁，安徽休寧人。崇禎元年進士，任御史、監軍。有《尚志堂集》。

蔡懋德，字維立，又字公虞，號雲怡。崑山人。萬曆四十七年進士。崇禎初出爲江西提學副使，遷浙江右參政。擢右僉都御史，巡撫山西。義軍陷平陽，自縊死，年五十九。

熊文燦，字心開。祖籍貴州，遷居蘄水。萬曆三十五年進士，累官至右僉都御史，總督兩廣。旋拜兵部尚書，總理九省軍務。

本年二月十六日，阿字今無生。

《光宣臺集》卷首釋古雲《海幢阿字無禪師行狀》。

今按：《光宣臺集》卷四法語：壬子"二月十六日，師因四十大誕，方大林居士昆仲到山設供，請師陞座兼爲其尊人八十一偕祝普說"，則可知其生日。

今無，字蟲木，號阿字。廣東番禺沙園萬氏子。童年貧不能自存。父以株連坐繫，師俟尹出，遮道大哭。尹喻其意，乃立出其父。禁卒歎曰："我遂爲孺子賣。"

崇禎七年甲戌（1634）　　二十七歲

［**時事**］起義軍進入關中，再東進趨河南。　尚可喜降後金。

會試不第。南歸游金陵，有詩紀之。

《瞎堂詩集》卷一三《金陵懷古》詩。

題下原注云："此余爲白衣時所作也。因拈憶舊諸篇記及，附載於後。"

今按：既云"白衣時"，當作於此時。

同行者有陳學伾。宿金陵報恩塔院，後有詩紀之。

《瞎堂詩集》卷一三《憶與陳全人下第南歸，舟次金陵，宿報恩塔院》詩。

報恩塔院，即大報恩寺，在金陵秦淮河畔長干里。寺有阿育王塔，又有用於存放唐玄奘頭頂骨之石塔。

秋，過姑蘇。後有詩紀之。

《瞎堂詩集》卷一三《憶過姑蘇》詩。

詩云："西風散髮闔閭城，回首姑蘇淚暗生。孤客不知他日恨，旅懷空愴昔人情。秋高葉落吳門冷，夜半潮生海月明。三十年來吟望處，江湖繚繞暮雲平。"

今按：據《瞎堂詩集》編例，卷十三所收之詩當作於戊申、己酉之間，距今有三十四五年。則所謂"三十年來"云者，概言之也。

經杭州，過西湖時與余大成泛舟。後有詩紀之。

《瞎堂詩集》卷一三《憶過西湖與余中丞集生泛舟》詩。

詩云："蘇堤衰柳雁初飛，短袖峨冠靜對誰。萬古湖山猶此日，六橋風雨憶當時。故人夢斷西州渺，病鶴天遙松月移。記得少年曾有約，一瓢長乞浙江湄。"

今按：此詩當與《憶過姑蘇》詩同時作，所憶之事亦前後相續。

余大成，字集生，號石衲。應天（今江蘇南京）人。萬曆三十五年進士。累遷至太僕寺卿，出爲山左巡撫。崇禎八年以事遣戍嶺南電白（今屬廣東省茂名市），名公巨卿，競執弟子禮。後入浙之橫山，建光明臺，與二三知己，翛然終老。

還至吉州，臥病金牛寺，醫不下藥。起坐禱十方佛曰："倘得不死，即一心學道，自爲爲人，于諸聲利無所圖也。"是夜感異夢，汗透重襟而病頓愈。還家後，斷欲長齋，參究彌切，衣不解帶者兩月，大悟玄旨，向所謂《傳燈》不解者，如數黑白。嗣是闔門益耽信佛。

> 《天然語錄》附《行狀》。《光宣臺集》卷一〇《智母師太塔銘》。
>
> 金牛寺，《塔銘》作金牛渡。

時與張二果談性宗，相得甚歡。自言："甲戌知有此事以來，循覽天下，彼時胸中惟黃巖、天童兩老而已。"

> 《天然語錄》卷一二《華首語錄序》。
>
> 今按：黃巖謂道獨，時三十五歲，住持江西廬山黃巖寺；天童指密雲圓悟，時六十九歲，住持浙江四明天童寺。

從空隱道獨學道當從是年始。

> 《喻園集》卷二《祭黎臣哉、顓孫兄弟文》。
>
> 文曰："崇禎甲戌冬，友人黎臣哉、顓孫兄弟卒於水。於時其友梁克載、梁朝鍾、曾起莘方從師學出世之學。"所謂從師者，從道獨空隱也。

是年受持《妙法蓮華經》。

> 《天然語錄》卷一二《書自書法華經後》。
>
> 文曰："嗣祖沙門、丹霞比丘釋函昰，謹竭誠頂禮佛前，書寫《妙法蓮華經》盡七卷已，而作念言：我函昰二十七歲始受持是經。……"

崇禎八年乙亥（1635）　二十八歲

［**時事**］洪承疇調兵圍攻中原義軍。　禮部尚書

韓日纘卒。

智母師太之母郭氏卒。郭依於女，以和尚事佛，遂發信心，修西方法門，暮年感佛光照空者再。

《光宣臺集》卷一〇《智母師太塔志銘》。

八月，與梁朝鍾同祭亡友黎臣哉、顓孫兄弟，朝鍾撰祭文。

《喻園集》卷二《祭黎臣哉、顓孫兄弟文》。

黎臣哉、顓孫（名彭齡），廣東番禺人。行履未詳。《蓮鬚閣集》卷十七《祭馮玉井文》"惟令子之英奇兮，將天飛而翩翩。庶幽嘯而目瞑兮，偕水解之兩賢"文下注："玉井內弟爲家絨臣、顓孫。先是並溺於水。"臣哉，殆絨臣又一字也。

陳學伎卒，和尚痛惜而警悟。

《喻園集》卷二《祭霍始生文》、《祭麥仲涵文》。《海雲禪藻集》卷四。

《祭霍始生文》云："辛巳季春，始生表弟殤，始生死後全人六年。"是學伎死於本年。又云："全人歿後，宅師以大事因緣，一旦蠲除父母妻子入道。"《祭麥仲涵文》亦云："陳全人之喪，曾宅師警而超然。……此二子皆先生畏友。"

今按：學伎禮道獨爲居士，山名函全，字全人。

禮部尚書韓日纘卒後，子宗騄奔喪途中，"見得人間世，半點也靠不住"，遂意欲入空門自處。

釋函可《剩人語錄》卷三"小參"。《喻園集》卷二《文恪韓公神道碑》。汪宗衍《明末剩人和尚年譜》。

崇禎九年丙子（1636）　　二十九歲

　　［**時事**］正月，起義軍攻六合、滁州，不利。北破蕭縣，西趨登封。　皇太極即皇帝位，國號大清，改元崇德。　董其昌卒。

此時或教授鄉里。
　　清徐珂《清稗類鈔》。
　　《清稗類鈔》云："天然即曾起莘，明末以名孝廉教授鄉里。"
　　今按：和尚教授鄉里時間無考，既在舉孝廉之後，姑繫於此。
兩廣總督熊文燦延請問道，待以師禮。時值發南漢王冢，株連甚眾。有厚饋求轉懇免罪，和尚婉辭不納。
　　《天然語錄》附《行狀》。
　　今按：發南漢王冢一事，蔡鴻生《清初嶺南佛門事略》據乾隆《番禺縣志》卷五繫於本年。①
朝廷詔舉賢良方正，熊文燦以和尚特薦，當授郡守，和尚掉頭不顧。
　　《天然語錄》附《行狀》、《塔志銘》。
　　汪譜按：詔舉賢良事，《明史·本紀》不載，《行狀》敘在己卯，而《塔志銘》則云"己卯復上公車"，下文謂"先是有詔行保舉"，則知其事在己卯前矣。又，據朱彝尊《明詩綜》卷七六引《靜志居詩話》云："崇禎丙子有

_____

　　① 蔡鴻生《清初嶺南佛門事略》，廣東高等教育出版社1997年版，第186頁。

詔舉賢良方正。"

同被薦者，尚有張二果等。

> 民國《東莞縣志》卷六三《張二果傳》。

> 傳中原注引《金通志》云："崇禎九年詔舉賢才，督臣熊文燦、科臣郭九鼎兩疏交薦。"二果亦辭不肯就。

冬，北上，與張二果同謁道獨于匡山之黃巖。往返叩擊，針芥相投，便絕意行腳。

> 《天然語錄》附《行狀》、《塔志銘》。

> 黃巖寺，建於黃巖瀑布源頭雙劍峰東麓，爲唐六祖慧能弟子智常禪師創建。①

自言："丙子禮金輪塔，便有'三十年不出山'之約。"

> 《瞎堂詩集》卷一八《初住歸宗》詩自注。

> 歸宗寺，又稱瞻雲寺。在金輪峰下，背靠金輪峰與紫霄峰。乃廬山五大叢林之一。② 金輪臺，金輪峰舍利塔也。

> 明憨山大師《夢遊集・示歸宗衆僧文》云："自耶舍尊者持釋迦法身舍利從西域來，負鐵建塔於金輪峰頂，此悲願之力也。"

掩關歸宗，閱藏本至《牟子》三十七篇，益以童年不早得此爲恨，約出關必圖鐫之。

---

① 黃巖古寺早已荒廢，近年曾於舊址修建新廟以作爲旅遊景點，但在二〇〇八年被泥石流沖毀，見張紅、仇江《曹洞宗番禺雷峰天然和尚法系初稿》，載楊權主編《天然之光：紀念函昰禪師誕辰四百周年學術研討會論文集》，中山大學出版社 2010 年版，第 7 頁。

② 歸宗寺今已不存，原址建有一間外國語學校，而古寺只殘留半截磚牆，還有若干千年老樹，仍枝葉婆娑；校外荒林中有直徑九十釐米、雕刻極精美之石柱礎，約可見其悠久歷史及雄偉規模。見張紅、仇江《曹洞宗番禺雷峰天然和尚法系初稿》，載楊權主編《天然之光：紀念函昰禪師誕辰四百周年學術研討會論文集》，中山大學出版社 2010 年版，第 8 頁。

《天然語錄》卷一二《牟子辯惑敘》。

《讀華嚴》之偈亦當作於此時。

《天然語錄》卷九。

偈云："三賢十聖空中跡,行布圓融鏡裏痕。動念總歸魔界攝,觀心聊與異生論。涅槃本際隨生死,般若行深失寂喧。法海只今同夢幻,休將相似入玄門。"又:"信滿已窮生滅事,十方諸佛現全身。離波覓海深何極,即色觀空際絕倫。世間出世乘須歷,功到無功覺豈真。心相無初情盡見,重重華藏目前人。"又:"祇是一區無影地,種蘭栽艾總隨人。敷華結實非他力,蟠蔭盤株豈有因。已達法源心似海,未窮真際惑如塵。樓閣見聞都不就,百城烟水自疎親。"

今按:函修撰《天然語錄》序云:"後參黃巖,因閱《華嚴》,所得都亡。其絕情過量之智,已於無量佛所培養,豈特三二十年而已。"則和尚之偈語當作於此時。

韓宗騍扶父櫬歸,過蘇州閶門,墮水鷗沒,反眼視黛墨皆髐然骷髏,遂啞然褰裳而去。先是,和尚雅善宗寶道獨,嘗造宗騍必挾宗寶之說相剗削,宗騍疑而頷之,及墮足吳門,忽智其說。

《千山語錄》附錄郝浴撰《奉天遼陽千山剩人可禪師塔碑銘》。《明末千山剩人和尚年譜》。

金堡時年二十三歲,以諸生鄉試中式,五策談時事,娓娓數萬言,危詞切論。時韓宗騍見其制藝,擊節歎曰:"此宗門種草也。"

《咸陟堂集》文集卷六《舵石翁傳》。

金堡於是年謁雪關誾和尚,贈以偈。

《徧行堂集》卷三六《酬任厥迪》詩。

詩云:"夢覺關前夢覺僧,西湖閒話偶然增。到來自擁千巖月，歸去同留一鑑冰。夜永榜山紅欲上，秋深珠海碧逾澄。雪關當日曾傳偈，我亦期君最上乘。"詩中原注："予丙子歲謁雪關闍和尚，於妙行堂贈余偈，有'乘時更拔空王幟，選佛場中及第郎'語，殆先讖也。赴厥迪茶集，曾與諸同人舉此，道流無別語，惟勉旃。"

雪關禪師，諱智誾，俗姓傅氏，江西上饒人。參博山元來，閉關六年而終得印可，於道獨爲師兄弟。後於老和尚門下秉拂多年，至四十五歲方出山弘化。後歷主瀛山、博山、鼓山、妙行等處。崇禎十年，遷化於瀛山。

崇禎十年丁丑（1637）　　三十歲

[**時事**] 正月，張獻忠等攻安慶、桐城，別部攻滁州。　明兵部尚書楊嗣昌建"十面網"圍攻義軍及增兵加餉等議，乃加徵"剿餉"，每畝六合，照每石折銀八錢計算，連其他項目共加二百八十萬兩。　明以熊文燦總理南畿、河南、山西、陝西、四川、湖廣軍務。

正月十五日，寓鷲峰寺。後有詩紀其事。

《瞎堂詩集》卷一三《憶崇禎丁丑寓鷲峰寺上元日早朝》詩。

詩云："梵王春殿曙鐘催，卻望金輪紫禁來。萬炬光中軒騎入，千官頭上午門開。遙瞻鳳闕仙班後，始拜龍墀鵷從回。白雲殘夢思周穆，縱有瑤池亦劫灰。"

今按：鷲峰寺，各地不一有。光緒《江西通志》卷五○載："黃檗山，在新昌縣（今宜豐縣）西七十里，一名鷲峰山。絕頂有鷲峰寺，唐宣宗龍潛時游此，嘗與黃檗禪師

觀瀑布聯句。"又，彭澤縣亦有鷲峰寺，光緒《江西通
志》卷一二五載："在彭澤縣太平鄉。古名黃山院。宋淳
化元年建，明弘治間重修。"以詩有"卻望金輪紫禁來"
句目之，則此鷲峰寺當在廬山，或離廬山不遠，彭澤鷲峰
寺或是。

四月，兩廣總督熊文燦北上入京，總理九省軍務，梁
朝鍾偕行。和尚、張二果自廬山至漳江迎之。

　　《明史》卷二六〇《熊文燦傳》。《喻園集》五言律《同
　　熊總理心開舟師過漳江，時張荔公、曾宅師扁舟來自廬
　　山》詩、《泊樵舍與宅師、荔公談金輪舊事》詩。

遂與熊文燦、梁朝鍾、張二果、楊海門、劉廷琮諸人
同謁道獨於黃巖。

　　《喻園集》七言律《同熊心開、楊海門、張荔公、曾宅
　　師、劉觀復入黃巖謁空和尚，道開先寺，寺石壁有吳道子
　　鐫觀音像、王伯安平宸濠紀功碑文》詩。
　　詩云："湖上金風滯鼓鼙，征衣秋水淨禪棲。雨花初地分
　　龍藏，落葉空林駐馬蹄。指月畫師深碧蘚，凌烟司馬記丹
　　梯。紫雲如蓋雙峰頂，縹緲黃巖托杖藜。"
　　楊海門，其人未詳。爲監軍。《喻園集》六言絕句有《莫
　　春阻風黃梅界，同楊海門監軍厓上散步》詩。
　　劉觀復，即劉廷琮，字觀復。廣東南海人。崇禎十五年進
　　士，翰林院庶吉士。《瞎堂詩集》卷一七有《送劉觀復北
　　上二首》詩。
　　開先寺，康熙《廬山志》卷五載："鶴鳴峰下有開先寺，
　　今名秀峰寺。《舊志》：開先寺者，昉自李中主景，後廢。
　　明洪武初，僧清江復建。永樂中僧智勝，正統中僧道嵩繼
　　修。天順中僧大然請賜額。《續志》：康熙丁亥，寺僧超
　　淵往淮迎駕，御書秀峰寺賜額，改今名。"

宗寶道獨與熊文燦論撫張獻忠事。

《明史》熊文燦傳。

傳云：“十年四月，拜文燦兵部尚書兼右副都御史，代王家禎總理南畿、河南、山西、陝西、湖廣、四川軍務。文燦拜命，即請左良玉所將六千人爲己軍，而大募粵人及烏蠻精火器者一二千人以自護，弓刀甲胄甚整。次廬山，謁所善僧空隱。僧迎謂曰：‘公誤矣。’文燦屏人問故，僧曰：‘公自度所將兵足制賊死命乎？’曰：‘不能。’曰：‘諸將有可屬大事、當一面、不煩指揮而定者乎？’曰：‘未知何如也。’曰：‘二者既不能當賊，上特以名使公，厚責望，一不效，誅矣。’文燦卻立良久，曰：‘撫之何如？’僧曰：‘吾料公必撫。然流寇非海寇比，公其慎之。’文燦去……”

又，《勝朝粵東遺民錄》函昰傳云：“崇禎十一年文燦果撫，後九營賊反，文燦逮死。觀此可知道獨能講求世務，函昰、函可、黎遂球、梁朝鍾相與皈依，蓋有以也。”

與梁朝鍾、張二果、劉廷琮、王孟超、屠龍諸人遊南昌，登滕王閣。

《喻園集》五言古《同張菊公、曾宅師、劉觀復、王飛侯、屠劍沖夜登滕王閣》詩。

今按：和尚後有《滕王閣》詩憶其事。見《瞎堂詩集》卷一一。

王孟超，字飛侯。江蘇武進人。天啟二年武進士。授廣東東山守備。

屠龍，字劍沖。安徽宣城人，崇禎四年武進士。五年任廣東陽江守備。

又遊小姑山。

《喻園集》五言律《隨曾宅師登小姑山，張都護侍行》詩。

張都護，其人未詳。孫繩殆其字也。殆熊文燦幕僚。薛始
亨《南枝堂集》有《贈張都護孫繩》詩，詩題下注："故
世將。"

小姑山，即小孤山。在安徽宿松縣東南長江中。

還粵。韓宗騋聞梁朝鍾深知和尚，亟入廣州相見。一
見輒曰："長齋數月矣，專以待公，先文輅公生兄弟
四人，某長未嗣，若了此願，梵行終吾世矣。"和尚
爲言向上事，宗騋自此始決意，且偕和尚入博羅，住
止園兩月。時金道人亦隱於止園，三人相得甚歡。

《千山語錄》附錄天然和尚《千山剩人可和尚塔銘》。《千
山詩集》卷一二《寄答金道人》。《明末千山剩人和尚年
譜》。

今按：金道人，未詳其人。《明末千山剩人和尚年譜》云：
或疑金道人爲今釋，字澹歸，俗姓金，名堡，字道隱，仁
和人。而據吳天任《澹歸禪師年譜》，本年金堡在京會
試。或會試報罷後南下耶？又爲何南下？殊不可曉。函可
於詩文中稱"金道人"而不直稱其名字，或以己爲待罪
之身，而彼人爲南明重臣，避時諱也耶？又，《徧行堂
集》、《續集》雖未有隻言片語及其博羅之行，然於函可
未稱師叔，但稱和尚，此可見其關係之微妙耶？待考。

崇禎十一年戊寅（1638） 三十一歲

[**時事**]四月，張獻忠降於穀城，熊文燦受之。
清多爾袞、岳託等分路攻明，入長城。高陽失守，
明前大學士孫承宗殉難。 十二月，盧象昇在鉅鹿
陣亡。

宗寶道獨度嶺歸粵，移錫東莞雙柏林。和尚偕韓宗騋
往見。因問諸唯識，宗寶曰："我這裏無五識，無六
七八識。"又問："祇麼，則寒灰枯木也？"曰："寒灰
枯木爭解問話？"宗騋從旁不覺擊節。宗寶顧謂和尚
曰："此子根器利。"指示參趙州無字，宗騋衝口呈
偈，宗寶盡叱之，一時信念俱發，七八日似木偶負墻，
一夜雷電薄窗，不覺胸次劃裂，二十年義關盡徹。

《千山語錄》附天然和尚《千山剩人可和尚塔銘》、郝浴《奉
天遼陽千山剩人可禪師塔碑銘》。《明末剩人和尚年譜》。

約在此時，東莞縣令汪運光及鄉紳等邀聘和尚同修
《東莞縣志》。此書直筆不阿，向稱信史。

明崇禎《東莞縣志》汪運光序。清康熙《東莞縣志》本傳。

今按：崇禎《東莞縣志》前汪序云："今上崇禎拾貳年歲
在己卯，寶安邑志告成。"又云："五年捃摘，再浹月而
卒業。"則《志》乃汪氏上任之初，崇禎七年即動工者。
卷首署"邑人張二果、南海曾起莘重修"，則以張二果爲
主纂總裁，而當其即將竣工之時二果力邀和尚加入"訂
正"。是志有總目，其子目下又注分撰之作者，計有葉
椿、楊錫袞、彭應熙、丁邦禎、李貞、王任相、龍玠、陳
萬幾、李若璉、張文錄、黎起明、尹體震十二人，皆一時
賢俊，其中丁邦禎、李貞、陳萬幾、尹體震四人參加張家
玉抗清。

汪運光，字啟斯，號心穀，安徽歙縣人。崇禎四年進士。
七年，知東莞縣事，在任六年，頗多惠政。

樂說今辯生。

《海雲禪藻集》卷一今辯小傳。

今按：《光宣臺集》卷二三有《樂說弟四十初度》詩，次
於丁巳，即康熙十六年。上推當生於本年。

今辯，字樂說，廣東番禺麥氏子。

崇禎十二年己卯（1639）　三十二歲

　　［**時事**］明廷以洪承疇爲薊遼總督。　六月，命各地練兵，加徵練餉七百三十萬兩，合遼、剿、練三餉，共加田賦一千六百七十萬兩。　七月，左良玉等追張獻忠，至房縣羅猴山，大敗。思宗聞敗，逮熊文燦下獄。

湯來賀任廣東按察司僉事。時已心儀和尚。

　　《天然語錄》卷首湯來賀撰《塔志銘》。

　　湯來賀，字佐平，改字念平，號惕庵。江西南豐人。崇禎十三年進士，官廣東按察司僉事，晉總制加兵部尚書，不就歸。晚入廬山主白鹿洞書院講席。康熙二十七年卒，年八十二。有《內省齋集》。

六月，宗寶道獨偕韓宗騄入匡山，過曹溪。十八日，宗騄禮宗寶落髮受具於舟中，得法字祖心，號函可，後又號剩人、擂搥、罪禿，命充記室，未幾還羅浮華首臺，充都寺。時剩人函可二十九歲。

　　《千山詩集》顧夢遊序。

　　汪譜按：《語錄·剩人和尚塔銘》載其下髮之年，隱約未明，《千山詩集》五《生日》詩四首有"四十未爲老"及"爲僧十二年"句，次於庚寅，時可年正四十，逆推十二年亦在己卯，與郝浴撰《塔銘》合。

　　汪譜又按：和尚與函可爲法兄弟，見道獨行狀、塔銘及《瞎堂》、《千山》兩集。惟函可受具在和尚先一年，而稱和尚曰法兄者，因釋家以付法先後爲法兄弟，不以受具先後也。如今摩以順治八年受具，康熙三年付法；今覘以順治十七年受具，康熙元年付法。今摩受具在今覘前，而付法在今覘後，故摩有《送石鑑法兄領衆棲賢》詩，仍稱覘曰法兄也。又如今釋以順治初落髮桂林，名性因，順治八年受具雷峰，易名，康熙七年付法。釋受具亦在覘先，而付法在覘後，故釋有《送石鑑覘兄奉命之長慶》詩，亦稱覘曰法兄也。

今按：剩人函可落髮日期，《千山詩集》附郝浴撰《奉天遼陽千山剩人可禪師塔銘》作六月十九日。殆一時傳聞小異也。又，光緒《江西通志》卷一八〇"函昰"條引《府志》云和尚亦於是年落髮，誤。

張二果殆與韓宗騄前後落髮爲僧，改法名函悟，字荔公。此前，二果已重建羅浮山華首臺，創水簾洞山諸寺，棲息其中。

清道光《廣東通志》卷二八三。

今按：此前荔公函悟禮宗寶道獨爲居士，山名弘晤。參見崇禎六年條。其重建羅浮山華首臺、水簾洞山諸寺，未知具體在何時。

華首臺位於廣東省博羅縣羅浮山孤青峰下，有"羅浮第一禪林"之稱。建於唐開元二十六年。相傳有五百羅漢遊憩於此，故名。

水簾洞，在羅浮山，北有張留書院，南有軒轅庵。

冬，和尚辭親北上，祝曰："此行當得官帽歸。"和尚曰："□子到有一頂，只恐不是烏紗。"

《天然語錄》附《行狀》、《塔志銘》。

一月某日，荔公函悟（張二果）卒於廬山。宗寶道獨歎息數四，且寄意於和尚。

《喻園集》卷二《祭張蒥公師兄文》。

汪譜據《千山詩集》卷一三《讀未央〈與蒥公、宅師談金輪舊事〉詩有感》詩原注云："蒥公脫白後即示寂，今十九年矣。"詩爲丁酉作，逆而推之，當卒於本年。蔡鴻生《清初嶺南佛門事略》亦同此說。①

今按：《宗寶語錄》多次悼及蒥公之卒，如卷一"小歇場示衆"云："山僧自蒥公去後，心中一發冷然。渠一生爲此事孜孜矻矻，才有個見處，正好修行，早已整手腳不辦，況其他乎。即以道眼觀之，彭殤無別，然已恨其力行日短。"又，卷五《與翁聲文居士》云："山僧客歲別後，多歷危險。蒥公不起，心更冷然。喜麗中到山，已作廣額屠兒。"痛惜之心灼然。

宗寶道獨擬在黄巖寺退院，而入歸宗寺。

《宗寶語錄》卷一"小歇場示衆"。

法語云："偶到黄巖，樂其深入，遂止於此。數年以來，又置些田地，添許多絡索。山僧前日從粵中還山，見大衆著忙，心極不快。修行人常得安閒，方可入道。止是家業相累，徒過光陰。昨星子張公同歸宗當家來請，山僧尚躊躇未決。於今到是恰好乘此機會，卸卻擔子，何等輕安。"又云："此事元沒有愛憎彼此，盡力道不出底，祇是冷暖自知，緩急自辦，時節到來，不怕你會不會。所以前日蒥公去時，我對法緯說：'以後更不必題起禪道佛法，口說底無用，須是急切有恁麼事始得。你看蒥公底心，真是成佛有餘，祇是不曾實落用心，便已容易蹉過。'大衆！於今祇管蹉跎去，真不知等到彌勒佛、婁至佛了。咦！山僧要說說不盡，然亦不消說，伶俐漢向未舉

① 蔡鴻生《清初嶺南佛門事略》，廣東高等教育出版社1997年版，第189頁。

以前便知痛癢，就是山僧者一段話都是多底。"又云：
"明日過歸宗，須要甘得澹薄。圓通訥禪師祇有一塊布，
日間當裙，夜間當被。山僧自來不曾貪著好衣好食，如今
但有兩餐粥飯，便放下身心，絲毫不管。"知宗寶道獨退
院後預計移錫歸宗寺。

陳繼儒卒。

崇禎十三年庚辰（1640）　　三十三歲

［**時事**］李自成重入河南，時河南旱飢，義軍以
"迎闖王，不納糧"號召群衆，飢民多從之。　兩畿、
山東、河南、山西、陝西大饑，人相食。　首輔薛國
觀下獄。　熊文燦死。

正月，熊文燦入京。和尚以住匡心切，與道別於九江。
　　《瞎堂詩集》卷八《悼袁特丘中丞四首》詩其二原注。
　　《喻園集》卷二《與熊心開居士書》。
　　和尚詩云："此生堪幾誤，慚望武昌樓。"詩中原注云：
　　"憶崇禎庚辰九江與熊心開經略道別，亦以住匡心切，弗
　　獲同入京師，竟至永訣。"
和尚舟泊南康，值宗寶道獨移錫歸宗寺，詣求祝髮受
具，宗寶示以偈，曰："風旛一頌解投機，千里同風
事亦奇。三上黃巖問端的，實知野老不相欺。"得法
名函昰，字麗中，別號天然。
　　《天然語錄》附《行狀》、《塔志銘》。《宗寶語錄》卷四
　　《贈麗中》。
　　汪譜按：和尚祝髮之年，《行狀》、《塔志》均云"僧臘四

十七"，逆推則爲僧於己卯，蓋《行狀》有"己卯詔行保
舉，師爲大司馬特薦，當授郡守，師掉頭不顧，冬辭親北
上"語而誤。《廬山志》卷九引《江西舊志》遂云"己
卯冬祝髮"矣。然詔舉事在丙子，見崇禎九年條，《塔
志》似已知己卯詔舉之誤，而僧臘四十七仍用《狀》文
而不能改也。考今無撰《智母師太塔銘》云："庚辰公
車，遂出世于匡廬之歸宗。"此文爲和尚所及見，當不
誤。《瞎堂詩集》卷八《悼袁特丘中丞》詩注云："憶崇
禎庚辰，九江與熊心開經略道別，亦以住匡心切，弗獲同
入京師，竟成永訣。"則和尚庚辰始抵九江，何得於己卯
祝髮於歸宗耶？《瞎堂詩集》卷一六《初冬示玉泉侍者》
詩，有"庚辰已辦終焉計"句，又卷一三《庚戌元旦書
懷》亦有"出世已經三十年"句，尤爲確證。《長慶語
錄》卷五《與翁聲文居士》書一首，亦有云："山僧客歲
別後，多歷危險。菊公不起，心更冷然。喜麗中到山，已
作廣額屠兒。大丈夫故當如是，聲文自處，應亦不薄祖
心。"蓋和尚以己卯冬北上，而祝髮則於庚辰也。

時本淨公尚不羨世外，惟望其子成進士。聞報，不勝
悲憤，百方撓梗，智母師太陰阻之。

《光宣臺集》卷一〇《智母師太塔誌銘》。

和尚以盛年孝廉棄家，人頗怪之，越數年而國變，世
又有人始服其先見云。

《楚庭稗珠錄》卷四。

今按：此論殆以和尚爲逃禪之遺民，其崇奉和尚者或以
此，而實乃俗眼覷和尚，未得其三昧也。馮煥珍嘗謂之：
"佛教乃是一種基於世間追求出世間而後再化度世間的宗
教，故在佛教看來，世間一切衆生，無論民族之夷夏，品
行之善惡，皆屬需要救度的平等衆生。這體現了佛教超民

族、超政治和超理性的特性。”“至于說函昰禪師與節義
之士‘聲氣隱隱相通’，則恐有將一代禪門大德降格爲一
明末遺民之嫌。”① 嗚呼！馮先生斯言實醒世之恒言，亦
必爲天然禪師首肯者。宗教一端且不論，天然禪師棄功名
而不顧，明亡之前數年即已出世，從歷史、政治而言，又
何可稱其遺民哉！甚乃謂和尚爲先行逃禪之遺民，而佩服
之，將謂和尚爲懦夫也耶？

在汀州道中，有詩繫懷父母。

> 《瞎堂詩集》卷一七《還嶺南汀州道中憶老父》、《汀州道
> 中憶老母》詩。

> 前詩云：“六十翁翁心似鐵，知恩無路解酬恩。還家本是
> 兒孫事，祖父元來不出門。”後詩云：“甌月遊山白晝過，
> 是誰清夢到烟蘿。空勞慈母頻招手，蕩子回頭不顧家。”

時和尚與熊開元、黃端伯、金聲等以禪悅相契。

> 汪譜據《瞎堂詩集》卷一七《復熊魚山內閣呈偈》、《又
> 復熊內閣》。

> 今按：汪譜當有據。金聲《金正希先生文集輯略》卷四
> 有《與黃海岸》書云：“聞年兄已到匡山，恨不能奮飛，
> 只爲家仲兄新喪，猶子孤煢，不得不留住經視，不得脫
> 然。計二月初吉乃得買舟，三月之初決到山也。”題下注
> 云：“庚辰。”則本年金、黃等在廬山。

> 熊開元，字魚山。湖北嘉魚人。天啟五年進士。肇舉復
> 社。隆武時，擢至東閣大學士。汀州陷，弃家爲僧，事臨
> 濟宗繼起宏儲，隱於蘇州靈巖，名正志，號檗庵。

> 黃端伯，字元公，號迎祥。江西新城人。崇禎元年進士。

---

① 馮煥珍《天然函昰禪師的悟道因緣及其禪教並重的宗趣觀》，
載《現代哲學》二〇〇三年第二期。

棄家爲僧，自稱海岸道人。後復蓄髮，弘光時授禮部郎中。清兵渡江，被執，不屈死。

金聲，字正希，又字子駿，湖北嘉魚人。崇禎元年進士。南都陷，糾集義旅保績溪、黃山，爲清兵所執，不屈死。

十月，熊文燦棄市。

《明史·熊文燦傳》。

本年張惊首次纂修《光孝寺志》。

乾隆《光孝寺志》前顧光序。

張惊，字穉攄。廣州府人。曾任官學之教職。其修《光孝寺志》之舉，得南海令朱光熙之支持。

徐宏祖卒。

崇禎十四年辛巳（1641）　　三十四歲

［**時事**］李自成在河南得大發展。　六月，兩畿、山東、河南、浙江、湖廣旱、蝗，飢民紛紛起事。清兵攻錦州，大敗明軍。　張溥卒。

春，和尚偕函修出匡廬，歷江南北。

《天然語錄》卷首函修序、卷一二《書自書法華經後》。

函修，其人未詳。

舟次萬安，有詩。

《瞎堂詩集》卷一七《舟次萬安寄劉五文學》詩。

詩云：“覿面難逢昔日人，灘聲不斷偃溪聞。暫移鶴影羅浮瘦，卻有雲瓶蚤待君。”題下原注：“辛巳。”

劉五，未知何人。

旋與剩人函可等隨宗寶道獨還粵，住羅浮之華首臺。

和尚首衆立僧，函可爲都寺，耆宿爲之敬憚。

《天然語錄》函修《序》、附《行狀》。《千山剩人和尚年譜》。

今按：宗寶道獨一意巖隈，孤峰獨宿。迨瀛山雪公歿，粵孝廉張二果、黎美周謀諸何吾騶、陳子壯，力請宗寶住羅浮，開博山法門。乃於十月左右還粵，住羅浮之華首臺。《宗寶語錄》卷三"華首茶話"云："山僧本擬深藏山谷，無意出頭。今日華首，元是法字卍子一綫機緣，後因麗首座及大衆、諸居士費了許多心力，接得山僧到此，與大衆同住。"《宗寶語錄》卷四《贈法字》云："吾道無人識，憑君一綫通。君心我心合，是以到其中。"可見宗寶住羅浮，乃法字卍子等力請。而因體中多病，不能照料叢林中雜務，只一意佛法。《宗寶語錄》卷三"華首茶話"云："山僧年來多病，體中太弱，叢林事俱料理不得，須仗諸上座同心協力。惟佛法卻委不得了，若有商量，不敢辜負。如今天下到處荒亂，此地還安穩。深山中如住靜一般，大家鍛煉身心卻好。"乃委天然和尚首衆立僧。

在華首臺結夏，和尚有小參法語。

《天然語錄》卷二。

法語云：結夏，小參。驀豎拄杖云："釋迦老子在拄杖頭出現了也，大衆還見麼？釋迦老子出廣長舌，遍覆三千大千世界，說誠實言：'昰上座還知麼？即今大明國里無有能說法之人，亦無有能聽法之衆，爾擬向甚麼處開口？'昰上座合掌恭敬而白佛言：'誠如世尊所教，人亦有言："不因紫陌開花早，爭得黃鶯下柳條。"世尊當時百萬人天中拈青蓮花，豈不是者個意旨？昰上座與大衆結夏安居，儳登寶座，亦不過者個意旨。若使一向，爭知有恁麼事？'世尊乃破顏微笑曰：'因我帶累爾，然須具得那一隻眼，方才有出頭分。何以如此？癡人前往往說夢不得。

故我此說，本無所說，現前大衆亦所不聞，還賴昰上座傳宣，無令斷絶大衆。'昰上座今日爲世尊作一個傳語人，汝等當直會其道，勿記吾言，取障自心。"

宗寶道獨聞和尚云"如今只是揉爛其心始得"，讚歎不已。

《宗寶語錄》卷二"示衆"法語。

法語云："山僧初到此時，聞麗首座云：'如今只是揉爛其心始得。'山僧銘入心膴。得首座恁麼不惜勤苦，山僧也合拼一副心力，大家鼓舞。"

時梁朝鍾助之經營，是臺遂蔚爲大刹。

陳伯陶《羅浮志補》。

又，《喻園集》有代人所撰之《募建華首臺》疏，可以參證。

力爲保護華首臺周匝古木，使不遭砍伐。

陳伯陶《羅浮志補》。

《志補》云："明末山中古木盡遭砍伐，惟此獨存，天然之力也。"

今按：和尚此年前及此年後皆不在華首臺，故陳伯陶所記之事，必在此年間。

有《歸隱羅浮詩報老父》詩，表肩承"大家生死"之志。

《瞎堂詩集》卷一〇。

詩云："潦倒雲巖日惘然，聽泉時枕石頭眠。且非有意逃人世，那得閑情結俗緣。蓋代勳名都是夢，大家生死倩誰肩。年來老大心須歇，百劫光輝在目前。"題下原注云："辛巳。"

宗寶道獨撰《靈泌潤公頌古序》，稱及和尚與其弟靈泌之交誼。

《宗寶語錄》卷六。

序云："予戊寅度嶺以示首座麗中，麗中視若固然。詢之，則黃巖時麗中已見，且相得若水乳，聞以谷泉、普化自命云。"

靈泌，宗寶俗弟也。既稱潤公，則其法名爲道潤。與梁朝鍾、麥木公、梁駿叔讀書於楊將軍山房。見梁朝鍾《喻園集·楊杲生詩序》、《送麥木公還新寧讀書》詩。

金道人來華首臺，訪剩人函可等，盤桓月餘。

《千山詩集》卷一二《寄答金道人》詩。

金道人，見崇禎十年條。

李雲龍當亦在此時來華首，參宗寶道獨爲僧，字二嚴，爲羅浮華首臺藏主。與和尚多有書問相與論道。

《天然語錄》卷一〇《復二嚴藏主》三通。

又有老參徧照亦來華首，與和尚常相論道，力倡真參實證。

《天然語錄》卷三。

法語云："大衆，者事全貴真悟。不道我住山人不重文字，到是沒文字底悟得一分便是一分受用，且無如許多文字道理障礙。大衆，悟得底拈來便用得。解得極好，總是人家屋裏事，與你無干。老僧在首座寮時，曾見一個老參，喚做'徧照'。渠曾徧參黃檗、雲門、壽昌、博山，至五六十歲，已隱林下。渠在博山曾與先師有舊，聞先師住華首，卻來相看。我老僧見他老參，常與相過。一日坐石偶及云：'老師徧歷諸大老門，殘羹餿飯，拈放一邊，畢竟還有商量處麼？'徧云：'衲子家捨此亦無可語者，不嫌絡索，試汙眼看。'遂出偈相示，卻把二十八宿編成四句。我當時讀過，但笑。徧云：'不可只笑，亦須有個可否？'我見他再三再四，言色卻是真實，便云：'偈卻是，只是汝未是。'徧云：'爲什麼偈是我卻非聾？'老僧云：'公徧參知識，耳朵裏聽得多了，册子上見得亦多了，方寸裏安排亦無有不盡了，作偈下語，豈復有不妥處？只是道人須貴自知，不可只管互相瞞昧。'徧乃定眼看老僧，良久忽起合掌，云：'真獅子兒，難逃慧鑑，真不謬爲華首首座矣。'大衆，者個正是悟與解之別。於今人豈真自欺？只是我見難忘，生怕人說他不會禪。"

宗寶道獨說法廣州光孝寺，十力禪師等從之。

清道光《廣東通志》卷三二八《十力禪師傳》。民國《博羅縣志》卷七。

又，鈕琇《觚賸續編》卷三《事觚》云：十力禪師，道獨之上座。爲人慷慨有才略，能詩，工八分書。少時久遊西北邊關及滇黔秦蜀，多識天下豪傑，與曹文詔、虎大威、梁總戎交厚。年五十始皈依空隱，出家匡廬。本年從空隱說法於光孝寺。與二樵薛起蛟同鄉舊識，梵修之暇，輒抵掌談四方兵將強弱，娓娓不倦。崇禎十六年八月，坐化于羅浮。

崇禎十五年壬午（1642）　三十五歲

［時事］清兵分道入塞，京師戒嚴，畿南郡邑多不守。　姜埰、熊開元因言事激怒思宗，受廷杖幾死。左都御使劉宗周爭二人事，被革職。　是歲，朝廷改孔廟配享之先儒左丘明、周敦頤、邵雍、張載、程顥、程頤、朱熹等爲先賢。

年初，在博羅。有《柳外新月示諸子》詩。

《瞎堂詩集》卷一七。

今按：詩題下原注云："壬午博羅芷園。"則和尚時在華首臺,尚未下廣州。芝園,即剩人函可俗家也。

省親廣州。陳子壯率諸人士延請開法訶林。十月朔入院,越日,宗寶道獨命函可齎到拂子,並傳法偈,云:「祖祖相傳只一心,青原南嶽不須分。三玄照用非他立,五位君臣爲此陳。棒下無生凡聖絕,臨機不見有師僧。訶林重豎風旛論,卻幸吾宗代有人。」

《天然語錄》卷一、附《塔志銘》。《宗寶語錄》卷四。顧光等《光孝寺志》卷九。《丹霞山志》卷六。《海雲禪藻集》卷一。

陳子壯,字集生,號秋濤,廣東南海人。明萬曆四十七年進士,授翰林院編修。官至禮部右侍郎,充經筵講官。旋以言事下獄,減死放歸。永曆帝立,授東閣大學士,總督四省軍務。清兵入粵,與陳邦彥、張家玉拒戰,死焉。世稱嶺表三忠。追諡文忠。

訶林,即光孝寺。

又三日,掛鐘板。

《光孝寺志》卷九《語錄志》。

望日,道俗請結冬制。上堂,拈香祝禱其師華首臺空隱道獨和尚。

《天然語錄》卷一。

法語云:「崇禎壬午,住廣州訶林。上堂,師拈香祝聖畢,復拈香云:『此一瓣香,天日覆而不知高,地日載而不知厚,舉起則耀古騰今,放下則傾湫倒嶽。在山僧手裏,以無名示人天目前而爍破;爇向爐中,專申供養見住羅浮華首臺堂上空隱獨和尚,用酬法乳之恩。』遂就座。」

有與諸緇素問答之語。後當結集流通。

《天然語錄》卷一前引法語。

今按:《天然語錄》前引法語敘「上堂,師拈香祝聖畢,復拈香云……遂就座"後,復接以"問答別錄"四字。此四字以正文大字出現,與其他文不類,頗覺突兀。故《光孝寺志》卷九《語錄志》刪之。實則此四字爲小字夾注,暗示此處原有大段內容,未可遽刪。所謂"問答別錄","問答"者,乃是和尚隨機接引法語之一體;"別錄"者,因問答之語,不便與上堂普說相混,故另寫一本之意也。此另寫和尚問答之本,或名《訶林問答》,當是與後來《訶林語錄》相並而行者。參見本譜附錄《天然和尚著述考》。

問答後,有法語示衆,勉其各需努力珍重佛法宣揚之時節,本分事緣起之時節。

《天然語錄》卷一前引法語。

法語云:"盡大地是我人安居之場,盡日月歲時是我人安居之候。從朝至暮,穿衣喫飯,掃地燒香,搬柴運水,迎賓待客,乃至普天之下,四民作息,百務繁興,盡是我人安居之事;方寸之內,是非生滅,昏沉掉舉,散亂禪寂,盡是我人安居之心。然既如此,還有甚麼制好結?諸兄弟!事不得一向,在佛法上,須有個宣揚底時節;在諸人本分事上,也有個緣起底時節。山僧承諸大居士、大耆德請住此院,今日爲諸兄弟結制,事不獲已,聊赴個時節,願諸兄弟慎勿錯過。"驀豎拂子,云:"大衆!還會麼?若在者裏得個入路,不妨慚愧。昔日六祖大師受黃梅衣鉢,隱獵人隊中十六年,念時節因緣將至,纔至此地。一日,行兩廡間,見兩僧爭論,一曰:'風動。'一曰:'旛動。'諸兄弟!爾看者兩個僧,何等天然,何等妙用。正恁麼時,爾要增減他一毫,得麼?爾要疑擬他一毫,得麼?回耐他自己不知不覺,所以六祖大師事不獲已,纔向他道:'不是風動,不是旛動。'雖則把住去路,硬按牛頭，其實也是平地起波濤。若是皮下有血，一聞便醒，正好慚愧從前，何須更待六祖大師云'仁者心動'。雖是和盤托出，點簡將來，猶是鉢盂安柄，爾若於此窺得破，不但歷代祖師瞞爾不得，即黃面老子也要瞞爾不得。當時四十九年橫說豎說，猶沒者個消息，事不獲已，才向百萬人天中拈青蓮花，已是逗漏不少。何況又道：'吾有正法眼藏，涅槃妙心，付與摩訶迦葉。'爭怪後代兒孫認指爲月，若是大聰慧人，決不入他群隊。爲甚麼如此？祇爲向上原沒恁麼事，亦沒有恁麼說。今日山僧與爾諸人說破，事不獲已，隨邪打正。若有伶俐衲僧攔胸把住，問教口啞，亦是山僧招得。有麼？有麼？如無，山僧自起還合自倒去也。"喝一喝，云："今日結制，大衆，珍重！"下座。

結制之期，別有法語"滿口道出，滿口道不出"示衆。

《光孝寺志》卷九《語錄志》。

法語云："滿口道出，滿口道不出。滿口道出，總沒爾諸人會處；滿口道不出，卻又處處分明。……依山僧道，迷即在悟處，悟即在迷處，只是各人因緣未到，便奈何不得。……聞山僧恁麼說，難道當下沒有個見處？只是聲色關頭、生死去處，猶未免疑懼，被人喚作命根不斷。諸兄弟，爾若者裏放不過，便日日在諸佛境界中，總沒爾受用處；念念在衆生境界中，總沒爾消遣處，還說個甚麼佛法！"

又有法語"鐵崑崙沒縫罅，今日爲君通一綫"示衆。時和尚患口瘡。

《光孝寺志》卷九《語錄志》。《天然語錄》卷二。

法語云："鐵崑崙沒縫罅，今日爲君通一綫。……山僧與諸兄弟，日在大海洋里，沒頭沒腦，叵耐饑飽不同，聊傾一滴與諸人嘗嘗。……北風蕭索，涼月微茫，雖不近山，寒色可愛。萬物思靜，陽氣潛藏，與衆安居，幸然無事。
只是山僧日來口破，未免語音不正。諸兄弟，雖然如此，
且道山僧還有不向人說底佛法也無?"

今按：和尚云"口破"，即口舌生瘡之類。和尚後在丹霞
說法時，亦頻患舌瘡。其法子澹歸和尚與往還書牘，頻爲
慰問。參下康熙八年條。總是操勞過度之累也。

和尚以文人慧業，深入真際，有叩則鳴，道聲由是遠
播。顧和尚雖處方外，仍以忠孝廉節垂示及門，故未
幾國變，文人學士、搢紳遺老多皈依受具，每於生死
去就多受其益，甚深締信。

《天然語錄》附《塔志銘》。

今按：和尚既已出凡入聖，於亂離之際，接引遺民衆生，
而以忠孝廉節重示，使之生信，乃一大方便法門，然未可
即以世間之忠孝廉節規模和尚也。

新會有諸生黃尚源，傳江門之學，學者多宗之。聞天
然禪師闡法于訶林，謁請辯論儒釋宗旨，披剝累日，
不覺自屈，即日皈依落寀，家人生徒猶未知也。後於
順治五年受具，法名今離，字即覺。

《海雲禪藻集》卷二今離小傳。

今按：後其從弟真佛亦棄諸生，挈其子角子出家。見光緒
《廣州府志》卷一四一今離傳。

冬，刻宗寶道獨《華首語錄》成，和尚爲之序。

《天然語錄》卷一二《華首空和尚新語錄序》。

序云："崇禎壬午之冬，刻華首語錄成，承和尚特遣人命某
爲序。某謹再拜稽首而言曰：某烏足稱道和尚哉! 雖然，
聞之'知弟子者莫如師'，某六七年親承訓迪，所費和尚熏
陶涵育，若或於揚眉瞬目，若或非揚眉瞬目，其爲之也既
奢，則意其遇之也必浚，將俾某之躬遭目接，以示天下後

世之爲某者，此則某之弗敢辭也。憶某甲戌知有此事來，循覽天下，彼時胸中惟黃巖、天童兩老而已。及一到黃巖，便絕志行腳，非謂天下無人也，一山坳老漢，日堆堆地，無長技奇識，而乃窮歲月而不得竟其所至，是用焉往邪？目今門下士，唯某不慧，餘皆瑰琦俊偉，出可爲人天師，隱亦堪作山林典則。而且逐逐焉，營營焉，如有所戀而弗去，非愚且狂，夫孰爲是？是則天下後世亦大概見矣。至於提持向上，則古之百丈、黃檗足以當之。語錄具在，知音者可辨也。若乃讀其書而思見其人，則祇今華首山坳依然日堆堆地、無長技奇識耳，親之而一無所與，遠之而若有所棄，遊其宇者如人飲水，冷暖自知，幸毋當吾世而坐失也。此某所以告天下後世也，然終不足稱道和尚也。"

智母師太與媳頂心函脫禮宗寶道獨爲尼，受具。

《瞎堂詩集》卷一〇《雷峰三月》三首之二。《光宣臺集》卷一〇《智母師太塔銘》。

詩云："七十老翁初入寺，八年慈衲望孤村。"詩中原注："時老父新棄家爲僧，老母爲尼已八臘，亦促居近寺。"

今按：此詩作於順治七年，參見該年條。逆推八年，則智母師太與頂心函脫是年出家。又據《天然語錄》附《塔銘》，函脫，字頂心，和尚俗妻。

是年和尚亦有《語錄》之輯，函是爲作序，稱揚其真參實證，纔搭緇衣，便登祖位。

《天然語錄》卷首函是序。

序云："諸佛爲一大事因緣出現於世，匪直自了，有大悲大願焉。悲大，故其憂之也深；願大，故其任之也重。昔風穴垂涕告首山曰：'不幸臨濟之道至，吾而將墜矣。'誠憂之也。其後再傳而有汾陽，既放身命，閉關堅臥，郡守以名刹力致八請，不答。僧契聰者排闥讓之曰：'佛法

大事，靖退小節。風穴常憂，遇風則止。幸而有先師，今
汝有力擔荷如來，此何時而欲高眠耶！'汾陽瞿然起，
曰：'非公不聞此言，趣辦嚴吾行矣。'誠任之也，函修
因是而深歎古今人之不相及也。道人撒手臥長空，菩提、
真如猶爲垢膩，況復世間名聞利養。豈似今時把個死蛇
頭，逢人便賣，痾瀝瀝地，但知與兒乳酥，不問消與不
消，此不過欲得門庭熱鬧耳。善知識以本分接人，其謂之
何？我大師以大悲願力，復來閻浮，橫挑柳栗，直入千
峰，豈肯打入時流隊伍？去春攜修出匡廬，歷江南北，拄
杖邊不曾撩著半個，幾欲焚茅屋，入深山。偶以省覲歸仙
城，一時道俗迎主訶林，乃翻然抱深憂而肩重任。師冷硬
之性，壁立萬仞，莫可仰扳。百千妙義，到他跟前一棒粉
碎。其所開示，大要貴人不著法、報、化，立處皆真。如
擊塗毒鼓，聞者皆死。大矣哉！無爲寂滅之幢也。古人于
此三二十年猶不奈何，而我師纔搭緇衣，便登祖位。人將
謂此道直易易耳，亦知師之真參實證乎？師嘗究理而坐十
七晝夜不合眼，以爲必識盡功忘，自然合他古轍，始得任
心自在。後參黃巖，因閱《華嚴》，所得都亡。其絕情過
量之智已於無量佛所培養，豈特三二十年而已？今法語具
在，使天下後世知此百犬吠聲、群盲相引時，猶有人提唱
斯事，佛祖慧命庶幾不斷，而後乃相安於無言。此師之志
也。函修初曾認著露裸裸底，幾惣禍事，幸取決於師，得
個轉身。雖修與師皆從今華首和尚剃度，于法門爲弟昆，
然實受師資之益，知師者，宜莫若修，故敢揭其大端
如此。"

今按：《訶林語錄》之輯，函修序中既云"去春攜修出匡
廬，歷江南北"，落款爲"崇禎壬午冬日同門弟子函修和
南撰"，則在今年明矣。和尚《語錄》集輯之速如此，正

可見其於當時得緇素崇奉，亦可見和尚龍吼，振聾發聵，謂爲"纔搭緇衣，便登祖位"，良不虛也。此書之刻成則在明年，見下。

梁朝鍾舉孝廉。入京赴試，和尚有詩送之。

《海雲禪藻集》卷四梁朝鍾小傳。《瞎堂詩集》卷一七《送梁未央北上》二首。

詩其一曰："選官選佛但從長，曠世因緣且莫量。一自幞頭重整後，相期惟有木樨香。"其二曰："日日承恩活計長，中丞福祿任商量。出門有句爲君道，雪與梅花一樣香。"

時又與諸道友切磋酬唱，撰有《病起謝馮介臣居士施藥》、《送劉觀復北上二首》、《雙溪探梅》、《丁普益居士有住山意，訂之以詩》諸詩。

《瞎堂詩集》卷一七。

按：此數詩《瞎堂詩集》次於崇禎十五年《柳外新月示諸子》詩與十六年《延平舟中三首》詩之間，當是十五年所作。

馮介臣，殆梁朝鍾好友馮協飀，廣東番禺人。生員。廣州陷後自縊死。

丁普益，未詳其人。

雙溪，即雙溪禪院，在白雲山。二水夾流，中間放生池，環抱開豁。明末孝廉梁朝鍾同山人蘇秩建。見光緒《廣州府志》卷八八。

密雲圓悟卒，年七十七。

錢謙益《牧齋有學集》卷三六《天童密雲禪師悟公塔銘》。

崇禎十六年癸未（1643）　三十六歲

[**時事**]清軍自山東北還。　四月，明首輔周延

儒自請督師，駐通州。清軍運送子女玉帛出邊牆者，
不絕於途，明軍不敢邀擊。　十月，李自成破潼關。

住廣州光孝寺。元旦，有小參法語，勉衆努力自參。
　　《天然語錄》卷二。
　　法語云，元旦，小參，云：“新年頭佛法，有一人道得，
祇是無舌。一人有舌，卻又道不得。且道者兩人那個是
親，那個是疏？皂白得出，分付鉢袋子。”
　　今按：和尚去年底所患口瘡尚未痊愈。
正月十五日光孝寺解冬制，有上堂法語，告衆人要識
得安身立命處。
　　《天然語錄》卷一。《光孝寺志》卷九《語錄志》。
　　法語云：“解制，上堂：‘九十日以前，諸人從甚麼處來？
九十日以後，諸人向甚麼處去？正當九十日，前後來去，
俱成戲論。且問諸人：即今在甚麼處安身立命？’時有僧
出，問云：‘日落西山事若何？’師卓拄杖一卓。進云：
‘四大分張時，在何處安身立命？’師以拄杖橫一橫。進
云：‘某甲不識。’師云：‘大好個不識！’僧禮拜，歸衆。
師乃云：‘要知者僧不識處，正是諸人安身立命處。汝若
會得，前此無結制者，後此無解制者，目前無聽法者，此
間無說法者。若能如是，山僧不妨與汝諸人結制，不妨與
汝諸人解制，於本無生死中說個有生死，於現有生死中說
個無生死，主賓互換，棒喝交馳，豈更有第二個時節？’
驀豎拂子云：‘舉一不得舉二，放過一著，落在第二。諸
兄弟，爾若喚作第一，蚤已落第二了也。爾若喚作第二，
不可更有第一。汝若總不與麼，猶是顢頇佛性，儱侗真如，
畢竟作麼生？’擲下拂子，云：‘蘇嚕蘇嚕，悉哩悉哩。’”
　　今按：和尚去年十月望日應諸人士請結冬制，至今九十日矣。

是年和尚入閩，有詩。

　　《瞎堂詩集》卷一七《邵武道中憶及華首老人》、《延平舟
　　中三首》詩。

　　前詩云：“澄潭孤月自姍姍，永夜無人照影寒。親憶吾師
　　真面目，回頭祇在刹那間。”

　　後詩題下原注：“癸未。”

旋離邵武還羅浮，取道普慶。林德賓請遊獅子峰，同
合寺大衆懇請說法，有小參法語。

　　《天然語錄》卷二。

　　法語云：“大衆，即今幸自可憐生，終日埋頭有何用？懸
　　崖撒手自圓成，起來正好閒打鬨。呵呵呵，將謂天然長老
　　元來是個直儱侗。還會麽？山僧自離邵武，擬還羅浮，取
　　道普慶，承林德賓居士請遊獅子峰，同合寺大衆懇山僧說
　　法。山僧固辭不已，祇得依樣畫葫蘆，隨例顛倒。若乃會
　　得，十字街頭相逢，卻在三十三天上道故。如或未然，可
　　惜獅子峰頭一場熱鬧。”

　　今按：和尚在獅子峰寺既有法語保存而爲《天然語錄》
　　所錄者，時或有《語錄》流通，而後傳本無聞歟？

　　林德賓，其人未詳。

　　普慶，即普慶寺，在今福建順昌縣境。獅子峰，古寺名。
　　在今福建寧化縣境。

有詩贈方閩賓、翁子鄭諸居士。

　　《瞎堂詩集》卷一七《贈方閩賓居士》、《示翁子鄭居士二
　　首》詩。

　　方閩賓，其人未詳。翁子鄭，或翁聲文耶？《宗寶語錄》
　　卷五有《與翁聲文居士》云：“喜麗中到山，已作廣額屠
　　兒。大丈夫故當如是，聲文自處，應亦不薄祖心。”同卷
　　又有《與翁子郊居士》。或子鄭、子郊爲昆仲耶？待考。

光孝寺刻《訶林語錄》成。時和尚當在閩中，作《刻訶林語錄成，謝諸檀越二首》詩。

《瞎堂詩集》卷一七。

詩其一云："文彩縱彰音信通，多君端的辨來風。須知熊耳山頭事，不在楞伽四卷中。"其二云："四十九年一字無，如何野老卻叨叨。垂鈎千尺深潭意，極目清波憶巨鰲。"

今按：此詩《瞎堂詩集》編在《示翁子鄭居士二首》與《留別何非衣》詩之間，當作於閩中。

在順昌與何非衣作別，有詩。

《瞎堂詩集》卷一七《留別何非衣》詩。

今按：詩題下原注："順昌。"順昌，屬福建南平。

何非衣，其人未詳。

還粵，路由汀州，作《還嶺南，汀州道中憶老父》、《汀州道中憶老母》詩。

《瞎堂詩集》卷一七。

《憶老父》詩云："六十翁翁心似鐵，知恩無路解酬恩。"

梁朝鍾進士及第。

《海雲禪藻集》梁朝鍾小傳。

崇禎十七年　清世祖順治元年甲申（1644）　三十七歲

[**時事**] 三月，李自成陷京師。崇禎帝自盡於煤山。　四月，自成西走。　五月，清兵入京，多爾袞居攝。是月，明鳳陽總督馬士英等迎立福王由崧於南都，仍稱崇禎十七年，以明年乙酉爲弘光元年。　九月，清世祖入關。十月初一日，在北京告祭天地宗社，

即皇帝位。

去年底或本年初由閩還粵，住羅浮。又應梁平生之招，偕己虛、禪功等僧自羅浮歸廣州。

《光宣臺集》卷七《瓊州圓通院記》。

記云："前歲丁亥，余自遼陽還，己虛適監寺海幢，一見若深有夙契，因言其與禪功甲申歲爲雷峰老人應梁孝廉平生之招，始離華首。平生以書生憤世，當鼎革，不自量力，爲搴旗揭竿之舉，終及於難。"

梁平生，其人未詳。據今無《瓊州圓通院記》記其及難之後，"禪功使己虛料理其家，即赤腳冒酷日走雷陽，二三往返，始能爲平生具一木，拾異處之屍。既瘞，長路梗絕不能歸，乃拉己虛渡大海而客食於瓊也。"則平生乃廣東雷陽人。

己虛、禪功，其人俱未詳。

作《勉袁調公居士》詩，有"儒門澹泊難收拾，此日撐持未有人"之句。

《瞎堂詩集》卷一七。

袁調公，其人未詳。或即袁普類也。

聞崇禎帝崩，黎遂球率衣冠千餘人哭於廣州光孝寺。

《蓮鬚閣集》卷一四《答嘉湖吳人撫》。

和尚自遭國變，志切深隱。以二親在，無可代養，就城東結宇，顏曰"小持船"，以便往省。

《天然語錄》附《行狀》。

汪譜按云：小持船爲靜室，見《海雲禪藻集》卷二今鏡傳。其址今不可考。《詩集》卷一〇有《還小持船示諸子》詩，次於《乙酉送梁弼臣北上》詩前，其落成殆在甲申間。

小持船成，招集羅龍祥居士等，有詩唱和。

《海雲禪藻集》卷四羅龍祥《小持船落成，承麗中大師招集》詩。

詩云："青門花雨歇，重見法航開。小結東林社，人從西竺來。書登天祿閣，道峻粵王臺。暫憩香壇下，依稀若渡杯。"

羅龍祥，字德若，廣東番禺人。明經。禮和尚爲居士，山名今莖，字草一。

剩人函可創不是庵於廣州城東黃花塘，以爲靜修之所。落成，和尚與黎遂球、丁邦禎、梁祐逖、李雲子兄弟等過之。

《蓮鬚閣集》卷七《喜祖心師不是庵成，同麗中師、丁善甫、梁漸子、李山農雲子諸淨侶過集》詩。

詩云："淨侶東鄰近往還，迎人老鶴護禪關。臨池小閣看如舫，渡水長橋坐對山。似倚法王裘馬氣，猶嫌長者布金慳。誰能及第心空比，寶座玲瓏芳樹間。"

汪譜按：詩無年份，次於《甲申聞雁》前一首。不是庵，在廣州番禺黃花村，俗名黃花塘。人以其地或稱黃花寺、黃花堂。《千山詩集》有《憶黃花堂》七絕，《光宣臺集》卷六有《爲尸林募修黃花堂引》、《黃華寺重修緣引》亦云在廣州東門外。乾隆《番禺縣志》云："黃華寺在東門外，崇禎十七年甲申，僧函可建。"遂球故宅在廣州芳草東街，見《翁山文鈔》，與黃華塘相去未遠，故有"淨侶東鄰近往還"句。

丁邦禎，字善甫，廣東東莞人。與張二果交莫逆，篤信浮屠之說，戒律精嚴。隆武元年舉人，張家玉疏薦促其入閩，值廣州陷未赴，以憂憤卒。

梁祐逖，字漸子，廣東順德人。崇禎十二年舉人。與黎遂球相師友，偕陳子壯等十二人修復南園詩社。廣州陷，棄家爲僧，字喆喬，未幾卒。

本年有東莞諸生陳李香投和尚削髮爲僧，受戒，名今室。

> 民國《東莞縣志》卷七四。
>
> 今室，字斷趣。本姓陳，名李香，字蘭若。廣東東莞人。邑諸生。性至孝，父嗜酒，每膳必具醇醪。又建生祠，顏曰舞班。親歿後，值國變，削髮爲僧，受天然和尚戒。築仙橋庵以居。康熙元年遷界，先祠没界外，李香移主祐入庵，俗嘲其以庵爲祠，不顧也。及病篤，囑諸門徒俟復界後奉主回鄉，乃歿。

又有南雄保昌縣李長庚謁和尚薙髮，法名今存。

> 道光《廣東通志》卷三二八據《澹園集》。
>
> 今存，姓李，名長庚，字西白。廣東南雄人。性剛果，尚氣節，有聲庠序，從學者衆多。甲申之變，哭於明倫堂。旣而曰："讀聖賢書今日，猶覷顏黌序耶？"乃焚衣冠於泮池側，走謁天然和尚，薙髮爲僧，名今存。門人鄧之璽築雙鱗庵居之，蕭然四壁，枯坐一蒲團而已。忽一日，召諸門人集庵中，沐浴端坐而逝。

除夕，剩人函可寓於南安，有詩感懷時事，繫念親友。

> 《千山詩集》卷九《甲申歲除寓南安》詩。
>
> 詩云："梅花嶺下小溪邊，寒盡孤僧淚獨漣。衲底尚存慈母綫，擔頭時展美人篇。先皇歲月餘今夕，故國風光憶去年。香冷夜深松火息，萬方從此靜烽烟。"

憨山德清真身自廬山五乳峰歸於曹溪塔院。

> 錢謙益《牧齋有學集》卷四〇《致憨大師曹溪塔院住持諸上座書》。

方以智兩次被執而得脱，幾經周折，深秋抵福建太姥山，遇陳名夏解囊相助，冬抵廣州，賣藥市中。

> 任道斌《方以智年譜》。

南明安宗弘光元年　紹宗隆武元年
順治二年乙酉（1645）　三十八歲

[**時事**] 五月，清兵陷南京，弘光帝被執。　六月，唐王聿鍵立于福建，改元隆武。　八月，金聲、江天一等在績溪起兵，敗死。　黃道周奉唐王命出兵，在婺源被俘。　吳應箕以參加義兵被捕死。　夏允彝、祁彪佳、劉宗周均自殺。　清命洪承疇總督軍務，經營江南各省。

初春，徙居白雲山之歸龍，有詩。

　　《天然語錄》附《行狀》。《瞎堂詩集》卷一七《初春避客歸龍三首》。

　　詩其一云："深山春入盡陽回，日暖梨花一半開。二十年來舊遊處，不因惆悵亦徘徊。"

　　汪譜按：歸龍，諸《志》不載。道獨年十六縛茅歸龍山十餘年，乃入博山。見《行狀》。《嶺南叢述》引《粵中見聞》云："白雲山頂爲摩星嶺，嶺有寺，亦曰白雲，寺左一溪曰歸龍，其上飛雲百仞，盤舞噴薄，明陳文忠抗疏歸，儲爲湖，建雲淙別業。"疑即其地也。又，前詩中所謂"二十年來舊遊處"者，指和尚十八歲時薦亡友入寺事。見天啟五年條。

　　今按：此詩《瞎堂詩集》次於甲申《勉袁調公居士》詩與乙酉《楊睹者居士引其子來參二首》詩之間，當作於本年。

與諸道友切磋酬唱，有《楊睹者居士引其子來參二首》、《示周聞湛居士》、《示周無隱居士》諸詩。

《瞎堂詩集》卷一七。

前詩其一云：“緇素從來一道存，異同黑白但名言。木樨香處吾無隱，大事何曾負孔門。”其二云：“父子同參事亦奇，欣逢恰在睹星時。一堂冷澹僧和俗，面面相看知未知。”題下原注：“乙酉。”

今按：詩所謂“睹星時”，即居摩星嶺時也。

楊睹者，爲大雲寺監院。《瞎堂詩集》卷一八有《大雲寺監院睹者五十一二首》詩。又，《光宣臺集》卷二〇《壽大雲監院睹者五十一》詩云：“大雲誰復振頹綱，賴有楊岐爲播揚。”

周聞湛、周無隱，其人俱未詳。

初夏，有《還小持船示諸子》、《次韻答吉州周天木》詩。

《瞎堂詩集》卷八。

詩云：“黃粱未熟誰先覺，荷葉初開我已悲。”

今按：此二詩《瞎堂詩集》次於《送梁弼臣北上》詩之前，故繫於此。

周天木，其人未詳。

梁殿華北上南都，和尚送之以詩。南都陷，殿華旋禮和尚爲居士，山名今轉。

《瞎堂詩集》卷一〇《送梁弼臣北上》詩。

詩云：“天上只今已如此，丈夫出處倍相關。時危不可徒干祿，親老何妨暫住山。綠樹清泉身足隱，眠雲坐石道能閑。秘書未必赤松意，笑殺留侯空自還。”題下原注云：“乙酉。”

梁弼臣，名殿華，廣東番禺人。明崇禎十六年進士。與剩人函可最契，可戍瀋陽，殿華欲往訪問，以病阻白門不能赴，未幾卒。

袁普類還寶安，送之以詩。

《瞎堂詩集》卷七《送袁普頴還寶安》詩。

詩云："送汝且歸隱，難逢無事人。才多常憫亂，母老莫嫌貧。安攘千秋業，田園此日春。悠悠塵世外，猶有草茅臣。"題下原注："乙酉。"

屈大均來見。和尚以其姿性奇異，命從陳邦彥學於粵秀山，治《周易》、《毛詩》，並授以捭闔、陰謀、劍術、輿地之學。同學有薛始亨、程可則、龐嘉鼇。

《翁山詩外》卷四《秋夜恭懷先業師巖野先生》詩。陳伯陶《勝朝粵東遺民錄》。汪宗衍《屈翁山先生年譜》。韋盛年《明清之際廣東抗清文人年譜·陳邦彥年譜》。

屈大均，字翁山。廣東番禺人。諸生。工爲詩，與梁佩蘭、陳恭尹並稱嶺南三大家。

陳邦彥，字令斌，號巖野，廣東順德龍山人，陳恭尹之父。明亡，應南明廣東鄉試，中舉人，擢升兵部職方司主事，派往贛州參與軍事。邦彥詩文與黎遂球、鄺露並稱"嶺南前三家"，有"粵中杜甫"之稱。

薛始亨，字剛生，號劍公。廣東順德人，諸生。嘗謁道獨爲受記，又從頂湖在慘和尚受戒。順治十四年朱彝尊遊粵始出山與之唱和，後屢招不出。

程可則，字周量，又字彥揆、湟溱，號石曜。廣東南海人。清順治九年會試第一。任廣西桂林府知府，以機敏幹練名。詩與施閏章、沈荃、王士祿、王士禎、陳廷敬等並稱爲八大家。禮和尚爲居士，山名今一，字萬閒。三藩亂起，以憂病卒於全州。有《海日堂詩文集》等傳世。

龐嘉鼇，字祖如，廣東南海人。明經。禮天和尚，山名今焰，字若雲。

黎遂球監督粵軍赴贛。城陷殉難。

《明史·黎遂球傳》。

今按：韋盛年《略論天然和尚函昰與"函"字輩諸人的交往》一文以爲遂球殉難後，剩人函可有詩悼之，而天然和尚未有詩悼之。① 和尚於美周之殉難應有悼詩，或現存之《瞎堂詩集》不錄耶？和尚《梅花詩》之作，即受美周影響頗著。② 後和尚撰有《忠愍公黎美周先生像讚》云："有美人兮名曰珍，神奕奕兮炯雙眸。積厥中以攸往兮，川既濟而亡舟。唐虞之弗作兮，舍斯人其誰求。春之華兮秋之實，苞纍纍兮西飆急。予猶及其盛兮，馳皇路而勿恤。譽日流於九州兮，方自顧其靡艾。雖國步之多艱兮，伊管寧之尚在。奚旻天之弗弔兮，羌日月之云墜。江汨汨其並下兮，鼓中流而莫返。城忽口於隍兮，臨白刃而坦坦。痛伏龍之終徂兮，知漢室之不可再也。豈泰極而忘否兮，哀碩果之不食也。睹儀容不能已於言兮，感二子之弗匱也。"末題"廬山紫霄天然昰和尚作"。見《蓮鬚閣集》卷首。所謂"二子"，指美周子彭祖、延祖也。

是年剩人函可以江南復立新王，附官人舟入金陵請藏，寓顧夢遊之樓。五月，清兵渡江，弘光帝被害，剩人親見諸死事臣某遇害，某自裁，紀爲《再變記》一書，復黯然形諸歌詠，時人多危之，剩人爲之自若。

　　《東華錄》卷二。《千山語錄》附《剩人和尚塔銘》、《千山詩集》顧夢遊序。

　　顧夢遊，字與治。江蘇江寧人。平生任俠好義，喜結交四方賢豪。有《茂緑軒集》。

---

　　① 韋盛年《略論天然和尚函昰與"函"字輩諸人的交往》，載鍾東主編《悲智傳響：海雲寺與別傳寺歷史文化研討會論文集》，海關出版社 2007 年版，第 233 頁。
　　② 參李福標《天然老人梅雪詩單刻本的文獻價值》，載《文獻》2007 年第 1 期。

是年方以智流寓嶺表，采藥五嶺。與嶺南諸子方大掄、黎遂球、陳子升等相往來。

任道斌《方以智年譜》。

隆武二年　順治三年丙戌（1646）　三十九歲

［**時事**］三月，唐王聿鍵將入贛州，鄭芝龍使軍民遮留，不得行，乃駐於延平。　八月，清軍下建寧、延平等府，唐王走汀州，執而殺之，隆武政權亡。十月，兩廣總督丁魁楚等迎桂王由榔監國於肇慶。十一月，蘇觀生别立唐王聿𨮁於廣州，改元紹武。桂王由榔遂即帝位，改元永曆。　十二月，清將佟養甲、李成棟破廣州，紹武帝及蘇觀生皆死。肇慶聞報，永曆帝奔梧州。蓋清兵於十五日早憑文武官行香入城，一旦滿城皆剃頭結辮，戴紅纓帽，家家貼“大清順民”四字於門，告示曉諭“留髮不留頭，留袖不留手，留裙不留足”等語。

和尚在廣州小持船。二月二十六日，有詩賀鼎湖山棲壑道丘六十一壽辰。

《瞎堂詩集》卷一七《頂湖棲壑律師六十一》詩。

詩云：“六十年來老道翁，頂湖山裏信難通。暫隨花鳥頻頫額，目斷雲林萬象中。”

今按：所謂“信難通”者，殆以戰雲密佈之故也。

撰《寄河源陳大受居士》、《題繡芙蓉石榴》、《書梁永祚扇頭二首》諸詩。

《瞎堂詩集》卷一七。

《寄河源陳大受》詩云:"去年此日識君面,此日今年卻
憶君。處處桃花皆似夢,分明持贈一枝春。"

《書梁永祚扇頭》詩其二云:"十載三朝野衲身,隨緣拓
鉢未嫌貧。"題下原注云:"丙戌。"

陳大受、梁永祚,其人俱未詳。

《題南院顒和尚真》詩亦作於此時。

《瞎堂詩集》卷一七。

詩云:"一條栗活如龍,水盡山窮特地通。法乳千年流
不竭,無師真智古今同。"

慧顒,又名寶應,號南院。六祖慧能七世法嗣,臨濟宗第
三世。

八月,汀州陷。熊開元以隆武帝被殺,遂爲僧,住齊
雲山中。以書偈與和尚相問訊。和尚有《復熊魚山
書》二通。又寄以詩,有"檀越近貴新脫粟,今年不
似去年貧"之句。

《天然語錄》卷一〇。《瞎堂詩集》卷一七《復熊魚山內
閣呈偈》、《又復熊內閣》、《寄熊內閣齊雲山中》詩。

復書其一云:"來諭四病,教山僧爲一切人除卻,
截斷山僧舌頭則不無,若以當無舌人語,則猶未敢相許。正使轉
一語云:'死不死,亦非病;活不活,亦非病;盡情不盡
情,亦非病;與麼不與麼,總非病,亦未是無舌人語。'
何以故?病即是藥,藥即是病,但知進前,失卻背後。今
時禪流之不如古人,均墮於此。……住持事繁,憒懂若
此,三十痛棒,其甘如蜜矣。請公試下手看。"

齊雲山,即泉州清源山。因山高入雲,故稱。又以山上泉
眼居多,別稱泉山。山有三峰,亦稱三臺山。

未幾,和尚亦入齊雲,有詩,並自作像讚。

《瞎堂詩集》卷一七《入齊雲》詩。《天然語錄》卷九。

詩云："深山高臥白雲屯，閑聽林鶯盡日喧。不爲癡呆寧有此，肝腸空向石頭論。"

像讚云："汝形短小，汝量急狹。汝眼深闊，汝情疏達。汝志孤而遠，汝心不可測。有時雷轟電忽，有時青天白日。問汝汝不知，人亦無能物。唯有齊雲頑石頭，終日與渠相對默。呵呵呵，破衲蒙頭一道翁，推移與世無拘執。繪亦得，不繪亦得，天下萬世誰人識。"

今按：像讚中云"齊雲"，則作於此時。

未幾，出齊雲。作《別熊魚山呈偈》。

《天然語錄》卷九。

偈云："擘破微塵出箇人，虛空逼塞莫爲鄰。分明內外渾無物，萬兩黃金難買貧。"

年末，和尚返粵，住西樵山。有《樵山聞亂》、《書烏石巖乞米册》詩。

《瞎堂詩集》卷一七。

前詩云："誰家年少覓封侯，待得功成萬骨丘。何似山僧癡拙好，峰頭七十恣閒遊。"據此，則是時蓋已返粵矣。

後詩云："烏巖有約足禪棲，海市蜃樓路不迷。爲問松花曾幾樹，法輪未轉鉢先攜。"

又賦《贈金宇臧》詩，有"回首倚門春夢怯，一池明月藕花寒"之句。

《瞎堂詩集》卷一七。

金宇臧，其人未詳。詩題下原注："浙江。"當爲浙江人。

《羊城即事》作於此時。

《瞎堂詩集》卷七。

詩云："一郡旌旗滿，孤城落照間。散騎何日出，大將幾時還。近海歸無渡，連雲舊有關。猶憐竹逕外，徙倚獨看山。"

十二月十五日廣州破。明唐、周、益、遼、鄧、鉅野、通山、高密、仁化、鄢陵、安南諸王皆被殺於廣州，並及諸王子孫世子，屍橫於野。和尚乃遍拾骸骨，別建冢以瘞之，不封不樹。後有議聞行在者，和尚止之曰："吾盡吾心耳，復何圖哉。"

《天然語錄》附《行狀》。《清史稿·世祖紀》。

十六日，梁朝鍾從容整冠帶，北面成禮，復拜家廟，屏家人，赴池，水淺，不能沒，鄰人救之。其僕繼至，扶起於屋之東廊，覆之長被，少更蘇。兵丁入室，叱令削髮。朝鍾大罵，被三刃而死，年四十四歲。族人以衣冠葬於其鄉番禺員岡。和尚聞之，哭以詩。

《瞎堂詩集》卷七《梁未央死難二首》詩。

詩其一云："嗟予腸欲斷，念子且何之。學道生平篤，遣情此際遲。聲名世共仰，生死君須知。白刃春風冷，懸崖撒手時。"其二云："嗟予腸欲斷，念子且何之。遂志應無憾，修名亦是癡。當觀身世幻，莫動黍離悲。回首雲山闊，龍華爲爾期。"

朝鍾舅氏霍子衡父子四人俱死之，和尚哭以詩。

《瞎堂詩集》卷七《霍覺商父子四人死難二首》詩。

詩其一云："生平多慷慨，死國在儒林。父子情偏重，君臣義獨深。碧潭今日事，明月古人心。俯仰堪誰語，一堂玄對森。"其二云："共明千古節，就義且從容。生死去來際，衣冠談笑終。草堂雲漠漠，寒夜雨溶溶。一片情孤絕，相期入碧峰。"

霍子衡，字覺商，舉萬曆鄉試，任袁州知府。後闔家住羊城。紹武廣州城破後，朝服北拜，投井而死。其妾、長子應蘭、次子應荃、三子應芷夫妻及一小婢亦相繼投井而亡。大臣聞訊，亦紛紛自盡。合葬於廣州流花橋附近。光緒九年，方爲之樹碑，稱"紹武君臣冢"。

去年徽州破時，金聲殉義。和尚以詩追悼之。

　　《瞎堂詩集》卷一七《金太史正希殉義》詩。

　　詩云：“頭目髓腦君甘舍，山河日月淚難乾。可憐石上三生話，回首歸宗夢裏看。”

　　金聲，與和尚在廬山歸宗寺有交往，見崇禎十三年條。

去年南都破時，黃端伯殉義。和尚亦以詩追悼之。

　　《瞎堂詩集》卷一七《黃司李元公殉義》詩。

　　詩云：“品行文章第一人，曾隨匡嶽憶前身。分明學到無生處，博得浮名本宿因。”

　　黃端伯，曾與天然和尚結交於廬山，見前。南京失守時，禮部尚書錢謙益率百官迎降，惟黃端伯不降，從容就義。多鐸歎曰：“南來硬漢僅見此人。”

又作《悼丁普益居士二首》詩。

　　《瞎堂詩集》卷一七。

　　詩其二云：“十二年來愧道交，相從曾約共誅茅。誰知道路多巇嶮，不在高林在石巢。”

金堡居辰、沅山中，從僧取《楞嚴》、《圓覺》諸經閱之，乃發深信，有出世意。

　　《徧行堂續集》卷一一《答巢端明孝廉》。《咸陟堂集》文集卷六《舵石翁傳》。

曹學佺卒。

南明昭宗永曆元年　順治四年（1647）丁亥　四十歲

　　[時事] 清兵取肇慶、梧州、長沙、衡州等地；兩次攻桂林，被明大學士瞿式耜、總兵焦璉等擊退。

　　大清律成。　十二月，清定官民服飾制。　明永曆帝返桂林。　秋，陳子壯、張家玉、陳邦彥以起義死，人譽之“廣東三忠”。

本年宗寶道獨往踐閩中之約。

《千山詩集》卷九《聞本師空和尚移錫閩中》、《聞本師將來石頭》詩。

今按：此二詩在《丁亥元旦昧庵試筆》之後，在《歲暮雪中》“四十風光一抹收，故鄉望斷歲如流”之前。則和尚去年住閩，正爲其師預理前事也。

年初，和尚仍在西樵山中，賦《西樵寫懷》詩十首。又作《西樵碧玉洞與諸子卜築》詩，有“誰信匡廬千尺練，曾移一半到西樵”之句。

《瞎堂詩集》卷一〇。

《西樵寫懷》詩其七云：“十年丘壑夢魂輕，漸喜人忘舊姓名。影現情緣迷處盡，融通起滅靜中明。鳥啼花落空巖意，月淡雲寒流水聲。老我儒冠勞半世，柴門猶得寄餘生。”其八云：“覓得茅庵奉老親，玉泉清洌映松筠。試茶暫過石橋北，步月遙看菊徑新。睦叟無鞋應愧母，隱峰有妹足閑身。亂離法樂饒天樂，好共人間識舊因。”其十云：“青山滿目匪人間，椰栗橫挑自往還。過客但聞時事慨，論心每覺道情慳。目前活句堪誰舉，天外搖頭笑我頑。近日有人知此意，明年三月掩柴關。”詩題下原注：“丁亥。”

汪譜按：今再受具之年未詳，今釋撰《無著庵碑記》稱其“笄年入道，壯年接法於其兄”，似今再受具約在本年間。“隱峰有妹”云云，指今心、今再也。

今按：所謂“十年丘壑”，自指崇禎九年掩關歸宗時以至于今也。所謂“覓得茅庵奉老親”，乃指其妹住西樵山庵中，奉母避亂，而和尚亦暫棲隱其中也。“近日有人知此意，明年三月掩柴關”者，殆此時已受番禺雷峰寺旋庵之請矣。參見順治五年條。

與冼文學有詩往來酬答。

《瞎堂詩集》卷一七《樵山答冼文學二首》詩。

詩其二云："蒙頭破衲樂山隅，物外無人但索居。一局未終柯已爛，肯將閑事賺須臾。"題下原注："丁亥。"

冼文學，其人未詳。

數有詩贈梁殿華、龐嘉耋等。且書牘寄之，開示佛法。

《瞎堂詩集》卷一七《樵山新篁吟贈同庵道者》、《樵山新篁吟寄若雲道者》、《答同庵上壽》、《示龐若雲居士二首》、《復梁同庵、龐若雲兩居士》、《示梁同庵居士》詩。

《天然語錄》卷一〇《與同庵、若雲兩居士書》。

書云："凡大人出世，則必有大順，有大逆，二者皆助道之因，而無優劣其間也。所謂大順者，遇真善知識，道眼明徹，具大方便，使我了了見性，不犯手於向上，不失足於旁塗，而卒至於絕學無爲之地，首尾俱正，權實兼隆。初祖西來，至於今日，善知識諄切爲人，不知凡幾，學人至誠巧值，亦不知凡幾矣。所謂大逆者，恩愛纏擾，冤對牽掣，毀辱迫逼，疾病延綿，衣食困乏。中下之士望洋而卻，不必言矣。稍有智識，亦未免左顧右盼，瞻前慮後，以至心志疑沮，歲月遷延。不知此正堅忍練達之處，大根利器，一眼覷破，把得倒用，一任橫拖直拽，總不曾動著毫釐。昔我世尊示降王宮，時父王見太子寡嗜欲，離喧瞶，心竊憂之，悅以妃嬪，娛以玩好，而太子之心終不可易。及夜半逾城，父王痛哭，倒地欲絕，百追不返。以世尊千百世行菩薩道，然後一生補處，豈不能揀擇信心父王，歡喜成就，而乃示現若此？故知恩愛難斷，爲道之切，不妨於難斷中斷。當其初斷也，即以佛之神通廣大亦不能使父母歡喜成就，而但能不爲其中阻，此後世一大榜

樣也。至於子弟，則阿難、羅睺羅皆爲弟子，嘗隨侍佛聞
道受法，天倫之樂非人間比矣。然調達、善星則家親作
祟，障礙百出。以佛之神通廣大，亦不能盡使其子弟人人
樂從，此又何說？按調達、善星自世尊初發菩提心時，多
生相逐，俱爲冥權。由此觀之，則一切障礙之人、障礙之
事，直與善知識相成功等，是皆助道之因，而無優劣其間
也。毁辱則如入城瓦礫打擲，疾病則如阿難乞乳，困乏則
如雪山六年一麻一麥，盡世尊一身逆境俱備。一生補處尤
且如此，況菩薩道中乎？所以大力量人偏於難行中行，難
忍中忍，不但不爲少退，且因之增長。諸凡不相關切，可
以隨順，不可缺權。苟於道有妨，於情易縱，則中志須
定，而亦不見悻悻之色，是在當人自具方便也。”

又有《示程雪池居士》、《贈童居士》、《贈韓瓊山》、
《贈梁樸臣居士言結道緣》詩。

《瞎堂詩集》卷一七。

《贈童居士》詩云：“千里離家但一身，鎮鋣橫按未全貧。
空門能洗英雄恨，只爲高堂尚有人。”題下原注：“浙江。”

《贈韓瓊山》詩云：“曾受靈山付囑來，百千方便一門開。
英雄出入非凡測，惟有慈心不可回。”題下原注：“揚州。”

今按：味詩語，殆童居士、韓瓊山乃江浙南下之武將。程
雪池、梁樸臣，其人俱未詳。

龐嘉鼇等爲和尚擴建南海弼唐亦庵。

《天然語錄》梁殿華序。《瞎堂詩集》卷一四《龐若雲招
遊亦庵，有懷梁同庵》詩。

詩云：“蘭若重遊興未衰，到門一望卻猶夷。當歡亦自知
今日，後會難忘是往時。籬落暫增新結構，山前尚有舊交
知。夜堂細語人何在，滿目河山涕欲垂。”

時侍者維實隨和尚在弼唐，後居守亦庵。

胡方《鴻桷堂詩文集》卷五《憶弼唐》詩。

詩其二云："幽絕徵君池上堂，老僧庵子亦陰涼。不離雨地更眠坐，但看清言何處長。"所謂"老僧庵子"，詩中原注云："天然老人築亦庵於村，使侍者維實居守。"

維實，和尚侍者。行履未詳。

梁祐逵卒。有詩哀之。

《瞎堂詩集》卷一七《喆喬禪人之歿也，欲弔不果，詩以哀之》詩。

詩題下原注："即梁漸子。"漸子，祐逵字。

未幾返廣州，住小持船。袁彭年來訪，一見如故。

《瞎堂詩集》卷八《悼袁特丘中丞四首》詩前小引。《海雲禪藻集》卷三。

袁彭年，字介眉，號特丘，湖廣公安人。袁中道子。崇禎七年進士，歷仕崇禎、弘光、隆武三朝。與禮部侍郎劉湘客、吏科給事中丁時魁、工科左給事中金堡、户科右給事中蒙正發稱"五虎"，而彭年爲"虎頭"。降清後任廣東學政、署布政使。發"金錢鼠尾，乃新朝之雅證；峨冠博帶，實亡國之陋規"之論，爲世人詬病。[1] 參與李成棟反正。順治七年清軍再陷廣州，又降尚可喜。後禮天然和尚爲居士。

有詩示旋庵今湛。

《瞎堂詩集》卷三《示旋庵》詩。

詩有云："衆生久流轉，迷於自心量。失所精了性，無覺覺所覺。分別見有我，我立生有人。衆生及壽命，一時同具足。展轉生死中，縛脱總迷悶。愚人隨業緣，住於不

---

[1] 參清計六奇撰《明季南略》卷一三"假山圖五虎號"條、"朝臣媚李元胤"條載，北京中華書局1984年任道斌、魏得良點校本。

覺地。智者覺不覺，捨生而取滅。空華陽焰裏，顛倒徒捩目。晴空迥無有，觀者莫勞累。汝與諸佛同，一切貪嗔癡。即是戒定慧，直下無有二。亦無無二想，居然登祖位。慎勿下劣心，流轉不知止。一念自覺非，善哉旋庵子。”題下原注：“丁亥小持船。”

是年七月小持船放生日，恰值妙峰今蒴禪人五十一歲生辰，旋庵今湛請和尚詩以壽之。

《瞎堂詩集》卷六《贈妙峰》、《示禪人》詩。

前詩有云：“妙峰今年五十一，適值持船放生日。湛子乞言作壽言，山僧清晨爲捉筆。”後詩有云：“聞君五十一，七月是生日。汝徒欲稱壽，請我爲著筆。”

今按：此二詩乃同時爲妙峰所作。以《瞎堂詩集》編例，其詩作於小持船時，又在掩關雷峰之前，故繫於此。

今蒴，字妙峰，江南江浦縣人，族姓闞，原名天放。順治初入粵，客寓訶林，一見天老人，五體投地，求爲比丘。《海雲禪藻集》卷三錄其詩。

秋，爲梁殿華、龐嘉耋所邀，擬結期於南海之弼唐。後居留數月。

《天然語錄》梁殿華序。

出小持船，數有詩作。

《瞎堂詩集》卷七《出小持船》、《出小持船作二首》詩。

《出小持船》詩云：“一住兩三月，蓮花空滿池。郊原戎馬急，里巷故人思。不了蒲鞋債，仍還茅舍移。悠悠無著意，何日白雲期。”《出小持船作二首》詩其一有云：“嚴城不易出，獨許看雲人。附郭餘孤木，空齋無四鄰。”其二有云：“無限傷心處，孤城人影稀。”

九月，羅賓王因參加張家玉抗清義軍，爲草倡義檄文，失敗後父子俱下獄。賓王有《寄本師空老和尚兼呈天

大師》詩。後獲釋，遂棲隱禪林，參宗寶道獨，山名
函駱，字思唐。

> 《海雲禪藻集》卷四。

> 詩云："年來長下獄，不負獄中燈。此地人誰到，懷師道益
> 增。敢無慚羑里，猶恐愧孫登。盼盼慈光上，巢雲定幾層。"

> 今按：《勝朝粵東遺民錄》稱羅賓王被逮在丁亥。汪譜及
> 蔡鴻生《清初嶺南佛門事略》均繫此詩於本年。

> 張家玉，字玄子，號芷園，廣東東莞人。崇禎進士。隆武
> 時進翰林院侍講兼給事中，授僉都御使。丙戌廣州陷，據
> 東莞與陳子壯、陳邦彥相應，轉戰增城，兵敗赴水死。

謝毓和母七十初度，求題小影，和尚詩以贈之。

> 《瞎堂詩集》卷三《謝毓和母七十初度求題小影》詩。

> 詩有云："天地不稱壽，大壽語默邊。非數量所拘，得之
> 實有緣。努力須及時，釋迦豈自然。至哉真實相，普現群
> 生前。"

> 今按：此詩《瞎堂詩集》編於丁亥所作《示旋庵》之後，
> 亦爲本年作無疑。

> 謝毓和，其人未詳。

十二月底，有詩及法語示釋子臺設今鏡。

> 《瞎堂詩集》卷一七《丁亥臘盡，臺設禪人乞詩》詩。

> 《天然語錄》卷九《示臺設禪人》二首。

> 詩云："寒夜月明雲外賞，枯椿紅綻臘前知。披衣穩坐三
> 冬足，桃李成蹊應有時。"

> 今鏡，字臺設，三水人，族姓李。年十七，隨母出世，求
> 天然禪師薙髮，稟具執侍丈室，自小持船靜室至訶林、雷
> 峰、棲賢諸大刹，皆屬綱維。

作詩懷湛六，有"四十扶筇筋力微"之句。

> 《瞎堂詩集》卷一〇《懷湛六》詩。

湛六，其人未詳。

山品今峚依和尚於廣州小持船，而其母與姊或妹依來機今再，同時脫白。

《海雲禪藻集》卷二今峚小傳。

今峚，字山品，廣東番禺人，族姓李。母奉慈氏甚謹，先遣其子往依天然和尚於小持船，供灑掃之役。自與其女依和尚之妹庵主來機。而今峚泛溢不受羈縶，和尚嚴束之不能禁，數擯斥，涕泣搴檻不去，至使人拉之戶外，終日不食，亦不捨。和尚察其誠，復收爲執侍，始受具。

本年夏，剩人函可自金陵歸，顧夢遊、余懷等有詩送之。清招撫江南大學士洪承疇因剩人之父韓日纘爲其會試房師，乃發給剩人印牌。而剩人篋中有阮大鋮《答福王書》稿，及丙、丁間親見諸死事臣紀爲《再變記》一書，城邏發焉，遂被執。當事疑有徒黨，拷掠至數百，夾木再折，項鐵至三繞，觀者皆驚咋，而剩人但曰某一人自爲，並無二語。江寧緇白環睹，咸知爲道者，悉含涕不敢發一語。

《清史稿》卷七八《貳臣傳·洪承疇傳》。順治《東華錄》。顧夢遊《千山詩集序》。

又，《晚晴簃詩匯》邢昉《讀祖心〈再變記〉漫述五十韻》亦述及之。

余懷，字澹心。福建莆田人，流寓江寧。著《板橋雜記》。

永曆二年　順治五年戊子（1648）　四十一歲

[**時事**] 金聲桓以江西、李成棟以廣東歸桂王，復明衣冠正朔。　九月，清修明史，缺天啟、崇禎記

述，令內外將各該年有干文移送內院。　春，廣州大饑，斗米八百錢。

正月，和尚在廣州。有《語錄》結集付梓，即《西樵語錄》也。梁殿華爲作序。

《天然語錄》卷首。

序云：“天然和尚以居士身，夙慧頓發，了悟上乘。後從空隱老和尚剃度於廬山，證明大法，杖錫所經，悲潛之懷溢於言際。職書記者輯而成編，付諸剞劂，屬今轉恭爲之序。夫轉固無能序，而亦無可序也。憶丁亥秋，轉與龐子若雲迎和尚結期弼唐，將謂有言可循也，有法可得也，及參隨數月，始知日星雲漢、山嶽江河，以至竹影松聲、蟲鳴鳥語，盡爲和尚筆舌，捨此而欲向一言一句之下承當個事，何異撥波求水。然則是錄也，又胡爲乎來哉？夫大聖人出現於世，其中皆大有不獲已者。衆生日見道而不見，日聞道而不聞。是不有見，孰爲不見，是不有聞，孰爲不聞，而要所見何見，所聞何聞，應必悄然自得，亦復啞然自失。靈山會上拈花微笑，我佛世尊打頭一步蚤已逗漏不少，然畢竟何如心行，何如旨趣，必使千百世而下猶有跛腳翁堪解報恩。此世尊之爲甘心，即我和尚之爲甘心也，願天下後世得意忘言，見聞都盡，自度度他，共臻無上云爾。尚區區語句中求，其罪過且與謗法等，是則今轉所大懼也夫，是則閱斯錄者所大懼也夫。順治戊子孟春門弟子今轉梁殿華稽首恭序。”

今按：梁序中有“丁亥秋，轉與龐子若雲迎和尚結期弼唐……及參隨數月，始知日星雲漢、山嶽江河，以至竹影松聲、蟲鳴鳥語，盡爲和尚筆舌”云，則是集在西樵山說法之語錄也。康熙元年八月，錢謙益《復天然昰和尚書》有"《金剛眼》、《西樵錄》諸書，錯列經笥，如奉圓音"云。《金剛眼》，指《金剛正法眼》；《西樵錄》，即指此書。

受雷峰隆興寺主旋庵今湛及其徒達此之請，駐錫說法於此，後改寺名爲海雲，爲開山第一祖。

《海雲禪藻集》卷二今湛小傳。

雷峰山，在廣州番禺東郊。《徧行堂集》卷一一《雷峰海雲寺碑記》云："番禺東境有山曰雷峰，此吾師天然昰和尚海雲道場也。自唐以前，浮沉於紫瀾回薄中一梟一鼿耳。劉漢間，有海舶抵其下，涉夜風浪大作，舟欲覆。舶主搏顙呼觀世音菩薩名號，俄見神光起於山頂，祝曰：'若幸而獲濟，願建祠以答神貺。'未幾風定。乃捐資築院，置香火田，以規久大。於是魚龍日遠，阡陌交羅，耕鑿既繁，村落著美。"

檀萃《楚庭稗珠錄》卷四云："雷峰山在番禺之東南茭塘，近虎門。昔本海中，今則桑出四繞，上有隆興寺，賈胡馬羅連所創。天然主席於此。"

清王畿《雷峰寺》詩題下注云："雷峰山，在番禺袁山鄉，寺曰海雲，又曰金甌，博大奇觀。"①

---

① 仇江《韜光佛地記海雲》一文稱：由南漢建寺開始，直至明崇禎年之前，雷峰寺的歷史未見諸文字記載。"只有蘇東坡曾遊覽雷峰寺的傳說：據稱當年寺名'金甌'，蘇東坡遊覽之後，爲寺旁的道路題匾曰'金甌大道'，匾額至今猶存，道旁的陳邊村亦因之而稱'金甌村'云云。"隨後抗日戰爭爆發，海雲寺於 1940 年被毀，至今尚未恢復。見鍾東主編《悲智傳響：海雲寺與別傳寺歷史文化研討會論文集》，海關出版社 2007 年版，第 218 頁。另可參見譚斌《海雲寺歷史與文化意義初探》，文載鍾東主編《悲智傳響：海雲寺與別傳寺歷史文化研討會論文集》，海關出版社 2007 年版，第 287—288 頁；倪明、潘志超《尋找消失半個世紀的海雲寺》，文載《廣州日報》2004 年 4 月 5 日。

爲妙峰今菊登具，並以爲侍者，偕入雷峰寺。

　　《海雲禪藻集》卷三今菊小傳。

掩關於寺中。

　　《瞎堂詩集》卷一〇《戊子春掩關雷峰，諸道俗見訊，示
　　此》詩。

　　詩云：“四十年來彈指間，荷擔大道不知頑。無緣常恐法
　　輪墜，多病偏憐夢幻慳。業識未乾迷悟假，垢心忘盡聖凡
　　閑。於今剩有蒙頭衲，敢效高僧閉死關。”

未幾返廣州訶林，賦《訶林春歸》詩，有“江山三月
裏，人事十旬違”句。又賦《夢餘軒》詩，有“浪迹
閻浮四十春，依稀重記劫前身”之句。

　　《瞎堂詩集》卷七、卷一〇。

夏，阻饑於雷峰山。

　　《天然語錄》卷一一《禪醉》二。釋成鷲《紀夢編年》。

　　《禪醉》二“近非道”云：“戊子夏，阻饑於海雲，其徒
　　少食而讓，天然喟然曰：‘吾道其以人喪耶？’又一日，
　　食而任，天然喟然曰：‘吾道其以天喪耶？’內記巖子揖
　　而前曰：‘巖得間矣。昔也食而讓，夫子以爲道非讓之所
　　幾也。今也任，任斯近矣。聞以人喪，未聞天喪者也。
　　敢請！’”

　　今按：是時寺名隆興，此云“阻饑於海雲”，乃後來追記
　　者。汪譜以爲“海雲”二字乃後來追改，不確。此云
　　“內記巖子”，即山品今崟，見順治四年條。

作《禪醉》十篇，有序。

　　《天然語錄》卷一一。

　　序云：“禪醉者，何也？蒙周曰：‘醉者之墜車，雖疾弗
　　死。骨節與人同，而犯害與人異，其天全也。’予醉於禪
　　而讓，是猶墜車者矣。讓而無解乎醉，殆所謂骨節與人同

而犯害與人異歟？使天下之人因其寐而識其醉，則予之得
全乎天者，亦將以全乎人之天也。反而齁齁然鼾而弗之
醒，至足矣，又安知其所謂疾歟？”

今按：《禪醉》十篇，或非一時所作也。今姑依汪譜，統
繫於此。

爲旋庵今湛登具，後擢爲海雲（即隆興寺）、海幢兩
山都寺。

《海雲禪藻集》卷二今湛小傳。

即覺今離受具。隨杖居雷峰，爲一衆綱維。後充華首、
棲賢監院，再領雷峰監院。離戒律精嚴，博通三乘教
典，行住坐臥，默誦不輟。方便度人，一出於至誠，
慈和之氣，達於眉宇，望而知爲有道尊宿。

《海雲禪藻集》卷二今離小傳。

雷峰華嚴長期，有詩紀之。

《瞎堂詩集》卷一七《雷峰華嚴長期》詩。

妙峰今菿爲潭山許長者所邀，前往住靜二年，和尚有
詩送之。

《瞎堂詩集》卷一七《妙峰禪人住靜潭山乞詩，示此》、
《妙靜主呈船子頌，卻示》詩。《海雲禪藻集》卷三今菿
小傳。

潭山，廣州府番禺縣茭塘都鄉名。許長者，即優婆塞弟子
許應進，法名今遠。後其子許昭爲雷峰海雲寺大殿捐資鑄
銅鐘一口。參見順治十六年條。

宗寶道獨當於本年應邀入閩。和尚有《恭懷空老
人》詩。

《瞎堂詩集》卷一〇。

詩云：“香花曾結勝緣歡，十載追隨行路難。憶別忽驚風

俗異，感寒時念衲衣單。月明千里心相照，雲起雙峰影獨
看。已是道人情似水，一回潮滿一回瀾。"

今按：詩所謂"十載追隨"者，或言自崇禎九年丙子冬與
張二果同謁道獨於匡山黃巖以至於今，十年有餘矣。時宗
寶道獨或在福州長慶寺，參順治六年條。又，《千山詩集》
卷九《聞本師空和尚移錫閩中》詩云："華臺咐囑久相違，
杖履何因別翠微。五嶺人天遮眼目，八閩風雨落珠璣。執
巾若個還隨步，揮塵伊誰忽扣機。慚愧一枝寒塞外，黃沙
白雪亦霏霏。"此詩排在《丁亥元旦昧庵試筆》詩後，亦
可佐證空和尚在丁亥年就已有入閩之計劃，或在本年入閩。

撰《初秋》詩，有"月落風高秋漸橫，此時誰復論浮
名"之句。

《瞎堂詩集》卷一〇。

七月十五日，在雷峰。有小參法語。

《天然語錄》卷二。

法語云："小參：'今日七月十五，十方諸佛同此自恣，
雷峰一眾亦同此自恣。承現前護法檀越、居士大德廣作供
養，請山僧登座說法。且問山僧未登座已前作麼生？如今
登座又作麼生？山僧不知，大眾不是山僧。大眾不知，山
僧不是大眾。'驀豎拄杖，云：'拄杖子不知，山僧與大
眾不是拄杖子。拄杖子亦不是，非拄杖子亦不是。畢竟是
個甚麼？'復橫按拄杖，云：'眼見如盲，口說如啞。衲
僧鼻孔，大頭向下。若也會得，別有佳話。若也不會，他
家自有黃金價。黃金價，無真假。不見溈山水牯牛，五字
分明在脅下。'喝一喝。"

九月，廣州宰官紳士請和尚再住光孝寺。

《天然語錄》卷一"上堂"法語。《光孝寺志》卷九《語
錄志》。

今按：《天然語錄》云九月入寺，而《光孝寺志》卷九《語錄志》卻云順治六年己丑廣州宰官紳士請訶林開堂，"師於十月二十二日入寺，即日升座示衆"。以《天然語錄》編者今辯乃和尚嗣法弟子，而《光孝寺志》之語錄乃選原本，二者均爲可信無疑。惟云順治己丑十月二十二日入寺，而未明言己丑入院爲光孝寺結冬制而來者。《語錄》於細節處約略文字，或易致惑也。人或誤以爲明年十月和尚方入院，而實則本年已在院中矣。所謂"諸宰官"者，時兩廣總督爲佟養甲，廣州知府爲陸元機，廣州府推官爲孫應璣。見道光《廣東通志》卷四五、二八〇。

九月九日，在雷峰。有《戊子九日》、《九日洪少宰西巖、袁都憲特丘放生小持船，賦此卻寄》、《九日憶梁未央，用臺設韻》諸詩。

《瞎堂詩集》卷一〇。

《戊子九日》詩云："去年此日亂離中，霜葉寒花今又逢。"

《九日憶梁未央，用臺設韻》詩云："百年蹤跡客情慳，占得雷峰一日山。籬菊飲殘陶令酒，茱萸看盡杜卿顏。死生多故聞秋雁，老大無心臥竹關。爲語登臨但乘興，長江滾滾幾時還。"

洪少宰西巖，即洪天擢，號西崖、西巖，直隸歙縣人。崇禎十年進士。南都陷，移海南道，駐瓊州。清李成棟攻陷海北，馳檄招瓊崖降。天擢不能自堅，乃請以降順歸農。既反正，天擢以與謀歸順功，特詔起用，擢吏部左侍郎。天擢素無宦情，又以名節不全，悒悒不自理，恒稱疾不視事，絕葷酒，閉戶誦佛書。永曆三年，天擢九乞骸骨，得請，去寓高州。禮鼎湖慶雲寺棲壑道丘老和尚受菩薩淨戒，法名成璠。

是年始有重修光孝寺之舉，改建韋馱殿，設立客堂五間等。

　　《天然語錄》附《行狀》。顧光《光孝寺志》卷二。

十月十四日生辰，賦詩述懷，有"四十年來又一年，舉頭平望盡霜天"之句。

　　《瞎堂詩集》卷一七《偶述》詩。

十二月八日，有茶話示眾，云："學道之士，先須除一切人我。人我是生死根本，一切是非憎愛依之而立。……所以絕量大人，只見自己過，不管他人非，盡著放下，漸漸降伏，自然有個打翻的時節。"

　　《光孝寺志》卷九《語錄志》。

同日，光孝寺中耆舊設供，請和尚上堂開示。

　　《天然語錄》卷一。《光孝寺志》卷九《語錄志》。

　　法語云："'（山僧）要爲大眾舉揚世尊睹明星那一則陳腐公案。大眾！如今那一個不夜夜睹，何曾少個什麼，爲甚總在迷裏？就如世尊當日，何曾多個什麼，爲甚卻悟？故知此事大有因緣時節，時節若至，其理自彰。在世尊分上，雖是自彰底時節，其如祖宗門下，正好喫棒。且道差別在甚麼處？'驀豎拄杖，云：'只爲拄杖子不甘，所以三千年後，帶累山僧，人天眾前，不免說破。'喝一喝，云：'向下文長，付在來日。'下座。"

是年剩人函可遣戍瀋陽。和尚懸念不能已已，形於歌詠。

　　《千山詩集》附郝浴撰《函可塔碑銘》。《瞎堂詩集》卷一〇《懷祖心弟》詩。

　　詩云："故園泉石亦遲遲，萬里雲山此一時。長對夕陽愁去雁，每因風雨夢連枝。望空天地月能語，思共林泉花不知。聞道江南多故老，笠瓢相訪未應疑。"

有詩示非二禪人。

《瞎堂詩集》卷一七《示非二禪人》詩。

詩題下原注："戊子。"詩云："同住同行六十年，曾隨清夢到林泉。不知身在雲山裏，卻指前峰峰又前。"

今按：六十年，疑爲"又十年"之誤。

釋非二，其人未詳。與王鎮遠過從較密。《海雲禪藻集》卷四王鎮遠有《春日破塵師偕曹源、非二兩上人過集家大人野樗亭，命賦》、《同非二師遊西臺庵》詩。

有《題如來雪山像》、《詠鏡示諸子二首》、《示法液居士》、《示光半禪人》、《示李幻生》、《示妙峰禪人》、《示聆玄上座》、《示已鋒禪人》諸詩。

《瞎堂詩集》卷一七。

釋光半，海幢寺僧，於海幢有恢復之功。其法名殆今照。《海雲禪藻集》卷三今毬有《贈光半照公》詩。

法液、李幻生、聆玄、已鋒，其人俱未詳。

新會楊無見居士書來，以詩示之。

《瞎堂詩集》卷一七《楊無見居士書來，以詩示之》詩。

今按：楊無見，即新會諸生楊大進。一旦棄俗，遍參濟、洞諸老，後至雷峰而得印證授記，法名今覻，字石鑑也。《徧行堂續集》卷八《棲賢石鑑覻禪師塔銘》記其履歷甚詳，並稱："初謁天然是老人於小持船，甫拜起，老人呵其盜法，師愕然問故，老人曰：'子以予從儒來，欲瞰祖關，入理窟，資筆舌，非正信也。'師不覺折服，始刻心受教。"此當發生在本年之前。今無《光宣臺集》卷六有《棲賢詩序》，亦甚稱其詩。

頓修今漸侍者問道，示之以詩。

《瞎堂詩集》卷一七《示頓修侍者》詩。

詩云："讓公曾亦侍盧能，十五年來面目仍。足下馬駒天下踏，果然今古競頭稱。"

今按：以《瞎堂詩集》編例目之，此詩當作於本年。《海雲禪藻集》卷一今漸小傳云："頓修，字今漸，浙江湖州府歸安縣人。姓茅氏，鹿門先生茅坤裔孫。辛卯入雷峰時，年始二十，求見天老人，出世之念益堅。"則今年似尚未參謁和尚。而據《光宣臺集》卷六《送頓修監寺棲賢序》云："余與頓修同遊雷峰之門，學性命之學，乃庚寅歲又學爲文、學詩、學書，書以天資勝，詩以清逸勝。顧嘗戲之曰：'此四事，與汝鴻溝爲界。'頓修未之許。"明確言之庚寅以前亦與阿字今無同學於和尚之門久矣。故"辛卯入雷峰"之說誤。

廣慈今攝侍者問道，示之以詩。

《瞎堂詩集》卷一七《示廣慈侍者》詩。

詩云："一見桃花更不疑，數枝紅綻自相宜。招攜直入千峰裏，溪月山雲似舊時。"

廣慈，即今攝。廣東番禺崔氏子。世席豐腴。未脫俗，初參天老人，早已留心宗乘。老人曰："汝要究竟此事，非出家不可。"及歸，即以世典分散諸子，嚴辦披緇，依老人三十年如一日。居侍寮最久，後充雷峰監院諸職，叢林營建，多所經畫，期以徹悟爲則。有《巢雲遺稿》。

崔采問道，示之以詩。

《瞎堂詩集》卷一七《示崔石師》詩。

詩云："念念須自見其心，莫教隨世枉升沉。勳名蓋代一場夢，惟有此心無古今。"以《瞎堂詩集》編例目之，作於本年是。

崔石師，《喻園集》卷首《較刻喻園集同社姓氏》列"崔采石師甫"，則石師名采，行履未詳。

是年阿字今無十六歲，抵雷峰，依和尚，始知有向上事。

《光宣臺集》卷首古雲撰《海幢阿字無禪師行狀》。張玲、梁基永《今無阿字禪師簡譜》。①

今按：汪譜繫於明年，殆以虛歲爲實歲而致小誤。

小除日，居士柯庭蒼、李震先等辦供，請升座示衆。

《光孝寺志》卷九《語錄志》。

柯庭蒼、李震先，其二人俱未詳。

除夕，有茶話示衆，云："今日除夕，天下人盡於此夕著忙，惟有我衲僧家不然。且道衲僧家具個甚麼道理？只是貧亦了得，富亦了得，乃至有無長短，一切了得。甚而是非、好惡、聲色，無有不了之處。不是無，只是了。"

《光孝寺志》卷九《語錄志》。

永曆三年　順治六年己丑（1649）　四十二歲

[**時事**] 清廷因民間流傳"洗民訛言"，下令辟謠。　清封孔有德定南王、耿仲明靖南王、尚可喜平南王。命三王同定廣東，各率其部以行。　清軍在各地加緊進攻。正月，破南昌，金聲桓死。明前大學士姜曰廣投水死。三月，攻信奉，李成棟死。江西入清。

時宗寶道獨在閩地，駐錫福州怡山西禪長慶寺。福建巡撫佟國鼐等深加禮敬。

《宗寶語錄》卷首釋函昰《長慶老和尚行狀》。沈涵《西禪長慶寺志》。

―――――――――

① 張玲、梁基永《今無阿字禪師簡譜》，載鍾東主編《悲智傳響：海雲寺與別傳寺歷史文化研討會論文集》，海關出版社 2007 年版，第270 頁。

《行狀》云："閩人聞其風，以雁湖小剎致師，師亦欣然航海而就。至則雁湖爲賊煨燼。師寓南臺，得山林公、克之方公、孔碩林公一見心折，與閩郡諸大老，請主西禪。撫臺佟公爲新之，一時道風遍洽，户屨常滿。"

《西禪長慶寺志》卷二《禪宗志·重興空隱禪師》云："順治六年巡撫佟公國鼐延住本山。時寺久廢，止存大殿，其餘盡作民居，山樹莊田，俱屬他姓。師道行精堅，矢志恢復。佟公深加禮敬，因率諸當事縉紳鳩金庀材，營建殿宇，贖回各產。祖剎重光，皆師力也。"

佟國鼐，遼東人。順治三年任巡撫。招流亡，安反側，遠近懷服。戊子歲飢，土賊聚衆圍城。國鼐探知賊情，擒斬渠魁，剿捕餘寇，境內以安。時巡按周世科專任酷刑，國鼐濟以寬仁，多所全活。

和尚住光孝寺。元旦，於風旛堂升座示衆。

《天然語錄》卷二"小參"。《光孝寺志》卷九《語錄志》。

法語云："'年新，月新，日新，風旛堂亦新。訶林與大衆遘此一會，心目豁然，各各將謂自無而有，慶快生平。亦還知年年此年，月月此月，日日此日，昔之風旛堂、今之風旛堂，曾無得失，豈有去來？只是一向埋沒人間，遂使年年、月月、日日可望而不可即，知之而不能親到。今日時節到來，不待希求，還其本有。訶林與大衆據座底據座，圍繞底圍繞，說底說，聽底聽，坐臥行住，俯仰周旋，總在其中，念想頓息。所以道：雖然舊閣閒田地，一度贏來方始休。贏底事且置，作麼生說個休底道理？'良久，云：'目下重修莊嚴，沿門打募，土水經營，全仗諸上座、諸居士努力。'卓拄杖。"

重修光孝寺殿宇古跡，如風旛堂、敕經樓、方丈、筆授軒等，建立客堂五間。有《復風旛堂舊址》詩。

《瞎堂詩集》卷一〇《復風旛堂舊趾》詩。《天然語錄》
附《行狀》。《光孝寺志》卷三。仇巨川《羊城古鈔》。

詩云："夢斷風旛不可尋，虛堂猶見古人心。一池春水臨
高閣，十畝荒烟想故林。人事暗銷芳草盡，道情偏共亂雲
深。月明此地知何限，薄影橫窗曾幾吟。"題下原注：
"己丑。"

汪譜按：乾隆《南海縣志》云："順治六年，□□禪師開
法訶林，重建風旛堂、敕經樓、方丈、筆授軒。"蓋以時
諱，故缺天然二字。

是年阿字今無虛齡十七歲。春，於光孝寺受《壇經》，
至參明上座因緣。

《光宣臺集》卷一二《雷峰老和尚七十示生頌》詩十首
其一。

詩云："菩提月滿萬山秋，卓卓金針映碧流。誰向風旛酬
妙義，飄零窮子未曾收。"詩末注云："今無十七歲時，
珠衣未繫，傭倩爲艱，老人方坐菩提樹舉唱宗乘，因投座
下，問法風旛，慶睹法會之盛。此己丑春事也。"

又，《光宣臺集》卷首釋古雲《海幢阿字無禪師行狀》、
卷七《瓊州圓通觀記》亦記之。

四月初八浴佛日，和尚有上堂法語。

《天然語錄》卷一。《光孝寺志》卷九《語錄志》。

法語云："浴佛，上堂。驀豎拄杖，云：'釋迦老子生也。
生也，諸人在甚麼處見得？汝若見得，也好三十棒，汝若
不見得，也好三十棒，且作麼生？昔雲門大師雖則擒賊先
擒王，殊不知消息一漏，遍地荊棘，帶累山僧一條熱棒橫
搠豎搠，左搠右搠，搠到天明，依舊可憐生。'擲下拄
杖，云：'維那今日不得普請。'"

授菩薩戒，有示衆法語。傳錫，有示衆法語。

《光孝寺志》卷九《語錄志》。

侯性過訪，和尚有詩贈答。

> 《瞎堂詩集》卷一〇《答商丘伯侯若孩》詩。
>
> 詩云："披衣夜夜睹明星，古寺寒塘戶半扃。笑我拋閑居市井，多君相見望州亭。千家燈火銷兵甲，萬里烟波注海溟。野老新承堂構舊，好添封事進壇經。"題下原注："時風旛堂新復。"
>
> 侯性，字若孩，河南歸德人。家世豪貴，爲人狡黠無賴，驕縱不法。永曆時頗干國政，給事中金堡論劾之。梧州陷，降清。

四月十五日結夏，有升座示衆，云："山僧今日爲你諸人結夏安居，不圖你諸人參禪學道，只要你守分隨緣。"

> 《光孝寺志》卷九《語錄志》。

戚大僕爲其三公郎戚陞受法名理安普齋，請升座示衆。

> 《光孝寺志》卷九《語錄志》。
>
> 戚大僕，其人未詳。

五月，與梁殿華、王邦畿諸人唱和，賦《與梁同庵、王說作夜坐風旛堂》詩，有"相看今古盡，無語是非齊"之句。又賦《夏日書懷》詩，有"入夢青山一榻穩，逢人丹荔半餐肥"之句。

> 《瞎堂詩集》卷七、卷一〇。
>
> 王邦畿，字誠籥，廣東番禺人。副貢。禮和尚爲居士，山名今吼，字說作。工於詩，與程可則、梁佩蘭、陳恭尹、方殿元、方還、方朝爲清初嶺南七子。有《耳鳴集》。

六月，有《晚登風旛閣》詩。

> 《瞎堂詩集》卷七。
>
> 詩云："望處江山舊，憑高獨愴然。曾隨章貢水，直抵秣

陵天。六月溪樓上，三年樵舍前。風光今夕異，撫景倍流連。」

鄺露謁和尚，有《風旛堂答天和尚》詩。

汪譜據黃宇亭藏詩扇。

詩云：「水盡月還櫃，空搖旛不飛。自憐心轉口，欲辨已忘機。」

鄺露，字湛若，廣東南海人。諸生。有詩才。永曆中，薦擢中書舍人。還廣州，清兵至，與諸將守城凡十閱月。城陷，不食死。有《赤雅》、《嶠雅》。

初秋，郡守、丞、倅諸公過光孝譯經臺，賦詩誌之。

《瞎堂詩集》卷一〇《初秋郡守、丞、倅諸公過譯經臺》詩。

詩云：「浩公載自鹿門至，諗老床頭接趙王。不是野人情簡略，都緣護法意深長。虎溪苔印秋容淡，玉帶光流山色涼。珍重諸賢然諾處，譯經臺畔木樨香。」

今按：味詩語，則譯經臺之復，當有郡守、丞、倅之護持。據光緒《廣州府志》卷二三，當時郡守爲陸元機，浙江山陰人。郡丞當爲孫應璣。

七月十五日解夏，有上堂法語，云：「十五以前沒有甚麼佛法生，十五以後沒有甚麼佛法滅。十五以前，爾要去只管去，我也沒有鉤鉤爾；十五以後，爾要住只管住，我也沒有錐錐爾。」

《光孝寺志》卷九《語錄志》。

嘗自言：「山僧在訶林時，有一僧呈偈數十首，山僧接得，但放案上，便問：『無夢想，無見聞，主在甚麼處？』渠答云：『正在學人放身捨命處。』山僧向渠道：『據你此答，定謂會得落枕子時消息了也。我更問你，祇如第一問、第二問，還過得麼？』渠便謂：

'猶是學人疑處。'山僧不覺失笑，云：'今人勝似古
人，古人第一問、第二問過得，惟過不得第三問。今
人先過得第三問，第一、二問反過不得。豈不是會得
底，與身心全無交涉。'究其流弊，始於師家有個極
則處，教學人會。……殊不知癡狂兩頭走，總不曾向
真實一回悟得。是以今時師資，說處盡有，若到做處，
蚤已逗漏出許多生滅。"

《天然語錄》卷六。

破塵古卷於光孝寺戒壇剃落。後隨杖入雷峰。

《海雲禪藻集》卷二古卷小傳。

古卷，字破塵，廣東從化人，族姓鄧，俗名璁。邑諸生。
聞天然禪師道傾嶺南，日遊訶林門下，竊聽餘論，忽起疑
情，勃然有出世之志。時龍象騰踏，法席最盛，穎鋒無出
其右者。因求道過苦，寢食俱忘，脅不沾席者年餘，遂以
病蛻。

王瑒有《喜天和尚自訶林解夏掩關雷峰》詩。

《海雲禪藻集》卷四。

詩云："迢迢海闊烽烟遠，虞苑深秋一棹還。手拂寒雲歸
野逕，窗開明月認前山。孤峰掃塔藏高影，萬木橫橋斷俗
閒。池上風旛翻論後，滿庭黃葉掩荊關。"

秋，與崔采泛舟，有詩紀之。

《瞎堂詩集》卷七《與崔石師泛舟》、卷一〇《與崔石師
泛舟》詩。

前詩云："與子乘桴去，何妨盡日遊。江山能友我，漁佃
總方舟。拚醉不須酒，無心亦似秋。他年回首處，風起綠
榕洲。"後詩云："深閉柴扉獨種園，何人招我破雲痕。
竹搖青影落河渚，日蘸寒光出海門。秋水連天橫小艇，晚
烟籠樹失孤村。歸來一路漁歌起，蘆荻洲前月色溫。"

今按：後詩作於己丑年，前詩亦所詠同時令風物，當同時作。又，《瞎堂詩集》卷一七《悼崔石師四首》詩，其二云："遠別沉吟古墓邊，傷心曾憶五年前。何人重覓鸎溪上，纔問崔郎已渺然。"悼詩乃和尚於順治十年癸巳在廬山作，見順治十年條。而云"五年前"，則泛舟事當在本年早間。

袁彭年、刘遠生过访，有詩。

《瞎堂詩集》卷一〇《秋日喜袁特丘、劉同庵過訪》詩。

劉廣胤，字遠生，以字行，別號同庵。陝西富平縣人。少與其弟湘客客生俱善文章，喜交遊，名播關中。崇禎末，拒張獻忠有戰功。弘光元年，擢爲兵部職方主事，巡撫南贛僉都御史。永曆元年，授刑部左侍郎，遷兵部尚書，提督京營戎政。桂林爲清兵所陷，遠生退走溪峒瑤族寨中，憂悲成疾而卒。

又撰《憶老親》、《答劉客生中丞用來韻》、《葵扇二首》、《秋夜述懷》、《如是居憶椒園用憨山韻》、《吊王勃用達此韻》諸詩。

《瞎堂詩集》卷一〇。

劉客生，字湘客。遠生弟。與左都御史袁彭年、禮部侍郎劉湘客、吏科給事中丁時魁、工科左給事中金堡、戶科右給事中蒙正發，合稱永曆朝"五虎"，客生爲"虎皮"。著《行在陽秋》，專記永曆朝事。

達此，今湛之徒。見《海雲禪藻集》卷二今湛傳。

椒園，在廣州光孝寺。據光緒《廣州府志》卷一二〇載：陳學佺、梁堅德（克載）同受戒於椒園。

汪起蛟以詩問訊和尚，和尚喜甚，酬以詩。

《瞎堂詩集》卷一〇《酬汪明府用來韻》詩。

詩云："綠水繞門依古渡，青松夾岸喜秋聲。"

汪明府，即汪起蛟，字漢翀，號磚石，河南南陽人。貢生。順治三年起，爲番禺縣令。

秋末，有詩寄訶林，勉諸衲珍惜韶光，努力辦道。

《瞎堂詩集》卷七《勉訶林諸衲》詩。

詩云：“寒到驚秋盡，無雲天欲垂。道情添老大，人事暗遷移。掃葉供烹茗，擔泉先灌葵。韶光應共惜，世路此何時。”

十月二十二日廣州諸宰官紳士請訶林開堂，即日升座示衆，拈香祝讚畢，斂衣就座說法。

《光孝寺志》卷九《語錄志》。

法語云：“驀豎拂子，召大衆云：‘還會麼?’放下拂子云：‘真心無揀，大道非遮。體絕見聞而不離見聞之緣，用同聲色而不是聲色之事。如蟲禦木，文彩偶彰，對鏡看花，心目俱喪。所以掩室摩竭，杜口毗耶，固非玄妙之機，豈墮功勳之位? 山僧六年以前一場敗闕，已甘荒山匿影，破衲蒙頭。乃承諸當道、諸鄉紳、護法檀越、長者居士、寺中禪衲、方外高流，迫索再三，苦辭不可，只得俯順時機，復升此座。若論向上一門，不可畫蛇添足，須知千差無別，何妨作浪興波。一塵立而國家鼎盛，萬機休而千聖不攜。放開捏聚，惟我能知，殺活縱橫，非凡可測。一切處變易不得，何勞掘地出空。未生前面目儼然，不用續鳧截鶴。理貴從來，事由今日。未明八法，枉自楷模。已協宮商，別諧音律。’喝一喝。卓拄杖下座。”

今按：所謂“六年以前一場敗闕”者，指其崇禎十五年省親廣州時陳子壯等延請開法訶林事。

結冬制，當事郝尚久、范承恩辦供，請升座示衆。

《天然語錄》卷一。《光孝寺志》卷九《語錄志》。

法語云：結制上堂：“年年三百六十日，不曾動著毫釐。

今日無端截取九十日，爲汝諸人開爐結制。承郝、范兩大護法設供，請山僧登座說法，貴圖汝諸人直下明取者九十日底道理。爾若明得九十日底道理，從無始來至於今日，總是者個道理。又從今日盡未來際，也是者個道理。明得也是者個道理，明不得也是者個道理。既明得、明不得總是者個道理，山僧今日又作麼生？"良久，云："不因紫陌花開蚤，爭得黃鶯下柳條。"卓拄杖一下，復舉："陸亘大夫向南泉，云：'肇法師也大奇特，解道，天地同根，萬物一體。'南泉指庭前牡丹花云：'大夫，時人見此一株花，如夢相似。'若是訶林則不然，儻有人問：'肇法師也大奇特，解道，天地同根，萬物一體。'爲向伊道：'白雲常在戶，青靄數當峰。'且道與南泉相去多少？"

郝尚久，李成棟副將。順治十年，殺車任重投誠，權鎮潮州，結寨金山頂。明年叛，自稱新泰伯，奉南明永曆七年號。閏八月，靖南王耿藩憲統滿漢官兵及土兵號十萬，分駐城外。九月，以巨礮攻西北門，陰遣舟師登東城。尚久奔金山寨，與子堯投井死。見乾隆《潮州府志》卷三八。范承恩，李成棟副將杜永和之偏將。行履未詳。光緒《廣州府志》卷八〇據《通鑑輯覽》載：順治七年十一月，"廣州城三面臨水，李成棟在時，築廣州城兩翼附于城外，爲礮臺，水環其下。大兵攻圍十閱月不下，杜永和偏將范承恩約內應，決礮臺之水，大兵藉薪徑渡，遂得礮臺，是月二日克其城。承恩來降，杜永和由海道奔瓊州。"

長至日，升座示衆。

《天然語錄》卷一。《光孝寺志》卷九《語錄志》。

法語云："今日長至，在處叢林熱鬧，打普齋，散襯施，吹法螺，擊法鼓，請堂頭老漢說個應時及節底佛法。惟我這裏冷啾啾地，只有一個栗棘蓬拋向諸人面前，一任諸人吞吐。"

又有茶話示衆，勉諸人於此佛法凋零之世順正理。

《光孝寺志》卷九《語錄志》。

法語云："如今末世，佛法凋零，師家與學人俱順顛倒，而不順正理。山僧平時東廊下、西廊上，禪堂裏、方丈裏，與你諸人說長說短、說是說非、商量古今，時情目下，都不曾見你諸人著個眼孔，而今山僧出來食茶，便個個拈起紙筆記。山僧說話難道今日才是麼！豈不是順顛倒?"

十一月二十五日，王瑯爲其母王妙慶老道人忌日，請升座示衆。

《光孝寺志》卷九《語錄志》。

王瑯，字澹子。廣東番禺諸生。與黎遂球、朱學熙友善。禮和尚爲居士，山名今葉，字開五。有《野樗堂稿》、《黿雨樓稿》等。

十二月八日，說菩薩戒示衆。

《光孝寺志》卷九《語錄志》。

有詩寄答龐嘉鼇、梁殿華。

《瞎堂詩集》卷一〇《寄龐若雲用梁同庵韻》、《答梁同庵疊前韻》詩。

臘月十日，光孝寺範銅世尊象上座。時和尚住雷峰，當道侯性、袁彭年與鄉紳王應華、曾道唯等敦請復出訶林，升座示衆。

《光孝寺志》卷六"法系志·歷代住持"、卷九《語錄志》。

法語云："將軍范公範銅世尊像，像成入火，同省中諸大檀越命山僧遠還，證明功德。山僧有一句子請問大衆：前天然燒佛煨寒，今天然衝寒安佛，且道還有送別也無？……"

王應華，字崇聞，號園長，廣東東莞人。明崇禎元年進士。官福建按察使、禮部侍郎。明亡，歸粵。廣州破，偕何吾騶出降。後赴桂王行在，輔永曆帝，拜東閣大學士。帝入桂後，與函昰同禮道獨，山名函諸，字言者。

曾道唯，字元魯。廣東南海人。萬曆進士，官至山東按察使，以病乞歸。崇禎間，起浙江右轄，調湖廣左轄，以親老乞休。有《介石齋稿》。

將軍范公，即范承恩。見順治五年條。

陸漾波有詩贈和尚。

陸漾波《光孝寺東禪堂銅佛鑄成，天然和尚至。同袁特丘、何紫屏諸先生過訪。次韻》詩。①

詩云："聞說山僧返舊林，招呼玄度共幽尋。半床薤葉供危坐，幾樹梅花伴素心。妙相乍依山月皎，香雲時覆水亭陰。追攀欣得南宗旨，疏磬泠泠空外音。"

陸漾波，字漢東，廣東韓江人。有《回風草堂詩集》。

新會居士魯弘超、陶弘鍠等請茶話示眾，云："這都是無事取事，挖肉生瘡。你諸人有恰好話頭不知裁取，卻來向善知識口裏探頭側耳，殊不知早已受瞞了也。"

《光孝寺志》卷九《語錄志》。

魯弘超、陶弘鍠，其人俱未詳。

年底，受新會邑侯萬興明、總戎李公請，說法大雲山之龍興寺。

《瞎堂詩集》卷七《文玉居士七十一歌》詩。《海雲禪藻集》卷三。《廣東通志》卷二二九。

---

① 見廣州市佛教協會編、釋耀智主編《羊城禪藻集·光孝寺》，花城出版社 2003 年版，第 94 頁。

《文玉居士七十一歌》詩前有引，云："憶己丑臘，承邑
侯萬公、總戎李公請，說法大雲，一時縉紳文學並集爲蓮
社。文玉居士稱白眉，故及門諸士多公族。"

萬興明，江西南昌人。舉人。

李公，其人未詳。

龍興寺在新會縣城西大雲山之陽，隋唐名洪化，宋僧惟直
復建，易今名。

將別雷峰，有詩示諸子。

《瞎堂詩集》卷七《己丑冬赴古岡大雲請，因示諸
衲》詩。

詩云："萬里寒烟直，虛空起大雲。長廊風葉捲，古殿月
華分。歷歷應非物，忉忉何所云。一堂僧與俗，誰見復
誰聞。"

又有詩贈王邦畿。

《瞎堂詩集》卷七《與王說作》詩。

詩云："君但先爲復，年來欲住山。多因酬世拙，以此樂
吾閒。黃獨豈真美，青松未可刪。尚能不賤目，雲水去留
間。"詩題下原注："復大雲之請。"

按：以此詩目之，和尚年底有大雲山之行，殆以王邦畿爲
中介也。則此詩作於成行之前。

記汝今帾侍行並有詩。

《海雲禪藻集》卷三今帾《隨本師赴古岡請，舟中
作》詩。

詩云："岡州有流水，昨日送我舟。言投金粟地，長別海
中鷗。何期未四旬，還尋舊釣遊。江花似笑人，梟雁嘲中
洲。一訝來何早，更問何所求。豈知學地人，舉動戒專
由。我師受此請，命侍巾瓶頭。大道無真俗，分別匪所
侔。借路令還家，鄉國如莊馗。此意無人知，東風吹

蜃樓。"

今惃，字記汝，廣東新會人。番禺諸生潘楫清水因者也。從和尚受具。辛丑爲雷峰典客，後隨杖住丹霞，充記室，再從老人住歸宗。有《借峰詩稿》。

一時古岡縉紳、文學並集座下爲蓮社。

《瞎堂詩集》卷六《文玉居士七十一歌》詩前小引。

又，《廣東通志》卷四五、卷二二九亦載之。

在暇園說法。

《天然語錄》卷二。

法語云："暇園小參：'雷峰十三年前承諸公命曾到此間，今日重來與諸公相見，且道相見底事作麼生？'"

今按：此則法語是和尚康熙元年至新會時所開示者。所謂"十三年前"，即指本年。參見康熙元年條。

歲末，有詩酬贈何士壎。

《瞎堂詩集》卷一〇《歲晏和何朗水韻二首》詩。

何士壎，字文若，別號朗水。士琨、士域弟。廣東新會人。崇禎八年拔貢。隱居不出。有《古照堂集》、《嘯閣清史》等。

本年薛始亨與和尚相見，未幾作別。

薛始亨《蒯緱館十一草·與天然和尚書》。

書云："己丑別丈室一行，卻掃山中，日與三寸毛錐、幾葉故紙作生活。回首悠悠，竟成何事，真慚愧無地也。和尚現肉菩薩身，擊大法鼓，見聞者無不虛往實歸。而某甲以二十年前早識皈依，乃不得與有情之種同需普雨，不大可憐憫耶？大事因緣，此生誓願成者，非有退轉也。但不時親近之故有二，一者盈盈衣帶，恒懼海氛，某甲貧無童僕，出門有行李之累；二者某甲衣裳無新製，到省常畏人，以此時時浩歎，豈不馳慕左右也？又劣體多病，四十蚤衰，每恐出息不保入息，在今日實不能效和尚會下諸君吟詩寫字作名士之態，談笑終日，自詡大根器之所爲也。……丹成之後，更加真參實證，想亦可也，孰與大言無根器如梁同庵、英卓今，日日長齋，時時參悟，倏忽病痰火而殞哉！和尚何以教之？偶緣魚便，輒附布區區，不知所裁。"

今按：此書未知作年，然薛氏今年有與和尚聚會唱和則無疑也。

無方今應禮和尚，受具。後繼旋庵今湛爲雷峰監院。慈忍謙遜，人皆樂爲之用。會修建殿宇，榬櫨瓴甋坌集，應密審尺寸，量材大小，然後指麾匠石，皆中繩度，無竹頭木屑之遺，人服其能。

《海雲禪藻集》卷二今應小傳。清宣統《番禺縣續志》卷二七。

《天然語錄》卷九和尚有《示無方監寺》偈云："欲知萬法皆如夢，須悟能生萬法人。根塵不到非光影，鐵樹花開朵朵新。"

今應，字無方，廣東番禺人，族姓許。

足兩今嚴受具，和尚有詩偈示之。

《天然語錄》卷九《示足兩書記》。《海雲禪藻集》卷二今嚴小傳。

《示足兩書記》云："足子乞我四句偈，特地爲將一句酬。誰信江南三月裏，鷓鴣啼暮萬峰頭。"

今嚴，字足兩，廣東順德人，族姓羅，名殿式，字君奭。邑諸生。與兄寅皆有文名，梁朝鍾、梁佑逵皆呼爲小友。有《西窗遺稿》。

止言今墮薙染受具，和尚有詩偈示之。命爲訶林監院。不久奉書入閩，省覲師翁宗寶道獨。

《天然語錄》卷九《示止言知客》。《海雲禪藻集》卷二今墮小傳。

《示止言知客》云："○不是者個道理，●不是者個道理，⊙不是者個道理。偈云：瞥爾情非昔，無心路更賒。暗明冥合處，特地見周遮。海底泥牛吼，山頭石女嗟。不因秋漸暮，方睹東籬花。若能圓會得，與汝共龍華。"

今墮，字止言，廣東番禺黎氏子，原名啓明，字始生。喜談論，尚氣節，因鄉亂其兄遇難，遂無意於世，盡散家產，結納名賢。

今按：今墮所謂"盡散家產，結納名賢"者，據學者考察，乃與釋古正等在和尚授意下住順德容奇雨花寺，結納天下志士以參與反清復明運動。① 此說未穩。今墮、古正是否結納天下志士反清復明不論，然非和尚授意者，則決然可明也。

妙峰今莂呈《船子頌》，卻示以詩。

《瞎堂詩集》卷一七《妙靜主呈船子頌，卻示》詩。

有詩示徐衣繫祖母知量道人。

《瞎堂詩集》卷一七《示知量道人》詩。

徐衣繫，其人未詳。

侍者古證擬入匡山，和尚有《送證侍者》詩勉之。

《瞎堂詩集》卷一七。

詩云："送子匡山爲卜居，懸崖飛瀑夢魂隨。莫貪筍蕨遲春信，忘卻雷峰靳額時。"

今按：以上三詩《瞎堂詩集》次於戊子年所作《偶述》詩之後、《辛卯夏日大雨戲示諸衲》詩之前。當是本年前後所作，姑繫於此。

---

① 參楊權《天然函昰》，嶺南美術出版社 2012 年版，第 33 頁。

古證，字竟清，廣西梧州人，姓陳氏。遇姜山部公行募粵
西，班荆與語灑然，異之，導以生死夢幻，因求出世。攜
歸雷峰，見龍象如林，其志益篤，復還挈一子一女並求落
髮，女度爲尼，依無著庵。

在古岡度歲，有詩。

《瞎堂詩集》卷七《古岡除夕》詩。

本年和尚離光孝寺後，雪盛今盌爲光孝寺住持。

吳立民《禪宗宗派源流》。

吳文稱："今盌（一六一二至一六九〇），系函昰禪師俗
家弟子。""清順治六年（一六四九），掌光孝寺法席，直
至圓寂，有《語錄》和詩集傳世。"

今按：《瞎堂詩集》卷三有《示雪盛禪人》詩，云："雪
盛供我研，即日乞書扇。我書既不佳，報稱亦頗賤。嘉爾
解人意，忘我筆墨俚。忻然惠一言，似詩而實偈：汝性如
美石，良工待雕琢。因緣信有時，逡巡懼瓠落。汝事余有
年，忽務徒周旋。何如一片石，抱璞蹲吾前。我聞古之
學，慕道如饑渴。"其人於和尚住持下殆爲監院。《徧行
堂集》卷一〇《光孝寺東禪堂募飯僧田疏》云："吾師天
然和尚開法苟林，十方衲子之所奔湊，迨十餘年，叢林稍
稱具體矣。同學雪盛盌公久總院務，願力才望，一衆所
推，風雨枝梧，功亦不細。猶以香積時匱，寤寐興悲，乃
發勝心，謀諸護法，置十方常住田以垂久遠。"其於光孝
寺有興復之功。《光孝寺志》卷二載："睡佛閣"，"僧今
盌修建"。《歷朝捐置常住田產善衲》載："（明）懷宗崇
禎間，僧今盌一位。"今盌，又作今碗。道光《廣東通
志》稱僧今碗於順治六年募修光孝寺。

今盌俗姓曾，名起芸。和尚俗弟。

丙丁戊己後粵變屢更，師叢席愈盛，每闡發禪理三教

同源，聞者莫不喜悅，縉紳遺老有託而逃者多出其門。和尚提持之功德莫大，而其勞苦尤卓絕也。

清道光《廣東通志》卷三二八據《南海縣志》。

《廣東通志》按云：天然和尚逃儒入墨，師事空隱，丕振洞宗。其時禮空和尚者，有函諸，字言者，東莞戊辰進士、禮部侍郎王應華園長也；函聞，東莞明經王應芊崇芳也；函义，字安老，南海人，都督同知酈日晉無傲也；函美，字於斯，番禺丁卯舉人職方司主事黎遂球美周也；函全，字全人，南海癸酉解元陳學佺全人也；函機，字妙明，番禺壬午舉人梁朝鍾未央也；函駱，字思唐，番禺乙卯舉人南昌郡丞羅賓王季作也，皆與天然爲佛門昆季。其禮天然者，則今忭，字高齋，湖廣甲戌進士都憲袁彭年特丘也；今宣，福建癸未進士副憲何運亮紫屏也；今悟，字了閑，番禺人，戶部員外謝長文伯子也；今葉，字開五，番禺文學王瑢澹子也；今報，字薦緣，香山人，兵部職方司主事楊晉二雪也；今象，字乘白，番禺文學梁聲駿郎也；今吼，字說作，番禺副貢王邦畿誠籥也；今心，字目青，新會文學英上卓今也；今一，字萬閒，南海壬辰會元、桂林知府程可則周量也；今莖，字草一，番禺明經羅龍祥德若也；今傅，字當來，番禺乙酉舉人彭釪崑玉也；今舒，字舍予，番禺文學林夢錫葉元也；今彭，字遠公，番禺明經黎彭祖務光也；今延，字宣公，番禺恩貢黎延祖方回也；今楸，字鄴門，番禺隱士謝楸惟秉也；今趣，字淨德，番禺副貢何國相良哉也；今揚，字揚公，番禺文學張審鵠孟發也；今鷥，字月藏，番禺舉人樊應元長文也；今豎，字亞目，番禺儒學教授潘楳元浣光也；今焰，字若雲，南海明經龐嘉耋祖如也；今濟，字蕩虛，番禺隱士崔植培生也；今載，字大車，番禺隱士麥定元正言也；今

惺，新會布衣湯晉建孟也；今濟，字法航，番禺文學謝振
翻厥搖也；古根，字靈杖，番禺布衣高嘉學斯啟也；古
若，字若蓮，番禺布衣王鎮遠虎拜也；古混，字知處，番
禺文學李蜚粵長吉也；古行，字敦庵，番禺明經朱衡少平
也；古總，字大持，番禺人，候選州佐何王捷少軍也；古
記，字當蒭，番禺布衣黃燦間如也；古頑，字靈洲，番禺
隱士謝儼望畏也；古峰，字石人，新會布衣何九淵澤四
也；古深，字自得，番禺中書衛文英傑元也；古穎，番禺
布衣許穎識微也；古贅，字鏤白，番禺文學林上達苑君
也；古荄，字二荄，番禺文學許城清漳也；古瓚，增城文
學陳灩夔石也；古意，字悟非，龍川舉人劉久初長孺也；
古湄，字宛在，番禺隱士謝楷儀世也；古童，字十真，順
德文學張蓋都直咨也；古聲，字無聞，番禺文學梁逢聖達
子也；古翼，字輔曇，番禺布衣王隼蒲衣也；古咸，字無
物，番禺隱士韓嘉謀旅庵也。

今按：所謂“有託而逃者多出其門”者，指不願與新朝
合戴一天，甚乃暗懷反清復明之計者多入和尚座下，得和
尚法雨霑溉。然不得反謂和尚亦與此等遺民“隱隱相
通”，甚反謂和尚亦一遺民僧。和尚超凡入聖，總攝有
情，遺民來逃者，殆有情之一類耳。誠然，和尚固從前明
儒士中來，於遺民之關係亦近，固有其接引之方便。然遺
民之類習氣頗重，入道往往較他類反更有阻礙者。遺民於
亂離之際來投者眾，和尚攝化之功德至高，而總持教團之
勞尤苦卓也。又有謂和尚“逃儒入墨”，尤爲無謂之論。
和尚由儒入佛，乃是在離亂之際感西方有大聖人過於孔、
孟者，又何必誣爲“逃”耶？

永曆四年　順治七年庚寅（1650）　四十三歲

［**時事**］清兵過梅嶺，入廣東。桂王走梧州。　孔有德破桂林，明督師瞿式耜被俘遇害。　二月，清兵圍廣州。十一月初二日，清尚可喜破廣州，屠城七日，死者七十萬人。是爲"庚寅之劫"。鄺露等死之。①

正月，在大雲山月林堂説法，有《語錄》。

《天然語錄》卷二。

法語云："元旦，小參：'去年元旦風幡堂與諸人相見底，即今年元日月林堂與諸人相見底。今年元日與諸人相見底，又即年年月月日日與諸人相見底。山僧見底，又即諸人見底。諸人見底，又即山僧見底。山僧與諸人相見底，又即山僧與諸人不見底。所謂一步不動而遍歷道場，隨緣赴感而長處此座。於此會得，如來禪敢保諸人委悉。若是祖宗門下未夢見在，且道祖宗門下又作麼生?'喝一喝，云：'一人頒夏曆，萬國奉春王。'卓拄杖。"

今按：和尚自去年底至今在古岡，多有法語開示。故亦當有《古岡語錄》編輯流通，後彙入《天然昰禪師語錄》。

---

① ［荷蘭］約翰·紐霍夫（John Nieuhoff）《從聯合省的東印度公司出使中國韃靼大汗皇帝朝廷》云："韃靼全軍入城之後，全城頓時是一片淒慘景象，每個士兵都開始破壞，搶走一切可以到手的東西，婦女、兒童、老人哭聲震天。從十一月二十六日到十二月十五日，各處街道所聽到的，全是拷打、殺戮反叛蠻子的聲音，全城到處是哀號、屠殺、劫掠。凡有足夠財力者，都不惜代價以贖命，然後逃脱這些慘無人道的屠夫之手。"轉引自［美］司徒琳著，李榮慶等譯《南明史（1644—1662）》，上海古籍出版社1992年版，第131頁。

在古岡與諸子遊，撰有《與諸衲遊知園》、《遊圭峰》、《歸過石澗》、《古岡聞警》諸詩。將還雷峰，又有《將還雷峰留別古岡諸子》、《諸子送予江門口占慰別》詩。

《瞎堂詩集》卷七。

《將還雷峰留別古岡諸子》詩云："一自聞風鶴，深慚遁者譏。尋生人有路，策杖我何歸。舊築青山穩，征帆野岸微。江城重回首，春草綠依依。"

過藍田時，訪老友岑梵則，有詩紀之。

《瞎堂詩集》卷七《過藍田訪岑梵則二首》詩。

詩其一有云："何期當此日，復見老成人。未亂先歸隱，爲園及早春。"其二有云："惜別自今日，交遊憶十年。……往事不堪論，遐心總入玄。悠悠江上水，遙望白雲邊。"

岑梵則，其人未詳。

藍田，在廣東南海縣扶南堡。

約於正月末，光孝寺解冬制，升座示衆。

《天然語錄》卷一。《光孝寺志》卷九《語錄志》。

法語云："解制，上堂：'一期之內，諸人還構得也無？構得也三十棒，構不得也三十棒，諸人作麼生？你若腦後無眼，直饒喝乾滄海，棒倒須彌，猶是硬作主張，茫茫業識。所以道，末後一句，始透牢關，把住要津，不通凡聖。若到此間，山僧也須喫棒，只是無人下手。衆中還有下手底麼？'有僧出，纔禮拜，師云：'伏惟珍重。'下座。"

參戒楊神悟居士請授優婆塞戒畢，和尚爲之說法。

《光孝寺志》卷九《語錄志》。

楊神悟，其人未詳。

還雷峰後，常有詩懷古岡諸子，並寄詩王邦畿，以訴別情。

《瞎堂詩集》卷七《還雷峰》、《還雷峰寄王說作》詩。

前詩云："夜夜還山夢，夢中山宛然。青松猶夾岸，綠竹已參天。卻恨忙年月，深憐舊草玄。看看秋又盡，歸雁入寒烟。"後詩云："歸臥雷峰下，聞君去古岡。同時見秋雁，一棹入寒塘。籬菊何年醉，溪雲看獨長。人生幾回別，老大畏行藏。"

二月，和尚有詩，感懷時事。

《瞎堂詩集》卷一〇《庚寅二月雷峰即事》詩。

詩云："野寺疏鐘接晚笳，薊門殘雪嶺南花。十年征戰江雲斷，二月風烟山日斜。古洞暮猿淒絕岸，荒原明月照誰家。越王臺上西風急，夜夜哀魂到海涯。"

又撰《次韻答侯若孩太傅二首》、《送商丘伯侯若孩》詩，有"戎馬十年腸亦冷，竹床二月夢先涼"之句。

《瞎堂詩集》卷七、卷一〇。

侯若孩，即侯性。見順治六年條。

三月，王應華入曹溪，有詩寄懷。

《瞎堂詩集》卷一〇《懷王園長》詩。

詩有云："海門一夜寒沙起，香水三春野服遊。"詩題下原注："時園長入曹溪。"

今按：時曲江南華祖庭有住持僧實行真修募捐重修六祖靈照塔、大雄寶殿等，並得平南王尚可喜資助。見康熙《曹溪通志》卷一"建制規模"。

王園長，即王應華。

時和尚生父本淨公自廣州至雷峰薙髮受具。智母師太亦促居近寺。和尚有詩紀之。

《瞎堂詩集》卷七《喜老父薙髮》、卷一〇《雷峰三月三首》詩。

《雷峰三月》詩其二有云："七十老翁初入寺，八年慈衲
望孤村。"詩中原注云："時老父新棄家爲僧，老母爲尼
已八臘，亦促居近寺。"

今按：《喜老父薙髮》詩云："隱峰曾有妹，先此樂仍
仍。"則其妹今再早於其父出家。

梁殿華寄書和尚，言將北上。和尚復詩贈行，兼訊千
山剩人函可。

《瞎堂詩集》卷七《梁同生書辭北上，賦此寄別，兼詢祖
心弟》詩。

詩云："因亂頻相失，驚聞忽遠行。長安從舊路，出處此
時情。萬里山川險，三春風雪清。故人猶可晤，期以慰
生平。"

汪譜云：《瞎堂詩集》十一有《九日悼梁同生》一題，次
癸巳詩中，十七有《答同庵自壽》，《復梁同庵》，《示梁
同庵三絕句》。薛始亨《蒯緱館草·與天然和尚書》云：
"梁同生忽然病痰歿殞。"蓋禮函昰爲居士，亦遺民也。

今按：梁同庵、同生，即梁殿華。見順治十年條。

釋子足兩今嚴亦有詩悲懷時事，且有兼念遠人剩人函
可之意。

《海雲禪藻集》卷二今嚴《庚寅三月》詩二首。

詩其一云："寂歷空山春鳥啼，孤城遙望海天齊。東郊戰
馬嘶寒戍，南浦樓船鎖大隄。血染燕臺誰慟哭，笳吹粵嶺
盡流涕。明朝又是逢寒食，一曲長謠日已西。"其二云：
"日落黃雲萬井陰，臨流一望欲沾襟。可憐薊北春風起，
吹向江南綠樹深。壯志已消金虎夢，何人方作臥龍吟。海
門幾月重圍裏，蘆荻漁歌自古今。"

和尚賦《雷峰夜雨》、《春晴望訶林諸衲》、《懷匡山諸
衲》詩。

《瞎堂詩集》卷一○。

今按：《雷峰夜雨》詩題下原注："時老父初至自廣州。"
即出家雷峰也。《懷匡山諸衲》詩有"不覺蹉跎又十年"
者，指和尚崇禎十四年春出匡廬，至今已十年矣。

夏至日，有上堂法語。

《天然語錄》卷一。

法語云："長至，上堂，豎拂子云：'是陰是陽，作麼生
說個來復底道理？'放下拂子，云：'一回夢覺渾忘卻，
始解今年是去年。'"

自恣日，有上堂法語，以六祖"但能見己過，便與道
相當"語勉衆。

《天然語錄》卷一。

法語云：自恣，上堂："道無所得，惟有寡過。我世尊在
然燈佛所無有少法可得，故號大覺能仁。六祖大師云：
'但能見己過，便與道相當。'後代善知識亦云：'兄弟，
東去西去，直須向萬里無寸草處去。'"驀豎拂子，云：
"識得拂子，三大老性命在者裏橫拖直拽。"放下拂子，
云："更有一般奇特事，梧桐一葉下秋庭。"

中秋日，有上堂法語，勉大衆參明自家心性，切莫錯過。

《天然語錄》卷一。

法語云："上堂：'中秋又到，皓魄重輝，雲散長空，影
同滄海，山河景仰，童叟歡呼。'以兩手作圓相，云：
'只各人分上，者一個爲什麼略不著眼？'復以手拋向後，
云：'一回心目分明極，萬古清光錯過多。爲什麼分明又
道錯過？莫將水中便當天上。'遂高聲喚大衆，云：'可
惜許！'"

此日故人馮紫光來訪，和尚與之共座長林，傾談故國
往事。

《瞎堂詩集》卷七《中秋馮紫光過雷峰二首》詩。

馮紫光，其人未詳。

秋，又有《秋日懷出山諸衲》、《秋月》、《喜光半入山》諸詩，感事懷人，云："野寺無人掃敗葉，寒江有客阻妖氛。""莫是秋原戎馬急，欲教白髮閉門生。"

《瞎堂詩集》卷一〇。

重陽前後亦多有詩什哀懷時事。

《瞎堂詩集》卷七《九日登三老峰》、卷一〇《九日雷峰登高》、《十日再登峰頂》、《十一日三登峰頂》、《秋盡》詩。

《秋盡》詩云："海門風急浪千尋，萬里山河老衲心。……相看獨我知秋盡，徙倚同誰到夜深。搔首碧天無限意，石寒林靜雁聲沉。"

三老峰，乾隆《番禺縣志》卷四載："在雷峰之西、南、北御屏岡，爲員岡鄉御史崔廷圭建門樓，坊額云瑞接三臺，即指此。上有飛仙足跡，鑿之復完。其下有三昧泉焉。跡旁有石，中窪圓如鉢，深八九寸。中一小孔，湧泉不竭，其味甘美，俗謂仙人水碗也。"

冬，有《答李山農》、《遣懷》詩。

《瞎堂詩集》卷一〇。

《答李山農》詩云："誰憐雪竹題詩處，殊愧金山贈衲情。""年來旦夕成今古，何日遲君石上盟。"

《遣懷》詩云："身前身後路漫漫，滿目雲山夢裏看。零露不凋楓葉盡，哀鴻到處菊花殘。田橫壯士何年淚，煬帝歌姬舊日歡。惟有老僧與孤客，夜深常覺月明寒。"

今按：二詩《瞎堂詩集》同繫一處，且云"惟有老僧與孤客"，殆同贈李山農者。

李山農，即李雲子。見天啓五年條。

十一月廣州城破後，屈大均於番禺雷峰海雲寺從和尚

落髮受具，法名今種，字一靈，被選爲侍者，題所居
曰"死庵"。

　　屈大均《翁山文外》卷一〇《姓解》、卷一一《死庵
　　銘》，《翁山佚文二輯·髻人說》。《屈氏家譜》卷一一。
　　《屈大均年譜》。《有學集補·羅浮種上人詩集序》。

冬至前二日，函可招集東北流人左懋泰諸人爲冰天
詩社。

　　《千山詩集》卷二〇《冰天社詩》。

　　其序曰："白蓮久荒，堅冰旣至，寒雲羃羃，大地沉沉。
　　嗟塞草之盡枯，幸山薇之尚在。布衲韞袗，匪獨杲長老
　　之梅州遠逐；孤臣憔悴，尤甚韓吏部之潮陽夕遷。珍重三
　　書，蕭條隻杖，每長歌以當泣，寧寡和而益高。蘭移幽
　　谷，非無人而自芳；松植千山，實經冬而彌茂。悲深猿
　　鶴，痛溢人天。盡東西南北之冰魂，洒古往今來之熱血。
　　旣不費遠公蓄酒，亦豈容靈運雜心。聊借雪窖之餘生，用
　　續東林之勝事。詩逾半百，會未及三。搖搥漫題。"

　　社集詩第一會小序云："北里。庚寅至前二日，爲北里先生
　　懸弧之辰，余首倡爲詩，和者僧三人，道二人，士十六人，
　　堡中寄和及后至者八人，合二公子，共得詩三十二章。"

　　左懋泰，字大來，山東萊陽人。明崇禎七年進士，吏部員
　　外郎。順治初爲人誣告，充軍鐵嶺。

臘月初八，和尚在海雲寺，有上堂法語。

　　《天然語錄》卷一。

　　法語云："臘八，上堂：'睹星始覺從來舊，萬里雲霄信
　　步歸。難忘熟處成孤負，爭怪雷峰別有機。'驀豎拂子，
　　云：'安得不孤負？'"

歲末，賦《冬日》、《冬夜》詩，有"甘心墮小乘"、
"時危邨寺穩"之句。又作《庚寅除夕》詩，有"忍

見新燐流大漠，不聞歸客向孤城"之句。

　　《瞎堂詩集》卷七、卷一○。

阿字今無與頓修今漸同游於雷峰和尚之門，本年且學
爲文，學詩，學書等。

　　《光宣臺集》卷六《送頓修監寺棲賢序》。

金堡本年遣戍清浪衛，會清兵至，道阻不得行，押解
走竄，遂入桂林，督師瞿式耜迎居小東皋，留充書記。
辭曰："朝廷罪人，安可私佐相公，且時事已去，非
敢愛死。"與通政司印司奇同寓茅坪草庵。桂林陷，
遂於庵中落髮爲僧，法名性因。

　　徐乾學《澹歸禪師塔銘》。吳天任《澹歸禪師年譜》。

永曆五年　順治八年辛卯（1651）　四十四歲

　　[**時事**] 正月，清世祖御太和殿，始親國政。
二月，清兵攻下肇慶。孫可望遣將至南寧，殺大學士
嚴起恒等，脅封爲秦王，永曆帝許之。　清兵攻下兩
廣州縣多處。　七月，嚴禁旗人投充漢人生事害民。

新正在雷峰，有《元旦》、《新月》、《送王說作歸龍
江》、《諸子夜集方丈》、《宿訶林》詩。

　　《瞎堂詩集》卷七。

　　《送王說作歸龍江》詩云："別去當正月，相期二月還。
三旬風雨夜，百里海雲間。吾道難爲俗，君心亦自閑。梨
花涼月上，人影待春山。"

　　《宿訶林》詩云："不到訶林久，悠然鐘磬音。戰爭成佛
地，雲樹幾人心。畫角孤城暮，春風古殿深。徘徊今夜

夢，依舊在長林。"

又賦《雷峰春事用明教韻》詩，有"吾宗後死有人
在，懶病餘生假我閑"之句。

《瞎堂詩集》卷一〇。

明教，即宋僧契嵩。

作《落齒吟》，云："食筍忽落齒，方知非壯年。"《喜訶
衍還山》云："乍別驚予瘦。"《病》四首，云："茶爲
傷脾少。"

《瞎堂詩集》卷七。

汪譜按云：蓋和尚年來遭逢世變，體氣漸衰矣。

釋子識盡、震六相次而歿，有詩悼之。

《瞎堂詩集》卷一〇《識盡、震六自皈隨予十年，相次而
歿。撫今思昔，情不能勝，詩以寫之》詩。

詩云："烟沒臺空成異代，鳥啼花落又深春。"

識盡、震六，其人俱未詳。

夏日大雨，有詩戲示諸子，時雷峰殿宇未備，齋厨乏
食。實苦中作樂也。

《瞎堂詩集》卷一七《辛卯夏日大雨戲示諸衲》詩。

詩云："一回風雨便淋漓，數十殘僧面面窺。大地江山同
逆旅，不妨權且作船居。"

秋，有《秋日》、《登樓望諸衲二首》、《雷峰雨後》
諸詩，繫念外出分衛之釋子。

《瞎堂詩集》卷一七。

本淨公當卒於庚寅、辛卯間。是年重九日掃父塔，
有詩。

《瞎堂詩集》卷七《九日掃老父塔》詩。

十月十四日，和尚誕辰。林夢錫有祝壽詩。

《海雲禪藻集》卷四錄林夢錫《冬月祝本師天和尚四十又四》詩。

林夢錫，字葉玄，廣東番禺人。文學。禮和尚爲居士，山名今舒，字舍予。

阿字今無年十九歲，於參證中聞貓聲汗下，大徹宗旨，覺世界如擘。走見和尚，和尚曰：“夜半至此，何爲？”曰：“‘不思善，不思惡’，只道得一半。”和尚曰：“那一半聻？”今無作貓聲而出，嗣後當機脫癮無滯。爲落髮受具。

《光宣臺集》卷一二《雷峰天老和尚七十示生頌》詩其二。

詩云：“蕨藜栗棘恣鉗錘，嚼碎崑崙事未奇。七日貓兒方大叫，雷峰松栢影參差。”詩中原注云：“庚、辛、壬，廣州烽火而雲林無事，某於此歲月醉象术馳，取裁無所。辛秋而後，頑石可鞭，猩唇欲轉，學隨鹵莽，悄畏趙州，不足以當一大噱也。”

今按：《光宣臺集》附古雲《行狀》亦紀其事，然謂“年十七，受《壇經》，聞貓聲”，誤。

是年爲訶衍今摩落髮受具，後舉爲第三法嗣。

《光宣臺集》卷一〇《智母師太塔銘》。今摩塔銘。

汪譜按云：今摩落髮之年，據《海雲禪藻》卷一今摩傳謂：“庚寅冬，一夕窺內典，遂盡蠲夙習，從大父母落髮，同時受具雷峰。戊寅秋示寂，世壽七十，僧臘四十有六。”此文有三誤：大父本淨公之落髮在庚寅三月。《瞎堂詩集》十《雷峰三月三首》有“七十老翁初入寺”句，自注“時老父新棄家爲僧”。此一誤也。大母智母師太爲尼在壬午，見《光宣臺集》。此二誤也。假定今摩爲僧在庚寅，卒於戊寅，則僧臘爲四十九。此云四十有六，則三誤也。今據《智母師太塔銘》謂“孫男一人琮，辛卯亦成比丘"語，繫於本年。惟明《大統曆》庚寅十一月閏，清《時憲曆》辛卯二月閏，今摩落髮之年，《禪藻》、《塔銘》相差一年，或用新舊曆有不同歟？

今按：據廬山現存今摩塔銘，今摩"生於明崇禎庚午七月二十九日巳_{下闕}清康熙戊寅年_{下闕}子時，世壽六十_{下闕}十有六"。"世壽六十"下當闕"九"字，"十有六"上當闕"僧臘四"三字。亦當在辛卯歲薙髮，與《智母師太塔銘》合。又，《海雲禪藻集》僅謂"庚寅冬，一夕窺內典，遂盡蠲舊習"云，未必即在庚寅冬薙髮，其"從大父母落髮，同時受具雷峰"，在明年也。所記其實不誤。

今摩之俗妻某亦落髮爲尼。

蔡鴻生《清初嶺南佛門事略》。①

見一禮和尚受具。和尚有偈示之。

《天然語錄》卷九《示見一侍者》。《光宣臺集》卷二一《壽見一》詩。

阿字詩云："廿載心情此日看，世人同譜我同壇。"詩中原注："予與見一同受具。"

和尚偈云："一見桃花更不疑，數枝紅綻自相宜。招攜直入千峰裏，溪月山雲似舊時。"

見一，其人未詳。《海雲禪藻集》卷三今儆有《送見一桃公還匡廬》詩，則見一名今桃乎？

頓修今漸與山品今喦縛茅雷峰山麓，閉關逾二載。

《海雲禪藻集》卷三今漸小傳。

今按：小傳云頓修今年方始入雷峰謁和尚受具，前已辨其誤矣。而言本年始閉關差爲近之，故繫其事於此。

① 蔡鴻生《清初嶺南佛門事略》，廣東高等教育出版社1997年版，第191頁。

是年間平南王尚可喜折柬相邀，以病辭不赴。勉出，
以賓主見，禮意殷隆。次日不辭而退。其高峻如此。

《天然語錄》附《行狀》。《廣東通志》卷三二八《函昰
禪師傳》。

又，《清稗類鈔》載：“可喜仰慕高蹤，禮聘至邸，一宿
即告歸。或問之，曰：‘平南具佛性，而無定力，遊豫多
忍，蕭墻之禍，不旋踵矣，遑計其他耶！’”

秋，和尚爲劉湘客受具，字之曰思圓，並有詩贈之，
云：“世外應無限，忘情亦大難。”

《瞎堂詩集》卷一〇《答劉客生中丞用來韻》、卷七《送
思圓》詩。薛始亨《南枝堂集》劉湘客序。

《答劉客生中丞用來韻》詩云：“海天秋色共茫茫，雁影
長空入草堂。……選佛未應遲破衲，襆頭先願爲人忙。”

題下注云：“客生爲大司馬同庵弟，後入雷峰脱白，字
思圓。”

釋子轉禪病，出訶林。和尚有詩慰之。

《瞎堂詩集》卷七《轉禪病，出訶林》詩。

今按：詩云：“三冬訶子舍，八載荔枝山。”蓋追述相隨
足跡也。荔枝山，蓋小持船之所在也。和尚於崇禎十七年
闢小持船以爲靜修之所，至今已八年。而轉禪殆即於彼時
彼地皈依和尚也。

有詩懷釋子達此。

《瞎堂詩集》卷七《夢達此》詩。

詩云：“獨行傍山水，病中知汝情。”“兩年歸未得，昨夜
夢分明。”

有輓舊同年友陳慧業詩。

《瞎堂詩集》卷七《輓陳慧業道人》詩。

詩云：“生死泥洹等，多君一去來。因緣如及盡，迷夢

未曾乖。白鷺烟光淨，金牛月影回。精魂他日舊，回首
話生臺。”

本年和尚當有羅浮之行。

《瞎堂詩集》卷一一《上華首臺》詩。

今按：此詩作於辛丑。詩中有“不到羅浮已十年”句，
則本年前後有羅浮之行。參見順治十八年條。

除夕在雷峰，有詩。

《瞎堂詩集》卷一〇《辛卯除夕》詩。

本年剩人函可住瀋陽千山，春夏間有《憶麗中法兄》
詩，詩云：“闊別何年思杳茫，一聲孤雁淚淋浪。想
當亂極悲親在，共愛恩深見國亡。書信竟無通遠塞，
烽烟曾否到禪房。舊時相識多新鬼，只恐身存已斷
腸。”五月，得宗寶道獨示札，始悉順治四年八月二
十八日博羅城陷而闔家殉難之耗，滿腔悲憤，寫下
“地上反奄奄，地下多生氣”之句。因親人已死光，
故晚年自號千山剩人。

《千山詩集》卷一〇、顧夢遊序。明末剩人和尚年譜。

千山，在今遼寧省遼陽縣，原名千朵蓮花山，以山峰層疊
聳立而得名，簡稱千山。

本年正月，桂林茅坪庵主僧私度亡將，騎兵數百大索
庵內外三日，性因金堡幾不免。創傷雖合，而常苦饑，
乃負佛像磬魚應莫氏西席。

吳天任《澹歸禪師年譜》。

永曆六年　順治九年壬辰（1652）　四十五歲

[時事] 二月，清兵入嘉定府。　七月，李定國

破桂林。清孔有德自殺。

在雷峰。元旦集衆，有詩。

    《瞎堂詩集》卷一〇《壬辰元旦》詩。

    詩云："山門瑞氣入初年，龍象齊瞻古殿前。……舉額但祈戎馬息，林泉無事日安禪。"

新正有《初春》、《正月十七日》、《得止言舊冬書》諸詩，感懷時事。

    《瞎堂詩集》卷一〇。

    《正月十七日》詩云："此日干戈傳海岸，一年憂樂問田間。園林雨過春猶淺，里社燈殘人尚閒。鳥語忽聞山客去，鐘聲初歇暮潮還。江城遠近胡笳起，嫩綠重雲早閉關。"

    止言，即今墮。見順治六年條。

二月，釋子離欲今□、足兩今嚴、廣慈今攝諸人乞食東江，和尚有詩贈行，並柬陳康叔、王應華諸道友。

    《瞎堂詩集》卷一〇《送離欲、足兩、廣慈乞食東江，兼柬陳康叔、王園長》詩。

    離欲、陳康叔，其人俱未詳。

三月，平南王尚可喜在廣州城北建太平庵，並鑄鐘紀功。

    蔡鴻生《清初嶺南佛門事略》。[1]

清明，和尚有詩，悲山郭失色，遠人不歸。

    《瞎堂詩集》卷一〇《清明》詩。

性因金堡自桂林行腳入佛山、廣州，求掛搭地不可得，

---

① 蔡鴻生《清初嶺南佛門事略》，廣東高等教育出版社1997年版，第203頁。

經袁彭年引領，禮和尚於雷峰寺。

《瞎堂詩集》卷一〇《袁特丘送澹歸入山》詩。《徧行堂集》卷六《刻袁特丘總憲軼詩序》。《咸陟堂集》文集卷六《舵石翁傳》。

詩云："破寺尋僧又五年，香花重見昔人賢。壁間高韻遲投老，槽廠行人欲解禪。谷口白雲何處入，溪流黃葉舊時緣。通玄頂上應無憾，滿目河山只偶然。"

今按：澹歸入雷峰寺，殆袁特丘作爲介人者。澹歸與袁特丘關係頗密。王夫之《永曆實錄》卷一九載："彭年早樹聲望，弘光中，尤以伉直爲天下想慕風采，既而隳節貪榮，遂爲士大夫所厭憎。瞿式耜、嚴起恒、堵胤錫皆重惡之。彭年知物望不厭，益爲戛岸，文過自矜。金堡始以其習知國憲，不畏權幸，獨與交好；既而隨元胤赴闕，要君請罪，既得優旨，施施自得，堡亦自悔其失交。"[1] 王夫之乃永明重臣，其筆下所記"自悔失交"云，應是實情，然澹歸與袁氏二人實際並未"斷交"。

和尚歡喜，先命之滌碗寺中，臘八日爲之登具，易名今釋，字澹歸。

《咸陟堂集》文集卷六《舵石翁傳》。

又，《澹歸禪師年譜》據葉恭綽《談藝錄》"明今釋逸詩"一條云："相傳其出家後，匿跡某寺，司廚事，人無識之者。值新貴遊寺，乃其門下也，一見大驚，百方詢所欲，不答；固請，乃曰：'寺中僧多，尚缺飯碗。'其徒乃特至江西景德鎮定燒飯碗一千，捨之寺中，用之多年，至今尚有流傳，認爲珍玩者，名曰澹歸碗。"

時止言今墮自福州長慶歸雷峰，遇戒期，推選闍黎。

---

[1]　清王夫之撰《永曆實錄》，岳麓書社1982年版，第169頁。

恰澹歸登具，心識其師資，禮敬尤殊，巾錫相隨者
數載。

　《海雲禪藻集》卷二今墮小傳。

袁彭年乞爲優婆塞。

　《瞎堂詩集》卷八《悼袁特丘中丞四首》詩。

　詩前有引，云：“特丘丁亥見予於廣州小持船，一晤便如
宿好。嗣予徙訶林，入雷峰，音問未嘗少間，每相見輒多
勉勵。壬辰乞作優婆塞，漸知有向上事。”

此時尚可喜感和尚法力，爲雷峰寺鑄銅佛，又爲廣置
寺田。澹歸今釋、梁殿華、崔采、臺設今鏡、無方今
應等皆預鑄佛之役。

　《徧行堂集》卷一一《雷峰山海雲寺碑》。《廣州寺庵碑銘
集》。宣統《番禺縣續志》卷三六。

　《雷峰山海雲寺碑》云：“壬辰，鑄造鎏金釋迦如來一軀，
瑋麗殊絕。”

　銅佛款識題爲：“博山下二世雷峰隆興寺本師天然昰和尚
率大檀越喜鑄。”

　今按：澹歸《徧行堂集》卷四〇《爲伍鐵山題畫》云：
“道力難將業力驅，化人心血竟無餘。轉嬰鏡應消磨盡，
丈六金身尚索居。”詩末跋云：“壬辰預鑄佛之役，同學
如梁同庵、崔石師、臺設鏡、無方應皆爲異物，餘遷化尚
多，大殿猶未落成，爲之三歎。”又，樊封《南海百詠續
編》記云：“鼎革後，天然和尚主講焉。平南鎮粵，仰其
高風，爲之廣置寺田，更虔鑄佛像，金光丈六，以志香火
因緣。土木之盛，近時罕有，遂爲海邦上刹。”《勝朝粵
東遺民錄》卷四亦云：“（尚可喜）以函昰開法雷峰之海
雲寺，因捐金鑄銅佛，高丈餘，置寺中。復廣置寺產，俾
成海邦上刹。”

鑄銅像時和尚有小參法語。

《天然語錄》卷二。

法語云：“雷峰範銅世尊像，小參：‘山僧有一句子請問
大衆：古天然燒佛煨寒，今天然衝寒安佛，且道還有差別
也無？若說有差別，古今不可有二道也。若說無差別，分
明用處各異，作麼生說個無差別底道理？’驀豎拄杖，
云：‘會麼？’放下拄杖，云：‘彩雲影裏仙人現，手把紅
羅扇遮面。急須著眼看仙人，莫看仙人手中扇。咦！孟八
郎又與麼去也。’”

今按：此則法語又見於《光孝寺志》卷九《語錄志》，內
容差同。見順治六年條引。訶林、雷峰範銅像事必有之，
然和尚當無在不同場地說同一法語之理，《天然語錄》與
《光孝寺志》所據者或有一誤。

澹歸今釋與王邦畿相識於雷峰，歎服其爲嶺表詩家之
秀，且稱：“雷峰雖提持祖道，然不廢詩，士之能詩
者多至焉，皆推說作爲第一手。”

《徧行堂集》卷七《王說作詩集序》。

時無方今應禪師爲雷峰寺監寺。

《徧行堂集》卷五《無方應禪師五十初度序》。

序云：“某以歲壬辰，參雷峰，得具足戒，時無方禪師以
監寺爲七證僧伽之一。”

無方今應編輯和尚《天然和尚同住訓略》一卷，
刻成。

該書卷首。

序云：“古設叢林，尚爲養道向上之士，不宜限之準繩。
但晚近以來，人多中下，故重以莊嚴，過望賢俊，不妨損
之又損，以至於無。要使入而就理，不作事障，出而就
事，不墜理詮，然後以超越之心，同於凡小，上可踐吾門

尊貴之路，下可免流俗豁達之譏。同住之始，是用申明，
願各洗心，毋墜先緒。」

今按：《同住訓略》與諸方之清規相較，多有特點。如有
"行門輕重相準"條云："衲子住叢林，辦道而已矣。叢
林不成，則善知識無所安住，又烏所集諸衲而提命之？然
四事不脩，百職不供，則叢林必不可成。故欲親教善知
識，先當令叢林成就。叢林成於四事，四事舉於百職，百
職在乎得人，得人在乎平心。人有所長，亦有所短，不能
相易，亦不能相學也。長於文理者，則必短於筋力；長於
筋力者，或必短於文理。文理長者，使盡心於典制經畫；
筋力長者，使盡力於趨事奉職。二者皆名行門。二者平
心，各盡無所相形，則百職脩明，四事咸備。以此安善知
識，然後規矩行、道法舉。規矩行，所以潛銷重習；道法
舉，所以開發上流。然則衲子忠於叢林者，非爲善知識
也，非爲大衆也，自爲而已矣。今末法衰微，人多浮靡。
以文理爲禪者，以筋力爲行門，於是有聞行門之名，如三
百矛刺心。遂使有餘於筋力者不肯爲叢林用，反學長袍大
帽，吟詩作字，圖人呼禪客；至於文理粗曉者，益自矜
足，不復進求大事。嗚呼！以此等輩而欲吾道有所付託，
不亦難哉。究其流弊，皆因不明於文理、筋力二者之無所
短長也。出家人爲道耳，道非文理，道非筋力，然讀經亦
可起悟，作務亦有發明，此乃借路經過，且復途中受用。
故文理者即以文理發舒，如明教嵩、覺範洪、中峰本是
也；筋力者即以筋力示訓，如牛頭融、百丈海、石頭回是
也。二者既皆可以入道，皆可以爲道，則何苦分別輕重，
而不竭力於所長，以爲叢林勷事之効，以爲自己陶鑄之地
乎？然山僧近又遣文理者習於筋力，使知手足艱難；復遣
筋力者習於文理，使知心思匪易。要使二者無相輕，然後

各安於其便。總之，平心爲道，毋相蹈時弊，則吾門有賴矣。”又，“禪門念佛說”條云：“問：從來叢林，皆念阿彌陀佛，而此獨念釋迦如來，何也？答曰：凡人爲其事則必正其功，定其因然後可求其果。我宗門下道場群師僧，終日講求本分事，惟以‘直指人心，見性成佛’爲旨，從不曾有一念一事稍及西方。乃早晚課誦，教人念阿彌陀佛迴向淨土文，吾謂其因與果不相侔，故易之耳。”皆高自樹立，宗旨鮮明，爲嶺表佛門數百年而未一有者，故能大豎法幢，振起宗風。

時旋庵今湛爲雷峰知客，偶不行堂中受食法。和尚歸自三姥，嚴加呵責，旋庵匍匐請杖，巡寮哀懺，亦無幾微見於詞色。

《徧行堂集》卷五《雷峰旋庵都寺六十壽序》。

今按：湯來賀《天然和尚塔志銘》稱和尚“所立規矩整肅森嚴”者，規矩，指《天然和尚同住訓略》；整肅森嚴，即指旋庵被責此類也。

會木古檜隨族叔入雷峰，禮和尚，適範金鑄迦文尊相，起信愈篤，還家悒悒有脫塵之意。

《海雲禪藻集》卷三古檜小傳。

古檜，字會木，廣東番禺許氏子。遭父喪，哀毀成病，危苦中感觀音大士夢示現，大呼名號者數，若脫徽纏，得不死，遂誓斷葷腥。有《夢餘草》。

和尚有詩懷剩人函可，剩人函可有詩遙和之。七載懸隔，相思不絕。

《瞎堂詩集》卷一○《懷剩人弟瀋陽》詩。《千山詩集》卷一一《步韻和麗中大師寄懷》。

和尚詩云：“天涯別緒古今同，又見歸鴻入遠空。七載滴殘寒夜雨，九旬欲冷杜鵑風。沙場牧散鐘聲外，嶺海人疑夕照中。南北更憐楊柳處，黃雲青靄一無窮。"所謂七年者，指剩人於福王弘光元年以請藏入金陵，值國再變，紀爲私史，被拘後至今未再相見。

侯性以僧服奉田太夫人柩返中州。和尚爲其詩集作序，並有詩贈之。

《天然語錄》卷一二《侯若孩詩集序》。《瞎堂詩集》卷一〇《送商丘伯侯若孩》二首、卷七《送商丘伯侯若孩扶柩歸中州》、《因侯若孩寄匡山蠡雲》詩。

《詩序》云："夫詩得之天者十一，得之人者十九，然天定勝人。山僧嘗謂李太白於詩中聖，蓋自字句法脈之外，別成字句，別成法脈，使人知其妙而不知其所以妙，即太白亦不自知其所以妙，全乎天而不能用天也。能用天者，如王摩詰云：'興來每獨往，勝事空自知。'只此二句，可以起悟。然亦但能言此，但可言此，甚則'行到水窮處，坐看雲起時'，如是止矣。故又曰：'偶然值林叟，談笑無還期。'謂當作何語耶？大抵太白不知其所以然，摩詰知之，而亦不能明言其所以然。說者謂不知較勝，亦最後語耳，當令太白讓摩詰一步地，方能坐勝摩詰也。侯子若孩志務當世，而慷慨激烈，情過乎辭，故其爲詩高邁風逸，殊有言外之旨。山僧以摩詰遇之，而侯子乃以太白應，始知讀者與作者各自爲口，而皆相得於天。知與不知，不妨忘乎至極。侯子今還中州，行將公此於天下，他日匡廬頂上更有好相見，勿遂以爲最後語，使人謂山僧當面放過，不止於詩，則又山僧忍負侯子，不可不說破也。"

《因侯若孩寄匡山蠡雲》詩云："十載匡山夢，因君寄短吟。"

《送商丘伯侯若孩》詩題下原注云："若孩以僧服奉田太夫人柩還中州。"

今按：序中有"侯子今返中州"語。《送商丘伯侯若孩》

二首詩次於《壬辰除夕》詩前，《送商丘伯侯若孩扶柩歸中州》詩亦在同年作。時王邦畿亦有《海雲寺送侯商丘伯若孩奉母太夫人櫬還》詩，見《海雲禪藻集》卷三。

有廬山之邀，先遣人應之，撰《送人入匡山》詩，詩云：“我有匡廬約，君先問落星。十年松樹火，此日石頭形。”又撰《中秋同諸子坐月》詩，有“鬢眉共照寒溪水，何事悲歡卻並生”之句。

《瞎堂詩集》卷七、卷一〇。

冬，又送止言今墮、澹歸今釋先入廬山，撰《送止言、澹歸先入匡山》。又有《贈姚夢峽》、《姚夢峽生日戲贈》諸詩。

《瞎堂詩集》卷七、卷一〇。

《送止言、澹歸先入匡山》詩云：“曾憶紫霄峰上話，十年留滯海門東。空山背日寒猶在，春草無人綠未窮。覆罋悔教黃葉去，移茅定在白雲中。撐持賴爾難兄弟，相送河橋念朔風。”

今按：以上數詩云“十載”、“十年”，乃舉其成數也。

姚夢峽，其人未詳。

訶衍今摩遊匡廬。

《海雲禪藻集》卷一今摩傳。

是年廣東按察司副使劉應璧奉銅爐於雷峰殿前永遠供養。

《廣州寺庵碑銘集》。

又，宣統《番禺縣續志》卷三六載：“款識云：‘順治壬辰廣東按察司副使劉應璧，法名今弼，奉雷峰大殿佛前永遠供養。’”並考云：“國初有按察使司副使，後裁。阮《通志·函昰傳》末載有都憲公安袁彭年禮函昰，法名今忭；憲副泉州何運亮禮函昰，法名今宣。任《志》載商丘伯侯性於此受戒。是達官皈依不乏其人，而《職官表》

無劉應璧，惟《海雲禪藻》卷四麥侗法名今元《送劉浯
石憲副還楚便道匡廬謁本師》，有詩云：'幾年蕭寺曾同
學，惜別相看亂後身。旅鬢飄飄成底事，棲賢囑付未應
貧。'釋今沼又有《贈劉浯石憲副歸荆南詩》，意者即劉
應璧耶？俟再考。"

劉應璧，江西安福縣人。舉人，崇禎時任歸善教諭。禮天
然和尚爲師，法名今弼。

雷峰隆興寺改名海雲。

《海雲禪藻集》卷二。

汪譜以爲改名在順治十五年，並按云：隆興寺改名海雲，
年分未詳。宣統《番禺縣續志》卷三六載：順治九年壬
辰尚可喜捐鑄銅佛，欵識仍題隆興；順治十六年鑄銅鐘，
欵識乃稱海雲。本年大雄寶殿落成，疑改名在本年間。

張紅、仇江《曹洞宗番禺雷峰天然和尚法系初稿》一文
以爲順治九年改爲海雲寺。①

今按：《海雲禪藻集》卷二今湛小傳稱：自和尚順治五年
春掩關雷峰，爲開山第一祖後，"時龍象雲集，寺故湫
隘，衆無所容。湛發願行募，泥首擊柝於閭閻者三年，殿
閣鼎新，改名海雲"。則改名之事在順治九年矣。

十一月三十夜，有詩。

《瞎堂詩集》卷七《十一月三十夜》詩。

今按：詩有云："亮公曾有約，瓚老定如何。早歲深雲
志，而今鬢漸皤。"有入匡之計矣。

除夕賦詩，有"何堪更憶匡廬舊，暮梵晨鐘古木邊"
之句。

---

① 張紅、仇江《曹洞宗番禺雷峰天然和尚法系初稿》，載楊權主
編《天然之光：紀念函昰禪師誕辰四百周年學術研討會論文集》，中山
大學出版社 2010 年版，第 17 頁。

《瞎堂詩集》卷一〇《壬辰除夕》詩。

永曆七年　順治十年癸巳（1653）　四十六歲

[**時事**] 命洪承疇經略湖廣、兩廣、雲貴。　孫可望忌李定國有威望，謀襲之。定國走廣西，所得地盡失。　太倉吳偉業應召入京，道出蘇州虎丘，邀集江南諸郡各文社名士，舉行大會，到會者五百人。

元旦賦詩感懷，中云：“漸老應憐海外身，一年寒熱又隨人。”

《瞎堂詩集》卷一〇《癸巳元旦》詩。

又有詩寄懷入匡之止言、澹歸等。

《瞎堂詩集》卷七《元旦懷止言、澹歸諸衲》詩。

春，過北寮看采石病，有詩。未幾，釋子采石死，聞訃有詩悼之。釋子轉一死，聞訃有詩悼之。

《瞎堂詩集》卷一〇《過北寮看采石病》、卷七《聞采石訃》、《聞轉一訃》詩。

采石、轉一，其人俱未詳。

作《偶嘆》詩，中有“自好終無術，因人亦復難”、“舊居匡嶽麓，時向望中歡”之句。又作《孤松和諸子作，因憶歸宗復生松》詩，中有“鶴巢應未改，猶待老僧還”之句，繫念匡廬之行。

《瞎堂詩集》卷七。

今按：《偶嘆》詩有云：“一從淇水北，五見梅花殘。”淇水，當為海雲寺旁之溪水。詩指和尚於順治五年春受雷峰隆興寺主旋庵今湛請掩關雷峰寺中，至今五年矣。

聞范華宇治圃，有詩贈之。

　　《瞎堂詩集》卷七《聞范華宇治圃卻寄》詩。

　　今按：詩云："城柳移畦影，春禽啄月痕。"詩次於《聞采石訃》詩之後，當作於本年春。

　　范華宇，其人未詳。

送山品今嵓、臺設今鏡領諸衲上華首臺，有詩。

　　《瞎堂詩集》卷七《送山品、臺設領諸衲上華首》詩。

　　詩云："三老潮頭暗，百花春後明。"詩次於《聞范華宇治圃卻寄》之後。

又撰《螢火》詩，有"春草獨行處，禪房閑坐身"之句，念外出諸衲也。

　　《瞎堂詩集》卷七。

春，大飢，斗米千錢，飢民群聚茭塘村。撰《分粥與飢者》詩，有"戎馬嗟何已，秋田苦未登"之句。

　　乾隆《番禺縣志》卷一八。《瞎堂詩集》卷七。

　　茭塘村，即海雲寺之所在也。

釋子離欲爲衆乞食，詩以懷之，有"秋風初入戶，遲爾返蓬蒿"之句。

　　《瞎堂詩集》卷七《離欲爲衆乞食》詩。

　　離欲，已見前。

五月，有《食荔子懷止言、澹歸》、《夏日與劉見顒、王入聞、阿字、無方、白庵、須識諸子小坐山亭》、《袁特丘、劉見顒、何一字見過》諸詩。

　　《瞎堂詩集》卷七、卷一○。

　　《食荔子懷止言、澹歸》詩云："去年同擘荔，坐月板橋新。復見手中物，頓思江上人。紫霄朝暮石，京口去留津。一紙南安信，浮沉十二旬。"

今按：澹歸、止言於去冬先入匡山，和尚有詩送之。見
上年條。

無方，即今應。白庵，即崔采。劉見顥、王入聞、須識、
何一字，其人俱未詳。

故友謝長文入山謁訪，和尚喜不自勝，有詩贈之。

《瞎堂詩集》卷一〇《喜謝伯子司農入山》詩。

詩云：“歷落交遊三十年，秋風相見海潮邊。頻經禍亂君
能老，暫閱窮愁詩亦傳。黃土終歸當世士，綠蘿深繞幾生
緣。蕭蕭古木寒山靜，勝事空知晚更憐。”

今按：詩所謂“交遊三十年”，殆指明天啟四年和尚十七
歲時，與里人梁朝鍾、黎遂球、羅賓王、陳學佺、張二
果、韓宗騋、李雲龍諸人，在羅賓王之散木堂縱談當世
務，時長文與焉。所謂“海潮邊”，即海雲寺也。

謝長文，字伯子，號花城。廣東番禺人。明思宗崇禎四年
貢生。永曆間授戶部主事，遷員外郎。陳子壯、黎遂球同
開南園詩社，長文與焉。廣州破後，隱不復出，禮函昰爲
僧，法名今悟，字了閑，一字聞初。有《乙巳集》、《雪
航稿》。

六月六日，澹歸今釋於自鎮江歸棲賢途中，宿毗陵，有詩示兒。

《徧行堂集》詩之一《癸巳六月六日燈下作詩示世鎬誦》詩。

詩云：“傷哉天下人，空荒沒嗜慾。性命委妻孥，谿壑填
酒肉。……脫身事三寶，厲懷拔五濁。此生已再生，涼風
豁煩燠。昨來尋山棲，暫過毗陵宿。九年一見汝，歎汝淚
相續。汝母聞已亡，汝書知不讀。蓋爲饑所驅，勢亦有委
曲。……汝父山澤癯，甘老伴麋鹿。但得一把茆，洗眼看
飛瀑。饑飽隨十方，不藉汝饘粥。生死隨十方，不藉汝棺

椁。一堆猛火中，青山照白骨。汝自了汝事，我自結我局。但信我之言，汝材天所篤。”

旋庵今湛四十一歲生日，和尚有詩賀之，云：“辛勤立雪成何事，深草堂前語默寬。”

《瞎堂詩集》卷一〇《旋庵四十又一》詩。

今按：《海雲禪藻集》卷二今湛小傳言其坐化於丁巳（康熙十六年），世壽六十五。推之則本年四十一歲。

真佛今如皈依，出世登具，後隨杖居棲賢。大牛今白皈依，薙染登具。目無今全脫白受具，繼今應爲雷峰監院，當雷峰建置之始，會典直歲有功，後人多稱之。會木古檜出世雷峰，時年十七。

《海雲禪藻集》卷二今如、今白、今全小傳，卷三古檜小傳。

今如，字真佛，廣東新會人。姓黃，原名□□，角子今䆴禪師之父。諸生。性慈和，簡於言笑，博通教典。

今白，字大牛，廣東番禺人，族姓謝，原名凌霄。邑諸生。

今全，字目無，廣東番禺人，族姓許。

古檜，字會木，廣東番禺人，族姓許。

有《得吼萬瓊州信》詩，中云：“兵荒千里外，存歿九年餘。”又賦《酬王園長兄弟》詩，有“因君思舊隱，山色十年餘”之句。

《瞎堂詩集》卷七。

吼萬，殆海南僧，分別九年餘矣。生平未詳。

七月，有《初秋懷出山諸衲》、《秋夜有懷》詩。

《瞎堂詩集》卷一〇。

七月二十二日，有詩感懷，頻念匡嶽。

《瞎堂詩集》卷一七《癸巳七月二十二日口占》詩。

今按：詩云：“瘴海棲遲十二秋，避兵長傍蓼花洲。無端

一夜西風急，又報笳聲入市頭。"和尚於崇禎十四年出匡
廬盤桓粵閩之地，於今十二年矣。所謂蓼花洲，即海雲
寺也。

嶺海流氛孔亟。和尚奉母避亂蕉林，阿字頻爲省視，
感而有詩。

《瞎堂詩集》卷七《因亂奉母蕉林，阿字頻爲省視，感而
賦詩》、《示阿字》、《谿橋古木爲雨所仆，戲示阿字》詩。

今按：同卷又有《蕉林看嵓關主病》詩。《海雲禪藻集》
卷二今嵓小傳謂："居雷峰，與頓修漸公結茅閉關三年。"
殆蕉林去雷峰不遠也。

英上死，有詩悼之。

《瞎堂詩集》卷七《輓英目青》、《悼目青卻寄社中》詩。
英上，字卓今，廣東新會人。文學。禮天和尚，山名今
心，字目青。

和尚欲侍智母師太從雷峰入廬山。秋，將之匡山，有
詩留別廣州諸子。

《瞎堂詩集》卷一一《癸巳秋將之匡山，寄別廣州諸子》
詩。《光宣臺集》卷一〇《智母師太塔銘》。

詩云："臨岐不作別離情，望裏烟霞足此生。聞鶴已傷行
路意，畏人猶諱買山名。十年瘴海餘秋色，千里雲帆入雁
聲。寒夜紫霄深雪處，論交先寄石羊城。"

今按：所謂"十年瘴海"，即指崇禎十四年自江西返粵後
之經歷。"十年"者，概數也，實已十二年矣。故《瞎堂
詩集》卷一七《癸巳七月二十二日口占》詩云："瘴海棲
遲十二秋。"

此次得住廬山之緣，乃因文德翼之請也。

《天然語錄》卷一。

法語云："老僧二十年前亦因燈巖文公曾住棲賢，後付法

子覡長老繼席。"

今按：此一則法語，乃是和尚於康熙十一年應石鑑今覡請
至棲賢上堂說法開示之語也。所謂"二十年前"，即今
年也。

文德翼，字用昭，號燈巖。江西九江人。崇禎進士。任推
官，有屬吏粵東人，餽端石，發之，白金也。封函如故，
謝之曰："汝硯不可磨墨。"卻之。其介而近人如此。隱
居三十餘年，著書數十種。又嘗爲撰《經歸書院錄序》，
款署"明吏部郎中文德翼"云。

薛始亨有《與天然和尚書》，於和尚會下諸人吟詩寫
字作名士態，微有所諷。

《蒯緱館十一草》。

書云："大事因緣，此生誓願成者，非有退轉。在今日實
不能效和尚會下諸君，吟詩寫字，作名士之態，談笑終
日，自詡大根器之所爲也。"

汪譜按：書無年份，末有"梁同生忽病痰而歿殞"語。
《詩集》十一有《九日悼梁同生》次於癸巳詩中，知始亨
書亦同年作。

離粵前夕，和尚有詩與袁彭年。時彭年有出世之意，
求和尚薙度，而和尚行急不能待。後彭年兒媳出家爲
尼，師事和尚之妹，法名頓徹。

《瞎堂詩集》卷一〇《與袁特丘》、卷八《悼袁特丘中丞
四首》詩。

《與袁特丘》詩云："梧桐葉墜噪棲鴉，楚客逢僧話轉賒。
雲外峽橋猶有路，烟中霜樹已無家。遠公林下風初動，王
粲樓頭日未斜。信我定寬陶令酒，何年丹壑醉流霞。"題
下原注："予將之匡廬。"

《悼袁特丘中丞四首》詩其一前小引云："特丘丁亥見予於

廣州小持船，……壬辰乞作優婆塞，漸知有向上事。明年
入匡，過陳邨，特丘始有出世意，會行急不能待。後特丘
歸公安，予亦返雷峰，相距四千里。凶聞忽傳，疑信間因
語止言、澹歸：'此公與老僧一段葛藤，應不止此。'及報
確，甚慨因緣之錯過。嗚呼！吾實負特丘矣。"詩其二原注
云："特丘欲爲僧，以予入匡急，不能相待，遂成恨事。憶
崇禎庚辰九江與熊心開經略道別，亦以住匡心切，弗獲同
入京師，竟至永訣，後先同一追悔。"其四云："而媳師吾
妹，能參出世禪。"詩中原注："謂頓徹比丘尼。"

和尚有詩留別海幢、雷峰諸子，勉其力爲撐持門户。

《瞎堂詩集》卷七《將出嶺留別雷峰諸子》、卷一〇《瓶
花》、卷一八《示海、雷兩山都寺旋庵》詩。

今按：《將出嶺留別雷峰諸子》詩云："一別榕谿寺，蕭
然獨杖藜。六年林磬渺，千里暮雲低。山水何曾異，鄉關
各自迷。夜帆忘所向，恍惚隔谿西。"可見其依依惜別之
情深。所謂"六年"者，即指順治五年春受今湛請而掩
關雷峰，而住雷峰，至今六年矣。

又，《示海、雷兩山都寺旋庵》詩云："撐持門户憐今日，
此道誰當遜昔賢。冉冉流光吾已老，歸山遲爾再三年。"
海，指海幢寺；雷，指雷峰海雲寺也。

又有詩寄別廣州諸子，中云："十年瘴海餘秋色，千
里雲帆入雁聲。"

《瞎堂詩集》卷一一《癸巳秋將之匡山，寄別廣州諸
子》詩。

亦有詩留別華首諸子。

《瞎堂詩集》卷七《留別華首諸子》詩。

詩云："避亂尋深處，遙空一別難。昔時相勉句，今日盡
須看。便舫知何去，投人强作歡。北風吹暮雪，應念石

門寒。"

撰詩留贈張安國，中云："干戈猶未已，瓢笠尚能存。"又撰詩留示吼萬，有"君將從海發，我復向山歸"之句。

> 《瞎堂詩集》卷七《留別張夢回總戎》、《留示吼萬，吼萬期以九月至雷峰》詩。

> 張安國，字康之，廣東東莞人。隸張家玉麾下爲別將。家玉死，亦率所部三萬人居東莞、新安間，桂王晋升都督同知。國亡後，逃於禪，禮天然和尚爲師，法名今醒，字夢回，稱夢回居士。

與崔采別於陳邨庵墓旁，恐其挽留而未明告其遠行之事。

> 《瞎堂詩集》卷一七《悼崔石師四首》詩其三詩中原注。

當在中秋後，侍智母師太入匡山，阿字今無、頓修今漸等同行。途中有《臺閣灘懷時盡》、《泊韶石四更見月》、《病留凌江寺》、《旅病憶梁同庵》、《韶陽道中病起，適無侍者復病》、《度大庾嶺》、《道中被詰》、《道中憶止言、澹歸》、《過十八灘二首》、《阻風宿險處》、《曉過螺川》、《舟中口號》、《峽江望匡山》、《吳城望匡山》、《江帆》、《九日與諸子晚眺》、《望羅浮》、《送秋》、《題畫雁四首》諸詩。

> 《瞎堂詩集》卷七、一一、一七。

泊虔州，有詩。

> 《瞎堂詩集》卷一七《泊虔州》詩。

> 詩云："一帆風送到虔州，城枕長江水北流。十年人物今何在，月色笳聲滿渡頭。"

中途阿字今無寒疾垂死，夢神人導之出世，以鈍辭，神授藥粒，覺乃甦，自此思如泉湧，通三教。

《光宣臺集》卷六《送頓修監寺棲賢序》、卷一〇《智母師太塔銘》、卷十二《天老和尚七十示生頌》詩十首。

《雷峰老和尚七十示生頌》詩十首其三云："嶺路梅花江右村，棹深湖月總無痕。金輪倒射歸宗影，日午群峰正閉門。"詩中原注云："癸巳秋，嶺海流氛孔亟，老人拂衣故山，匡嶽雲霞嘉遯，尤快吟徹庾關、吉、贛、豫章、蠡湖之月，然後掩室歸宗。白雪盈門，黃獨香火，南公聞蟻，烏巢吹布，道力既深，山川增勝。至甲午秋始移居棲賢，今無執侍，竊謂於諸子獨深。"

今按：《光宣臺集》卷首釋古雲《行狀》云阿字年十九隨侍入匡山，乃其所記小誤也。

抵山，住歸宗寺。

《光宣臺集》卷一〇《智母師太塔銘》。

時止言今墮、澹歸今釋以事留滯鎮江，未至歸宗聚合，未免悵然。

《瞎堂詩集》卷七《到歸宗，悵止言、澹歸未至》詩。

未久頓修今漸、三決有鎮江之役，別去。和尚有詩送之，並寄侯月鷺，兼促滯留鎮江之止言今墮、澹歸今釋還山。

《瞎堂詩集》卷七《頓修、三決之鎮江，寄侯月鷺兼促止言、澹歸諸子回山》、《寄止言、澹歸》詩。

又，《光宣臺集》卷六《送頓修監寺棲賢序》云："閱四年，同侍老人入匡山。頓修有三吳之役別我，我時伏枕歸宗，唯辦此事，雖甫別，恬如也。"

今按：序云"閱四年"，指庚寅歲後之四年，即本年。所謂"三吳之役"，殆即爲和尚尋住寺之因緣歟？參順治十一年"澹歸今釋至琴川"條。

釋三決，其人未詳。月鷺，《海雲禪藻集》卷四王瑯有

《海雲寺會送侯月鷺奉母太夫人櫬歸葬洛陽》詩，和尚有《送商丘伯侯若孩》詩二首，注云："若孩以僧服奉母太夫人柩還中州。"見《瞎堂詩集》卷七。則月鷺即侯性法名或字也。

有詩奉懷其師長慶宗寶道獨老人，次日即接老人來書。

《瞎堂詩集》卷一一《秋夕奉懷長慶老人》詩。

詩云："一別雲山歲月虛，問安猶記朔風初。曾爲弟子恩非薄，仰事吾師愧有餘。月上禪西幢影亂，燈明方丈履聲徐。金輪捧足何年事，泥首長空掩敝廬。"詩題下原注："詩成次日，即接老人書。師弟相感如此，不可不識。"

今按：所謂雲山，即齊雲山也。和尚嘗遊於此，見順治三年條。時宗寶道獨在長慶。宗寶來書，不見於《宗寶語錄》。

又有詩懷念千山剩人函可。

《瞎堂詩集》卷一一《匡山懷剩人弟》詩。

詩云："歸臥廬峰憶舊因，夜深誰共侍瓶巾。千株松栢前朝樹，萬里關河羈旅人。明月未殘竹影寺，黃雲長蔽雁門津。艱難閱盡頭先白，兄弟遙看淚欲頻。"

禮金輪峰舍利塔，有詩。

《瞎堂詩集》卷一一《禮金輪峰舍利塔》詩。

重陽日，和尚有詩悼梁殿華。

《瞎堂詩集》卷一一《九日悼梁同庵》詩。

詩云："吳山越水共茫茫，會盡因緣亦自傷。半榻寒燈風雨舊，一簾秋色夢魂長。故鄉望斷空千里，折柬開殘但八行。曠劫不忘師弟子，只今無奈菊花香。"

今按：《千山詩集》卷一二亦有《遙哭梁同庵》詩，有"已買草鞋參磧雪，旋將藥裹別江春"之句。《光宣臺集》卷一七有《燈下讀梁同庵上剩師叔書因傷白庵石師》詩：

"未遂臨關志，空爲隔世憐。"則梁同庵圖北上訪剩人而
未果。梁同庵、同生，即梁殿華也。白庵，即崔石師。
又有詩悼崔采。

《瞎堂詩集》卷七《到匡兩月疊聞梁同庵、崔石師訃音》、
卷一七《悼崔石師四首》詩。

前詩云："宿約成虛夢，初聞復自疑。益傷離別易，難免
死生悲。夏木蟬聲急，朝鐘日影遲。暮年惟有隱，莫遣世
人知。"

後詩其二云："遠別沉吟古墓邊，傷心曾憶五年前。何人
重覓鸚溪上，纔問崔郎已渺然。"詩中原注："余出嶺時
別石師于陳邨庵墓傍，恐其挽留不爲明告，故有起句。"

今按：所謂"五年前"，指順治六年秋二人泛舟事，和尚
迭有二詩紀之。見該年條。

撰《與須識夜話》、《同善鄰、須識遊玉簾泉》、《促諸
禪還山，而漸侍者獨返，且有期予下山之約，怪而示
之》、《對雪示諸子》諸詩，有"人間不可住，決意向
棲賢"、"一生丘壑性，半世友生緣。怪爾還山後，相
期話未圓"、"群公知此意，無復悔衣單"之句。

《瞎堂詩集》卷七。

釋須識、善鄰，其人俱未詳。

玉簾泉，在歸宗寺東北五里。同治《星子縣志》卷二"山
川"載："在石鏡峰下。相傳遊失草間，闢之者歸宗僧蠡雲
也。旁建小閣曰觀泉。由歸宗至玉簾，石路甚滑。"

道獨自長慶歸嶺南，楊無見扣擊頗銳，而終以礙膺
爲疑。

《徧行堂續集》卷八《棲賢石鑑覿禪師塔銘》。

楊無見，即石鑑今覿俗名也。

永曆八年　順治十一年甲午（1654）　四十七歲

[**時事**] 李定國取廣東羅定、電白等縣，進圍廣州，爲清兵所敗。

住歸宗寺。有普說，論"參禪做事，須務實頭，莫學虛頭"。

《天然語錄》卷五。

首論參禪，法語云："老僧初住歸宗，與新、舊住諸人一時緣聚，不妨從頭說破。出家兒貴有高識，但凡參禪做事，須務實頭，莫學虛頭。大衆，作麼生是虛頭？從册子上覓機覓境，和會禪話，是虛頭；從心意識想認個見聞覺知，以爲本命元辰，是虛頭；從舉起處承當，是虛頭；從石火電光掉個不容疑議底，是虛頭。從平實上天是天，地是地，山是山，水是水，得用便用，更不移易是虛頭。大衆，何以知他總是虛頭？汝但當如上許體會時，門外忽然有人喚汝一聲，汝者體會底總沒了也。若謂甕裏何曾走卻鱉，又要許多體會作甚麼？到者裏須是悟，不可但與麼領略過便當得。曾憶二十年前有個時師，判高峰落枕子因緣。高峰因雪巖問云：'日間浩浩作得主麼？'峰云：'作得主。'又問：'夜間夢裏作得主麼？'峰云：'作得主。'又問：'既睡著，無夢無想，無見無聞，主在什麼處？'峰不能答。一夜臥次，推落枕子，忽然大悟。佢便判無夢無想、無見無聞是文殊、普賢境界，將謂高峰當時是在無夢無想、無見無聞處著到。咦！若祇麼悟，又爭了得？大衆，參禪須要了得生死。若但道理和會，今日舉一則如何如何批判，明日拈一則又如何如何批判，生死到來，你者批判底放過一邊，畢竟作麼生打發？又且不待生死到來，就如今日用裏善惡諸緣一時拋向面前，事不謀心，心不謀事，種子濃厚，發生現行，個裏便有許多做手腳不辦去處。不見《雜華》文殊師利菩薩問法首菩薩云：'如佛所說，若衆生受持正法即能斷除一切煩惱，何故復有受持正法而不能斷者？隨貪恚癡、隨慢、隨覆、隨忿、隨恨、隨嫉、隨慳、隨諂勢力所轉，無能離心。何故能受持正法而復於心行之內起諸煩惱？'法首菩薩以偈答曰：'佛子善諦聽，所問如實義。非但以多聞，能入如來法。如人水所漂，懼溺而渴死。于法不修行，多聞亦如是。'大衆，此在教中雖已解悟，還要修行。若我宗門下，行解一時俱到，行解一時俱撤。若已解了便去修行，尚不當事，何況解亦未圓，行復參商，瞞得人，瞞得自己麼？若要諦當，從古來有個絕好榜樣，不嫌陳腐，試一舉看：我黃面老子當時在王宮裏，一夜踰城，走到雪山，六年生受，從跋伽、阿羅邏迦蘭等六師，一一各盡其長，總不了生死處。後在菩提樹下三七思惟，中夜睹明星出時，豁然大悟，成等正覺。卻念此事無你開口處，無你安排處，直是難信難解，便欲取般涅槃。一時欲梵諸天同聲勸請，乃憶過去諸佛說法儀式，詣鹿野苑中爲憍陳如五比丘轉四諦法輪。大衆，苦即是實，如來說有苦諦是虛；集即是實，如來說有集諦是虛；滅即是實，如來說有滅諦是虛；道即是實，如來說有道諦是虛。又十二有支，無明即是實，說無明緣滅是虛；行即是實，說行緣滅是虛；識即是實，說識緣滅是虛；名色即是實，說名色緣滅是虛；六入即是實，說六入緣滅是虛；觸即是實，說觸緣滅是虛；受即是實，說受緣滅是虛；愛即是實，說愛緣滅是虛；取即是實，說取緣滅是虛；有即是實，說有緣滅是虛；生即是實，說生

緣滅是虛；老病死、憂悲苦惱即是實，說老病死、憂悲苦
惱緣滅是虛。又菩薩六度，慳貪是實，佈施是虛；污染是
實，持戒是虛；嗔恚是實，忍辱是虛；懶怠是實，精進是
虛；散亂是實，禪定是虛；愚癡是實，般若是虛。大衆，
實不自知，因虛而知，以虛爲實，反能障實。何不更看法
華會上如來爲一大事因緣出現於世，亦不能直指衆生知
見，惟令衆生開佛知見、示佛知見、悟佛知見、入佛知
見。衆生與佛知見無二，然不免閉此開彼，隱此示彼，迷
此悟彼，出此入彼。是有轉變非不轉變，猶爲說虛不爲說
實。直至臨般涅槃始云：‘我四十九年，不曾說著一字。’
分明是將從前言教一劃劃斷。于百萬人天上拈青蓮華，顧
視大衆，惟有金色頭陀破顏微笑，世尊云：‘吾有正法眼
藏，涅槃妙心，教外別傳，付與摩訶迦葉。’自此乃有宗
門之說流布將來。大衆，吾佛世尊成等正覺以來，惟此拈
華微笑之旨得名爲實，其餘一切言教皆名爲虛。然雖如
是，亦須具有超佛越祖之眼方堪承當。若作實法，則未拈
華已前，是個甚麼？既拈華已後，又是個甚麼？所謂借路
經過，不則垛生招箭。不見白雲端禪師有頌云：‘盡道拈
華微笑是，不知將底驗宗風。若云心眼同時證，未免朦朧
在夢中。’你看者四句頌，直是徹骨徹髓。前後諸祖、諸
善知識，凡有人問‘如何是佛？’云：‘麻三觔。’‘如何
是祖師西來意？’云：‘庭前柏樹子。’又有問其徒曰：
‘趙州庭前柏樹子意旨如何？’答云：‘先師無此語，莫謗
先師好。’你看他嫡骨血脈自是不走一綫。近代有底杜撰
長老卻教人向棒頭指處會。又有以‘麻三觔’等語，謂
從無心三昧中流出，自謂親切指示。殊不知正是虛拳指上
卻生實解，遞相傳授，漸漸失真。後學小生，祇看你祖傳
底弔牌子，又爭怪他菽麥不分？所以行腳高士大須著眼。

你若不即具擇法，但觀做處。”

次論做事，法語云：“前不云乎：‘但凡參禪做事，須向實頭。’你若在實頭上著到，一切施爲動作自是不虛。大衆，又如何是做事底實頭，做事底虛頭？者裏亦有個入理之談。我且問你，作麼生喚做事？莫是叢林裏監寺有監寺底事，副寺有副寺底事，維那有維那底事，知客有知客底事，侍者、書記、監收、直歲、莊頭及餘一切諸職各各有應管底業務麼？若以此爲事，則必以長連單上參得底爲理。恁麼則理不是事，事不是理，作麼生說個事無礙、理無礙？若道長連單上參得底便是諸職事做底，諸職事做底便是長連單上參得底，謂之事理無礙法界，須知更有信手拈來一毫頭獅子、百千億毫頭獅子，無論順逆大小，當處全真，謂之事事無礙法界。若總與麼定當，恰好做得個座主使下，何處復有宗門眼目？何況更說某甲職事與某乙職事不著便，某處堂頭好，某處堂頭不好，某保社規矩嚴謹，某保社散誕，較長度短，辨是爭非，只管終日聚著頭絮絮切切，你道還有星子衲僧氣息麼？龐蘊居士云：‘日用事無別，惟吾自偶諧。頭頭非取捨，處處莫張乖。朱紫誰爲號，丘山絕點埃。神通與妙用，運水及搬柴。’他是個俗漢，到有些衲僧氣。舉此一偈，聊作指蹤，若便與麼會，且要做個俗漢不得。今日因安立職事，不覺引出如許葛藤。”驀豎拄杖，云：“且道還與者個相應麼？《大般涅槃經》云：‘如來有時說於世諦，而人以爲第一義諦。如來有時說第一義諦，而人以爲世諦。’若向者裏分疏得下，方知古人道，但參活句，莫參死句。若是死句下著到，無你自由分。直饒若玄若妙，若體若用，一一融會，猶是死句。作麼生說個活句？”卓拄杖，云：“不是不是。”

釋子足兩今嚴元旦日有懷和尚詩。

《海雲禪藻集》卷二今嚴《甲午元旦》詩。

今按：詩云："遙懷匡嶽頂，晴雪衲衣輕。"此時今嚴當
在雷峰。

春，剩人函可五游千頂，至香巖寺，緣諸道友闢荒欲
爲師宗寶道獨及和尚藏錫於此。有《遊香巖寺，時諸
老謀重建迎空老人、麗大師》詩。

《千山詩集》卷十一。

香巖寺，在遼陽千山南，始建於唐代。

四月八日，和尚再禮金輪峰舍利塔，有詩。

《瞎堂詩集》卷一一《甲午四月八日再禮金輪峰舍利
塔》詩。

詩云："二十年來話未圓，今朝重禮窣波前。心懸海外烟
霞幻，足履雲中色相捐。遍界不曾藏面目，一峰何處論中
邊。此生定遂終焉願，坐斷群巒獨晏然。"

今按：所謂"二十年來"，指崇禎九年丙子禮金輪峰舍利
塔以來，至今有十八九年。言"二十年"，概言之也。

撰《送頓修、真佛行乞，兼懷嶺南、九江諸子》詩，
有"十年殘夢無尋處，一夕離歌盡惘然"之句。又有
《與即覺、頓修話舊》詩，云："二十年前古道存，瞿
塘無路覓精魂。"

《瞎堂詩集》卷一一。

真佛，即今如。見順治十年條。

即覺，即今離。見前。

作《歸宗山籟》一百四首，自爲之序。

《瞎堂詩集》卷九。

自序云："我宗無語句，亦無一法與人，短文字乎？惟是
法運衰晚，真悟人少，聰明人多，以聰明之資，久侍知
識，從垂手處揍之一千七百則，若向上，若向下，若門庭

施設，若入理深譚，識解依通，往往微中，而真悟之士，反見樸拙。故予謂六祖大師與雪峰、雲門諸老，若值文勝之日，未有不當面錯過者，真人之未易識，時習蔽之也。嘗讀近錄，有雜糅聯語如六朝體，又如七才子詩，八句中多用至十六事。詩文家且猶卑之，以之說法而欲人悟於言下，恐無此事。稍具正眼，亦復爲之，外重則內必輕，吾以知其中之所存矣。年來痛誡門下，除舊習魯論，以其所近應酬世諦，姑不在禁；若早年剃落，少一習氣，便是多一便宜，猶耽耽不已，真可謂舍其田而耘人之田矣。吾道貴悟明心地耳，古云離文字相，離心緣相，使其獲自本心，盡天下人目爲不通文，不達理，亦復何愧。老僧固曾習魯論者，設禁以來，不作詩文三年於茲矣。自歸匡嶽，乃有《山籟》，繇其天有所甚樂，故其籟有所自鳴也。天樂貧，故其籟以貧鳴；天樂拙，故其籟以拙鳴。貧與拙皆山性也，性既山，其籟亦山，是山籟所由發歟？世有愛予《山籟》，或不罪予先自犯禁，且即以此而與天下士守禁益篤，是爲善讀《山籟》者。若曰‘此老慮人弛禁，故終爲是說’，然則老僧之不欲人弛禁，究至何意？不欲人弛禁，而先自犯禁，又究至何意？是不可不細詳諦審，而後語人曰：‘此固自禁之，而自犯之也。’老僧始合十以謝，使天下聞吾過。”

今按：汪譜繫此組詩於康熙十一年，殆以《歸宗山籟》一百四首中有云“莫道丹霞熱，鷟溪熱有餘”耶？然此是用南陽丹霞天然之故典，非指粵北之丹霞也。即使此詩指粵北丹霞，作於康熙十一年，亦是重住歸宗時所改定者。參詩中有“百歲行過半，全身托翠微”句，可知作於此時也，明矣。又，序中所謂“設禁以來”，即指順治九年在海雲寺制訂《同住訓略》“鐘板堂”條“禁吟哦詩句"款之規約以來也。而康熙九年左右,則未知和尚有其他何"禁"也。然和尚之前每年都有詩文,序中所謂"不作詩文",非不作詩文,專指在禪事活動中不作詩文也。此《歸宗山籟》必有結集付梓流通之舉。和尚"犯禁",並結集流通,乃以《山籟》爲真詩、真悟,而欲藉此痛誡門下勿染世俗習氣、邯鄲學步,而鬭學誇富也。

《梅花詩》之撰或亦在此前後。

李福標《天然老人梅雪詩單刻本的文獻價值》。①

又,《海雲禪藻集》錄有麥具三《恭和本師和尚梅花詩》十首。具三卒於順治十六年,則和尚《梅花詩》必作於具三卒之前。

四月十五日結制前,移居棲賢主法席,有詩。

《瞎堂詩集》卷七《初住棲賢口占》。《行狀》。

《初住棲賢口占》詩云:"爲愛匡廬僻,尋幽到峽橋。山圍松樹老,泉逐夜鐘飄。午食蒸藜暖,朝鋤乞種遙。茅居猶未縛,辛苦木鈴搖。"題下原注:"甲午。"

今按:後函可有《和天然兄初住棲賢韻》詩,云:"鹿洞曾經過,難尋三峽橋。老兄今又至,浩氣可全消。石立潭邊靜,泉飛谷口遙。黃雲難極目,夜夜夢魂搖。"

棲賢寺,亦稱三峽寺,地處漢陽峰與五老峰之間,乃廬山南麓五大叢林之一。②

---

① 李福標《天然老人梅雪詩單刻本的文獻價值》,載《文獻》2007 年第 1 期。

② 楊權《天然函昰》稱:棲賢在清初與曹洞宗華首系關係甚深。據現存塔碑資料,自和尚始,曹洞宗華首一系在棲賢寺至少有"函"、"今"、"古"、"傳"、"心"、"法"、"默"、"契"、"相"、"應"、"達"、"本"、"宗"十三代傳承,弘法時間不少於二百三十六年(從順治十一年至光緒十六年,1654—1890)。參見嶺南美術出版社 2012 年版,第 119 頁。

澹歸今釋至琴川，駐錫貫清堂。復遊虞山，謁豁堂巖
和尚於三峰。先是，和尚欲歸隱廬山，先命澹歸度嶺，
乞緣江左。及返，和尚主棲賢寺。

《徧行堂集》卷七《〈四書義〉自敘》、卷三一《喜得丹
霞山賦贈李鑑湖山主》詩，《徧行堂續集》卷九《書隱求
齋頌古前》。

《〈四書義〉自敘》云："甲午至琴川，駐錫貫清堂。冬還
棲賢。"《喜得丹霞山賦贈李鑑湖山主》詩云："貫清堂捧
棲賢令，腳挂風箏難自定。"《書隱求齋頌古前》云："予
以甲午遊虞山，謁豁堂嵒和尚於三峰，嗣文呆公時在侍
寮。歲己未，借榻超果之西來堂，是公脫白地也。重舉二
十五年前舊話，欣慨交集久之。以頌古一編見示，皆自胸
臆流出，盡洗描摩湊泊之陋，庶稱從上爪牙矣。諸方坐丈
室，如逃於空谷，見似人者而喜，何以至今不舉也？凡事
兩就則合，一推則離，即不輕合，須有半推半就之態，公
豈能徑與一推乎？審能如是，則黃面老子亦當倒退三千
里，但恐沒飯，又思冷粥耳。"

豁堂巖和尚，即止嵒，又作正嵒，字豁堂。江蘇金陵人，
俗姓郭。浙江杭州淨慈寺僧。

琴川，即常熟。虞山，在常熟西北，北瀕長江，南臨尚湖。
貫清堂，據《履園叢話》"東皋草堂"載："東皋草堂在
常熟大東門外，明左少參瞿汝說所築，子稼軒先生式耜增
拓之，有浣溪草堂、貫清堂、鏡中來諸景。稼軒官戶科給
事中，本朝順治三年，以議立永明王事，留粵東、西數
年，此園遂廢。"

三峰，位於江蘇常熟虞山龍母峰之西。萬曆三十九年，法
藏在此開法席，號清淨禪院。此派大德有弘忍、弘禮、弘
儲、弘證、豁堂等。

以阿字今無代監棲賢寺事，澹歸今釋充書記，頓修今
漸、真佛今如、臺設今鏡、梵音今音等隨住棲賢。愛
其山水幽勝，居頹垣敗瓦之下，晏如也，並有詩紀之。
後剩人函可有詩和之。

> 《瞎堂詩集》卷七《初住棲賢口占》、卷八《棲賢山居十
> 首》詩。《千山詩集》卷七《和棲賢山居韻》、《和天然
> 兄初住棲賢韻》詩等。《光宣臺集》卷一二《天老和尚七
> 十示生頌》。《咸陟堂集》文集卷六《舵石翁傳》。康熙
> 《廬山志》引《江西舊志》。張紅、仇江《曹洞宗番禺雷
> 峰天然和尚法系初稿》。①

> 今音，字梵音，廣東番禺人，族姓曾，原名起霖，字湛
> 師。天然禪師從弟。幼聰敏，爲邑諸生。平生放達任俠，
> 形短而神奕奕。一夕豪飲，與友人訣曰："今夕盡此杯中
> 物，明日索我於金輪峰頂矣。"人咸未信。先遣其妻祝
> 髮，密製衣褊，分散書帙，作詩志別，潛附商舸入廬山，
> 求天老人脫白。嶺上遇華首師翁，返粵爲其落髮。明年方
> 在廬山受具。有《古鏡遺稿》。

結制。一日，阿字無侍者因閱時師有論价祖過水偈並
五位之旨，疑其牽合，請質於和尚。和尚有室中垂示。

> 《天然語錄》卷六。

> 法語云：師曰："今時人易知耳。祇如古人前後悟處，並五
> 位著落之旨，能無疑乎？"無出禮拜，起云："洞祖幼時讀
> 《心經》起疑，到南泉解答'有伴即來'話，後參雲巖，
> 於'無情說法'處得個穎脫。何爲至'良久云：祇者是'，

---

① 張紅、仇江《曹洞宗番禺雷峰天然和尚法系初稿》，載楊權主
編《天然之光：紀念函昰禪師誕辰四百周年學術研討會論文集》，中山
大學出版社 2010 年版，第 8 頁。

又復涉疑乎?"師云："悟即不無，悟而遂至大休歇安樂田地，萬中無一。何不看趙州初參南泉，泉問：'有主沙彌，無主沙彌?'州云：'有主。'泉云：'主在甚麼處?'州近前鞠躬云：'仲春猶寒，伏惟和尚尊候萬福。'可謂千真萬真矣。次日泉上堂，州出問云：'如何是道?'泉云：'平常心是道。'凡師家說法，無不從向上一句子，任學人因緣，到即推門落臼，不則亦令其發起疑情。或從前依倚處、恬適處，就一句子下一回逗漏，一回倒斷。不見趙州云：'還假趨向也無?'噫!分明逗漏了也。泉云：'擬向即乖。'只一揮不由你不著忙。州果然云：'不擬向，爭知是道?'豈不是平日依倚處盡情吐露?所以南泉爲人爲徹，更云：'道不屬知，不屬不知。知是妄覺，不知是無記。汝若深造不疑之地，猶如太虛廓然無礙，安可強是非耶?'州乃大悟。若因此便謂前'仲春猶寒'語尚未會在，則依語生解矣。人固有應機無滯，悟非不真，而向背之情未泯，歡喜之心未忘，明眼人前終不謂向後無事。所以當面相欺，背後著楔，不爲無故。學者心誠諦信，便見親切。縱使強作主張，當下錯過，而師家亦無相負處。又如大慧在湛堂時，拈偈作頌，業爲鏡清、無盡諸大老賞識。渠未甘者，方丈裏有禪，方丈外便無禪，下單來有禪，纔上單便無禪，以此切切然不肯放過。及向天寧'薰風'話一時冰釋，已得快活自在，而圓悟謂其坐在淨裸裸處。夫以大慧之天資，無所不透，其不肯自欺者，心窠裏毛髮疑礙而已。既得冰釋，快活自在，豈不是千真萬真?又其悟在'薰風自南來，殿角生微涼'句下，皆殺活全提語，從何得墮在淨裸裸之說?及乎'相隨來也'一句了卻，始知從前之快活自在微細依倚尚須一回。所以道：'喜識盡時消息盡，當人那辨濁中清。'最後一錐大有時節也。价祖悟'無情說法'偈云：

'也大奇，也大奇，無情說法不思議。若將耳聽終難會，眼處聞時方得知。'偈固的的也，及問'邀真'話，而雲巖良久云：'衹者是。'猶自涉疑。後人遂疑其偈語未過量，又疑其'難得不相見'話未當，故雲巖以'良久'銷之。豈不是依語生解？大凡學人未到大休歇田地，自是趨向難泯。或當師家鉗錘妙密，一回拽脫。或當師家當陽正答，忽得自由。夫雲巖良久云'衹者是'亦當陽正答耳，而价祖遽自涉疑，所謂做賊人心虛。及至睹影始知從前猶有依倚，故偈云：'切忌從他覓，迢迢與我疏。'正是一回被虎瞰，切忌上山行也。從前舍今時向那邊，將謂更有第二人到此，特地知非，全身裏許，故有'我今獨自往，處處得逢渠'之句。既處處逢渠，則渠不住渠而渠正是我，我不更渠而我不是渠，到此始知南泉云：'三世諸佛不知有，貍奴白牯卻知有。'又云：'一切師僧須向異類中行始得。'而价祖當時答南泉云'和尚莫壓良爲賤'一句，此時方用得著。所以云：'頭頭上明，物物上顯，不喚作尊貴，當知尊貴一路自別。'正深得'我今不是渠'之旨也。我洞上宗趣全重於此。今時人稱洞上宗師即'渠'、'我'二字，尚自著落不妥，甚且以'我今不是渠'爲'我今正是渠'，則尊貴之旨何在？又安能復論宗趣？無怪其五位杜撰矣。价祖立五位正偏，要不出此偈，一一全備，悟者觀正中偏、偏中正、正中來、偏中至、兼中到十五字，便自炯然可以意得也。"無邊出作禮，云："正中偏、偏中正、偏中至、兼中到之旨，無嘗於偈中四句頗有融會，獨正中來一句尚屬影似，不敢效今人杜撰，乞師指示。"師曰："夫偏不滯偏，則必至於正，正不守正，則必至於偏。然當不守正而猶未至於偏處，試一著眼，便可神會。若必有句楷模，則所體會者盡成訓詁，不堪紹旨矣。總之此事大須徹底，若徹底人自然合他古轍，不必逞聰明湊泊。若逞聰明湊泊，即使十成完具，偶一二處古人意到而句不到，或句同而意別，或句別而意同，一時比量不及，便自逗漏。所以聰明人稍有所窺，不曾遇真正作家，未免杜撰。今時人往往蹈此，不可不慎。"無禮拜而退。

又，《天然語錄》卷八問答有"洞山過水睹影"偈頌云："一回瞥地始相應，悔卻從前影裏行。渠我於今休用覓，堂堂大道出常情。""洞山五位"云："帶月攜鋤下石門，綠畦深淺半依邨。從來錯過田家樂，依舊寒塘鳥雀喧。正中偏。""綠楊處處解征鞍，舊路新花盡日閒。莫向河梁探水影，滿頭如雪淚空彈。偏中正。""男兒仗劍走平原，望望疆場志氣存。散盡千金功未立，英雄誰向此時論。正中來。""風流休問客鄉心，高館銀燈酒滿斟。今日相逢須盡醉，不堪重唱白頭吟。偏中至。""國破家亡但此身，茫茫宇宙可誰鄰。桃源未是深藏地，醉臥長安不見人。兼中到。"可以參看。

今按：釋古雲《海幢阿字無禪師行狀》云："十九隨峰入匡，中途寒疾垂死，夢神人勉師出世，師以鈍辭，神授藥粒，覺乃甦，從此思如泉湧，貫通三教，信筆注三祖《信心銘》，諸耆宿皆遜之。峰住棲賢，命監院事。時百廢未舉，師拓鉢誅茆，戮力艱難中，猶入室叩擊無虛日，日臻玄奧，至价祖過水偈，洞悉五位之旨。"是時今無二十一歲。云"年十九"者，小誤。

時荷鋤誅茅。

《光宣臺集》卷一二《天老和尚七十示生頌》。

又，《光宣臺集》卷六《送頓修監寺棲賢序》云："明年夏（按：指庚寅歲後之第五年），自晉陵返，未兩月移棲賢，披荊棘，誅茅草。茅之爲物也有刃，其鋒不可犯，卒

以手置其中，刀未下，血已盈掌。山既高，日益暴，谷風
驟作，石吼草偃，面爲草所割如手。頃風自溪廻，溪水隨
風入谷如雨，肌膚剝裂，老人猶荷鋤先吾儕。十日，一衆
皆病。無食，余行乞江州，頓修乞溢城，又別。"

正結制中，而廚爨告乏。時阿字今無代理棲賢寺監寺
事後方十日，乃遣阿字行化九江。與見一從九江歸棲
賢途中乏食，阿字至餓仆地。

《天然語錄》卷二。《光宣臺集》卷六《送頓修監寺棲賢
序》、卷一〇《廬山棲賢寺詩類集跋》、卷二〇《賀雷峰
新監院見公》詩中原注、卷二一《壽見一》詩中原注。
張玲、梁基永《今無阿字禪師簡譜》。

《天然語錄》卷二法語云："發化主，小參：'今夏結制缺
少資糧，堂司、書記爲衆乞米，山僧甚喜，何以？大衆聚
在一處，日間托鉢，元是佛制，即結夏禁足，亦爲古道，
此行萬萬少不得。獨大衆安居，如何單煩兩公？山僧有一
句話，堪爲大衆解嘲：家中穩坐底人，途中受用。途中得
力底人，家中穩坐。若道是一，如何庵裏人不知庵外事？
若道是二，盡十方世界要總不離者裏。大衆，作麼生道？
還有道得底麼？道得底出來，好與三十拄杖。寧使法堂一
丈草，免教他日謗山僧。'"

《送頓修監寺棲賢序》云："十日，一衆皆病。無食，余
行乞江州，頓修乞溢城。"

《廬山棲賢寺詩文彙集跋》云："甲午受棲賢代監寺事，
僅十日，廚爨告乏。余職當爲衆乞，遂走江州，日叩頭於
馬足車輪之下。"

《壽見一》詩又云："小樓烟雨卑棲極，峻嶺薯芋供食
難。"詩中原注："甲午予爲棲賢行化九江，日則拜街，
見一作副，乞米以充。同寓一小樓，夜爲風雨擊去，僅餘

四五椽，下則炊爨，風雨濕衣，火烟薰眼，至極不可忍。予笑謂見一曰：'此烟雨樓也。'"又注："予與見一從九江歸棲賢，途中乏食，大雷雨，走蜈蚣山，投草店乞薯芋食，予至餓仆地。"

今按：以《天然語錄》目之，則今無與見一行化在四月十五日結制後。見一，和尚侍者。見前。阿字今無《壽見一》詩又云："鼻大耳長原有種，不須人說大還丹。"

詩中原注："見一乃祖乃父，俱以壽稱。"

又遣頓修今漸行乞溢城。

前引《光宣臺集》卷六《送頓修監寺棲賢序》。

阿字今無持楊震生居士《與和尚書》歸，和尚復之，勉其學佛從自己腳跟下著到，勿只向言句覓。

《天然語錄》卷一〇《復楊震生居士》書。

書云："阿字行乞江城，持楊居士書歸。書內問語忉怛，山僧隨筆答去，復有數字勉居士：從自己腳跟下著到，勿只向言句覓。居士復有書求山僧開示，言意諄切，山僧終不敢無風起浪，蓋謂此事非言句所到。六祖大師云：'但信佛無言，蓮華從口發。'古德亦云：'言多去道轉遠。'居士若信山僧話，二六時中，但須向言句不到處、意想不行處看自己本命元辰著落。看來看去，忽然撞著露柱，搕撲一覺，始知平日言語時、平日思想時，錯過多少；乃至鴉飛鵲噪、風動雲起，錯過多少；甚而街頭市尾、貴賤童叟、是非人我、若成若毀、若好若惡，錯過多少！然到此處，切忌作現成公案。若作現成公案，卻似不曾向言語不到處、意想不行處一回汗出也。尚有許多葛藤打不盡，且不敢對居士盡情搬出，恐添居士繩索。亦欲居士就淨地裏豁開眼孔，方來棲賢金井橋下，白石磷磷，青溪漫漫，更有廣長舌爲居士點破，且不關天然老事。"

楊震生，湖廣武陵人，貢生。清順治十四年任福建漳平縣
知縣，升山東德州知州。

七月自恣後三日，有《與阿字侍者書》，勉其行解相應。

《天然語錄》卷一〇。汪宗衍《廣東書畫徵獻錄》。

書略云："汝從來未曾做事，即做事亦在山僧左右，時有
提誨。此翻遠離，不可不索性說破，恐做事心勝，不覺不
知墮在無事甲裏，即纔憬覺，蚤成兩橛，如此則全虧大人
行履，即做得事，亦屬有爲也。仰觀古之大人，不過行解
相應而已，必使解處即行處，行處即解處，方無滲漏。若
解過於行，謂之見地中人，日久歲深，空成話餅，所以
善知識於學人雖愛之極，而終不敢兩手分付者，正爲此
也。……山僧一向期汝過厚，亦多見禪客七青八黄，便自
滿足，甚且退失，故欲汝一腳蹋到底。若根本不深厚，雖
使枝葉茂盛，祇益狂肆，於己無益，於人有損，既無以折
高明之心，亦未易塞流俗之口，汝今在十字街頭，正好作
一番試驗，自知深淺也。"

汪譜云：年月據和尚手寫原書，字句互有異同，今藏臺山
黃子靜小畫舫齋。

今按：以《天然語錄》較之，則"正爲此也"與"山僧
一向期汝過厚"之間省略大段。或後編入《天然語錄》
時所加，或黃氏所藏有闕葉，或汪譜援引時有節略耶？

秋，阿字今無以結茅留江州，和尚有詩相與酬和，云：
"寂寞雲中又一秋，忽驚柿葉滿峰頭。"

《瞎堂詩集》卷一一一《用韻酬阿字，時阿字以結茅留江
州》詩。

中秋夜有詩，中云："卻憶榕橋寒月後，幾人形影在
天涯。"

《瞎堂詩集》卷一一七《中秋無月二首》詩。

題下原注："甲午。"

時爲智母師太卜庵紫霄峰，顏曰"慈氏"。重陽節前日，賦《棲賢山居詩》十首。

《瞎堂詩集》卷七。《光宣臺集》卷一〇《智母師太塔銘》。

詩其四有云："支藤上紫霄，老母留芋供。"其五有云："明朝重九日，容易度殘年。"①

粤中王邦畿有《寄天和尚住棲賢》詩。

《耳鳴集》卷四。

詩云："一自違師後，於今兩載餘。暮雲頻有夢，春雁久無書。傍寺參方丈，逢人問起居。得知佳勝處，棲息愛吾廬。"

刻《棲賢語錄》行世。

《天然語錄》陸世楷《序》。

序云："向在雷峰、棲賢、華首、訶林諸山，皆有語錄行世，學人奉爲津筏，寶若琬琰矣。"

秋末冬初，於病中有《病二首》、《須識以端陽入嶺，訂予九月還山，霜露已降，消息渺然。病中多感，紀之以詩》、《十月九日病起》、《山中病起，人境初涉，而茅屋待結，遠人未歸。悵然興懷，書寄阿字》諸詩。

《瞎堂詩集》卷七、卷一一。

《須識以端陽入嶺》詩云："到海定知三夏盡，歸山曾約北風初。夜寒病骨應愁汝，秋杪長途每繫予。解語好教窗外鳥，忘懷只有案頭書。一杯蘆菔何人進，坐候晨鐘霜

---

① 此組詩有"病骨憐秋夜"一首手跡，清潘正煒《停驂樓集帖》錄之。楊權《天然函昰》稱："《棲賢山居十首》作於順治十一年（1654），但此幅作品落款'海雲天然'，書寫當在順治十五年之後，因爲此年雷峰隆興寺才易名爲海雲寺。也就是說，這是函昰51歲之後的作品。"見嶺南美術出版社 2012 年版，第 96 頁。

月餘。"

《山中病起》詩云："一生多病爲人忙，百事違心徒自傷。世亂有山容易住，道衰無侶不成藏。白門僧去溪雲斷，雁翅書來海日長。爲報江州莫久滯，北風吹雪入茅堂。"

又賦《初冬示玉泉侍者》、《初冬遊玉淵潭》詩。

《瞎堂詩集》卷一六、卷一七。

前詩云："不信吾宗竟陸沉，梅花初綻雪霜侵。庚辰已辦終焉計，甲午還尋夙昔心。雙樹尚零金槲淚，孤桐難續嶧陽音。乘桴浮海誰從我，俯仰雲霄可自任。"

今按：所謂"庚辰"，即崇禎十三年。和尚詣廬山求宗寶道獨落髮受具，如今十五年云逝，而昔日法侶凋零，門庭艱於維持，多病而道不行，百憂結於內，能不愴然。然終是"不信"，而俯仰自任。此和尚之高岸磊落處也。

玉泉侍者，據清查慎行《廬山紀遊》："丙子（康熙三十五年），當獅子峰下，有淨成精舍，棲賢天然禪師退院也。""住持僧玉泉，粵東人。"張紅、仇江《曹洞宗番禺雷峰天然和尚法系初稿》云："淨成之主天然寂於康熙二十四年，侍者今攝亦於次年去世。十年後之康熙三十五年，住持僧當爲'古'字輩。即古□玉泉也。"[1]

玉淵潭，嘉靖《江西通志》卷一二"南康府"："玉淵潭，在府城北十五里。其水驚湧噴沸，瀉下三峽，澄澈如玉。宋狀元張孝祥鐫玉淵二字於石。"又，同治《星子縣志》卷二載："去縣北二十里，棲賢寺之前。"

是年於清溪閱藏。

《瞎堂詩集》卷一四《退院十四首》其二詩注。

---

① 張紅、仇江《曹洞宗番禺雷峰天然和尚法系初稿》，載楊權主編《天然之光：紀念函昰禪師誕辰四百周年學術研討會論文集》，中山大學出版社 2010 年版，第 11 頁。

詩云："曾向清溪讀梵書，老來還傍草堂虛。"詩下原注："順治甲午閱藏於此。"

清溪，殆即石鏡溪。同治《南康府志》卷二云：在城西二十六里金輪峰側。宋王十朋《石鏡溪》詩："山中有鏡石爲臺，雲霧深藏未肯開。別有一溪清似鏡，不須人爲拂塵埃。"

冬，爲無異元來八十冥壽。奉其師宗寶道獨召命，入信州之博山掃塔。

《光宣臺集》卷六《送頓修監寺棲賢序》、卷一二《雷峰天老和尚七十示生頌》詩其四詩注。

今按：《送頓修監寺棲賢序》云："十日，一衆皆病。無食，余行乞江州，頓修乞溢城，又別。別五月歸，同侍杖履之信州。"今無乞食江州在四月結制後之月底，則其五月歸，在九月底十月初。

入博山，舟次石港，有詩。

《瞎堂詩集》卷一一《入博山舟次石港》詩。

詩云："舟行八百半長途，石港臨村客況孤。水落沙寒深夜火，天空雪白滿江蘆。深山紆曲奔師命，杖履疏違愧我愚。明日香臺重泥首，慈雲千匝護雙趺。"詩題下原注："赴長慶老人召命。"

石港，渡口名。在饒州府安仁縣。見同治《饒州府志》卷三。

又於溢石灘夜泊，有與阿字今無、頓修今漸詩。

《瞎堂詩集》卷一一《溢石灘夜泊，與阿字、頓修書懷》詩。

詩云："多時沙際三人影，到處灘頭一水聲。"

溢石灘，未知所在。嘉靖《廣信府志》卷二弋陽縣有潭石，黃溥《記潭石》云："直龍窟之南，有石灘，在大溪中。每秋冬潦盡，水流激石，琅琅有聲，與江風相答響，

夜靜聞十數里，聽之令人心爽神清也。"溢，或潭字之誤
歟？俟考。

又賦《冬夜懷足兩》詩，中云："狂吟海岸應無伴，
共棹江雲那有涯。"

《瞎堂詩集》卷一一。

今按：時足兩今嚴當留守海雲。

時宗寶道獨自閩往，覺浪道盛自浙往，三宜明盂自
吳往。

《光宣臺集》卷一二《雷峰天老和尚七十示生頌》詩其四
詩中原注。

道盛，字覺浪。福建柘浦張氏。住金陵天界寺，世稱天界
浪丈人。

明盂，字三宜，號愚庵。浙江錢塘丁氏。杭州顯聖寺僧。

諸衲侍宗寶道獨掃博山無異元來塔，賦詩勉之。

《瞎堂詩集》卷八《諸衲侍長慶老人掃博山塔，詩以勉之
二首》詩。

和尚經理博山。臘月初八日，有上堂法語。

《光宣臺集》卷一二《雷峰天老和尚七十示生頌》詩其四
詩注。《天然語錄》卷一。

法語云："臘八，上堂：'能睹是人，所睹是境。若說因
睹會心，附物顯理，黃面老子煞要買草鞋行腳始得。既不
如是，當年睹明星悟個甚麼？霜白滿天清較雪，日黃鋪地
晃如金。蓬頭抱膝何曾徹，一盌香糜飽到今。你看數百千
禩，俗氣猶未除在。'"

除夕，有小參，演"三界惟心，萬法惟識"之旨。

《天然語錄》卷二。

法語云："'三界惟心，萬法惟識，只者八個字，從上諸
佛諸祖秘密之旨盡於此矣。爲什麼後來說也說了，解也解

了，只是不會？你道病在那裏？大衆，你若識得病所在，便解放身捨命。你若曉得放身捨命，則一塵一念，無不具足六義、十玄底道理。此豈不是惟心？此之惟心自在深密，除佛一人，無有能知其進止、俯仰、見聞、去住之處。又則一塵一念，無不深悉五法、三性根源，此豈不是惟識？此之惟識圓通無礙，除佛一人，亦無有能議其建立、掃蕩之跡。大衆，依山僧言之，總是無別，不可於無別上强起分張。卷亦由我，舒亦由我，是我屋裏事，須是屋裏人方能舉措如意。所以《法華》云："無上兩足尊，知法常無性。佛種從緣起，是故說一乘。諸法住法位，世間相常住。"此不可作因緣會。因緣之法無有真實。圓覺菩薩豈不深達法源底，然尚須十千劫方得阿耨多羅三藐三菩提。又不可作一合相會，一合相者，則是不可說，但凡夫之人貪著其事。大衆，者不是小事，須是英靈漢子一眼覷破，便自全身輥入，方許具大人之作，有旋乾轉坤手段。你若只管隈門傍户，說心說性，說道說理，有什麼了期？更饒你盡力修得千手百臂，神通變化，到我棲賢手裏不消一捏，捏教碎。若要扶一扶，扶教起。何以故？只爲棲賢識得他，他是棲賢屋裏走使，要且他不知棲賢。欲識棲賢麼？不出你腳頭腳底。只是你自家瞞卻，不是棲賢瞞你。'良久，云：'雖然如是，山僧還有一句要向大衆道："千方易得，一效難求。"大衆，大須猛省，莫待臘月三十來，向長老口裏討活。'"

本年光孝寺重修大殿，澹歸今釋爲撰碑記，表平、靖二王首發府金爲衆善倡，而寶安蔡玄真毅然獨力肩承之功德。

《光孝寺志》卷一〇今釋《重修光孝寺大殿碑記》。

《碑記》有云："近代以來，憨山清之唱教，天然昰之談宗，僅能規復訶林，未及崇嚴寶殿，豈非弘護乘權，故有待於現身大士耶？平、靖二王，應新運而蔚爲名世，底定嶺表，百廢具興，以爲福國庇民，陰翊王化，無有過於大雄氏者，顧茲刹宗風，領袖天下，不有新作，何慰物望？於是首發府金，爲衆善倡。而寶安有長者蔡玄真氏，毅然請以獨力肩之，庀材鳩工，夜思早作，不資旁智，巨細並營。費逾萬金，時越六載。"

蔡玄真，其人未詳。

侯方域卒。

永曆九年　順治十二年乙未（1655）　四十八歲

[**時事**]清廷令沿海不准片帆下海。　李定國退往南寧，清復定廣東。

春，讓覺浪道盛主博山法席，衆稱有禮。

《光宣臺集》卷一二《雷峰天老和尚七十示生頌》詩其四。

詩云："浴龍池上合同堂，四代兒孫起大方。玉綫錦縫綿密處，吾宗調奏別宮商。"詩中原注云："甲午冬，爲博山老祖八十壽，博下兒孫會於祖山。長慶師翁自閩往，天界浪和尚自浙往，三宜盂和尚自吳往，吾老人自棲賢往。入高會之堂奧，見高會之規矩。老人經理博山，讓浪和尚主席，隨長慶師翁退住高泉。諸方聞吾家遜讓之風，稱爲有禮，兩山耆宿亦云如再睹老祖之教紹云。"

今按：經理博山在去年冬；讓覺浪道盛主席，隨宗寶道獨退住高泉事，則當在本年春。參見下述。

侍宗寶道獨入高泉，阿字今無隨行。

《光宣臺集》卷六《送頓修監寺棲賢序》。吳天任《澹歸禪師年譜》。

今按：序云："又明年入高泉。"指庚寅歲之後第六年，即本年。

高泉，指高泉報恩寺，在江西上饒縣。同治《廣信府志》卷二載："宋嘉祐中建，明崇禎間改爲禪院。康熙庚戌，寺僧改建。舊有九井，今止存一。"

奉侍宗寶道獨高泉晚步，賦詩示隨行諸衲。

《瞎堂詩集》卷一一《奉侍長慶老人高泉晚步，詩示隨行諸衲》詩。

詩云："早春乘興午風溫，樹裏行人望遠村。回首忽驚新客邸，亂坡如出舊郊原。巍然碩果吾師在，蔚爾新枝若輩存。溪鳥一鳴山盡綠，百年此日竟誰論。"

繼有《高泉感賦》詩，中有"放辱非吾事，沉淪有母存。一春風雨惡，愁倚杏花村"之句。

《瞎堂詩集》卷七。

今按：此詩編於《初住棲賢口占》詩後，則是本年春之作。

冬，又有《雪五首》、《送漸侍者歸省》詩。

《瞎堂詩集》卷一一。

《送漸侍者歸省》詩云："悵望湖州未敢歸，故園楊柳欲依依。忍看國破先離俗，但道親存便返扉。萬里飄蓬雙布屨，十年回首一僧衣。悲歡話盡寒山在，殘雪孤峰望晚暉。"

四月之饒州，至萬年山，作《萬年山居》詩，有"夏日生涯易到秋，陰森松竹倚山樓"句。又賦《四月雨中即事》詩。阿字今無等偕行。

《瞎堂詩集》卷一一。

又，《光宣臺集》卷六《送頓修監寺棲賢序》云："又明年入高泉，四月之饒州。"

萬年山，在饒州萬年縣。據同治《萬年縣志·藝文志總論》，萬年山麓有書院，顏曰石洞，宋儒饒魯講學地也。

夏，宗寶道獨自高泉返粵。和尚恭賦詩以送行。

《宗寶語錄》附《行狀》。《瞎堂詩集》卷八《送長慶老
人先入嶺南》詩。

詩云：“不敢更言別，師行隨後歸。幢旛遷柳岸，童行返柴
扉。雲覆庾公嶺，香迎荔子磯。到時應夏盡，秋氣襲人衣。”

今按：和尚先前急入匡，住歸宗、棲賢，殆有三因：一是
道獨入閩，需和尚往住道場；二是廬山有請；三是智母師
太促往。此詩中“不敢更言別，師行隨後歸”，逗露其中
消息矣。

宗寶道獨抵東莞，因張安國與自逢今我於篁溪闢芥庵。

康熙《東莞縣志》卷一一。麥淑賢《東莞芥庵戴庵與華
首一系故事鉤沉》。

《縣志》載：“芥庵在篁村，空隱、天然兩禪師建……空
隱自閩雁湖還粵，往東莞，闢此庵。天然亦自江西廬山
歸，相繼住之。時滄桑變幻，四方才人達士，宰官名彥，
皆皈依焉。”

《鉤沉》一文以爲，道獨所謂“建”、“闢此庵”，有“籌
建”與“開山”之意。並據《屈大均年譜》順治十四年
“朱彝尊至粵，有《東官客舍屈五過譚羅浮之勝。因道阻
不得遊，悵然有懷三首》。時先生住東莞篁溪村之芥庵。
彝尊與先生最契，歸則持其詩遍傳吳下，名大起”，疑芥
庵順治十四年或之前即已有之。①

今按：芥庵乃張安國與比丘自逢所創。《徧行堂集》卷一
○《芥庵勸緣引》云：“東官之芥庵，創自比丘自逢我

---

① 麥淑賢《東莞芥庵戴庵與華首一系故事鉤沉》，載楊權主編
《天然之光：紀念函昰禪師誕辰四百周年學術研討會論文集》，中山大學
出版社 2010 年版，第 285—286 頁。

公、優婆塞張夢回醒公，以爲雷峰和尚法筵也。"並提及芥庵草創之初，道獨多次小憩其中，其原因有二：一是"適長慶老人還自博山，棲賢命其弟子侍行曰：汝曹代吾奉老人入嶺也。邇者世信輕鮮，法道氾濫，遠城市而就山林，老人之志，吾之志也。雷峰也，芥庵也，老人之雷峰、芥庵也"。於是老人一再憩芥庵，"枕華首，俯雷峰，左右盼盡矣"。二是自逢、安國等認爲梵刹不可一日無善知識，故極力懇求道獨作鎮。① 《光宣臺集》卷一四《爲芥庵自逢監寺舉火》文亦云："自逢上座，你十數年監寺芥庵，承事先華首時用底正是這箇，又承事雷峰老人時用底亦正是這箇，心堅白業，力盡伊蒲……"實則此庵既是張安國與自逢二人爲道獨與和尚所建，道獨又爲開法之祖，即可認定爲道獨所創者。汪譜以爲此庵爲自逢與張安國於順治十五年建，不確。

張紅、仇江《曹洞宗番禺雷峰天然和尚法系初稿》云：芥庵原址在東莞篁村（又名篁溪，今更名爲南城區）新基村口附近。②

自逢今我，其人未詳。

真佛今如自匡山入粵，侍宗寶道獨左右。

《海雲禪藻集》卷二今如小傳。

---

① 張紅、仇江《曹洞宗番禺雷峰天然和尚法系初稿》，載楊權主編《天然之光：紀念函昰禪師誕辰四百周年學術研討會論文集》，中山大學出版社 2010 年版，第 24—25 頁。

② 同上，第 15 頁。又，同書載梁基永、張星《海雲文物叢談（附〈海幢臺記〉）》一文云："筆者詢東莞楊寶霖先生，始知芥庵原址在篁村新基路邊。……此庵規模甚小，乃典型嶺南清初建築格局，僅存兩進，名曰'芥庵'固宜也。……楊先生云，彼處曾改作爆竹工廠，後漸圮傾。至 20 世紀 90 年代初，開闢廣深公路，乃拆去無存，位置即今新基村口一帶。"見第 323—324 頁。

和尚寓居萬年縣紹隆庵，有詩誌之。

> 《瞎堂詩集》卷八《寓紹隆》詩。

> 詩云："偕隱尋深處，無緣遂半生。病同松鶴瘦，貧共雪山清。斂目常終日，橫眠每四更。不知連夜雨，空有水流聲。"

> 今按：寓居紹隆，殆有長住之想而未成，故有"無緣"之句。

> 萬年縣有紹隆庵。見同治《萬年縣志·建置志總論》。

澹歸今釋自棲賢至，隨侍之，仍充書記。而後入嶺南，至芥庵侍宗寶道獨。

> 《徧行堂集》卷一〇《芥庵勸緣引》。《澹歸禪師年譜》。

> 《芥庵勸緣引》云："時比丘今釋自吳門至紹隆，親聞棲賢之言，自紹隆至芥庵。"

時有金道人亦侍宗寶道獨左右。

> 《千山詩集》卷一二《寄答金道人》詩。

> 詩前有引："予未薙髮時，金道人隱予止園，相得甚歡。及余結茅華首，道人又來相訪，盤桓月餘。從此世事波騰，雲蹤縹緲十五年矣。去冬道人書來，並寄所篆小印，乃知道人左右空老人，且喜且歎，因而有賦。"詩云："故園花底憶同吟，結草峰頭著屐尋。獨鶴一飛雲路杳，雙魚重問海波深。山川已爛餘殘石，城郭俱非只寸心。翹首黃龍酬唱處，真人天際淚橫襟。"

> 今按：自崇禎十四年金道人訪函可於羅浮山華首臺，於今十五年矣。金道人，其人未詳。以《千山剩人和尚年譜》目之，殆即澹歸今釋耶？待考。

即覺今離乞食江北久未歸，和尚又撰《解即覺寺事，欲處以侍寮，棲賢人至，始知其行乞江北，感而懷之，作詩四首》、《聞秋風寄即覺》諸詩，思念不已。

《瞎堂詩集》卷八。

前詩其三云："夏雨將秋氣，朝雲起暮庵。"後詩云："六月秋風起，行人知不知。"當作於此時。

秋，自饒州還匡山。八月十五夜，還泊南康府城。

《瞎堂詩集》卷一七《自饒州還匡山》詩。《光宣臺集》卷六《送頓修監寺棲賢序》、卷一二《天老和尚七十示生頌》。《徧行堂續集》卷一《四書義自序》。

和尚《自饒州還匡山》詩云："夜泊城頭秋氣微，湖烟江月共依依。世間安有閑雲鶴，不向匡廬何處歸。"

阿字《送頓修監寺棲賢序》云："八月，還泊南康城下，月明如晝。明日，頓修歸省苕上，又別，時十六日也。風高木脫，山深人稀，能不淒乎？"

今按：南康城，指南康府城。明初改元南康路作西寧府，後又作南康府，清因之，府治星子縣，廬山所在。

八月十六日，頓修今漸又歸省苕溪，和尚爲賦《送漸侍者》、《自慰》諸詩。

《瞎堂詩集》卷八。《光宣臺集》卷六《送頓修監寺棲賢序》。

前詩云："難爲慈母道，養子自應知。信伏叢疑日，瞋多在喜時。去驚秋隴早，歸訝雪堂遲。風雨百年暫，寒山影未移。"後詩云："不到傷心處，誰當便爾休。嬴來方寸暇，放去百千愁。鶴頸終難短，鳧脛未易修。願從今日往，高舉白雲頭。"二詩連次一處，殆同時，亦同爲今漸而作也。

今按：本年三月之前，和尚已有《送漸侍者歸省》詩，殆今漸早春時已得母老病消息，有歸省之舉，嗣後又即回。而此次則長別歸養矣，和尚惜之。《海雲禪藻集》卷一今漸小傳云："以母老歸養苕雪間，種茶自給。"

是年和尚爲從弟曾起霖登具於棲賢，法名今音，字曰梵音。

《海雲禪藻集》卷二今音小傳。

此時和尚下山至下院，而今音留寺爲典客。待直歲還山，和尚即有《與梵音禪人書》，囑其善爲用心焉。

《天然語錄》卷一○。

書云："下山時，忘與禪語。至下院，始憶之，筆紙不便。兹直歲還山，聊書此寄囑。凡學人在善知識座下，日久能具正信，稍有根性，未有全無所窺。須知日用俯仰折旋，明明無第二人，然騎聲蓋色，不能無礙，此未得穩妥者矗而易知也。乃有目前無一物，當處亦無人，一句當空，八萬生滅門一時頓盡，到明眼人前猶未肯點首者，且道過在何處？衲子十年、二十年抖擻不下，止爭一反覆間耳。念禪此番應死心、無異緣，復除典客，不謂無事，正要禪於人事紛紜裏薦取，力量更大也。疑情不可多，礙膺之物破則無不破，始知盡大地銷歸自己，所謂聖人無己，靡所不己也。歲月易過，善爲用心，切囑切囑。"

此所言直歲者，殆即目無今全，爲海雲寺直歲也。

有《題衛其自小像》詩。

《瞎堂詩集》卷三。

今按：詩有"浮沉三十載"云，當與前詩同時作。

衛其自，疑爲衛文英，字傑元，廣東番禺人。禮和尚爲居士，山名古深，字自得。其自，或即另一字也。

足兩今嚴隨人乞食，半年未歸。和尚掛念，形於詠歌，有《懷足兩》、《憶足兩》詩。

《瞎堂詩集》卷一一、一七。

前詩云："結茅相傍石梁東，一臘雲烟心事同。乞食隨人過貢水，還山有約憶西風。千家曙色投朝市，六月寒林坐晚鐘。老去漸哀吾道喪，蹉跎歲月別離中。"

後詩云：“半年音信望來孤，漸到秋深景自殊。白鷺洲前明月近，不知猶憶老僧無。”

今按：後詩次於甲午年《中秋無月二首》之後，丁酉年《憶阿字》詩之前。無明確年份，當作於今年深秋。

訶衍今摩游匡山。

《海雲禪藻集》卷一。

殆於是年始，曾自昭自隱居之所來雷峰，與友人麥侗閉關三年。

《海雲禪藻集》卷一今沼小傳、卷四麥侗小傳。

今按：小傳稱：庚寅喪亂，自昭室廬、妻子陷於危城，子身漂寓，深自晦匿，無復有入世意，研窮儒者之學。晚讀《楞嚴經》始灑然超脫，於是入雷峰，結茆室，與友人麥具三閉關三年。時天老人居棲賢，雷峰方興土木，沼出輔旋庵湛公募化。殿宇落成，戊戌迎天老人返錫。則本年或前一二年掩關雷峰。姑繫於此。又，自昭自庚寅喪亂後，至其入雷峰之前，當耕隱於廣州從化、賀州鍾山等地。《海雲禪藻集》卷三錄英上《送曾自昭歸耕從化》、《送曾自昭還鍾山。自昭看余病，曾留約數日必返，難為阻留，作此志別》諸詩，可知也。有《鐵機集》。

又，康熙《花縣志》卷三載：“曾暐，字目昭。花縣吉逕人。生有名，然其品行孤介，待歲貢棄食雷峰僧寺，益肆力於經史。詩歌古著述不一，其《毛詩疏義》識解超絕，間宋諸儒之上。文則比事儷詞，□□晉七言詩，淵靜有法。又善行楷書，皆道愛。與知友相對穆然，淡而能久。居雷峰寺十餘年，後逃為僧，卒於東官芥庵。”目昭，顯為“自昭”之誤。

麥侗，字之六，廣東番禺人。邑文學。禮天然和尚，山名今玄，字具三。

永曆十年　順治十三年丙申（1656）　四十九歲

[**時事**] 孫可望攻李定國，李定國敗之，迎桂王入雲南。桂王封李定國晉王、劉文秀蜀王。　清禁白蓮、聞香等教。

宗寶道獨應邀入主海幢寺。一靈今種侍於宗寶道獨左右。

《華嚴寶鏡》今種跋。宣統《番禺縣續志》卷三六王令《鼎建海幢寺碑記》。《番禺河南小志》卷四"寺觀"。

今種跋云："丙申侍老人於海幢。"

王令《碑記》曰："當郡城都會大河之南，昔曰盧城，今曰海南。考古蹟，蓋萬窠嶺福場園地也。舊有千秋寺，地址頗曠，相傳爲南漢所建，久廢爲居民產。前有僧光半、月池，募於長者郭龍岳，稍加葺治，成佛堂、準提堂各一，顏曰海幢……乙未春，長慶空老人應平、靖兩藩請，偶憩於此。樂其幽靜，遂一寄跡，尋返錫華首，四衆思慕，亡何入滅。"

今按：道獨於上年夏方返粵，《碑記》云"乙未春"憩海幢，殆爲誤記。

一靈今種，即屈大均。

宗寶道獨撰有《華嚴寶鏡》。一靈今種受命較錄並爲作《跋》。

《華嚴寶鏡》原書。

序云："李長者《華嚴論》，一秉圓頓，見性成佛之秘典也。諸佛根本不動智，即使衆生分別之性，誠無轉折，祇要當人信得及。若信得及，信至極處，即入十住初心，明見佛性，成等正覺。所以云：一入信門，便登祖位。若有從來習氣，不過以無作三昧方便應真耳。于此真智之外，非別有毫頭法增入，亦不論修與不修，亦無成正覺者。是以云：一切衆生，已成佛竟，已度生竟，已涅槃竟。何以故？十方諸佛，與大地衆生，情與非情，一切諸法，共同此法界性。故無彼此自他之相，及成與不成。若直下信得及，當體便是。舍此別覓，終無得理。《經》云：‘若不見真智，累劫修行，不成道果，名假名菩薩。若見真智，即生如來家，爲法王真子。’稀有哉！道獨不知何劫熏得此心，直信無疑。一覽此論，痛哭流涕，以爲千生罕遇而今得遇，萬劫難逢而今得逢，復自踴躍慶倖無已。丙申秋，駐錫海幢，再覽斯論，心意怡然，不忍釋卷。覺年垂耳順，耳目不利，論文浩繁，難於常閱。遂於《論》內搜括精義，聯爲一篇，目曰《華嚴寶鏡》。寶鏡者，法界真智也。此智爲萬法之體，萬法依之而建立，又能洞照萬法，故號爲鏡也。中間一字一句，皆是論主心光，道獨不敢臆見，亦述而不作云爾。”

今種跋云：“李長者《華嚴論》，言言心法，字字真宗，實與拈花微笑直指無二。就衆生根本無明，即是諸佛不動智，諄諄示人，可謂婆心徹困也。昔僧問雲庵和尚：‘《華嚴》云：衆生住地無明，即是諸佛不動智。此理深玄，絕難曉達。’庵曰：‘此最分明。’時童子掃除，庵呼童子，童子應諾，庵指曰：‘此豈不是不動智?’庵良久又呼近前，問曰：‘如何是汝佛性?’童顧視茫然。庵曰：‘此豈不是根本無明?’僧言下有省。夫諸佛不動智，就是衆生全體，只爲智體無性無依，不能自了，會緣方了。悟非新得，迷非故失，誠爲世積簪纓，暫時落魄耳。所以云：一念諸曲，即佛在衆生中；一念平直，即是衆生成

佛。若有大心凡夫從斯信，即入十住初心，成等正覺；以
無作方便力自體應真，便爲如來真智慧也。丙申侍老人於
海幢，老人謂善說《華嚴》無如長者，但論文浩繁，讀
者恐難直曉，特搜精義，命今種錄爲一篇，俾大地含生，
於一乘圓頓妙法，開卷頓照，如臨寶鑑。真妄交徹，即凡
心而見佛心；事理雙融，依本智而求佛智。此數十紙簡要
之文，便是華嚴無盡藏之法界也。"①

今按：《華嚴寶鏡序》一文收入《宗寶語錄》卷六。

和尚在棲賢。春夏間，有《棲賢懷古》詩。

《瞎堂詩集》卷一一。

今按：詩云："谷口白雲何處入，堂前深草易生悲。""烟
雨屢更殊未定，溪山長峙不堪思。"玩詩意，當作於春夏
之際。詩次於去年《初秋書懷》詩後，則作於此時。

仲夏，遣阿字今無之瀋陽訊剩人函可，有《送阿字之瀋
陽訊剩人弟》、《阿字臨行口占示之》詩，叮嚀綿密。

《瞎堂詩集》卷一一。《光宣臺集》卷六《送頓修監寺棲
賢序》、卷一二《雷峰天老和尚七十示生頌》詩其五。

《送阿字之瀋陽訊剩人弟》詩云："羅浮匡嶽十年外，吳
水燕山萬里餘。鴻雁影分沙磧暮，鶺鴒聲急朔風初。牧羝
地識蘇卿雪，洗馬池深刺史廬。海外干戈烟塞遠，關心雲
樹正躊躇。"《阿字臨行口占示之》詩云："萬里傳持白紙
書，往來無伴莫躊躇。父翁消息全憑汝，兄弟天涯欲慰
予。雲水不教沾一滴，衲衣珍重更無餘。仙歌日待遼陽

---

① 一九五二年七月十八日汪宗衍與陳垣書云："近欲輯翁山年譜，
得其丙申二十七歲爲海幢寺僧時所撰《華鏡寶鏡跋》（文外、文抄、佚
文未收），知其曾充道獨侍者。又於《有學集》知翁山曾助獨輯《憨山
夢遊集》，皆稀有資料。"見陳智超編《陳垣來往書信集》（增訂本），
生活·讀書·新知三聯書店 2010 年版，第 509 頁。

鶴，早晚溪橋認舊廬。"

《光宣臺集》卷一二《雷峰天老和尚七十示生頌》詩其五
云："五老峰前一句齊，氣吞湖海萬山低。冰天不見人歸
處，鴨綠波翻入虎溪。"詩中原注云："冰天絕城，丹梯
莫上，哮吼獅子，道邁寰中。而以義烈之氣蹈子卿之蹟，
即非友于，能不感繫？今無一言許以馳驅，孤笠下棲賢，
騫征而往者，此丙申夏仲，老人見懷詩有云'望歸空記
出門時'，實一時可愕之事也。"

又，在此之前，和尚曾派釋子普雨往瀋陽探剩人函可，然
普雨因體弱多病，及閩而返。《千山詩集》卷一六《棲賢
先專普雨來，及閩而返，今冬阿字始至。戲成二絕》詩
中有"普雨何曾及大荒"、"怪殺羸軀兼善病"之句。普
雨，《海雲禪藻集》不載。陳子升《中洲草堂集》卷一二
有《東過鬱州，與空和尚飛錫相近不克往訊，歸後寄普
雨、澹歸二上座》詩，即其人也。

六月，足兩今嚴入廬山棲賢寺，破寺茅齋，蓬蒿沒人，
而見百合花盛開，感而有詩。

《海雲禪藻集》卷二今嚴《百合詩》四首。

其序云："百合花，卉本之清標者也，予昔在廣，於友人
亭榭間見之，云致自羅浮百花澗中。丙申入廬山棲賢谷，
破寺茅齋，蓬蒿沒人，荒陂石壁間，茲花殊夥。折之瓶
盂，把玩朝夕，得其性情，明其分量，委其標致。夫其敷
於炎夏，榮於酷暑，則其剛方也。榛蕪錯之，翹然獨秀，
則其孤往也。靜夜而芳烈，沈陰而潔鮮，則其冥行也。色
悴於日中，氣斂於景側，則其知時也。若夫名未通於
《三百》，芳不著於《楚辭》，愚謂見遺夫古人，而不知善
藏其用也。噫！一物之微，有足多者，感而賦之，貽諸同
好焉。"

初秋，和尚有詩感懷遠遊諸弟子。

<blockquote>

《瞎堂詩集》卷一一《初秋書懷》詩。

詩有云：“三年遊子傳臨粵，萬里征人已渡江。”詩中原注：“聞具一入嶺”、“阿字往瀋陽”。

今按：具一入嶺，殆探海雲消息也。

具一，其人未詳。

</blockquote>

阿字今無北上過京口，枉道入毗陵，抵姑孰，與歸養老母之頓修今漸相見，十日不忍行。

<blockquote>

《光宣臺集》卷六《送頓修監寺棲賢序》。

序云：“又明年丙申余出塞，一杖萬里，憶與頓修有同學之歡，歷艱難，共甘苦，恐行死沙漠，而卒不一面，過京口，枉道入毗陵，抵姑孰得之，十日不忍行。頓修一生以性情益我，江山遼遠，居然有萬里之勢，其黯然銷魂爲何如哉？從姑孰返京口，二日而別。”

</blockquote>

十月十四日生日，和尚有詩述懷。

<blockquote>

《瞎堂詩集》卷一一《丙申生日》詩。

詩云：“窮年兀兀似憨癡，鳥道虛空舉向誰。伯玉知非先一臘，香林走作未移時。寒溪石上吟何已，空谷人來未可知。白日降心唯此道，千松巖月意遲遲。”

</blockquote>

當日，遠在遼陽三岔河之阿字今無有詩，感懷和尚。

<blockquote>

《光宣臺集》卷一七《本師誕日》詩。

題下注云：“時宿三岔河下，白雪沒腰，黃沙極目，不飯已二日夜矣。”詩云：“師定念遊子，遙知父母心。望雲天際遠，曝日石門深。香影浮堦砌，猿聲徹埜林。無窮長跪祝，惟有此微忱。”

今按：時阿字今無尚未見師叔也。

三岔河，據光緒《海城縣志》載：“在縣西六十五里，爲牛莊赴河西之要津。”

</blockquote>

冬，智母師太以苦寒返粵。遣來機今再隨行，並送以
詩。創大日庵於雷峰居之。

> 《瞎堂詩集》卷八《丙申冬日來機奉母南歸》詩、卷一一
> 《送來機奉母還嶺南兼寄社中諸子》詩。《光宣臺集》卷
> 一〇《智母師太塔銘》。
>
> 前詩云："同生惟有汝，遠俗得予心。奉母三千里，僑居
> 最上岑。隨緣歸嶺表，重別立庭陰。此去應無憾，廬山面
> 目深。"
>
> 汪譜按：和尚有二妹，名今心、今再，詳詩意，似今心已
> 歿矣。

同時，詩寄粵中王邦畿諸子。

> 《瞎堂詩集》卷八《因老母南還寄酬王說作》、卷一一
> 《送來機奉母還嶺南兼寄社中諸子》詩。
>
> 前詩云："佳詩勞遠錫，又是一年餘。無意爲疏節，行人
> 落報書。故園應不改，深谷已成居。幸自歸慈氏，知君待
> 敝廬。"後詩云："青青竹筍春船遠，白白山雲谷日舒。
> 我母畏寒歸嶺海，而師好靜滯匡廬。四依清苦爲狗道，三
> 業精勤勝讀書。珍重故園搖落後，十年楊柳夢魂餘。"

又賦《聞雁懷阿字》、《懷阿字》諸詩，以紓相思。

> 《瞎堂詩集》卷八、卷一一。
>
> 《懷阿字》詩云："慈烏啞啞盼危枝，況復投荒萬里疑。
> 想去欲知經夏處，望歸空記出門時。匡雲影覆千山衲，邊
> 月寒生五老帷。關塞極天戎馬日，卻憂吾道苦相思。"

剩人函可有《和棲賢和尚見寄韻》詩一首。

> 《千山詩集》卷一二。
>
> 詩有云："艱難菽水愁孤鉢，潦倒風沙泣罪人。"

阿字今無至瀋陽，剩人函可作《喜阿字至》詩。

> 《千山詩集》卷一二。

汪宗衍《千山剩人和尚年譜》按云："昔余作《天然和尚年譜》，敍昰遣今無出關在順治十三年丙申，曰：住棲賢，遣今無之瀋陽，訊函可，送之以詩。據《瞎堂詩集》十一。順治十四年丁酉條曰：九月，今無自瀋南行。據《光宣臺集》十七《丁酉九月南還別剩師叔》。又《千山詩集》四《阿字行後作》七首，有'崎嶇七千里，出塞致書詞。我來八九年，是日一展眉'、'寒臘亦易過，興盡春已徂。經夏復經冬，涼風滿庭除。忽憶匡山期，掩卷賦歸歟'、'相敍幾一歲，恍惚數夕同'諸句，當爲丙申冬到瀋。函可自順治五年戊子遣戍至十三年丙申，所謂'我來八九年'也，自丙申寒冬至翌年秋，所謂'相敍幾一歲'也。《勝朝粵東遺民錄》沿古雲作今無《行狀》'三年歸渡遼海'語，謂無住瀋三年，誤矣。……《瞎堂詩集》十一有《送阿字之瀋陽訊剩人》一題，詩係依年編次，前二題，一爲《萬年山居》，有'夏日生涯易到秋，陰陰松竹倚山樓'句，乃乙未至饒州時作；一題爲《四月雨中即事》，有'播穀預占今歲早，種瓜須記去年遲'句，後四首爲《丙申生日》詩，其誕辰在十月十四日，則送阿字之瀋詩爲丙申之作，可無疑義矣。此猶可云詩句也，復以今無、函可所爲文以證之，《光宣臺集》六《送頓修監寺棲賢序》曰：'丙申余出塞，一杖萬里。'卷九《與王子京書》曰：'丙申、丁酉間，尋剩和尚於塞外。'《千山詩集》十二《同雪公游千頂紀事序》曰：'丙申八月廿三日，由瀋出門，歷盡艱險，非獨前游不及，即同木公游，亦一丘一壑之見耳。雪公分袂還瀋，余移寓且過庵，適阿字姪從匡來，話及千頂，阿字遊興詩情俱勃發，因觸舊習，作紀事詩十律似阿字。'"

和尚有《懷吼萬、須識》詩。

《瞎堂詩集》卷一一。

釋子臺設今鏡住光孝寺，坐化。不及擔荷大法，時賢
惜之。

《海雲禪藻集》卷二今鏡小傳。

雷峰建置梵剎，工用不貲，大牛今白發願行募，沿門
持鉢十餘載，叢林規制次第具備。

《海雲禪藻集》卷二今白小傳。

歲末，和尚有詩示諸徒子。

《瞎堂詩集》卷八《偶成》、《歲末示諸子》詩。

廣慈今攝殆於本年剃落。

《海雲禪藻集》卷一今攝小傳。

今按：小傳稱：“庚申付法偈曰：‘已住廬山十二年，水
雲深處落機前。於今解進竿頭步，穩坐千峰跨五天。’時
年六十二矣。越六年示寂，談笑自如，命遺骨灰飛。”庚
申，即康熙十九年。以此推之，其示寂年六十八，在康熙
二十五年，晚和尚一年。小傳又稱“披緇衣三十年如一
日”，則依和尚時約三十七歲，即本年是。

番禺諸生陳虬起居雷峰，以居士充書狀。

《海雲禪藻集》卷三今儆小傳。

會木古檜從廣慈今攝抵匡廬。

《海雲禪藻集》卷三古檜小傳。

一靈今種本年自行越嶺北上，稱欲往東北以身贖法叔
千山剩人，其親朋好友紛紛贈詩以壯其行。

顧夢遊《顧與治詩集》卷五《送一靈師之遼陽兼柬剩和
尚》詩原注。

顧詩原注云：“欲北上具疏請自成，而放剩和尚入關。”
又，張穆《鐵橋山人遺稿》有《送翁山道人度嶺北訪瀋
陽剩和尚》、陳子升《中洲草堂遺集》卷七有《送一靈上

人出塞尋祖心禪師》、錢澄之《田間詩集》卷四有《送一
靈出關尋剩公》詩二首。

除夕，剩人函可有寄和尚詩。

《千山詩集》卷一三《丙申除夕和棲賢辛卯除夕韻》。

詩云："只因長生在遼東，誰是無鄉老此中。今夜盡勾積
歲念，明朝須發向西風。哭猶有淚情非至，吟到無題詩亦
窮。細看此來真寂寞，眼前還得幾人同。"

冬末，龔鼎孳頒詔至粵。

參見明年條。

龔鼎孳，字孝升，號之麓，安徽合肥人。明崇禎進士，授
兵部給事中。順治初，迎降，以原官起用，累官至禮部尚
書。有《定山堂集》。

永曆十一年　順治十四年丁酉（1657）　五十歲

[時事] 清禁投拜門生。　放寬隱匿逃人律。
三月，清詔求遺書。　朱彝尊遊粵。

正月初七，龔鼎孳過海幢，持錢謙益書，訪求憨山和
尚遺書於宗寶道獨。宗寶爲之搜羅散佚，並以詩寄鼎
湖棲壑道丘和尚索之。二月十五日，得棲壑藏德清
《夢遊全集》遺稿，曹溶爲集衆繕寫，數日而畢，載
以歸吳，錢謙益校讎編定四十卷，毛晉鏤板刊行。

《牧齋有學集》卷二一《憨山大師夢遊集序》、《嶺南刻憨
山大師夢遊全集序》。原書釋今釋《錄夢遊全集小紀》。

錢謙益序云："憨山大師夢遊全集，《嘉興藏》函止刻法
語五卷。丙申歲，龔孝升入粵，海幢華首和尚得余書，楗
椎告衆，訪求鼎湖棲壑禪師藏本，曹秋岳諸公繕寫歸吳，

謙益手自讐勘，撰次爲四十卷。……毛子子晉請獨任鏤
版，以伸其私淑之願。子晉歿，三子褒、表、宸聿追先
志，遂告藏事。其在嶺表共事搜葺者，孝廉萬泰、諸生何
雲、族孫朝鼎也。其次助華首網羅散失者，曹溪法融、海
幢月池及華首侍者今種、今照、今光也，皆與有法乳之
勞，法當附書。上章困敦之歲仲冬長至日，海印白衣弟子
虞山錢謙益焚香稽首謹序。"

釋今釋紀云："丁酉人日，中丞龔公孝升過海幢，出宗伯
錢公牧齋書，其於大師遺稿流通之心真切無比。華首和尚
觀之，亦讚歎無比。既以海幢所藏者簡附龔公矣，復刊布
諸刹，爲博訪全收之計，又以八行致端州棲壑禪師，索其
全集。禪師慮失原稿，未發也。二月之望，前孝廉萬公履
安來，以錢公曾有專囑，爲謀之方伯曹公秋岳，作書重
請。於是再奉華首書，遣喻如筏知客往，稿乃發。而曹公
與學憲錢公黍谷各捐資爲繕寫費。適會城方有試事，諸士
子之歸依華首者聞之皆至，舐筆落墨，數日而畢。其司較
對，則一靈種侍者也。時一儒生陳方侯於作字頃有所感
觸，便求出家，即日剃度，法名古值，字曰瞿滴。余爲書
助緣偈曰：'憨山一部遺稿，能使陳郎出家。時節因緣相
值，將鍼引綫無差。現前同學大衆，幫他搭起袈裟。且看
曹溪一滴水，研池裏面涌蓮華。'此不獨見大師心光攝受
無量，亦見諸護法一片心光，與無情筆墨，同向花首堂
前，推出者僧作大佛事。而此僧承是心光，爲一切人，作
發起導師，又未可量。則是書流通功德豈可量耶？因記
之，以博數千里外一聲彈指。三月初六日，比丘今釋書
夢遊全集日錄、編輯重較諸名，幸各存之。通炯號寄庵，
爲大師首座，今海幢諸僧皆其諸孫也。劉起相，號中當，
起家乙榜，任撫州司李，大師靈龕還曹溪，及收藏遺稿，

皆與有力耳。今釋再白。"

汪譜按：龔鼎孳使粵爲丙申冬末，《定山堂集》卷二五《同張登子、鄧孝威遊海幢訪澹歸上人》、《別澹歸》、《三遊海幢》詩皆次於丁酉，故繫於此。

今按：牧齋與宗寶道獨書今不見，而其《致憨大師曹溪塔院住持諸上座書》，見《有學集》卷四〇，書云："聞大師遺稿，藏貯曹溪，卷帙甚富。今特爲啟請，倒囊相付。當訂其訛舛，削其繁蕪，使斯世得窺全璧，不恨半珠。人天眼目，塵刹瞻仰，斷斷不可遲緩後時，或貽湮沈之悔也。"當於本年春，宗寶道獨有詩寄贈鼎湖棲壑道丘。《宗寶語錄》卷四《答棲壑大師》云："金輪相別後，屈指廿餘年。世事如無有，真機祇目前。我猶鴻雁影，君享水雲緣。異日重期處，天湖最上顛。"此時棲壑道丘年七十二歲。參李福標《釋棲壑年表》。①

錢謙益，字受之，號牧齋，江蘇常熟人。明萬曆三十八年探花。官至吏部侍郎。有《初學集》、《有學集》。

曹溶，字秋岳，號倦圃，浙江秀水人。崇禎十年進士，官御史。順治十三年，由戶部侍郎出爲廣東布政使，左遷山西按察司副使，旋丁憂不復出。有《靜惕堂集》。

毛晉，字子晉，江蘇虞山人，藏書處曰汲古閣。有《海虞古今文苑》、《明詩紀事》。

和尚住棲賢。初春，有南昌之行，作《滕王閣》、《滕王閣五首和足兩韻》詩。

《瞎堂詩集》卷一一。

《滕王閣》詩云："撥雲倚棹度江津，戴笠登樓景倍新。"

《滕王閣五首和足兩韻》詩其一云："早年瓢笠及登臨，

① 李福標《釋棲壑年表》，載《廣東佛教》2011年第2期。

亂後棲遲遂至今。"

　　今按：和尚此和詩次於去年冬《懷阿字》、《懷足兩》等
　　詩之後，則作於本年初春。

梵音今音、足兩今嚴、會木古檜等賦詩和之。

　　《海雲禪藻集》卷二今嚴《丁酉初春登勝王閣》詩五首、
　　今音《登勝王閣》詩、卷三古檜《滕王閣》詩。

三月，剩人函可與阿字今無遊千山。

　　《千山詩集》卷一三《憶暮春同阿字諸子遊千山》詩。

夏，王邦畿有《夏日承本師天然和尚屬阿字持書瀋陽
詩扇寄示，賦此奉答並懷阿字》詩寄贈和尚。

　　《耳鳴集》卷一三。

當夏秋間，朱彝尊訪宗寶道獨禪師於海幢。

　　《曝書亭集》卷一八《長慶寺啖荔枝二首》其一。

　　詩云："長慶古僧寺，獨公新道場。重來疑夢寐，六月轉
　　清涼。老喻苦瓜苦，渴思香荔香。七里空有井，不同汲寒
　　漿。"詩中原注："曩客廣州，訪獨禪師於海幢寺。饌進
　　苦瓜，予不食，師言：'居士少年，不耐苦也?'"

　　今按：據張宗友《朱彝尊年譜》，是年竹垞在廣東。

　　朱彝尊，字錫鬯，號竹垞。浙江秀水人。康熙十八年舉博
　　學鴻詞科，除翰林院檢討。有《曝書亭集》。本年二十九
　　歲，故云"少年"也。

七月十八日，和尚有書信與海雲寺監院，論及海雲建
築之佈局。

　　書信手跡（今藏廣東省博物館）。

　　書云："見禪到山，云雷峰大殿階道太短。山僧以爲不作
　　儀門，總存湖外一大山門亦罷。今想放生湖目前未暇及
　　成，而大殿各堂寮雖漸次見功，畢竟殿前近路，不可無關
　　閉；因想舊剎竿兩墩尚有丈餘，盡移儀門至此，使階道自

殿臺起，至儀門後簷止，有四丈餘或五丈，亦自不促。即
不濟，必須得三丈五六。若只三丈，便覺促矣。大殿六丈
餘闊，則殿臺離地須三尺高，至少亦須二尺五，方見尊
重。今除去月臺，使殿臺至儀門後檐止，階道一平，不可
層級。兩廊地與儀門後二滴地，高低一樣，亦須離階道地
二尺，至少亦一尺五，不可淺。階道砌石，只須正間闊，
留兩旁種松柏。殿兩旁及殿後地，高低亦當如殿前階道地
相準，亦種松柏，取幽深不覺淺露也。鐘鼓樓，沿兩廊
出，至儀門，東北角爲鐘樓，東南角爲鼓樓，俱高過儀
門，大約矮大殿二三尺。鐘鼓樓距儀門尚有一間地，可作
旦過寮或門頭寮，稍矮儀門一二尺方好看。又，儀門不
可過淺，後二滴深準兩廊，前二滴亦如之。前後小舍相
距至少要二丈，共五間。中三間空淨，不安像，只在後
小金柱間作閃身，如正間闊，隨時開閉，使大殿可一望
見湖。彌勒尊像留供湖外山門也。左右二間造四天王
像，若韋陀尊像及伽藍尊像，偕大殿兩廊相對，此大殿
與儀門式大概如此。總因放生湖未能即湊手，故復出
此。若目前大勢可得連上，則不必立儀門，仍照春時諭
帖。或謂風水宜立儀門富氣，亦隨大衆酌量耳。天然親
筆，七月十八日。"

今按：楊權《天然函昰》以爲此文作於本年。①

釋子見禪，其人未詳。

秋，有詩懷遠赴瀋陽之阿字今無。

《瞎堂詩集》卷一七《憶阿字》詩。

詩云："長安東去一身孤，兩度逢秋心事殊。極塞月圓寒
已栗，不知曾入玉關無。"

① 楊權《天然函昰》，嶺南美術出版社 2012 年版，第 46 頁。

九月九日，阿字今無自瀋南行，有詩贈別師叔剩人函可。剩人亦有詩，念念不捨。當日生離，其實死別也，其苦痛灼然可睹。

　　《光宣臺集》卷一二《雷峰天老和尚七十示生頌》詩十首
　　其六、卷一七《丁酉九日南還，別剩師叔》詩。《千山詩
　　集》卷四《阿字行後作七首》詩。

　　《雷峰天老和尚七十示生頌》詩十首其六云："帝城宮闕
　　望慈雲，獨立燕然數夕曛。北去南來看塞雁，峰頭獅象愧
　　成群。"詩中原注云："今無與千山師叔處大窖中，風沙
　　慘黯，或長嘯高歌，或流涕覆面，一以憂患餘生，一以冰
　　霜殘売，情諧水乳，鱉應黿鳴。於其將歸，師叔强留，無
　　曰：'留之可也，然斯時不南，即前日之不北耳。'遂義
　　消情岳，歸燕京，中間恭懷，南北可寫。"

　　《丁酉九日南還，別剩師叔》詩云："雁磧寒沙白，雲峰
　　墊燒紅。風聲皆向北，人意未離東。錫振邊塵落，書緘血
　　淚空。依依看寸晷，愁聽暮天鐘。"

　　《阿字行後作七首》詩其三云："言別多哽咽，況我大漠中。
　　我身如斷梗，爾身亦飄蓬。相聚雖一歲，恍惚數夕同。爾
　　留已多恨，爾去更何窮。秋風振高林，落葉分西東。雁
　　飛不成隊，菊開不成叢。作書報汝師，兼上老人峰。平安
　　復平安，把筆心正忡。"其四云："收拾舊布囊，新詩疊
　　重重。臨行不敢泣，各自慘心容。河凍不能埃，言寄海舶
　　中。仰看鶴路直，俯視鯨波重。千里在呼吸，一杯浮虛空。
　　日星掛眉睫，灝氣蕩心胸。禁聲莫高吟，恐或驚鼉龍。"
　　詩雖云"不敢泣"，而一讀之下，可不令人潸然。

剩人函可有書信及絕句詩寄和尚。

　　《天然語錄》卷一八《剩和尚塔銘》。《千山詩集》卷一
　　六《寄麗和尚書》詩。

《剩和尚塔銘》云："嘗有書抵余，曰：'門下龍象如雲，若得專一人來，使某得盡其夾輔之力，則曹源一滴，長潤塞下。'噫！余於此知師爲法求人之切，豈無所見，顧再易裘葛耳。忽一日，曰：'我十日必去。'"云"再易裘葛"，則本年作書矣。

剩人函可詩云："人天翹首嶺雲空，又向匡廬覓舊叢。杖底瀑飛三百丈，好攜一滴灑遼東。"

十月十四夜，阿字今無在遼海舟中，有詩懷和尚。

《光宣臺集》卷一七《遼海舟中》詩。

其六云："中宵風逾惡，千丈浪難平。有淚還肝膽，無親任死生。星光迷去路，寒氣咽金聲。縱有維舟日，何堪此夜情。"又其七云："師年愁裏過，客淚海中搖。"詩下原注云："時十月十四日作。本師誕日也。"

此年前後聞姚子莊送程可則還朝，並有是秋入都謁選之訂。和尚有《戲柬姚六康》詩。

《瞎堂詩集》卷一二。

詩云："五旬待剗階前草，選佛還教先選官。但識人間原是幻，豈嫌山上笑彈冠。舊時文社曾稱長，此日祇園賴悉檀。題壁未應忘雪竹，何年重過玉淵寒。"題下原注云："六康與予同舉崇禎癸酉鄉試，近聞其送程周量中翰還朝，有是秋入都謁選之訂。"當作於是年前後。

今按：姚六康，即姚子莊，見前崇禎六年條。所謂"文社曾稱長"者，絕非虛語。據方文《嵞山集》再續集卷四有《午日石埭姚六康明府招同諸子燕集各賦一詩》，題下注云："同集者粵東盧升、王仁植、黎次仲、龔含五，漢陽李雲田、會稽姜鐵夫、慈谿周九逸、烏程陳宗彝、上海陳鱸江、青陽孫儼若，吾里姚彥昭。"可見其詩壇影響。又，和尚弟子亦多有與姚六康相往還者，如澹歸

《徧行堂集》尺牘卷七《與姚六康明府》有云："別來早已數載，弟亦祇爲一座丹霞山牽着鼻頭東來西去。"又，《送會木禪者之秋浦》云："訪姚六康明府，還入棲賢，即上丹霞省覲。予附致雄州陸孝山使君、南昌黎博庵先生兩函。"如是者尚多，不例舉。

是年妙峰今薙六十一歲，和尚有詩贈之。

《瞎堂詩集》卷一八《妙峰禪人六十一》詩。

今按：妙峰今薙五十一歲時，和尚亦有詩相贈。見順治四年條。

人依今四皈依華首老和尚，受具充記室，出爲海幢寺典客，時阿字今無擴建海幢寺宇，道法盛行，王臣士庶軒車相望，卒能應酬不缺。

《海雲禪藻集》卷三今四小傳。

今四，字人依，廣東新會人，族姓張，原名聖睿。諸生。

梁之佩秋闈不遇，徑依方袍，出嶺至廬山棲賢寺，禮和尚受具，法名今印。研究祖道，至於忘身。

《海雲禪藻集》卷三今印小傳。

今印，字海發，廣東順德人，族姓梁，原名瓊，字之佩，更名海發。邑諸生。弟海岸，後亦出世海幢，爲侍者，久病而寂。《光宣臺集》卷一四有《爲海岸侍者下火》文云："海岸，汝六七年呻吟床褥，總不如此時一把火光明俊絕。"

澹歸今釋寓錫東莞。

《徧行堂續集》卷六《查母陳太安人傳》。

一靈今種亦在東莞篁村之芥庵，過訪粵遊之朱彝尊。

《屈大均年譜》。

十一月二十六日，無方今應五十初度，澹歸今釋有壽序。

《徧行堂集》卷五《無方應禪師五十初度序》。

今按：序云："師四十歲前潭山長者，五十歲前海雲比丘。"本年查繼佐至廣東，與澹歸今釋及黎延祖、彭祖兄弟相見於雷峰。

清沈起《查東山先生年譜》。韋盛年《明清之際廣東抗清文人年譜·黎遂球年譜》。

查繼佐，字伊璜。明亡後改名左尹，字非人，別號東山釣史。浙江海寧人。崇禎六年舉人。康熙元年，罹南潯莊廷鑨私刻《明史》案。有《罪惟錄》等。

黎延祖，字方回，廣東番禺人。黎遂球長子。恩貢生。遭變後隱居不仕，自稱禺海七十遺民。師事天然和尚，山名今延，字宣公。

黎彭祖，字務光。黎遂球次子。歲貢生。禮天然和尚，山名今彭，字遠公。有《醇曜堂集》。朱彝尊、王士禎、查繼佐入粵，皆與其兄弟交，各有贈詩。

永曆十二年　順治十五年戊戌（1658）　五十一歲

[時事] 鄭成功、張煌言率舟師大舉北上，遇颱風，泊舟山。　四月，清定去年南、北闈科場舞弊諸人罪。

春，聞者今釋受具棲賢，後執侍丈室二十餘年。

《海雲禪藻集》卷二今釋小傳。

今釋，字聞者，廣東番禺人，族姓蘇。

和尚自棲賢還雷峰。訶衍今摩、頓修今漸、梵音今音、海發今印同行。

《天然語錄》卷一二《刻〈牟子辨惑〉序》。《瞎堂詩集》卷一一《還嶺南道中得阿字長安書》詩。《海雲禪藻集》

卷一至三今摩、今音、今印小傳。

南還途中得阿字今無北京來書。

《瞎堂詩集》卷一一《還嶺南道中得阿字長安書》詩。

詩云：“多病已捫匡嶽去，因人復向海門歸。聚船南貢江橋在，布穀春疇山日違。萬里音書添旅思，三旬風雨想征衣。馳馳未可酬風穴，白日紅塵泥帝畿。”

今按：阿字今無當於去年底還至北京。從《光宣臺集》卷一七《戊戌長安元日同陳中翰丕生諸公作》詩可知。

還抵海雲寺。有詩示諸子。

《瞎堂詩集》卷一一《初還雷峰示諸子》詩。

詩云：“七賢遠別成何事，三老重來信有因。若與交臂新交臂，吾猶昔人非昔人。老榕垂蔭酬初地，弱柳沿溪似舊津。再禮慈雲深自省，肯教狼藉故園春。”

謝長文有《天然本師歸自匡山，先札賦此寄訊》詩。

《海雲禪藻集》卷四。

今按：詩云：“我本沈冥人，感師示遯軌。團圝一室中，悟言笑相視。諭以惜餘年，提以超生死。”又云：“長跪讀尺書，恍惚在瞻跂。行披庾嶺雲，隨風迎道履。雷峰月正秋，共作大歡喜。”則和尚歸自匡山時，當有書寄之。

陳子升數有詩寄和尚，喜其還粵。

《中洲草堂遺集》卷一〇《聞天和尚自廬山歸雷峰喜賦》、卷一六《喜天然和尚自廬山歸雷峰》詩。

前詩云：“日照金輪峰，遙瞻方丈容。風生錫拄杖，歸撥海門松。忽慰三年別，初為兩地逢。願教鼙鼓息，齊叩法堂鐘。”後詩云：“四十年中泥望雲，三年前謁又萍分。何期耶舍寺中語，還向雷峰鐘後聞。滿地豺狼難塞路，一天龍象肯離群。鄉園幸附匡山侶，羞號青蓮與右軍。”

陳子升，字喬生，號中洲，廣東南海人。子壯弟。諸生。

與黎遂球、陳邦彥等以文章聲氣遙應江南社。弘光帝立，以明經舉第一。永曆帝立，拜吏科給事中，遷兵科給事中。有《中洲草堂集》。

何絳時當有《重遊雷峰寺》詩。

何絳《不去廬集》卷九。

詩云："曾禮名山興未諼，漫搖雙槳入深邨。梅花帶雪籠軒檻，鷗鳥隨流到院門。皓月亦知親丈室，黃金重見布祇園。幽窗又得談三夕，耳聽應難會一言。"

何絳，字不偕，號孟門，廣東順德人。布衣。明亡，縱遊四方，若陰有所圖。爲屈大均、陳恭尹、梁佩蘭詩友，晚年隱居順德北田，與陶璜、梁璉、陳恭尹、何衡並稱"北田五子"。有《不去廬集》。

石鑑今覿復見和尚於海雲，悲喜並集。隨即代和尚往主棲賢法席。會木古檜留守丈室。正十古住行腳至棲賢參石鑑，留侍。千一今佛典客棲賢。

《徧行堂續集》卷八《棲賢石鑑覿禪師塔銘》。《海雲禪藻集》卷二今覿、今佛、古住小傳。張紅、仇江《曹洞宗番禺雷峰天然和尚法系初稿》。[1]

古住，字正十，湖廣黃梅人。

今佛，字千一，廣東新會李氏子。邑諸生。禮宗寶道獨剃度受具，充芥庵監寺。後事天老和尚，爲棲賢典客。

和尚隨撰《憶即覺》詩，有"虎門水殿春燈迥，獅子樓臺霜月殘"之句。

《瞎堂詩集》卷一一。

---

[1] 張紅、仇江《曹洞宗番禺雷峰天然和尚法系初稿》，載楊權主編《天然之光：紀念函昰禪師誕辰四百周年學術研討會論文集》，中山大學出版社 2010 年版，第 8 頁。

即覺，即今離。

六月，又有《寄懷阿侍者》、《六月書懷》、《荔枝》諸詩。

《瞎堂詩集》卷一一。

《寄懷阿侍者》詩云："三年纔得一封書，夢裏還山信屢虛。病去隨人歸瘴海，懷深無計問江魚。而翁憂道長思汝，尼母憐兒每向予。何事五旬心氣盡，秋風凝眼倚山廬。"

頓修今漸侍和尚還雷峰未久，復越嶺北上爲棲賢監寺，阿字今無撰《送頓修監寺棲賢序》。

《光宣臺集》卷六。

序有云："頓修乃以戊戌侍老人歸嶺，余不意竟得不死，復與頓修如庚寅之聚聚雷峰。""雖然，頓修既承棲賢之任，又別我去匡山，宗教所自出。考棲賢九代，皆以高風壓諸方。今日道法陵夷，不可言爭而可身教，頓修其先行爲衆縛茆治粟，他日毿毿白弗，從天人中來，爲叢林標表，使天下風動雲隨，翕然向化。故於其行也，書歷年相別之因，頓修其鍾情者，特以夢語語之，謂之以規。"

海發今印復返棲賢掌記室，確有所證入。和尚默知其有機緣在，遣參諸方，至楚見天章和尚，一語契合，付以大法，命居西堂。

《海雲禪藻集》卷三今印傳。

是年海雲寺大雄寶殿落成，復鑄慈氏如來。寺故湫隘，衆不能容，自是二十年營建未迄，前殿、伽藍閣、左右廊廡先後建置，巍然鼎新。

《徧行堂集》卷一一《雷峰山海雲寺碑》。

又，《徧行堂集》卷九《雷峰募建伽藍殿疏》云："予以壬辰稟戒雷峰，預鑄造佛之役，越五年，樂觀大殿之成。"

潘楳元與彭釪、麥驚百等過宿海雲寺，有詩。

《海雲禪藻集》卷四潘楳元《海雲大殿新成，與彭崑玉、麥驚百過宿》詩。

詩云：“巍然壯麗遠臨江，夕照天花滿石幢。嶺外洞宗推第一，區中佛法此無雙。山回雲寺三峰列，水到雷門萬派降。繞過溪橋心便息，不消高枕月橫窗。”

潘棋元，字浣先，廣東番禺人。儒學教授。禮天和尚，山名今豎，字亞目。

彭釬，字崑玉，廣東番禺人。清順治二年舉人。禮和尚爲居士，山名今傅，字當來。有《夢草堂集》。

麥驚百，其人未詳。

訶衍今摩還粵。時和尚立按雲堂，策勵後學，朝夕下堂勘驗。訶衍讀《寶峰照自讚》有省，一日因病舉真點胸機緣呈偈云：“做賊心虛真點胸，翻疑鼻孔向人中。一回開眼猶如夢，處處雲山帶碧峰。”和尚頷之。

《海雲禪藻集》卷一今摩小傳。

刻有《雷峰語錄》。

《天然語錄》陸世楷序。

序云：“向在雷峰、棲賢、華首、訶林諸山，皆有《語錄》行世，學人奉爲津筏，寶若琬琰矣。”

九月九日，遣足兩今嚴赴嘉興請藏。

《海雲禪藻集》卷二今嚴小傳。

今按：《海雲禪藻集》卷一載今摩《九日送足公請藏》詩云：“登高四望菊花開，黯黯離情天際來。雲水十年同海寺，巾瓶此日向吳臺。吟依古驛江猿宿，力任瑤籤白馬回。頻病豈堪言遠別，況逢佳節益徘徊。”卷二載今嚴《還廬山兼往嘉禾請藏，留別雷峰諸同學》詩二首，其一云：“三四年來長抱病，每談匡嶽便情牽。苦懷五老深秋月，順上三吳請藏船。邊雁乍聽離緒促，朔風初至客帆懸。好山料得同安住，慙愧虛贏先著鞭。”嘉興，古稱嘉禾。

因小病掩室閱藏，至《牟子辨惑》，乃記二十餘年宿約，命侍僧發梓，并爲之敘，以爲辭簡理辨，可破羣疑，且有望於天下英哲出。

《天然語錄》卷一二《刻牟子辯惑序》。

序曰："予少從事魯誥，囿於見聞，曾不知世外復有大聖人能過孔孟。間從浮屠家多聞因果事，輒指爲虛誕。以是數年可否，不肯作決定信。一日過友人，案頭得《首楞嚴》，讀三四卷，雖不甚解爲何等語，然理趣深玄，業面熱心折，遂攜還，終十卷。所見十習因、六交報，一一皆從心生，不由外鑠，乃不敢以虛誕及淺近事誣謗因果。自此由教乘入宗趣，歷八九稔，始識向上一路。因回憶初年多是不遇其人，不讀其書，疑信相奪，徒賺歲時。後入匡山，掩關歸宗，閱藏本至《牟子》三十七篇，益以童年不早得此爲恨，約出關必圖鐫出，以告同人。比隨華首老人入羅浮，明年開法訶林，未幾徙居小持船，又未幾移入雷峰。自雷峰復度嶺歸匡埠，追愛棲賢。今年春從粵人之請，又自棲賢抵雷峰，因小病掩室，復閱藏至此，乃記二十餘年宿約，命侍僧發梓。大都吾輩初入學塾時，依父兄師說深入功利，纔稍長得，自有聞見，每爲宋儒理學所誤。遇芯窘輩未必皆入理之士，甚有傳述大顛、韓愈事，加以誇誕，反爲伶俐少年笑怪。寶藏秘函又深渺浩瀚，學者懶習深中，兼之先入之言橫梗胸臆，輒一目棄去。昔予從此中來，同病相憐，興懷忽忽，惟牟子《辯惑》辭簡理辨，可破群疑，是不能無望于天下英哲也。"

趨侍宗寶道獨，得讀憨山德清所著《心經直說》，謂可深救禪病，因乞流通，以示來學。宗寶命爲之跋。

《天然語錄》卷一二《〈心經直說〉跋》。

跋曰："《圓覺》云：'智慧愚癡，通爲般若。'又云：'諸戒定慧，及淫怒癡，俱是梵行。'修多羅奧要微義指人於一切凡聖法中得決定正位，此可與證者道，不足爲粗識言也。詎意狂禪撥無者反藉爲口實，宗門流弊，今日爲甚。究其始皆由浮慕之士，不從生死發心，以大道爲名聞之資，以名聞爲利養之實。持此心行，未有不錯會古人向上之語，謬謂無凡無聖無古今，明撤藩籬，暗滋情習。不知凡聖既遠，今古混同，此一著絕大總持，誰爲承當，誰爲轉變？決了慧用，甚深難辨，正謂以少方便疾證菩提，從聲聞、緣覺以迄菩薩、佛地，皆不能忘般若之功也。大慧云：'擊石火，閃電光，引得無限人悟將去，傳將去，有什麼了日？'圓悟爲之吐舌，曰：'只要契證，若不契證，終不放過。'以此觀之，則圓悟所謂契證者，證何等事耶？永嘉曰：'無明實性即佛性，幻化空身即法身。'會者曰：'衆生根本無明即是諸佛不動智。'且詰之曰：'何爲不動智？'曰：'淫怒癡。''何爲根本無明？'曰：'不知淫怒癡。'審爾，則能知淫怒癡者不可謂非般若也。乃有境緣相逼，若或與不知者同一流轉。即不然，安之與勉，順之與逆，亦人各自知。始知理不能該事，悟不可當證，合斷德以成其智，舉一般若而三德具備，豈乾慧之足言哉？昆歸自棲賢，趨侍吾師，得捧讀《心經直說》，可謂深救禪病，因乞流通，以示來學。復承命跋，謹述見聞，所欲言願與吾人同具擇法，固不自知其淺昧也。"

時澹歸今釋居芥庵，張安國與徐彭齡爲澹歸三年閉關計，乃在篔簹廢苑因竹爲徑，據水作亭，圍以玫瑰，池以蓮花，築"戴庵"居之。

《徧行堂集》卷一二《戴庵小記》、卷三二《戴庵》詩十二首。《澹歸禪師年譜》。

《戴庵小記》云："《山海經·大荒南經》曰：戴民之國，其人色黃，不績不經，服也，不稼不穡，食也，鸞鳥自

歌，鳳鳥自舞，百獸相群，百穀所聚。是國也，與蔗餘之
懶者爲宜，蓋嘗夢之而未至焉。張子夢回得荒苑於篁谿，
因竹爲徑，據水作亭，圃以玫瑰，池以蓮花，既成雅搆，
爰處蔗餘，饑寒之患，則諸同志詭以必免，即蔗餘不幾爲
載民、此地不幾爲載民之國之附庸耶？”

《載庵》詩其四云：“昨夢消無所，先秋說閉關。地偏心
已足，事減日初閒。落葉聞多少，騎牛見往還。一回風雨
過，幾幅米家山。”詩中原注：“康之、仲遠欲爲作三載
掩關之計。”①

徐彭齡，字仲遠，廣東東莞人，刑部尚書徐兆魁之子。

澹歸今釋居載庵，與張安國、徐彭齡等往還論道。時
張穆居東湖，常過澹歸夜話留宿，有《宿柚堂》詩。

《徧行堂集》卷七《〈四書義〉自序》。容庚輯《鐵橋山
人遺稿》。

張穆《宿柚堂》詩云：“清宵肅肅坐巖扉，九月嚴霜暗上
衣。”則詩作於九月。詩下原注：“余家東湖，去芥庵一水
間，或放舟常親空隱老和尚，晤澹歸大師夜話。”柚堂，今
釋《呈仲遠》一文注云：“芥庵有柚堂，夢回別業。”

張穆，字穆之，號鐵橋，廣東東莞人。舉人，官博白令。

① 梁基永、張星《海雲文物叢談（附〈海幢臺記〉）》一文云：“載
庵者，澹歸和尚所闢之道場也，在東莞。……廣東省博物館所藏今釋的手
卷後面，汪兆鏞先生跋云：‘篁村芥庵，爲天然老和尚法席，村人張安國
於其旁因竹爲徑，傍水作亭以居，澹公取《山海經》有載民國之語，名
曰載庵。張安國曾隸張文烈公麾下，晚歸里，逃于禪，詩中稱康之即其人
也。’由是可知載庵去芥庵實不遠，澹歸嘗居此有年，故集中多有詩及之。
然此庵之圮更遠在芥庵前。……治海雲禪史者，每忽略道獨、天然、澹歸
一系在東莞之經歷，筆者以爲，此三代之駐錫東莞，乃以此地明清之交爲
遺民淵藪，人心皆尚思明。”見鍾東主編《悲智傳響：海雲寺與別傳寺歷
史文化研討會論文集》，海關出版社 2007 年版，第 323—324 頁。

明亡，穆與家玉入其軍閱兵，得萬人。廣州擁立，穆嘆諸當事不虞敵，而急修內難，遂不復出。

深秋，和尚來主甃庵，恰尹治進過訪。澹歸今釋有詩紀之。

《徧行堂集》卷三二《甃庵》詩十二首其十二、卷三一《雷峰老人至甃庵，是夕尹右民孝廉過訪》詩。

前詩云：“萬古攜雙眼，惟將獨立酬。烟塵低溟渤，刀槊掩羅浮。貝葉猶堪借，松寮不再謀。涼秋應有望，杖履到扁舟。”詩中原注：“雷峰老人將至。”後詩其一云：“野人無一事，師友落閑園。”

尹右民，名治進，廣東東莞人。其父尹鋮明末殉節而死。

本年和尚爲樂說今辯落髮受具，後擢爲第六法嗣。

今辯《丹霞澹歸禪師語錄序》。

序云：“戊戌，受具雷峰，親承儀範。”

今按：《海雲禪藻集》卷一今辯小傳稱順治十七年還雷峰受具。殆所記有誤。

又爲敬人今儆受具。

《海雲禪藻集》卷三今儆小傳。

今儆，字敬人，廣東番禺人，族姓陳，原名虯起。邑諸生。靜默寡言笑，少從孝廉梁祐逵結淨業於芳草精舍。時本師天老人與千山剩人和尚、二嚴大師介道於羅賓王散木堂，儆從諸弟子獲聞緒論。順治三年亂後，遂棄章縫。順治十三年居雷峰，以居士充書狀。

又，汪宗衍《廣東釋氏疑年補錄》云：“今儆，明萬曆三十七年（一六〇九）生，《海雲禪藻集》三本傳無壽數，今無《光宣臺集》十八《壽敬人六十又一》詩，次己酉詩中，康熙八年（一六六九）猶在，推知其生年。……是其年輩頗高，曾見《海雲六今壽敬人詩卷》，今印詩

云：‘道心曾向前朝人，臘德今成後學依。’今禕詩云
‘一周花甲又重添’及‘叢林今日重耆賢’句，故僅少於
其師天然是一歲。今壁亦有詩，見《禪藻》二，題爲
《壽敬人上座六十初度》。同治《番禺縣志》本傳云：‘字
智藏’，殆敬人其號也。”①

十月十四和尚誕日，承華首宗寶道獨老人寵渥，一時
遠近緇素咸集，爲和尚慶生。有小參法語。

《天然語錄》卷二。

法語云：師誕日，小參：“昰上座今年五十又一，承華首
老人寵眷隆重，一時緇素遠近咸集，爲昰上座慶生。昰上
座謹仰體老人利益大衆之心，特與舉似，少結般若之緣。
諸善知識，生是世諦，然無有世諦，則亦無第一義諦。第
一義諦即是不可說，所可說者猶是世諦。諸善知識，生不
可說，然有因緣得以世諦說，是故生亦可說。庵提遮女
云：‘地、水、火、風四緣未嘗自得，有所和合而能隨其
所宜，是爲生義。’與麼則和合爲生，離散爲滅。諸善知
識，還知和合非生，離散非滅麼？龍樹菩薩云：‘因緣所
生法，我說即是無。亦爲是假名，亦是中道義。’未曾有
一法不從因緣生，是故一切法無不是空者。”驀豎拂子，
云：“會麼？昰上座五十一年不曾有生底道理，再過五十
一年不曾有滅底道理，即今現前無慶生之衆，此處亦無當
生之人。一個烜赫虛空，上自四聖，下訖六凡，內極根
身，外窮器界，從古到今未曾一刻移易，只是無人覺知。
諸善知識不知誠難，知亦方便。沒量大人更須知有文殊、
普賢境界始得。有向有背，有斷有續，有始有終，有得有

---

① 汪宗衍《廣東文物叢談》，中華書局香港分局 1974 年版，第
207—208 頁。

失，猶是末那用事。倘大威光不能出現，縱經塵劫勤苦修
證，終無自由分。諸善知識還會麼？若不會，更聽取一
偈：浩劫與剎那，迷情非本際。本際隨情量，迷終不能
了。因緣會遇時，見有如是事。見知不可得，緣會即無
生。海底劫火發，山頂石船浮。若得此中意，日午打三
更。"復豎拂子，云："會麼？"一僧出，云："大衆不會，
請和尚更顯威光。"師以拂子拂兩拂，復顧視左右。僧
云："大衆禮拜。"師復云："適來一段葛藤，端用回向老
人道法普周，法身常住，現前知識並及見聞，發菩提心，
究竟佛地，利樂有情，永無疲厭。珍重！"

冬十一月，澹歸今釋舉宗門不必開戒及講經念佛之說，
和尚有垂示法語，云："宗門下人可不講經，可不念
佛，獨不可無戒。""若論救時，則尤爲喫緊。"澹歸
引而論說之。

《徧行堂集》卷三《宗門不必開戒說》、《宗門不必開戒說
二》。

《宗門不必開戒說》其一云："宗門者，如來法中最尊最
貴，最爲第一，如君中天子，臣中宰相，坐而論道，垂衣
裳而天下治，其不可以侵百官有司之職明矣。戒之設，蓋
猶治道之禮與刑耳，宗伯司寇掌之。今使天子不居明堂，
宰相不登黃閣，而處於六卿之廳事，則豈不爲失體矣乎！
……然而今之爲之者又自有說曰：禪者之流，已入於撥無
因果矣，我將以戒法救之。此倒置之言也。夫禪者之流入
於撥無因果也，蓋自宗門說戒始。古之人宗自宗，律自
律，不相侵也。初出家者受沙彌戒，年滿二十受比丘戒，
皆趨於律師，師爲之教曰：如是則許，如是則遮，如是則
輕，如是則重，如是則持，如是則犯，如是則生人天，如
是則墮惡道。不惟言之而已，率其徒居其所而奉行之。其

中下者既信且畏，足以改過而遷善矣；具大根器者知有向上全提之事，始至於宗門。則凡至於宗門者，皆律家之第一流也，非然，則經論家之第一流也，顧安得有撥無因果之懼乎？"

《宗門不必開戒說》其二云："戊戌仲冬，偶舉宗門不必開戒及講經念佛之說，雷峰老人垂示曰：'宗門下人可不講經，可不念佛，獨不可無戒，此世尊臨入涅槃時切切遺詔，後世尊重波羅提木叉如佛在日，況今時藉口宗門，恣行麤獷，流弊乃有不止於破威儀者，若論救時，則尤爲喫緊，不如講經謂同於義學，念佛謂鄰於方便也。'此固今釋前論之所已及者，請得而再論之。夫謂宗門不必開戒者，不特尊重宗門，亦所以尊重波羅提木叉也。若欲以律救宗，因而開戒，不特輕宗門，亦所以輕波羅提木叉也，且使今之諸方皆不開戒，以至於宗門流弊，則吾之開戒，始可謂之救時耳。今諸方無有不開戒者，何以流弊滋甚？是宗門流弊不因於不開戒也。宗門流弊既不因於不開戒，則救宗門之流弊，其不在於開戒亦明矣。且宗門何弊之有哉！其所以有弊者，道眼不明，付授過濫，以一盲引衆盲，遂至墮坑落塹耳，則欲救宗門之弊者，當以宗門救之，不當假手於開戒也。若欲假手於開戒，則講經念佛者何嘗不曰：宗門下人腳跟多不點地，他時後日大有事在，不如弘一經一論，把本修行，又不如求生西方，得不退轉。此皆足以救宗門之流弊，又何必是此而非彼乎？如以爲講經念佛皆不足以救宗門之流弊，而必出於開戒，則是道眼之明不明，皆以律爲根本，即正法眼藏涅槃玅心，世尊付囑優波離而足矣，安用大迦葉爲乎？夫道眼不明，此宗門流弊之本也，以道眼不明而恣行麤獷，此宗門流弊之末也。今欲救之，不求之本，而求之末，一舉而歸之於

戒，使律家得以操宗門之重輕，亦所謂倒持太阿，授人以
柄者矣。且世尊遺詔亦自迦葉結集，與毗奈耶藏四世同
傳，至優波毱多之後，律部便已單行及於此方，元末明
初，禪律教寺不相紊亂，豈可謂西天五祖而下、東土達磨
以來，皆是背違世尊之遺詔者！夫以諸祖之眼目行履，寧
不同於諸佛、勝於今之諸方？然聽其分而不强求其合者，
以爲分之則俱重，合之則俱輕，故其勢不得不出於此也。
原夫洞上一宗，稱壽昌崛起，而博山戒源出自峰頂，峰頂
出自雲棲，則壽昌固未嘗傳戒也。博山之所以傳戒者，博
山爲峰頂座元，其後出世拈香，實歸壽昌，峰頂嘖有煩
言，博山躬往解之，曰：'吾大法得自壽昌，不敢昧心，
至於戒法，當傳峰頂。'故博山傳宗傳戒，凡有二派。繇
此觀之，傳博山之宗者不必說博山之戒，傳博山之戒者不
必冒博山之宗。今有傳宗而說戒者，則宜有說戒而冒宗者
矣。天童之初說戒也，不立二師七僧三昧，律師力言之，
且曰：'是佛之遺式也，豈可以意爲增減？'於是天童始
遵用戒壇之儀。夫不持比丘之行而說比丘之戒，取其所爲
儀，而用之不過以日數，師既不熟，而弟子亦不知，則豈
非以波羅提木叉爲兒戲者乎？且夫欲開戒，則設壇場，考
鐘伐鼓，登壇而蒞之，惟恐其不重也，出壇而棄之如敝
屣，或疑之，則曰：'此聲聞事，非吾事也。'又以此相
傳而爲戒，則是名與實不相副也，重之者其名，而輕之者
其實也。夫有非律師而說戒者，故亦有非律師並非宗師而
儼然說戒者矣。彼固樂於名實之不相副而因而亂之也，然
則所謂宗門不必開戒者，豈謂宗門不必有戒哉！猶之云天
子宰相不侵宗伯司寇之職云爾，豈天子宰相可以毀禮而減
法哉！蓋天子宰相一侵宗伯司寇之職，則宗伯司寇不得自
盡其職，然而天子宰相必不能專行宗伯司寇之職也，則將

有非天子、非宰相、非宗伯、非司寇者起而竊之，國是安得不搖，而天下安得不亂乎？嗚呼！今釋之區區於此辨者，蓋以尊宗門而重波羅提木叉也；若曰以律救宗，則既輕宗門，而波羅提木叉亦失其重。世之負荷佛法者有以折衷之，亦可察今釋之心矣。"

聞袁彭年訃，有詩痛悼。

《瞎堂詩集》卷八《悼袁特丘中丞四首》詩。

今按：詩其一云："凶信疑難定，書來始覺真。十年師弟意，一旦古今人。老死非所諱，因緣不可陳。精魂何處覓，未易憶前身。"所謂"十年師弟"，即袁特丘於丁亥見和尚、壬辰乞爲優婆塞也。其二云："易別成辜負，多時恨未收。匡山從昔峙，楚水至今流。我隱何曾隱，君休竟不休。此生堪幾誤，慚望武昌樓。"於特丘之未出世，和尚深表遺憾。後在《懷棲賢二首》中亦耿耿於懷。

澹歸今釋、止言今墮亦有詩同悼之。

《瞎堂詩集》卷八《悼袁特丘中丞四首》詩其三。《徧行堂集》卷三四《悼袁特丘》四首詩。

和尚悼詩其三云："長生不可學，但願莫長離。解語人難再，多情我易悲。遣懷憐舊好，悼往惜今時。相續他生事，論因亦自知。"詩中原注："止言、澹歸皆特丘宿好，聞報悼歎竟日。"

澹歸悼詩其一云："白首從王路轉窮，三朝徒響直臣風。登樓作誓還成罪，罪獄休推已報功。老不通方宜一死，人難過眼莫重逢。誰操格外文無害，判入南陽漏網中。"

今按：《徧行堂集》卷六《刻袁特丘總憲軼詩序》云："己、庚間，特丘與余同隸黨籍，始別於蒼梧，赴清浪戌所。越壬辰，從桂林東下至佛山，求挂搭地不可得，特丘聞之，自挐舟迎余至疊滘，歡若再生，因同入雷峰，數相過談於碗架邊。臘八日，余受菩薩戒，特丘招同人來觀，有詩。甫三日，余出嶺，爲深隱匡山計，三年不得就還穗城，則特丘已溯韓瀧歸楚矣，留數行，並書軼詩十首相寄。又一年，寄刻本屬余敘。又一年，遣使來，招余至公安，云：‘村居瓦屋三楹，茅屋三楹，有松數千株，念朋好都盡，所不去心者澹公耳。若來，則居食之事力任之，無憂也。’余心志之，未兩月而凶問至。悲夫！余嘗勸特丘出家學道，特丘語余：‘終當以此爲歸，今老矣，有少念未了，欲來生讀盡世間書，而後出家。’余哭特丘詩所謂‘錯恐浮沉太乙光’者是也。”特丘卒於壬辰之後五年，即本年也。悼詩中云“直臣”、“老不通方”等語，可見其對亡友既敬重且惋惜。在其他詩文中，澹歸對亡友亦悼念不已。《徧行堂集》卷三五《留別漢翀》詩其二云：“纔欲題詩意黯然，離情如水接遙天。江山不遠一千里，日月須遲三兩年。狼狽慣經藤齧鼠，蜉蝣恰值海成田。最憐故友飄零地，錯把鐘聲當杜鵑。”詩中原注云：“予勸袁特丘出家學道，後歸公安，遽歿。意常黯然，念之。”

小除日，爲澹歸今釋生辰，和尚有詩示之。澹歸敬賦答詩。

《瞎堂詩集》卷三《戊戌小除示澹書記》詩。《徧行堂集》卷三〇《小除生辰，和尚有詩垂示，敬賦五言展謝》詩。和尚詩云：“我年五十一，適汝四十五。面目各老大，法身無遮護。七年小除夕，喜共今年度。緣聚且有時，況復無上道。道在憂彌深，空憂愧無補。愛爾性忨摯，懼爾性疏稿。我歸自棲賢，晤別猶草草。載庵一月談，投機恨不蚤。屈曲有深言，直捷無行路。暗明絕暗明，回互不回互。十地豈其儔，萬法從茲掃。一喝雙耳聾，一蹋全身倒。釋子非百丈，山僧非馬祖。荷擔莫遲回，須記四十五。”小除，即除夕前一日也。

　　澹歸詩有云：“憫我耽疏慵，慮我囿狹劣。偶然值生緣，
方便示鞭策。已受如幻身，敢辭如幻職。”

　　今按：小除日於澹歸意義非同一般，兼人子之深痛焉。
《徧行堂集》多有詩文及此。其詩之卷一一有絕句詩云：
“諱辰難日兩悲吟，說法天中力未深。一飯且因仁者粟，
十方俱照故人心。”詩末注云：“漢翀有度歲之惠。時逼
小除，先給事諱辰，先孺人難日也，輒回此施以飯僧。”

阿字今無自瀋陽南還至棲賢。

　　《瞎堂詩集》卷八《聞阿字還棲賢有懷》詩。

　　詩云：“豫章遊客至，云已返廬山。沙漠方辭苦，雲林知
就閑。玉淵新瀑水，石峽舊松關。有興終難已，何時到
此間。”

　　今按：《瞎堂詩集》次於《悼無方》詩之後。

本年山品今岊度嶺遊天台，住靈隱，徧參諸方，禮繼
起禪師，當機有省，付以大法，嗣濟宗。

　　《海雲禪藻集》卷二今岊小傳。

永曆十三年　順治十六年己亥（1659）　五十二歲

　　[**時事**] 正月，清軍入昆明，桂王由騰越走緬甸。

　　三月，命吳三桂鎮雲南，尚可喜鎮廣東，耿繼茂鎮
四川（後改福建）。

年初，有悼無方今應詩，兼及袁彭年。

　　《瞎堂詩集》卷八《悼無方二首》詩。

　　詩其一云：“歸山將一歲，哭子畏心傷。因悼袁高老，重添
淚數行。死生真電火，來去怯冰湯。瀕海無人處，春蛙聒

夜塘。"其二云:"一上金仙殿,常思作殿人。香臺頻咒願,願汝記前身。海鳥千波影,山花隔歲春。論因無苦繫,當不重迷津。"詩中原注:"雷峰佛殿,實無方董其成。"

夏,阿字今無還抵雷峰海雲寺,和尚有《喜阿字歸自瀋陽》詩。三年遠別,一旦歸來,悲喜交集於懷,不能自釋。

《瞎堂詩集》卷一一。

詩云:"去從溢水趨遼左,歸背幽燕入嶺東。三年雲月何曾別,萬里溪山自昔同。踏雪但知陵寢在,逢人休道子卿窮。生還已是吾門幸,休向關門怨朔風。"

今按:《光宣臺集》卷首釋古雲《海幢阿字無禪師行狀》云:"年二十二,奉師命出山海關,千山可和尚一見深器之,每罷參與語,自春徂秋,頓忘筌蹄。三年歸渡遼海,舟膠,潮不至,估客大恐,師持觀世音名號,忽湧潮丈餘,乘風夜行至狹港,復爲冰凌夾舟,得疾風,一躍而出。及都門,爲內監留供連年,獲交朝貴,投歡惟恐後,一衲翛然,殊無介意。"《光宣臺集》卷一〇《與王子京書》亦及之。又,同書卷七《瓊州圓通院記》云:"前歲丁亥,余自遼陽還,已虛適監寺海幢,一見若深有夙契。"則丁亥爲己亥之誤。

四月八日,優婆塞弟子離相今法許昭捐資鑄造銅鐘一口,奉供雷峰海雲寺大殿。

《徧行堂集》卷一一《雷峰山海雲寺碑》。《廣州寺庵碑銘集》。宣統《番禺縣續志》。

《雷峰山海雲寺碑》云:"鼓鐘考於己亥。"

銅鐘款識云:"廣州府番禺縣茭塘都潭山鄉優婆塞弟子今法許昭捐資鑄造銅鐘一口,重八百斤,奉供雷峰海雲寺大殿,專薦先考許應進法名今遠,蚤起冥路,回向一切有

情，同成佛道者。順治十六年己亥浴佛日，本寺監寺比丘
今湛督鑄，比丘今漸書。"

許昭，或名介昭，山名今法。釋古雲《月鷺集》卷五《離
相法公墓碑》云："師諱今法，字離相，俗諱萬年，字介
昭。番禺潭山人，姓許氏，懷清公次子。年四十餘，從雷
峰先和尚落髮。""師舉家皈命，猶慮兒信根難續，特令依
海幢，時時聞所未聞。今皆光大戶庭，師亦示寂海幢，得
正終之道。""生明萬曆戊午，終清康熙戊午，壽六十有一。
初全身龕於海幢，逾年以家禮歸葬今之雞籠山。"

旋庵今湛四十七歲生日時，和尚賦詩贈之。

《瞎堂詩集》卷八《旋庵四十七初度》詩。

五月十一日，阿字今無呈偈："手畫高旻枉自癡，可憐
積劫滯鬚眉。今年競渡過三日，脫課隨人瞌睡遲。"和
尚有《喜阿侍者偈用韻示此》曰："忘醜憐兒老更癡，
歸來還汝舊鬚眉。雷峰佛法無多子，踏倒方知覺悟遲。"

汪譜云：原藏臺山黃子靜家。《語錄》、《瞎堂詩集》、《光
宣臺集》均未載。

今按：《瞎堂詩集》有一九七六年《何氏至樂樓叢書》據
清道光海幢寺刻本影印本，書前有小畫舫齋藏《天然阿
字師弟唱和詩卷之一》影印件，末署："己亥五月十一日
天然書。"

秋，雪草還歸宗，和尚賦詩送之，兼寄棲賢諸子。

《瞎堂詩集》卷一一《送雪草還歸宗兼寄棲賢諸子》詩。

今按：釋子雪草，未詳。當是歸宗寺常住弟子。

賦《廣州三首》詩，以哀丁亥之難。

《瞎堂詩集》卷一一。

詩其一云："陸賈清談收百粵，衣冠曠代見忠良。秩宗首
義車先裂，文苑連營陣亦亡。……"其二云："粵秀山前

鼓角哀，越王臺畔草堆堆。飛龍白日旌旗閃，獨驥黄塵斥堠來。王謝入爲麾下客，賈商推出濟川才。十年巨室誅求盡，閭巷蕭條喬木災。”其三云：“萬里悲笳朔氣深，故園摇落倍沾襟。登樓漫擬劉琨嘯，出郭誰爲梁甫吟。普天丘墓無新舊，近海雲山有古今。去國豈須憐鄭谷，徘徊鷗鳥是知音。”

今按：此三詩《瞎堂詩集》編於《喜阿字歸自瀋陽》等詩之後。細揣其詩意，不當作於順治四年當時，而是感舊之作。詩云“十年巨室誅求盡，閭巷蕭條喬木災”，廣州之亂距今已有十二年，詩云“十年”者，概言之也。汪譜繫此詩於丁亥年，誤。又，汪譜以爲此三首乃爲悼念“廣東三忠”陳子壯、張家玉、陳邦彦而作，惜無明確證據。

又數有詩寄懷棲賢諸子，念匡廬六年山居生涯，又以袁彭年不果遂入山之願而歿爲恨。

《瞎堂詩集》卷一一《懷棲賢》二首、《夢棲賢》、《寄棲賢》詩。

《懷棲賢》詩其一云：“卜隱匡山曾六年，玉淵金井坐流泉。出頭已訝盤空勢，拭眼誰憐避世禪。生客久拚青草裏，孤蹤猶滯白雲邊。存亡去住知何定，怪石長松亦有緣。”詩中原注：“袁特丘約入山，不果。近傳物故。”

雷峰舊飲河水，河通潮，性鹹，一衆苦之。十月十四日和尚誕辰，鑿石得泉，味甘且多。冬天久旱，萬井皆涸，忽然得此，洵爲過望，和尚命名“冬泉”，作詩志之。澹歸今釋、足兩今嚴、别行古易、龐嘉耋、彭釬諸子有詩和之。

《瞎堂詩集》卷一一《冬泉》詩。《徧行堂集》卷三五《奉和老人冬泉之作》四首。《海雲禪藻集》卷二今嚴《冬泉》詩，卷三龐嘉耋《詠冬泉》詩、古易《冬泉》

詩，卷四彭釬《海雲寺鑿石得泉，甘冽異常，寄應物上
人乞一軍持》詩。

和尚詩云："冬日水枯穿地骨，泠泠湧出映眉泓。十年鹹
海空愁熱，一掬香流但有名。可汲豈須傷井渫，真源那復
待河清。莫勞櫓斷更招隱，到處佳泉愜老情。"

澹歸詩題下原注："涉冬，值大旱，忽得石泉丈許爲異。"

其四云："菩薩泉生菩薩日，漫勞井底鎮丹砂。"詩中原
注："時值老人誕辰。"

今嚴詩云："四衆殷勤將拜祝，一泓甘冽自然成。""無限
高人同賦詠，與他流播此芳名。"

古易詩云："清冽已流千古潤，徘徊遍想昔年心。"

古易，字別行，廣東番禺崔氏子。與從父廣慈今攝同師天
老和尚。子味囉傳多相繼爲雷峰殿主。

十月生日後，賦《憶匡山舊居五首》詩寄懷。

《瞎堂詩集》卷一一。

詩其一云："一回瘴海心難歇，兩住匡廬計未成。守院數
人常入嶺，開春隨雁幾歸程。"又，其四云："垂垂五十
又過二，千里雲烟夢未安。"則作於是年深冬。

十一月，止言今墮臨終。墮勇於辦道，誠佛窟之爪牙，
年不逮行，甚爲諸老所惜。和尚示偈許其再來付囑。

《海雲禪藻集》卷二今墮小傳。

冬至日撰詩，有"豈無海市堪舒眼，不是匡廬莫上
樓"之句。

《瞎堂詩集》卷一一《己亥冬至》詩。

後有《與諸子探早梅》、《赴龍溪樊、郝諸公探梅之約
三首》、《龍溪諸子再約黃村觀梅，阻雨不果。是夕林
將軍招遊波羅》、《波羅舟中呈林將軍並同遊徐、梁諸
公》諸詩。

《瞎堂詩集》卷一一。

樊、郝、徐、梁諸公及林將軍，俱未詳。

龍溪，即番禺龍溪社學，在沙灣。見乾隆《番禺縣志》卷七。

黃村，去番禺東郊三十里，居人多環山植梅，黃登開黃村探梅詩社，延梁佩蘭主之。見《勝朝粵東遺民錄》。

波羅，乾隆《番禺縣志》卷四載：“波羅江，唐韓愈碑‘扶胥之口，黃木之灣’，即此。在南海神廟前，嶺南海水之會也。羅浮雖夜半見日，然在山巔高處。海隅卑下，此獨見之，若凌倒景，光怪靈幻，最爲奇觀也。”

又賦《南海神祠》、《浴日亭》、《登西臺李木洲故址》、《登海光寺樓》、《訶林菩提樹》、《海珠寺二首》紀遊諸詩，庶幾得“浴乎沂，風乎舞雩”之致。

《瞎堂詩集》卷一一。

今按：此數詩《瞎堂詩集》次於《憶匡山舊居五首》之前。汪譜繫於明年，殆誤。

南海神祠，據同治《番禺縣志》卷一七載，在茭塘司“大南岡麓板橋鄉。黎姓建。黎遂球有《記》，略曰：魏恭簡督學以是祠爲淫祀，欲毀之。方召工役徹垣壁，遽報恭簡去位而止。今祠柱鋸痕猶在，深入寸許。”

浴日亭，在南海神廟之西南側章丘崗。

西臺李木洲故址，指明李化龍故居也。光緒《廣州府志》卷一二〇載：“李化龍，初名紹科，字伯熙。父茂魁，潯州府同知。家波羅南海神祠之西，嘗築西臺，延陳獻章講學。……出遇耕夫漁父，即執手語。或至人家遇雨，假蓋屐歸，中道晴，輒棄之。夜行借燈燭具，亦然。所至寒素衣，飢索食，人以其篤行，與之無吝嗇及德色者。一日居城，病忽作，輿歸西臺卒，年六十二。”

海光寺，乾隆《番禺縣志》卷五載："在波羅廟左側。古木參天，波濤與梵音相應，遊人往來不絕。"

海珠寺，同治《番禺縣志》卷四載："海珠石，在城南門外江水中，長二十餘丈，廣半之。上有慧度寺，亦名海珠寺，李忠簡公昴英曾讀書於此，後人建祠祀之。宋末經略張鎮孫與蒙古將塔出戰於海珠寺，敗績，蒙古復陷廣州，即此處也。"

故友瞿庵死，有詩挽之。

《瞎堂詩集》卷一一《挽瞿庵》詩。

詩前有引云："瞿公予三十年前交好也。水雲行腳，廿載於今，歸來數月，遽作古人。夫年運變衰，豈能長保，第一水盈盈，弗獲永訣，殊難釋然。爰作悼詞，以志不忘。"詩云："三十年來意氣真，芒鞋踏遍可憐春。清風明月留佳句，衰柳斜陽想幻身。衣鉢只教歸故里，風流終不見情人。嶺南自此無尋處，越水吳山孰問津。"

瞿庵，其人未詳。

剩人函可有《憶麗中法兄》、《步韻和麗大師寄懷》詩等。

《千山詩集》卷一〇。

前詩云："闊別何年思杳茫，一聲孤雁淚淋浪。想當亂極悲親在，共愛恩深見國亡。書信竟無通遠塞，烽烟曾否到禪房。舊時相識多新鬼，只恐身存已斷腸。"

後詩有云："艱難百折兩人同，舊話峰頭願不空。"

十一月二十七日，剩人函可圓寂於千山龍泉寺，年四十九。

《天然語錄》卷一二《剩人和尚塔銘》。

冬十二月，澹歸今釋復還芥庵。每入丈室，天然和尚接以本分，鉗錘雖有啟發，未能灑然。

《咸陟堂集》文集卷六《舵石翁傳》。

江門居士何士琨七十一壽辰，有壽序及詩贈之。

　　《天然語錄》卷一二《壽文玉居士七十一初度序》，《瞎堂詩集》卷六《文玉居士七十一歌》。

　　壽序云："……江門文玉何公生長公族，身爲薦紳，廉約自處，仁恕被物，中年醉心竺墳，今年過七十，厥志不衰。其胤嗣宗党尤能廣其所好，多從雷峰遊。雷峰道者以是得聞之其素履也，所謂以德壽者也。於其初度也，謹爲之序。"

　　詩前有序云："憶己丑臘，承邑侯萬公、總戎李公請，說法大雲，一時縉紳文學並集爲蓮社。文玉居士稱白眉，故及門諸士多公族。年運漸邁，法喜不衰。今年七十一，因長公暨諸賢宗乞言於予，予聞而樂之。贈人以言，顧非其儔，然法愛固不敢辭，謹爲祝曰。"詩云："……法交猶憶十年前，十里香花擁法筵。選佛君家半籌室，墀前玉樹猶翩翩。江門一別江水深，烽烟雲水兩浮沉。三老重來秋再半，聞君慕道同初心。白衣護法如護己，等視群生如一子。大覺金仙曾有言，長壽因緣祇有此。祝君從此更七十，存心濟物長如佛。"

　　何士琨，字文玉，廣東新會人，拔貢生。歷官至南刑部郎中。國亡後，隱居玉臺寺。

似石古汝登具。

　　《海雲禪藻集》卷二古汝小傳。

　　古汝，字似石，廣東瓊山人。隨禪師杖履特久，超悟拔萃。會木古檜趨還雷峰，從和尚受具，而後復還廬山。時年二十三歲。自是行腳歷白門、九華、牛首、天台諸名勝，遍遊諸方，會下皆欲委以巨職，不肯少留。

　　《海雲禪藻集》卷三古檜小傳。

枯吟今龍參謁和尚於雷峰，求入室咨訣疑義，下語未契，出爲典客，始知老人作用。

　　《海雲禪藻集》卷二今龍小傳。

　　今龍，字枯吟，廣東茂名人。少年脫白，禮石波禪師受
　　具。有《枯吟詩稿》。

具三今玄卒，和尚有詩悼之。

　　《瞎堂詩集》卷一一《悼具三》詩。《海雲禪藻集》卷四
　　麥佀小傳。

　　詩云：“早年避亂投泉石，因病辭家渡海雲。白社尚存居
　　士筆，青山添作芯蒻墳。淚泠松埠新霜露，夢繞蘿龕舊見
　　聞。借汝再來吾已老，不堪孤雁唳斜曛。”

　　又，《光宣臺集》卷一〇《題陳秉恒、麥具三遺筆》云：
　　“陳秉恒作繪有風致，胸次灑落。麥具三使天不奪之年，
　　可以作文壇巨擘。然讀書知慕理，亦砥礪名節。具三死於
　　己亥，秉恒死於乙巳。秉恒老，具三少，此二人者於臨永
　　訣時，予皆得爲之薙髮。予以道待人，歎風流既往，見其
　　遺跡，不禁慨然。”《海雲禪藻集》錄有麥具三《恭和本
　　師和尚梅花詩》十首。

　　具三今玄，即番禺麥佀。見順治十二年條。

本年二月，玉林通琇應清帝召至京。九月，木陳道忞
受憨璞性聰之薦，應召至京，賜號弘覺禪師。

　　《遂初堂別集》卷二。《玉林語錄》附超琦撰《玉林通琇
　　年譜》。康熙《埔陽志》卷六林于達《弘覺禪師傳》。陳
　　垣《釋氏疑年錄》。①

　　通琇，字玉林，俗姓楊，江蘇江陰人。繼天隱修出住報恩
　　寺。順治時賜號大覺禪師。

---

①　陳垣《釋氏疑年錄》，北京中華書局 1964 年版，第 442 頁。

永曆十四年　順治十七年庚子（1660）　五十三歲

　　[時事] 正月，清禁官吏私交、私宴、慶賀、饋
送。嚴禁士子立社訂盟。　十一月，免江西四十六州
縣去年旱災額賦。

春，宗寶道獨六十初度，和尚有詩祝之。
　　《瞎堂詩集》卷八《祝本師空老人六十初度二首》詩。
　　詩其一有云："道在人天重，機停歲月深。"其二有云：
　　"庚子春風正，珊瑚海日溫。"
是日，聞雲南消息，因有詩酬贈汪起蛟居士。時澹歸
今釋在座。
　　《瞎堂詩集》卷八《聞雲南報因酬汪居士，是日海幢老人
　　六十初度，澹歸侍坐》詩。
　　詩云："卜載汪居士，相看各皓然。見聞成異代，悲喜但隨
　　緣。幸有吾師在，還生子弟憐。八河歸壽海，吾道至今傳。"
　　今按：所謂"雲南報"，指雲南戰事，去年清軍會攻雲南
　　省城，南明永曆帝奔永昌，復奔緬甸。清廷命吳三桂鎮守
　　雲南並諭吏、兵二部，凡雲南文武官舉黜及兵民一切事命
　　吳三桂暫行總管。
　　汪居士，即汪起蛟，順治三年爲番禺縣令。見順治六年條。
湯來賀殆亦在此時重來粵，訪宗寶道獨及和尚於東莞
芥庵，和尚爲言儒佛異同之旨。
　　《天然語錄》附《塔銘》。《廣東通志》卷二〇。
　　又，何絳《不去廬集》卷二《文江公傳》云："辛丑，余
　　晤湯公。"則湯來賀明年尚未離粵。
未久，聞剩人函可訃，剩人函可法子今育露頂跣足，
乞和尚作塔銘，曰："某將以是秋奉銘出關矣，吾師

光明，全藉師筆端照耀塞外。塞外人千萬既知有宗門，自吾師始。某爲吾師請，抑爲塞外現在、將來諸昆弟請。"趨東莞芥庵謁宗寶道獨，相向啞然。宗寶道獨亦曰："非公莫銘若弟也。"旋還雷峰，撰《塔銘》。

《天然語錄》卷一二《千山剩人和尚塔銘》。

文曰："噫！真發心出世，爲前聖後昆荷擔斯道，當國家全盛，出豪貴才華中，岸然獨行，無所盼睞，始見千山剩人和尚其人也。余與剩人明崇禎間先後出師門，如左右手。聞訃趨芥庵，與老人相向啞然。其徒之在廣州者，露頂跣足，再拜稽首而言曰：'非師莫銘吾師也。'余曰：'諾，弗敢辭。'老人復顧余曰：'然，非公莫銘若弟也。'余起立而曰：'諾，弗敢辭。'翼日返雷峰，其徒復至，長跪曰：'某將以是秋奉銘出關門矣，吾師光明，全藉師筆端照耀塞外。塞外人千萬祀知有宗門，自吾師始。某爲吾師請，抑爲塞外現在、將來諸昆弟請。'言畢泣下，稽首不能起。余感而諾曰：'弗敢辭。'於是載筆爲辭曰：師名函可，字祖心，別號剩人。惠州博羅人。本姓韓。父若海公，諱日纘，中明萬曆進士，官至禮部尚書，諡文恪。母同郡車氏，誥封夫人。師生聰穎，少補諸生，有聲。性好義，豪快疏闊。有貧士冤獄，自分死，師密白得免。士方德有司廉斷，久而知韓公子所爲。嘗獨出里門，爲市兒所窘。識者報，家人追至，將赴理，師遽止曰：'彼惟弗知，故敢爾。豈有吾輩不能忘人誤犯?'其豁達愛人，類如此。文恪公捐館舍京師，師奔喪往返萬餘里，哀毀未嘗一日間。迨歸，閉戶絕交遊，悒悒無生人趣。聞梁孝廉未央好道，力致爲諸弟受業，以此得深知余。適余歸自匡山，師亟入廣州，一見輒曰：'長齋數月矣，尚以待公。某先文恪生兄弟四人，某長未嗣。若了此，願梵行

終吾身。'余笑曰：'此白社諸優婆塞事，寧區區屬望
耶？'師面赤辭去。明日復來，曰：'某妾已孕，幸而育
得，上報先人，抑無所憾。即不幸，亦不復願爲俗人
矣。'余曰：'此吾儕緒餘，若爲艱言之，更有向上在。'
師自此始一意，且拉余住止園，凡兩月。值老人至東官，
乃相見東官。因僧問諸識義，老人曰：'我者裏無五識六
七八識。'僧曰：'祇麼則枯木寒灰去也。'老人曰：'枯
木寒灰爭解問話？'師從旁不覺擊節。老人顧余曰：'此
子根器大利。'指示參趙州'無'字，有頌曰：'道有道
無老作精，黃金如玉酒如澠。門前便是長安道，勿向西湖
覓水程。'從此微細披剝，無虛旦夕兩逾歲，復聞舉勘破
婆子話，更豁然識古人長處。老人曰：'子今得不疑也。'
即隨入匡山，剃落登具，命掌記室。還住華首，又命充都
寺。甲申之變，悲慟形辭色。傳江南復立新主，頃以請藏
附官人舟入金陵。會清兵渡江，聞某遇難、某自裁，皆有
挽，過情傷時，人多危之，師爲之自若。卒以歸日行李過
城闉，爲守者擒送軍門。當事疑有徒黨，拷掠至數百，但
曰：'某一人自爲。'夾木再折，無二語。乃發營候鞫，
項鐵至三繞，兩足重傷，走二十里如平時。江寧緇白環
睹，咸知師道者，悉含涕不敢發一語。後械送京邸途次，
幾欲脫去，感大士甘露灌口，乃安忍如常。逮至下刑部
獄，越月釋發瀋陽。師自起禍難至發瀋陽，兩年於此，與
縶維同參法緯迄諸徒共五人外，無一近傍，然內外安置極
細，如獄中一飲啗、一衣履，隨意而至，如天中人。師當
時所能自爲者，順緣耳。庸詎知己有人屬某緇、屬某素甲
事若此，乙事若彼。開士密行，不令人知，何擇時地？然
師所以獲是報者，豈非平生好義，暗中銖縷不爽？諸如道
在人天，且當作別論也。師初至瀋陽，觀知根欲，因達藏

主閱藏普濟，先爲諸苾芻疏通義學。時講席漸散，多集座下。講師頗覺，師乃領大衆趨敎如學人，講師意始解。自是瀋內外護咸仰師寬大，益篤信宗門。開法之日元旦，喇嘛率諸遼海王臣道俗，稱佛出世。清法譴僧屬掌敎，亦極力推轂。自普濟歷廣慈、大寧、永安、慈航、接引、向陽，凡七坐大刹，會下常五七百衆。江南同謫諸大老若大來左公、吉津李公、昭華魏公、龍袞李公、雪海郝公、天中季公、心簡陳公，始以節義文章相慕重，後皆引爲法交。師自處孤潔，與人慷慨多意氣，匪深於師，平日鮮不以才氣相掩，以故法海深闊，向非凡器所能構。嘗有書抵余曰：'門下龍象如雲，若得專一人來，使某得盡其夾輔之力，則曹源一滴長潤塞下。'噫！余於此知師爲法求人之切，豈無所見，顧再易裘葛耳。忽一日，曰：'我後十日必去。'集大衆告誡，皆宗門勉勵語。搜丈室無長物，平日所畜衣拂、如意、杖笠，悉分付侍僧，子然一身，從金塔趨駐蹕，囑行後全軀付渾河。示偈曰：'發來一個剩人，死去一具臭骨。不費常住柴薪，又省行人挖窟。移向渾河波裏，赤骨律，祇待水流石出。'衆環跪，乞留肉身，哀懇再三，乃默然，遂端坐而逝。瀋之人迎龕入千山建塔，蓋順治十六年己亥十一月二十七日也。師世壽四十有九，坐夏二十，得度弟子今育、今匝、今曰、今廬、今又、今南，皆江南人。師住瀋，不輕爲人雉髮，有乞戒，悉命禮天顯律主。師未開法時，嘗爲顯作闍黎。及說法，顯請入室，師亦命第一座，更爲傍通《華嚴》梵行，凡戒壇仍使主之，惟宗門提唱無少假，然皆一目同人。衲子能具精誠，隨機大小，各有所被。故十年相依，如正遇、恥若、磬光、湧光、作麼、若而，人咸受益焉。是宜銘，銘曰：山川奇秀，蔚爲異人。意氣雲蒸，公族振振。儒門澹泊，歸復能仁。溯洞水源，沛流潺湲。出華首嗣，爲博山孫。如潙之嚴，吾師有言。慧寂者誰，實難爲昆。嗟大樹叢，宜蔭南宗。天龍等視，匪法運窮。淊彼遐方，啟拓關東。彼土惇直，惟經與律。拄杖撥開，別傳甫及。七住道場，萬指林立。天資雄邁，波瀾澎湃。上下左右，不知其在。巍巍堂堂，曷云誰至？杲日方中，忽然西逝。道俗涕潺，湧塔千山。爲存爲歿，松鳴珊珊。朔方少室，今古斯一。"

並有詩哭剩人函可，心掛冰天，哀聲嘹唳。

《瞎堂詩集》卷一一《哭千山剩人法弟三首》、卷五《孤雁》詩。

《哭千山剩人法弟》詩其一云："鴒原北望霧雲重，白草堆中古寺松。萬里誰教還馬革，千山今復號熊峰。死當邊野非吾意，終誤才名惜此宗。椎拂縱橫知負汝，白頭吟些欲何從。"原注："弟有書索予法子，未及遣發，遽聞訃音。"

其二云："烏玄鵠白盡乾坤，俠骨平心欲並論。至性自應投絕域，深悲何必恨中原。十年羶雪酬先澤，七剎幢鈴答後昆。覺範子卿終一死，空餘骸骨弔關門。"

其三云："斷舌何年悟世親，虛庭六月憶天人。徘徊行處蠻烟舊，想像空山塞雪新。匣裏恩書緘碧血，磧中遺履拜黃塵。臨風俯仰慚孤調，愁對秋高白雁翔。"

《孤雁》詩云："數年聞雁聲，感慨多所繫。今年聲愈悽，一雁落天際。念彼百千雁，存沒何能計。哀此一雁孤，一去不知歲。羽毛亦自美，江山豈不麗。死生物之常，何地不足瘞。所傷共一群，先後終難逮。薄影沉西江，秋風吹浪細。江月夜夜寒，不敢翹清霽。"

夏，有詩送頓修今漸還棲賢，中云："匡廬曾悔別離去，相送潮頭歸思同。"

《瞎堂詩集》卷一一《送漸監院還棲賢》詩。

九月九日，有詩。

　　《瞎堂詩集》卷一一《九日雨》詩。

十二月，頓修今漸再還雷峰，有詩慰之。

　　《瞎堂詩集》卷一一《漸監寺再還雷峰》詩。

　　詩云："荔枝初熟披星去，梅樹花開帶雪還。我久冥心同
　　水月，君於何處訪雲山。孤舟臘月回初地，破寺寒天盼老
　　顏。添汝三峰數點淚，增余五老一回歡。"

　　今按：三峰，即海雲寺。《海雲禪藻集》卷四錄潘楳元
　　《海雲大殿新成，與彭耑玉、麥驚百過宿》詩，有"山回
　　雲寺三峰列，水到雷門萬派降"之句。見順治十五年條
　　引。五老，即廬山峰名，此指棲賢寺。

是年石鑑今覬落髮受具，旋入侍寮，舉妙喜格物頌，
於明皇劍擊閭守畫像，守於陝西頭落處，渙然冰釋。

　　《徧行堂續集》卷八《棲賢石鑑覬禪師塔志銘》。《海雲禪
　　藻集》卷一今覬小傳。

同日爲鐵機今沼落髮受具。命司記室，尋升按雲堂。

　　《海雲禪藻集》卷三今沼小傳。

姜山今㖖、非影古電亦在是年落髮受具。

　　《海雲禪藻集》卷二今㖖小傳、卷三古電小傳。

　　今㖖，字姜山，廣東新會莫氏子，原名微，字思微。邑諸
　　生。少與邑人湯建孟、族弟莫幽蒨結方外之遊，覽勝弔
　　古，幾遍宇內。又善治硯。《瞎堂詩集》卷一《水雲團硯
　　銘》，前有引云："水雲團得於覆瓿之餘，一時風塵物色，
　　諸子皆有詩，十年於此矣。石有水雲之紋，姜山惡其雜而
　　不純，與廣慈琢而出之，馬肝宛然，色兼青華，爲水巖第
　　一乘。新開坑雖有佳者，亦不能過。因作銘紀其事。"

　　古電，字非影，廣東新會李氏子。執侍服勤三十餘年，寒
　　暑靡間。有《石窗草》。

永曆十五年　順治十八年辛丑（1661）　五十四歲

[**時事**] 奏銷案起。清制定巡撫以下、州縣以上催征錢糧未完處分例。嗣後，各省追征欠賦，被累之人極多，江南尤烈。欠賦之文武紳衿一萬三千餘人，全部褫革，探花葉方藹僅欠一錢，亦被黜，民間有"探花不值一文錢"之謠。　實行海禁，強迫江南、浙江、福建、廣東沿海居民分別內遷三十里至五十里，不許商船、漁船下海。　十二月，永曆帝爲緬人擒獻吳三桂軍前。

是年前和尚撰成《金剛正法眼》，宗寶道獨爲作序，讚歎稀有，爲般若之精髓。

　　《宗寶語錄》卷六《金剛正法眼序》。

　　序有云："達磨大師秉單傳之旨，謂二祖曰：'觀此土惟《楞伽》四卷可以印心。'至黃梅易爲《金剛》，勸一切人受持此經，即得見性。則知直指人心，無過於此。自曹溪以後，如洞山聰、黃龍南、汾陽昭、中峰本諸大宗師，皆以此經爲契證。稀有哉！豈可謂文字乎。吾子麗中宿植善根，夙悟上乘。諦觀此論，一字一句，皆般若之精髓也。稀有哉！豈可謂今人異於古人乎。或謂空隱老凍膿猶有鄉情在，予何敢私！金剛正眼現在，具眼者請鑑。"

　　汪譜按：道獨嘗爲作序，當著於本年以前。

初春出海幢。有同學出長慶，語及剩人函可，殊爲愴懷，有詩紀之。

　　《瞎堂詩集》卷一一《辛丑初春出海幢，適同學從長慶來，談及剩人，殊增存歿之感》詩。

詩云："會日愈驚離日遠，怡山轉見白雲邊。干戈不限三千里，鬚鬢徒嗟十六年。雁影久虛寒磧外，棣華重綻暖春前。鶯溪立雪幾人在，相對珠江只惘然。"

今按：此同學未知何人，殆閩僧也。所謂"十六年"，指自順治三年在齊雲山而至今也。"鶯溪立雪"，指和尚舊與張二果、剩人函可等人參謁宗寶道獨，而今已多爲凋零矣。時道獨在長慶。

二月十六日阿字今無誕辰，適海幢結金剛長期，和尚將舊藏陳學佺所繪《金剛說法圖》貽阿字，並題詩。

《瞎堂詩集》卷六《金剛說法圖引》詩。

詩前有序云："金剛圖爲陳全人所繪，藏笥中三十餘年矣。因吾法子首座無公誕日，適海幢結金剛長期，遂題圖貽之，俾供室中，上效如來說法機感明露，下體祖師傳心遮圍祕密。東土西天，靈山瘴海，今古自他，非數量所知也。"

詩云："……千年古鏡當空鑑，一室傳燈五嶺光。黃梅夜半袈裟話，華梵同音到海幢。"

今按：此詩無年份。序中云"藏笥中三十餘年矣"，而本年初春和尚在海幢，且今無又需遠行海南，和尚贈之以爲福佑。事當在本年，故繫於此。

三月二十六日，阿字今無航海入瓊州，住長生庵，至七月六日移居白衣庵，諸善信於竹林空處爲構茅一椽，蓋住長生庵時既畏刀兵之苦，復爲僧徒構難，幾有負金之變，覺後始移茆下。

《光宣臺集》卷一二《雷峰天老和尚七十示生頌》詩十首其七、卷一八《白衣庵新居》詩序。

《雷峰天老和尚七十示生頌》詩十首其七云："鯨鯢吹海綠波深，十石沉香爇此心。恰似老人趺坐處，瓊山月色可誰尋。"詩中原注云："南人未南而北，復南矣。思南遊，然南之遇風波宵小與甲兵盜賊不亞於黃沙黑水、豺虎鵰鶚。此瓊山仙島罕有多至者，玄虛無著吾宗，豈取坐至者耶？可以切喻。"

和尚有詩繫念之。

《瞎堂詩集》卷一一《懷阿字掌孟崖州》詩。

詩云："絕塞驅馳經兩夏，珠崖跋涉又當春。鶺原多難空勞汝，茅屋深移更累人。……"

韶關丹霞山主李充茂來五羊，與澹歸今釋有丹霞之約，捨山嚴事三寶，供養宗寶道獨和尚。後澹歸今釋闢為別傳寺。

《徧行堂集》卷五《李鑑湖祠部六十壽序》，《徧行堂續集》卷一《負心說》。《咸陟堂集》文集卷六《舵石翁傳》。

《丹霞山志》卷一《丹霞營建圖略說》。

《李鑑湖祠部六十壽序》云："李子鑑湖，古穰之勝流。避地，偕其伯兄文定公，尋山而得丹霞，幾於朝夕與共，坐臥不能離。既奉父兄之靈，攜其孤姪還鄉，數夢寐至焉。歲辛丑，來五羊，聞予有同愛於丹霞，遂舉以歸予，為道場結界，期三年成，二老為終焉計。"

李永茂，字孝源，河南南陽人。天啟五年進士，崇禎時，官簽都御史。弘光末，巡撫南贛。弟充茂，字鑑湖。兄弟共買仁化丹霞山為避亂計。永茂卒，充茂攜家返里，遂捨山建寺，並祝髮受具，山名今地，字一超。

丹霞山，在仁化縣治南十七里。三峰特立，如出天表，而蜿蜒變化之勢，未易名狀，或擬之曰船，又曰奮龍。此地初不以丹霞名，而名長老寨。李永茂、充茂乃南陽鄧州人，古丹霞即其故居，而避亂於此，又以憂去，取丹霞示不忍忘本也。見《丹霞山志》卷一《山水總志》。道光

《廣東通志》亦云如是。然李永茂兄弟命此地爲丹霞，亦不可謂無來歷者。今據明抄本嘉靖《仁化縣志》卷五錄倫以諒詩，即有"水盡巖崖見，丹霞碧漢間"、"地閟仙凡界，天開夢覺關"云。以其地貌特異，自古殆有以丹霞別稱之者。

澹歸今釋有《喜得丹霞山賦贈李鑑湖山主》詩。

《徧行堂集》卷二。《丹霞山志》卷六。

詩云："十三年前與君別，多少披離得相見。白眼悠悠不索憐，青山黯黯徒生羨。空隱老人坐海幢，海螺巖畔思迴翔。乞山酬偈一錯愕，左文右武皆荒唐。今朝真見吾山主，未曾下口心先與。果然一諾重千金，回首紅塵在何許。……"可見澹歸與李充茂乃故交。

其緣起於李充茂好友姚繼舜亦若居士之捨所居晚秀巖。

《丹霞山志》卷一澹歸《乞山偈》。

前有引云："丹霞道場緣起出於亦若。"亦若隱居長老寨海螺巖山水絕佳處，一日，在海幢寺閒話，談及丹霞之事，正遇澹歸禪師在場，"衝口便道：'居士須將此山供養老和尚（今按：指宗寶道獨和尚）。'亦若維維，臨別謂澹歸：'有甚偈頌，寫紙與我珍藏。'澹歸道：'我便有乞山之偈。'亦若道：'我即有酬偈之山。'"

今按：姚繼舜，字亦若，山東海陽人。明末官至太僕寺正卿。攜家避亂於丹霞晚秀巖、海螺巖山水絕佳處四十餘年，乃李充茂好友。見《丹霞山志》卷六《流寓》。又，《丹霞山志》卷八錄姚繼舜《晚秀巖記》云："……於丙戌官江右湖西藩參，因與虔撫李君孝源道同志合，謀一丘以自老。遂至仁陽遍覓，錦巖之上，四面石壁峭削，鳥道險峻，環山巖谷，可開鑿而居。有共事者侍御黃君基固、職方周君瑚四，分釐金近百兩買此山砦。時修築浩繁，非一朝夕。忽相率奔走粵西，黃、周二君皆謝世。戊子秋，余始從孝源復安堵此山。李居中山。余躡跡而上，隨余上者，則有侍御賀兩岐，卜居水簾巖；分守蒼梧道朱君丹鳴，卜居草懸巖；太行張君起一暨貢士韓美生，共居海螺巖。迤西過雲度山下，則有處士孫、侯、李諸人，各爲築室。至於面南爲雪巖，李經宇、周錫甫開基，而處有乳泉，經宇建閣於其上，奉龍王神而祀之。余乃卜晚秀巖而居焉。"《記》又云：此巖乃其子弘所開築，而其子不意於辛卯年溘然辭世。傷心之地不可久留，亦若有歸與之思，故欲捨其地爲寺。

除亦若居士之外，尚有汪起蛟推波助瀾。

《丹霞山志》卷一李充茂《捨山牒》。

牒文云："恭惟澹歸大禪師，道高德厚，性湛心虛，激濁揚清，有功名教，遺榮入道，直印心宗。爲一代之全人，存兩間之正氣。充茂宿仰高蹤，素承雅度，暌違多載，寤寐靡忘。比來重晤珠江，不啻親遊竺土。聞漢翀、亦若兩公備言禪師叢林逼近城市，甚非棲靜之所。充茂昔年同先兄永茂掛冠神武，買山而隱，用價百二十金，置仁化縣丹霞山一座。……新置草堂，既足上佛；舊存茅舍，尚可棲真。悉舉奉施，莊嚴最勝道場；向後圓成，遍注無邊法雨。庶不負愚兄弟買山一片苦衷。祈擇吉早臨，俯慰宿願，不勝瞻依引領之至。順治十八年小陽月，古禳法弟子李充茂稽首具。"

《徧行堂集》卷三一《喜得丹霞山賦贈李鑑湖山主》詩云："弟兄不負二難名，賓主須留三到跡。論功若敍魏無知，大書莫漏汪鎛石。"自注云："漢翀別號。吾由漢翀始知此山本末。"又，《徧行堂續集》卷八《一超道人墓志銘》序云："予初因汪水部漢翀，欲得丹霞爲道場，道人聞之，欣然見施，有把臂入林，不越三年之約。"

今按：《中洲草堂集》卷一三《酒酣贈汪漢翀工部》詩有
自注云："曾爲番禺令。"時清兵未入粵，是年跡刪成鷲
補縣學生，汪爲受知師也。成鷲《丹霞山記》、《陳氏日
鈔後跋》亦述其爲李氏捨山事。

見證者有張國勳、王應華。

《丹霞山志》卷一《乞山偈》。

偈云："空隱長老，亦若居士，一個下來，一個上去。全
賓是主，全主是賓。澹歸於中，充個牙人。這場買賣，如
意自在。地涌金蓮，天垂寶蓋。乞山有偈，酬偈有山，更
有相酬，兜率陀天。此日做中，他年作保。但得鐘敲，莫
將銅討。誰其見聞，文武兩行：葵軒總戎，園長侍郎。"
又有原注云："亦若時客張鎮臺幕中，園長適在空老人
坐次。"

葵軒，即張國勳，號葵軒，山西宣府人。康熙四年，以左
路總兵移鎮新安。

園長，即王應華。

今按：澹歸和尚能在丹霞創爲別傳一寺，端爲此地有明遺
民在焉。本爲潛隱之窟，又轉爲"逃禪"之所，由來有
自。從《丹霞山志》卷八之數篇記文可以覘之。

本年春，錢謙益寄其所集《般若心經略疏小鈔》二卷
恭請宗寶道獨和尚鑑覽。時適宗寶示疾，轉生辨重加
印可，而未及裁答。

《天然語錄》卷一〇《與錢牧齋宗伯》書。《宗寶語錄》
卷首錢謙益《宗寶獨禪師塔銘》。

四月，宗寶道獨由海幢返芥庵。七月初七日，詔和尚
曰："瘡疾延綿，殊可厭惡。吾且夕且掉臂矣。"和尚
泣懇住世，云："群生可念。"宗寶曰："吾道有汝，

重擔可卸，復何戀耶。”二十二日端坐而逝，世壽六十二歲。

《宗寶語錄》附函昰撰《行狀》。

八月，和尚往羅浮華首臺，物是人非，不覺潸然。

《瞎堂詩集》卷一一《上華首臺》詩。

詩云：“不到羅浮已十年，登臺松柏望蒼然。”

今按：《瞎堂詩集》卷一五有《偶得辛丑八月上華首臺作，不覺潸然，復用原韻成詩，聊寫懷抱，時庚申七月晦日也》，則知此詩作於當年八月也。所謂“不到羅浮已十年”云者，殆指順治八年前後有上華首臺之事。參見順治八年條。

繼主華首法席，爲曹洞宗博山下華首臺第二代住持。有上堂法語。

《天然語錄》卷一。

法語云：繼住羅浮華首，上堂：“先師開法此地二十餘年，幢旛指處，龍象駢臻。所蒙椎拂記莂，祇是山僧與千山。去年千山報寂，今年先師又見背，藐爾一身，肩此重擔。茲承護法宰官暨各山耆年大衲屬山僧繼主此山，念先師根本重地，遞代相承，不可無統，今日陞座普告大衆，且道合談何事？”豎拂子，云：“是博山底？是先師底？是山僧底？若道三，祇是個拂子。若道一，分明博山傳先師，先師傳山僧。大衆！是三非三，是一非一。‘把定乾坤’一句作麼生道？”以拂子作⊥相，云：“曹溪一滴無今古，華首長空自暗明。”喝一喝，卓拄杖，下座。

又有法語云：“悟到十分，行到十分，始知不曾動著祖翁田地。雖然如是，猶是田庫翁見識。何以故？不見道：千年田，八百主。”“舉：六祖大師偈云：‘本從化身生淨性，淨性常在化身中。性使化身行正道，當來圓滿真無窮．'師云：'大衆，即今語底、默底是化身，動底、靜底是化身，那個是淨性？又作麼行正道？'良久，云：'適來是什麼乾矢橛，切忌作語默、動靜商量。不商量，金井潭邊古石梁．'"　"舉：僧問趙州：'學人乍入叢林，乞師指示．'州云：'食粥了也未？'僧云：'食粥了．'州云：'洗鉢盂去．'其僧大悟。師云：'者也是平常人事，我問你答，悟在那裏？尋常佛殿裏僧，堂前廚庫三門，汝諸人茫然處，即諸佛悄然處。且道茫然底受錐劄，悄然底受錐劄？待汝緇素得出，鷂子過新羅．'"

本月，和尚奉師塔於羅浮華首臺之南，並手次《行狀》。

《宗寶語錄》附函昰撰《行狀》。

九月，鼎湖山在犙弘贊致祭宗寶道獨。

《木人剩稿》卷五《祭華首空隱大師文》。

文曰："維順治辛丑歲迦提月十一日，鼎湖山法姪某謹遣副寺某、化城監院某、知客某、侍者某，敬以香燭茗果致奠於華首和尚空大師之靈，曰……"

刻有《華首語錄》行世。

《天然語錄》卷一。陸世楷撰《語錄序》。

十月，阿字今無自瓊州還抵雷峰。

《光宣臺集》卷一〇《王伯子瓊南山水圖跋》、卷二〇《寄答足兩》詩序。

《寄答足兩》詩序云："辛丑初冬，予歸自瓊州，聞足兩以九月請藏入嘉興，復還棲賢，得留別詩札，喜恙新愈．"

釋子會木古檜、海發今印、似石古汝亦依和尚在羅浮。

《海雲禪藻集》卷三古檜《辛丑初冬與海發、似石諸同學宿羅浮黃龍洞》詩。

黃龍洞，原稱金砂洞，有黃龍觀。

梵音今音亦隨侍和尚於羅浮，未久坐化於華首臺。

《海雲禪藻集》卷二今音小傳。

賦《辛丑聞雁》詩，感師友之云亡。

《瞎堂詩集》卷八。

詩云："塞雁何時至，今秋不欲聞。……一聲隨淚下，繚亂不成雲。"

又有《懷石鑑、姜山諸子》、《懷足兩》詩。

《瞎堂詩集》卷八。

前詩云："發棹已一月，行程計二千。螺川接風日，匡埠望林泉。幽谷危樓隱，深溪古木懸。三杯招隱下，懷我石梁邊。"

後詩云："帶雨請經去，揚帆不問程。願歸三峽寺，知返九江城。……"

今按：時石鑑今覬、姜山今郍在廬山，而足兩今嚴北上請藏未歸。

釋子雪木今毬童年子身皈雷峰爲沙彌，供訊掃。本年受具，選侍司，尋升按雲堂，同諸大老研究，遂超然得慧解脫。

《海雲禪藻集》卷三今毬小傳。

今毬，字雪木，廣東東莞尹氏子。

爲李龍子薙染受具，法名今荃，字具五。具五喜作《祝髮詩》。

《海雲禪藻集》卷二今荃小傳。

今荃《祝髮詩》云："萬事烟銷不復言，此身何幸得生存。辭家直欲超三界，焚草無由到九閽。雲外飛鴻離竭澤，水邊鴒鳥喜依原。曹溪咫尺門前路，一上雷峰溯洞源。"

今荃，字具五，即淨起今從（俗名雲子）之弟。超悟出

群，爲和尚所期許。而素有宿病，不獲究竟一大事，諸山
惜之。

又爲一有今二受具。

《海雲禪藻集》卷二今二小傳。

今二，字一有，廣東新會人，族姓陳。諸生。

離言今讀至雷峰，依和尚杖下，尋典賓客。

《海雲禪藻集》卷二。

今讀，字離言，福建漳州人。

記汝今餹亦爲雷峰典客。

《海雲禪藻集》卷三今餹小傳。

雷峰置田多被海水所沒。

《徧行堂續集》卷三《雷峰乞米疏》。

和尚有《冬日即事》詩，中云："閑過木橋詢老叟，
今年豐稔少噓嗟。"又有《憶三峽澗》詩，寄懷匡廬
棲賢。

《瞎堂詩集》卷一一。

足兩今嚴歷時四年請藏經而還抵歸宗寺，亡何以宿疾
坐蛻於五乳峰靜室。有《西窗遺稿》一卷。

宣統《番禺縣續志》卷三六今釋撰《雷峰海雲寺碑記》。

《海雲禪藻集》卷二作者小傳。張紅、仇江《曹洞宗番禺
雷峰天然和尚法系初稿》。①

未幾藏經送至海雲寺。

《徧行堂集》卷一一《雷峰山海雲寺碑》。

《碑》云："藏經歸自辛丑。"

①　張紅、仇江《曹洞宗番禺雷峰天然和尚法系初稿》，載楊權主
編《天然之光：紀念函昰禪師誕辰四百周年學術研討會論文集》，中山
大學出版社 2010 年版，第 17 頁。

清聖祖康熙元年壬寅（1662）　五十五歲

　　[**時事**] 四月，清吳三桂殺桂王父子於昆明。
詔遷香山、東莞、番禺、新會、順德五邑沿海之民徙
入內地五十里。

諸子邀遊厓門，殆未赴而有詩謝之。

　　《瞎堂詩集》卷一一《諸子邀遊厓門，詩以謝之》詩。

　　詩有云："鬱勃定知埋古殿，蒼茫何處弔忠魂。"詩題下
　　原注："壬寅。"

　　今按：據《光宣臺集》卷二〇《謝柱波招遊厓門》詩，
　　是年爲謝柱波招遊厓門。阿字等拜三忠祠，並有《厓門
　　感賦》、《宿厓門》諸詩。

　　謝柱波，其人未詳。

再至新會暇園說法，有小參法語，稱揚古岡諸子大有
承當。

　　《天然語錄》卷二。

　　法語云："暇園小參：'雷峰十三年前承諸公命曾到此間，
　　今日重來，與諸公相見，且道相見底事作麼生？'卓拄杖
　　一下，云：'大衆，十三年前亦只爲諸公讚歎三寶，成就
　　信根，乃漸入漸深。邇年來我宗門下事，古岡大有人承當
　　在。去年復承見招，正搔著山僧癢處。此回願望倍奢，非
　　但現前諸公，闔古岡一城人，雷峰拄杖子要生按過，總教
　　成佛作祖去。大衆，雷峰拄杖子爲什麼恁大威光？只爲不
　　肯具眼。所以上不知上，下不知下，貴不知貴，賤不知
　　賤，賢愚好醜，是非得失，只是個不知，盡十方三世鼻孔
　　一時穿卻。到來者裏，上不妨教下，下不妨教上，賤不妨

教貴，貴不妨教賤，賢愚好醜，是非得失，一齊推倒，一齊扶起。大衆，你看拄杖子恁大威光一場佛事，且道於雷峰分上還有絲毫交涉麼？試判看。咦！雷峰到處穿人鼻孔，殊不知一個鼻孔今日被諸公橫拖倒拽，直得笑倒。雖然如是，且喜索頭還在手裏。'喝一喝，卓拄杖。"

今按："十三年前"，指順治六年承邑侯萬興明、總戎李公等請至新會時也。

何聖傳居士爲其亡尊人見五老居士來暇園設供。和尚爲作小參法語。

《天然語錄》卷二。

法語云："小參：'若人欲了知，三世一切佛，應觀法界性，一切惟心造。大衆，過去已過，未來未至，現在無住，喚什麼作一切佛？'卓拄杖一下，云：'急須著眼看仙人，莫看仙人手中扇。'復云：'大衆，佛法界，菩薩法界，聲聞、緣覺法界，六道、四生法界，作麼生說個惟心底道理？'卓拄杖一下，云：'相隨來也，石頭土塊。會麼？若也未會，雷峰且向第二頭爲諸人葛藤去也。'豎拂子，云：'還見麼？見底不是色。'以拂子擊案，云：'還聞麼？聞底不是聲。既不是聲色，又是個什麼？昔東坡居士云："溪聲盡是廣長舌，山色無非清淨身。夜來八萬四千偈，今日明明舉似人。"看此偈，可謂攪長河爲酥酪，變大地作黃金。後來有個長老卻云："東坡居士太饒舌，聲色關中欲透身。溪若是聲山是色，無山無水好愁人。"且道具個什麼眼便恁麼道？不見道：荊棘叢中著腳易，月明簾外轉身難。你若識得者個長老，方纔識得雷峰。雷峰不曾向你紫羅帳裏撒珍珠，你擬什麼處構？切莫顢頇。今日何聖傳居士爲其亡過尊人見五老居士來暇園設供，請山僧舉揚此事，用資冥福。大衆，見五老居士做了一生佳公子，做了一生賢縉紳，居鄉清白，德被里閭，處家仁孝，慈惠子弟。但只麼見得，猶是世間相。不只麼見得，世間相、出世間相遂成兩橛。且合作麼生?'卓拄杖，云:'若在者一下透徹根源，許你會得見五老居士本命元辰著落，天上人間隨意自在，總無第二人、第二法。雖然，只如資薦一句又作麼生道?'卓拄杖一下，云:'頂門開了還教瞎，爲聖爲凡絕是非。'"

何聖傳，其人未詳。

並作《暇園留題》詩，有"曾識主人池上水，再逢公子竹林春"之句。

《瞎堂詩集》卷一二。

又自作象贊。

《天然語錄》卷九《自作象贊》。

贊云:"畫得似，恐不是;畫不似，現成底。叨叨兩月暇園中，大類春禽啼早起。切忌明眼人，只怕認得你。無處可遮攔，百花生硬嘴。"

澹歸今釋既得李充茂捨仁化之丹霞山，於本年三月二十四日踐約抵丹霞，開山建別傳寺，有詩志喜。時李充茂六十壽辰，澹歸有序壽之。

香港何耀光至樂樓藏澹歸《壬寅春三月二十四日抵山有詩志喜》詩二首手跡。《徧行堂集》卷五《李鑑湖祠部六十壽序》。《徧行堂續集》卷一《負心說贈虞紹遠》。《咸陟堂集》文集卷六《舵石翁傳》。

詩其一云:"水石相啣進力窮，此時身到此山中。懸梯已見猶迷徑，老屋雖存不露風。近夜蛟龍隨雨去，遠人松竹罷雷同。古今多少沉酣夢，陵谷高深想未通。"

詩其二云:"半生說蜜不知甜，好處抬頭恰卷簾。壁上何消爭雁蕩，袖中早已放師巖。月流九曲環三點，雲簇千盤露一尖。且喜到家能穩密，不妨隨露會莊嚴。”

壽序云：“今壬子，始入山踐約，鑑湖年已六十矣，時縱步昔所朝夕坐臥者，謂夢寐所至，今爲真至。”

今按：壬子，爲壬寅之誤。澹歸踐約入山，其勇猛非常人可及。嘗謂：“予初欲入山，或云仁化多虎，予云：‘虎不畏虎。’”見《徧行堂續集》卷一六《賀公絢敘功特授鴻臚卿二十韻》詩中原注。蓋以金堡在永曆朝中有“五虎”之稱云。

和尚賦詩送別澹歸，勉其肩承祖道，力挽真風。

《瞎堂詩集》卷一八《送澹歸住丹霞二首》詩。

詩其一云：“三十年來想像中，親臨何必問渠儂。天然巖上無岐路，側耳珠江聽遠風。”其二云：“纔出山門已望來，兩人心事共徘徊。吾儕不是傷離別，萬古真風待汝回。”

澹歸今釋闢寺後遂卓錫於此，自充監院，前後創造，胼手胝足，運水搬柴，跨州過郡，送往迎來，人事輳轕，五官並用。其間尤以得陸世楷之助爲多。

《徧行堂集》卷一一記部《丹霞山營建圖略記》、《丹霞大悲閣記》、《兜率閣記》、《準提閣記》。《徧行堂續集》卷一《負心說》。朱彝尊《陸公孝山墓志銘》。《咸陟堂集》文集卷六《舵石翁傳》。同治《仁化縣志》卷七。

陸世楷，字英一，號孝山。浙江嘉興府平湖人，稱澹歸中表。清順治三年拔貢生。順治十三年任南雄府太守。修輯郡志，捐建天峰書院於府治東，買田以贍課諸生。歷十九載，以憂去官。禮天然和尚受菩薩戒，法名今亘，字悟石。蓋意爲南泉下陸亘大夫再來云。後世楷又在南雄縣城內建龍護園，爲丹霞下院。見康熙六年條。

三月，皈禮諸檀信大中丞李棲鳳、侍郎王應華、總戎張國勳、方伯曹溶輩邀和尚繼宗寶道獨出主海幢。

> 《光宣臺集》卷五《復海幢放生社序》。宣統《番禺縣續志》卷三六王令《鼎建海幢寺碑記》。
>
> 《復海幢放生社序》云："今年三月，雷峰老人出主此。……因並誦之以告後之入社。壬寅四月二十四日。"
>
> 《碑記》云："皈禮諸檀信如大中丞李公瑞梧、侍郎王公圓長、總戎張公葵軒、方伯曹公秋岳輩，謂主法不可無人，相率禮請其嫡嗣雷峰天和上繼席。和上癖於巖壑，不暹而難於辭。"
>
> 李棲鳳，字瑞梧，遼陽奉天人。累官兵部尚書，兩廣總督。

付阿字今無大法，立爲首座，並銘篦子及授偈云："喚作竹篦則觸，不喚作竹篦則背。雷峰今日重拈，惟有阿兒不會。且教舒卷隨時，三十年瞎卻天下人在。"時阿字虛齡三十歲。後命分座創建大刹，領衆海幢監寺事。一時法席交遊之盛，不減晦堂。

> 《光宣臺集》卷七《徧行堂文集序》、《監院解虎六十又一壽序》，卷一九《築堤詩》序。《海雲禪藻集》卷一今無小傳。宣統《番禺縣續志》卷三六王令《鼎建海幢寺碑記》。
>
> 《徧行堂文集序》云："壬寅，余領衆海幢。"
>
> 《監院解虎六十又一壽序》云："十年以前，爲師友道義所牽，遂有付受首衆之事，今十年矣。"解虎，今錫字，萬曆三十九年辛亥生，康熙十年辛亥年六十一，後五年寂。上推十年，正爲壬寅。汪譜據今無撰《解虎錫公塔銘》拓本云："予壬寅分座，首衆僧於海幢。"
>
> 《築堤詩》序云："予以壬寅首衆海幢。"
>
> 《海雲禪藻集》卷一小傳云："無回渡瓊海歸雷峰付法，

首衆僧於海幢示偈云云。"壬寅年今無年正三十歲,與所謂"三十年瞎卻天下人在"相合。

《鼎建海幢寺碑記》云:"適阿公承心印,受衣鉢囑屬以首座,遂命主海幢院事,事無鉅細,率稟教焉。公豎大法幢,撾塗毒鼓,吸西江而翻東海,緇素文風,四方雲集,上而王公大人,下而販夫稚子,莫不泥首皈命,發大歡喜,隨地布金,因緣輻輳,遂於丙午之夏首建大殿,廣七楹,高三尋有咫,矢棘翬飛,碧紺萬狀,望若天半彩霞,殿後右角,則地藏之閣,聳峙巍峩,八角鐘臺,聲徹雲表。"

澹歸今釋在丹霞,有詩賀贈阿字今無,云:"朱弦又見發新桐"、"丹霞一爲起衰慵"。

《徧行堂集》卷三五《阿字無公爲雷峰第一座寄賀》詩。

又付石鑑今覰大法,立爲第二法嗣,並付大法偈云:"體露金風莫可追,相隨來也又奚爲。暗明鑑盡無遮護,獨荷全機賴石兒。"復云:"他日有人問著,但拈竹篦子劈口築殺。"

《徧行堂續集》卷八《石鑑覰禪師塔銘》。《海雲禪藻集》卷一今覰小傳。

並有《語錄》流通。

《天然語錄》卷一。

法語云:"繼住海幢,上堂:'海幢刹竿,先師豎未久,忽爾倒卻。今日承諸護法暨各山諸上座請,山僧繼主此席,山僧特來了先師未了公案。且道先師有什麼未了公案?目前殿宇待新,堂寮待備,百廢待舉,豈不是先師未了底事?緇白諸公,深淺大小,機感隨時,豈不是先師未了底人?'驀豎拄杖,云:'只如者個有什麼不了?大衆,乾坤上下,山川流峙,世運興衰,人事得失,從上來有什麼道處？無端指注，全是全不是，全提半提，還當得宗乘事麼？今日不免爲先師當衆說過。’卓拄杖。”

又，“上堂，豎竹篦子，云：‘與麼，自救有分，若論宗門下事，未夢見在。然古人往往以此示人，教你與麼悟，不是便與麼去，到者裏伶俐始得。今時具者個眼，不道全無，只是少。汝諸人參學一番，大須皂白。毫釐有差，過重山嶽。’”

又，上堂：“臨濟下克符道者嘗有偈云：‘儂家住處豈堪隈，炭裏藏身幾萬回。不觸波瀾招慶月，動人雲雨鼓山雷。’甘露滅謂與价祖五位君臣‘折合還歸炭裏坐’同一旨趣，非苟然者。後代兒孫競以臨濟、洞上互相低昂，真可一笑。海幢也有一偈與諸人助參：‘一句當塗絕古今，門門有路莫沉吟。烏雞久在煤山裏，只要渠儂鐵石心。’”

本年春，阿字今無有羅浮之行，掃師翁宗寶道獨和尚塔。七月之後，阿字今無往返海雲、羅浮山華首臺之間。

《光宣臺集》卷八《與梁敦五學博》書、卷二〇《壬寅春掃先師翁塔》詩。

詩其二云：“去年浮海上辭書，回首風烟幾日餘。”謂去歲浮海往瓊州事。

書云：“七月別後，往返雷峰、羅浮，便了卻數月。天老人以佛母仙世，至今尚在雷峰。”

和尚編次宗寶道獨行狀。經澹歸今釋作介，遣侍者石鑑今覩入金閶，撰書幣乞錢謙益爲作《塔志銘》。

《天然語錄》卷一〇《與錢牧齋宗伯》書。

書云：“人有譽隆當世，讀其書，始恨相知之晚，貧道於居士是也。耳居士名久矣，得之傳頌，祇增疑著。去春捧

《心經鈔》，居士真我法龍象也。真空一門，般若六百卷，讚歎尊重，悟此則百千三昧，無量義海，彈指圓成。居士非宿植靈根，何能深入法界，又何必教旨之非宗趣耶。遠辱翰諭，適先師示疾，未能裁答。轉盼秋風，遽丁大事，收涕，正惟求所以銘吾師者。今釋推文章高妙，貧道謂此居士緒餘，空智蕩群疑，精識邁前哲，天下後世鼎重一言，吾師其不朽矣。謹勒行狀，耑侍僧馳謁，伏惟垂念法門，俯賜允俞。昔無盡居士爲湛堂準公點出眼睛，照耀天地。愧貧道未能效妙喜躬謁，然居士淵鑑過於古人，知能遠矚千里之外。”

又，《光宣臺集》卷一五《壬寅春三月，石鑑覞弟奉師命入閶門，爲先師翁乞塔銘於錢牧齋先生，賦此爲贈》詩云：“吾翁早具金剛眼，照耀大千無間歇。去秋忽唱還鄉行，誰識雙林未入滅。四百羅浮山君長，守護無縫威凜烈。譬如皓月被雲掩，是月光明豈曾歇。眼光所照亦復然，妄情瞥起即區別。還將佛子區別智，消盡妄情光不二。江南姑熟有虞山，山中長者名遠被。如椽大筆干雲漢，電抹風搖生妙義。點筆此光出筆端，恰與長者同巴鼻。石弟克紹吾家種，代師遠走五千里。褦襶久藏妙喜機，笑揖張君等兒戲。出門一句爲余言，始信脚根方點地。”

石鑑今覞於春末夏初啟程赴棲賢。過凌江時有書報和尚，和尚有詩紀之，繫念不已。

《瞎堂詩集》卷一二《初夏得石鑑凌江報》、《聞石鑑四月十九日度嶺，計此時應到棲賢》詩。

前詩云：“兩旬風雨到庾關，一紙音書達故山。”後詩云：“扁舟一葉向湓城，此日雲峰眼底明。”

凌江，在南雄府保昌縣。嘉靖《南雄府志》卷上載：“源出百丈山，下流八十里至歸仁都。又六十里至城西，合湞水。宋天禧間保昌令凌皓鑿渠堰水灌田，故名。"此代指南雄。

浴佛日，在海幢有上堂法語。

《天然語錄》卷一。

法語云："上堂：'未離兜率，已降王宮。未出母胎，度人已畢。且道淨飯王宮中果有悉達太子麼？當時睹史多天又什麼人說法，作麼生說個未離已降底道理？'卓拄杖一下，云：'此非你諸人明得底，不如禮拜了退。'"

命阿字今無撰《復海幢放生社序》，以表居士于密放生之功德。四月二十四日，序成。

《光宣臺集》卷五《復海幢放生社序》。

序云："江寧于子密，轉名廕相，法名今輪，戊戌歲見吾先師翁空老和尚，皈依執弟子禮。嗣是忱信三寶，爲善無虛日，奉不殺戒尤謹，其仁愛天性然也，師翁嘗稱善之。海幢自戊戌後雲水輻輳，談宗乘外立放生社，于子實董其事。社集至三百有奇，藉是得月兩日圍繞椎拂下，無論知與不知，所謂一歷耳根，便爲道種，豈不盛哉？……迨庚子冬，諸公以事散去，于子明年秋賈行西粵，師翁復以此時見背，社由是廢。今年三月，雷峰老人出主此，于子禮覲之餘，請間爲予言曰：'廕相之行役西粵也，歸舟至潯陽、貴縣大吉水，灘石險惡，舟爲石所破，幸得不死，至今猶怦怦然。當是時，兩厓陡絕，水洶石怒，急不得泊。板既破，水入如箭，篙師數輩戽不停手，不可敵，意即死。頃，水驟止，復得行里許，泊沙中，理而視之，一魚當其缺。出之，水湧如故。豈非魚大有造於廕相？廕相其敢忘夙昔，請復社。'"

六月二十日，和尚以智母師太病，趨雷峰侍藥。七月二十日師太示寂，年七十九。病中恩愛頓絕，一意西方。嘗夢睹慈相，或以全身投蓮華中，香極而醒。臨化數日，顏色光怡，無痛苦狀，念佛至氣盡。

《天然語錄》卷一〇《與丹霞澹歸監院書》。《光宣臺集》卷一〇《智母師太塔銘》。

七月僧自恣日，澹歸今釋撰《丹霞營建圖略記》，發願云："若道場遂立，敢謂與曹溪、雲門鼎分三足，爲嶺表梵刹冠冕。"

《徧行堂集》卷一一。《丹霞山志》卷一。

《圖略記》云："丹霞山別傳寺者，踞海螺墩絕壁之上，右折一徑，則錦石巖，志所稱巖中石壁五色間錯者也。左折一徑，逶迤緣梯而登，入海螺巖絕壁之下，下望之如層城，上倚之如列屏。其地蜿蜒伸縮，開麓者九，或深三、四十丈，二十丈，十餘丈，如西番蓮一一瓣相，附麗天成。下臨大江，明砂繡發，清瀾鏡徹，外則近嶺獻奇，遠峰爭媚，蓋山水之奧區也。故虔撫孝源李公辟地於此，辛丑十月，令弟鑑湖君來穗城以施余，嚴事三寶。今擬於最中一麓之中，建大雄寶殿，殿前左爲天王殿，後左爲庫，後右爲禪堂，殿後爲法堂、方丈。坐長老峰下，諸山羅立，一江如帶，繞案西流，自然有法王據座氣象。旁左一麓天然巖，前爲廚，廚前爲食堂。旁右一麓，俯視芳泉，爲首座寮；寮右爲影堂；又右則海山門所從陟也。長松數百餘，中建彌陀殿，修淨土者居焉。左結戒壇，爲受戒誦戒之所。右爲延壽堂；又右則竹林巖，修竹千竿，中建觀世音大士閣。旁即海螺巖水，飛流下石壁數尋，度礀皆叢竹怪石，極錦巖頂，壁削路絕而止。天然巖左更一麓，舊爲鑑湖重修六祖堂，堂上爲樓，奉諸檀越香火，下棲雲水，其前爲客堂，其後爲藏經閣。閣左有泉，依泉而行，左方盡處有紫玉臺，巨石瑩淨，松釵滿徑，可以葺亭宴

坐。循右出前，兩石劃然中分，一磴爲布梯地，舊立關門
一座，今將奉漢壽亭侯像，爲伽藍以鎮之。門右起一頂，
正圓，色正黄，欲請舍利，建七級浮屠。從塔院稍後，架
平橋度石磵，至客堂前；又一平橋度石磵，抵天王殿之
前。左爲鐘鼓樓，一切瞻禮從此門入。蓋實前左以迎生，
高後中以坐旺，虛右前以避煞，直至海山門，如率然之
勢，首尾相應。海山門陡絕，鑿壁成級，縛竹扶闌以升，
迴顧則戰掉不可上。上則海螺巖，四望廓然，石塘、馬
鞍，萬峰俱伏。周遭有晚秀、水簾、雪巖諸勝。雪巖之旁
有乳泉，泉上有龍王閣。其左登頓數折爲虹橋，過橋爲半
寨頂，居半寨者，不能躐而有之，遂爲丹霞所有。復登頓
數折爲朝陽巖頂，皆峻遠靜密，足水足柴，可使行頭陀
行。樂居阿蘭若者，或一或二，或三四五僧，結茆臥石，
钁頭競勇，星分棋布，磬聲相答，真叢林韻事也。海螺墩
畔，小山插江，平坡隙地，足以治圃種蔬。臨水豎石坊，
倚墩搆下院，爲到岸扶筇、下山理楫者作小歇場。路旁雜
植松竹，蔽虧倒景。此山三重，重重涉入，一徑獨上，旁
無岐路，卑者更顯，高者更隱，奇而不危，曠而不露，若
道場遂立，敢謂與曹谿、雲門鼎分三足，爲嶺表梵刹冠
冕。今釋薄願如斯，亦菩薩莊嚴佛國中一微塵許事，然非
畢此一生精力、集諸內外護財法二施未易成辦，惟同心好
道者有以教之。”

和尚有《與丹霞澹歸監院書》，託釋子六如問訊，兼
述及智母師太示寂事。

《天然語錄》卷一〇。

書云：“六月二十日，以先慈病，自海幢趨雷峰，僅得侍
藥一月，竟以七月二十順世。……去秋至此纔周年，兩丁
人子弟之厄，雖生人所不免，然痛毒相連，亦夢幻中一大

惻惻。""六如入山，詳詢近況，知放身土木錢穀中不作
苦樂想，正吾門幸事。因憶大地衆生無一事、一念、一刻
不是佛之妙用，祇坐不覺，枉作個衆生知見。及乎覺得，
又枉作個佛法知見。……山僧於今不怕禪不會說，亦不怕
禪不會做，祇怕說了做了，眼孔定動，急不得避，被人拿
住，指良爲盜，有冤無訴耳。便中不妨一句慰我，勿但謂
'和尚既不許人眼孔定動，又要人慰個什麽'便打發過。
個裏大有來由，真不得草草也。"

六如，其人未詳。《徧行堂集》尺牘卷一《上本師天然昰
和尚》書涉言其人，云："齋堂規約，恐有並尊之嫌，其
議出自六如，尤足嘉其不黨之誼也。"

中秋日，在海雲寺大日庵喪次，時阿字今無首座、離
言今讀侍者、鐵機今沼書記侍坐。有詩以紓人子之悲。

《瞎堂詩集》卷一二《中秋大日庵喪次》詩。

題下原注："去年經理華首老人後事，亦在斯時。"詩云：
"淒然今夕是何夕，依舊去秋煢獨身。仰看忉利空無際，
回望雙林淚轉新。愁極卻憐知己在，夜深偏憶故山真。誰
攜拄杖從金井，曾見賓鴻到海瀕。"詩中原注："阿首座、
離侍者、鐵書記侍坐。"又注："懷棲賢舊隱並石鑑、姜
山諸子。"

八月末，錢謙益寄所撰宗寶道獨《塔志銘》，並復書
和尚及澹歸今釋，與探討佛學，於《宗鏡錄》、《楞嚴
經》尤致意焉。

《牧齋有學集》卷三六《空隱和尚塔銘》、卷四〇《復天
然昰和上書》、《復澹歸釋公》。《宗寶語錄》卷首。

錢謙益撰《空隱和尚塔志銘》云："余惟師上根利智，多
生熏習，'見性成佛'四字，直是胎藏鈎鎖。'即心即
佛'，守定牢關；'非心非佛'，斷爲增語。於是乎全提正

令，曲指悟門。遮表二詮，則格量永明。法界一心，則懸鏡棗柏。從無一言落夾，片語過頭。如今人執癡符，家懷偽契，販如來法，訶佛祖禪，藥病相沿，狂易莫反。標此正印，柱彼倒瀾。豈非般若之神符，金剛之寶劍歟。師之深心密行，世所未悉者有二。昔者大慧言：'吾雖方外，忠君愛國之心，與忠義士大夫等。'洪覺范論鹿門燈公，則曰：'孝於事師，忠於事佛，此洞上宗風也。'師悲智堅密，鑪韛弘廣，植菩提之深根，茂忠孝之芽葉。節烈文章之士，賴以成就正骨，祓濯命根。白霓碧血，長留佛種，條衣應器，同歸法王。此則其內閟外現，陰翊法運者也。古人道眼分明，師資鄭重，榮名利養，畏如霜雹。有謂深山裏、钁頭邊，撈摸一人兩人，爲接續者。有謂架大屋養閑漢，所居世界莊嚴，爲癡漢者。師每道：'博山語我，過後二十年，宗風掃地，土地廟裏也上堂，了不圖親見。'此語良爲流涕。餐風味道，英特如雲。親承記莂，兩人而已。人謂師嚴冷孤峭，不走博山一綫，豈知其悲滔末法，如救頭然。凜自宗之周陛，立他家之榜樣，有不勝涕淚悲泣者歟。此則其重規疊矩，謹衛法城者也。往余訪憨山大師遺集，致書海幢。師歡喜讚歎，披衣焚香，犍椎以告衆。病中見《心經箋》，大師轉生辨重加印可。昰公以余沾被法乳，亦菰蘆中幅巾弟子也，故屬之以銘，其何敢辭。銘曰：毗嵐風吹壞劫初，昆岡火炎扇洪鑪，有大比丘建法旗。一單坐斷嶺海隅，心月普照身雲舒，如摩竭龍雨焦枯。分身蜿蜒鱗鬣俱，矯首蟠尾南北殊，大雲如空覆匡廬。智電擊爍瞖巫閭，中央不動常安居，頷下自護摩尼珠。黃皮裹骨山澤臞，緇素旃貉魚貫趨，日月耳環徒縈紆。刀輪劍葉嗟騶虞，樹下三靜今回車，鶴林變白祇須臾。蕭然一榻結雙趺，揮手長揖腥穢區，法幢傾摧法將徂。葛藤博飯皆沽屠，鳥空鼠即胡爲乎，即心即佛心印孤。宿將嚴警持兵符，佛祖齊證誰敢誣，魔外竄匿同即且。丹青樓閣煥毗盧，法座圍繞青蓮敷，孤峰獨宿我自如。隨身兩膝無剩餘，龍象蹴踏看二駒，瓣香迴向恩不辜。我作斯銘三歎吁，博山家風斯世無，塗青鉛墨老筆疏。逝挽頹波作世模，刹竿倒卻須人扶，後五百年期不渝。"

《復天然昰和尚書》曰："承問華首之訃，無色諸天，皆淚下如春雨，況遙承法乳者乎？劫火沈灰，器界墨穴。當此時撩衣長揖，捨離穢土，有何不可？法幢傾倒，狐鼠塞路，洞下門風，全賴和上一肩荷擔，千萬珍重，千萬努力。塔上之銘，按狀申寫，全是依樣葫蘆。此時大師如稻葦，付拂如麻粟，宗風掃地，可爲痛心。向爲天童作銘，略說少分，訶謗蠭起，付之瑱耳。銘詩末云：'拗折拄杖，拋擲拂子。余與老人，覿面伊始。'連這老漢也與他劈頭一棒，見者都不覺，懍懾而已。此文一出，逆知諸方唾罵，更甚往時。古人金湯護法，不憚放捨身命，知我罪我，何足掛齒。和上心安如海，如須彌山，非凡人口吹能動，定不埋冤老人撩牙張口、攬火招風也。《金剛眼》、《西樵錄》諸書，錯列經笥，如奉圓音。提唱《林間錄》，畫龍點睛，便欲飛去。竊謂宗家綱要，無如永明《宗鏡》，即心即佛，遮表二詮。華首印證，若合符契。以儒典論之，永明則誅、泗也，寂音則孟、荀也。和尚既提倡《林間》，何不用此例提唱《宗鏡》？令宗海教中，金剛眼睛，一一透底點出，何快如之！近閱《宗鏡》，至'即心即佛章'，恰與華首宗旨兩鏡交光，聊復饒舌及此，未知和上一點頭否？《楞嚴蒙鈔》是蒙童訓解之書，非沒量大人所可著眼。以近代《會解》圈繪，抹殺長水心宗，交

光、幽溪輩，函矢交攻，耳目瞽亂。雖復苦心勘辦，畢竟
矮人觀場，漫說長短。幸俯賜證明，重爲刊定，人天眼
目，加被何已。上座歸，封題塔銘，焫香遙禮，一片心
香，隨之渡南海矣。嶺樹迢遙，器界偏側，惟爲祖道法
門，鄭重自愛。"

《復澹歸釋公》略云："華首和上仗昔椎椎告衆因緣，今
復承天然和尚偕老兄鄭重付託，銘何敢辭。法門訛濫，殷
憂耿切，亦欲借此文少申格量也。引大慧方外人忠孝一
段，鄙意良有寄託。所云'白蜺碧血，長留佛種'者，
指秋濤、正希二公及吾徒黎美周輩也。所云'條衣應鉢，
同歸法王'者，指吾道隱先生也。措語隱謎，亦定、哀
微詞之例，聊爲座右指明。數百年後，鴻爪鳥跡，尚留現
於世出世間，未必不藉此數行老人迂語。正如夢中說夢，
藉得明眼人哄堂一笑耳。《楞嚴蒙鈔》附上座腰包呈覽。
聞嶺外讀《楞嚴》，專宗交光《正脈》，不復知長水悟後
注經，爲百世心宗之祖。所望法眼重爲證明，勿令讀此經
者，但作徐六擔板，亦區區一片婆心也。今年八十有一，
色力尚健，每思此趙州行腳，侍立左右。白首驅烏，雖未
敢刻期，亦非是夢中囈語也。《憨山老人集》刻成，首以
大序冠之。明年并《金剛會鈔》陸續郵寄。新刻一一領
教，作家人下語自別。新詩制義，便可當冷雲涼月，正不
須別看語錄也。"

今按：《光宣臺集》卷九《復澹歸大師》云："石鑑屢有
信至，七月初四日已抵閶門，錢牧老無恙，八月末可同藏
經歸。"

秋夜，賦詩寄懷遠遊之頓修今漸。

《瞎堂詩集》卷一二《秋夜懷頓修》詩。

詩云："生死頓疑千里外，悲歡徒憶十年前。"

今按：今漸以順治八年入雷峰受具，至今十年有奇矣，故有此句。又，此詩次於《中秋大日庵喪次》詩之後，亦當作於本年。

本年福州林孔石有書寄和尚，邀入閩主法，未應。

《瞎堂詩集》卷一二《寄林孔石》詩。

今按：詩作於康熙七年，有“折柬殷勤又七年”語，則本年有致書邀和尚之事。參康熙七年條。

程可則輯袁彭年軼詩付刻，澹歸今釋爲作序，於亡友三致意焉。

《徧行堂集》卷六《刻袁特丘總憲軼詩序》。

序云：“……特丘性狷介，疾惡如讐，持論過峻，以是賈怨。然其隱衷常自附於朱序、狄仁傑之流，事會適成而不終，無復見知於世。其作《軼詩》，有取於史傳失其姓名者。蓋人之所遭，有幸有不幸，有幸而成，有不幸而敗，有幸而顯，有不幸而晦，有幸而名與事相符，有不幸而毀與心了不相似。與觀場吠影者言之，渺如說夢。此古之人所以信心而行，不求知於天下萬世也。余悲特丘之遇，無力以言，既已出家，亦不欲逐世間群隊，彼此說夢復爭夢，坐此耿耿。又五年，南海程子周量，素受知於特丘，欲輯其遺稿，顧力未及，迺取《軼詩》先梓之。特丘有史癖，於此露其一斑，雖未足盡特丘之才與周量之誼，而周量他時所以不負知己，於此亦露其一斑，且使余藉手，了亡友未了之念。斯舉也，其重有裨於古道也夫！”

今按：所謂“又五年”，指順治十五年袁特丘亡後之五年也，即本年是。

康熙二年癸卯（1663）　五十六歲

[**時事**] 莊廷鑨《明史》獄結案，學者吳炎、潘檉章等共七十餘人死此案，查繼佐亦因此案入獄。四月，免浙江、江西、河南、陝西去年災區額賦及山東、福建災區逋賦。

壬寅、癸卯間和尚促居雷峰，旋徙東莞篁溪之芥庵。有《語錄》。

《楞伽經心印》卷首自述。《天然語錄》卷一。

自述云："昰自順治辛丑先華首示寂，明年先大日相繼謝世，壬、癸兩載，生趣頓盡。促居雷峰，旋徙芥庵。"

法語云："上堂：'一拳拳倒黃鶴樓，一等拳頭，祇是勞而無功。一踢踢翻鸚鵡洲，大好腳尖，不知退步。有意氣時添意氣，也是虛張。不風流處也風流，面毛長三尺。大衆，批判便批判了也，若是芥庵，又作麼生？'良久，云：'四卷《楞伽》遮老眼，一聲彌勒到新秋。'"

又，"上堂：'一四七，臘月梅花寒徹骨。七四一，海底燈籠光蔽日。一種風流兩處看，閑殺東村王二十。呵呵呵！有利無利，不離行市。'"

七月十七日，旋庵今湛五十一生日，澹歸今釋、王邦畿等有詩祝之。

《徧行堂集》卷三一《旋庵湛公生辰歌》。《耳鳴集》卷八《贈旋庵闍黎》。

澹歸詩云："丹霞已破生辰窟，還有生辰消不得。海幢總院旋庵湛，七月十七五十一。……雷峰舍卻當體空，海幢接著今年窮。莫道卓錐還有地，可憐絞水更無鬖。日日過

堂一千指，無米而炊長若此。常啼菩薩賣心肝，血流滿口
何曾死。共說因緣事愈難，事若不難吾亦恥。萬行皆從難
處圓，不退轉地安如山。……"詩中原注："公俗姓李。"
又注云："公舍隆興以供十方，無幾，微見於顏色，故有
雷峰舍卻之語。海幢無常住，爲衆憂勞哎血，故有紅鮮點
點語。"

王邦畿詩云："骨氣昂藏大丈夫，生成羅漢畫中圖。動將
腳板千人飽，靜到心頭一事無。菩薩肝腸癡不斷，瞿曇顏
色氣全枯。問年五十纔添一，生日盤蘭齋滿盂。"題下原
注："雷峰、海幢兩山監院。"

秋，和尚得頓修今漸返匡山信，喜出望外，有詩紀之，
中云："憂極忽傳匡嶽信，平安不敢問歸程。一腔熱
血此生畢，兩地關心到死輕。"

《瞎堂詩集》卷一二《得頓修返匡山信》詩。

今按：此詩次於去年《秋夜懷頓修》詩後、今年《秋日
寄何紫屏憲副》詩前，當作於本年。

秋日有詩寄懷居白門之何運亮。

《瞎堂詩集》卷一二《秋日寄何紫屏憲副二首》詩。《海
雲禪藻集》卷四何運亮小傳。

詩其一序云："憶癸巳入匡山，時紫屏留滯韋涌。比返閩
中，而予亦回五嶺。今年得白門書，聞已五十矣。念去住
之無定，歎韶光之易逝，道業難成，相見何期。感而賦
詩，聊用志勉。"

詩其二云："瑟瑟西風潮汐邊，香花誰結未生緣。靈光不
隔三千里，魂夢徒迂十二年。金井珠江瓢笠異，雞鳴鳳翥
劍書懸。多君學易幾無過，笑我浮生雪鬢顛。"

今按：以詩集編例，此詩作於癸卯。所謂"十二年"，即
從癸巳年至今也。金井，棲賢寺之名跡。

何運亮，號紫屏，福建泉州人。崇禎十六年進士，憲副。禮和尚爲居士，山名今宣，字□□。

十月十四日，和尚誕日，在芥庵有上堂法語。

《天然語錄》卷一。

法語云："師誕日，上堂：'任性出興非一異，但隨方便說緣生。饒君高具摩醯眼，不許當途涉謂情。大衆，既不許涉謂情，即今事作麼生？'"

因阿字今無、石鑑今覩等人請益《唯識》，謂宜本《楞伽》，遂撰《楞伽經心印》四卷。

《天然語錄》卷一。原書《自述》。今無撰《緣起》。

《自述》云："楞伽，山名。此山純以楞伽寶成，故以寶名山。山在南海，夜叉所居，因其王請佛說法山上，又即以山名經。棗柏大士云：'此經於南海中楞伽山說，如來道經山下，羅婆那夜叉王與摩帝菩薩乘華宮殿來，請如來入山說法。其山高峻，下瞻大海，傍無門戶，得神通者，堪能昇往，表心地法門，無修無證者，方能昇也。下瞻大海，表心海清靜，因境風轉，識波亂動，達境元空，心海自寂，心境俱寂，事無不照，猶大海無風，日月參羅，煥然明現。此經爲根熱菩薩頓說種子業識，爲如來藏，異於二乘滅識趣寂，亦異般若修空菩薩樂空增勝，直明識體，本性全真，便成智用。如彼大海無風，斯境像明徹，心海不搖，境風非別，但能了真，即識成智。'棗柏固深識《楞伽》宗趣也。此經初譯自劉宋求那跋陀羅，成四卷，名《楞伽阿跋多羅寶經》。至元魏菩提流支復譯成十卷，名《入楞伽》。唐實叉難提與復禮等譯成七卷，名《大乘入楞伽》。唐譯簡切，終不如宋譯高古奧渺，故自古及今猶從初譯。梁武時達磨大師航海至魏，壁坐少林，因授可祖法曰：'此土唯《楞伽》四卷可以印心，并以付汝。'

自是《楞伽》遂爲宗門秘密。今禪者空疎，至有生平未
嘗展卷，可歎也。求之義學，惟洪武初宗泐、如玘奉詔
《合疏》，萬曆末德清《筆記》，崇禎中智旭《義疏》，外
此不少概見。達磨大師嘗曰：‘此經五百年後翻爲名相之
學。’諦審斯語，良深慚悚。大師蓋謂吾宗失傳，豈異人
事哉。昰自順治辛丑先華首示寂，明年先大日相繼謝世，
壬、癸兩載，生趣頓盡。促居雷峰，旋徙芥庵。乘茲夙
志，兼酬禪問，聊以自悅，未敢示人。唯念道法濫觴，所
謂見性，幾同神我。透脱一路，無異冥初。不自生非不
生，聖言具在，乃有不達緣起，究墮撥無，任情壞法。較
之拘滯名相，功罪又相逕庭也。此經直指種子業識，爲如
來藏，實有迷悟。不則以流注爲自心，反成生識之過。
《疏》中深切著明，惟先血脈。所引經論，但取入理之
近，互相發明。至於機語，猶切矜重。夫機以轉有言之關
捩，教以導無言之指歸。正在深談，不辭明破。而徒以剿
絕之語，溟涬真詮，誣罔名言。烏焉成馬，此時禪病所
爲，真贋難辨也。我大師首創無言，並傳四卷。區區隱
慮，昰請與天下後世仰奉慈旨爾。”

十二月六日，和尚爲徧中居士寫鑑智禪師《信心銘》
十二紙，並爲之跋。

汪譜據原件。

跋云：“癸卯臘月六日，大雨掩室，取徧中居士卷書此。
居士於吾門最誠慤，雖學道因緣，尚屬初機，然正欲其常
置案頭，時一省覽，與文字般若沁入既久，當有瓜熟蒂落
時節也。”

徧中居士，其人未詳。

魏禮遊粵，謁和尚問道論議。歸，其兄魏際瑞有《與
麗大師書》，云：“某於大師如檻猿籠鳥，瞻依麐鳳。

舍弟歸，具述論緒，佛法祛魔，正可護佛法，某雖蹇
駑，有鞭策矣。"

《魏伯子集》卷二。

魏際瑞，初名祥，字善伯，江西寧都人。明諸生。卒於劉
大任之難。著《魏伯子集》。所謂"舍弟"，即魏禮，字
和公，又號季子。與兄際瑞及禧稱寧都三魏。著《魏季
子集》。嘗以康熙元年壬寅來粵，以癸卯歸，故繫於此。

除夕，在芥庵有上堂法語。

《天然語錄》卷一。

法語云："除夕，上堂：'世間做年多用水牯牛，芥庵亦
有一頭，要與諸人度歲。祇是老漢不解宰割，且請大衆著
力。'豎竹篦子，云：'宰割一任宰割，但不許傷他皮骨。
汝作麼生下手？若下手不得，莫道芥庵澹薄。'"

本年韶州知府趙霖吉匡助澹歸建寺，並撰《別傳寺
記》，稱："數千百年久秘之仙源，爲龍神所護持者，
一旦付託得人，於以紹隆三寶，殆與曹溪、雲門可鼎
峙不朽已。"

同治《韶州府志》卷二六《古蹟略》。袁首仁《別傳寺史
略》。①

趙霖吉，河南睢州人。康熙二年知韶州府。

康熙三年（1664）甲辰　五十七歲

[**時事**] 正月，免江西南昌等府浮糧。　五月，續
遷番禺、順德、新會、東莞、香山五縣沿海居民，先畫

---

① 袁首仁《別傳寺史略》，載鍾東主編《悲智傳響：海雲寺與別
傳寺歷史文化研討會論文集》，海關出版社 2007 年版，第 84 頁。

一界以繩直之，其間多有一宅而半棄者，有一室而中斷者，濬以深溝，別爲內外，稍踰跬步，死即隨之。

和尚在芥庵。本年舉石鑑今覬爲西堂。

《徧行堂續集》卷八《棲賢石鑑覬禪師塔銘》。

四月初八日，付囑訶衍今摩大法，並銘竹篦子，授以偈，立爲第三法嗣。銘曰："背觸非遮護，巍巍古道存。十年行有地，一日契無言。影草手中眼，次毛身裏門。規模鎔盡易，須念爾兒孫。"

《光宣臺集》卷二〇有《訶衍弟以甲辰浴佛日受老人付授誌喜》詩。

汪譜云："此竹篦子舊存海雲寺。余藏有拓本，欵署'甲辰浴佛日銘付摩子天然'。《語錄》、《詩集》均未載。"與銘詩合計五十一字。

今按：廣州藝術博物院藏有此拓本，有叔舉跋云："此天然老僧傳法竹簡也，長一尺八寸五分，廣七分，厚二分半。通體作棗皮色，歷三百年，手澤如新，惜寺僧不善庋藏，簡背半遭蟲蝕。猶憶乙巳之春，余偕春軒、采卿兩叔同遊雷峰，曾一度摩挲此簡，時塔殿浮屠、天然法座、澹歸墨蹟尚存，相與留連，竟日淪茗賦詩而去。比今再過，則寺中法物蕩然，惟此簡僅存耳。因手拓是紙，以志滄桑之感。甲戌二月望後叔舉並識。"[1]

後今摩住棲賢寺，愛匡廬山水幽邃，有終焉之志。鶴鳴峰舊有僧室，老竹萬竿，下瞰彭蠡之勝，購而居之，

---

[1] 參杜靄華《天然禪師墨蹟遺珍》一文，載楊權主編《天然之光：紀念函昰禪師誕辰四百周年學術研討會論文集》，中山大學出版社2010年版，第202—208頁。

影不出山三十餘年，故有鶴鳴峰禪師之稱。

> 《海雲禪藻集》卷一今摩小傳。張紅、仇江《曹洞宗番禺
> 雷峰天然和尚法系初稿》。①

中秋前五日，阿字今無爲和尚去年所撰《楞伽經心
印》寫跋。時芥庵有刻印此書之舉。

> 原書今無撰《緣起》。《光宣臺集》卷一〇《楞伽心印
> 跋》。《楞伽經心印》雍正二年刻本函金跋。

> 《緣起》云：“雷峰老人之疏是經也，以宗門爪牙，入性相
> 窟宅。慨義學之荒蕪，悲禪門之儱侗。蓋自癸巳退隱匡埠，
> 睹世寒心，感時勵志所由來矣。故其掛瓢金井，倚杖玉淵。
> 問契證則心湛海澄，仰嘉遯則身高嶽峙。地藏琛之耕田博
> 飯，棲賢湜之立誦行披。寒爐冷竈，惟大法之全提；叢棘
> 亂絲，仗智峰而獨斷，其於古人實兼之矣。逮戊戌返嶺，
> 今無以明年自玉門趨歸。壬、癸之歲，日與石鑑諸弟請益
> 《唯識》，謂本《楞伽》。指冥初神我，不與性珠而濫收；
> 俾龜毛沙油，頓覺妄情之自遣。因伸旨要，遂啟疏緣。妙
> 叶心宗，帶圓名相。不惟砥柱狂禪，兼亦激昂講席。匠心
> 迥邁，匯義海於洞源；神機淵默，破衆難於半偈。勞顏汗
> 手，會粹披尋。睹大義之炳如，慶微言之不墜。教以翊宗，
> 原別傳之並四卷；識即是藏，扶大心以迷二乘。此誠運最
> 上之心，蒿目時弊而爲者也。故凡疏內有入理深談，得經
> 文肯綮。即文義而見宗乘，會宗乘而融文義。敢僭點出，
> 以示來學。四河俱入，一漚匪存。是在臨文，澄其慧目。
> 時康熙甲辰中秋前五日，嗣法門人今無稽首敬述。”

> 今按：《緣起》，即跋也。

---

① 張紅、仇江《曹洞宗番禺雷峰天然和尚法系初稿》，載楊權主
編《天然之光：紀念函昰禪師誕辰四百周年學術研討會論文集》，中山
大學出版社 2010 年版，第 8 頁。

九月，彭孫遹訪和尚於東莞芥庵，有《遊篁村入芥庵謁昰禪師》詩一首、《宿芥庵呈昰禪師》詩二首、《奉酬昰禪師見貽之作》詩二首。

《南淮集》卷一。

彭孫遹，字駿孫，號羨門，浙江海鹽人。順治進士，康熙博學鴻詞第一，授編修，歷官至吏部右侍郎。有《松桂堂集》、《南淮集》等。

阿字今無、石鑑今儆集前人遊覽棲賢記載及和尚山居時之詩若文，編爲《棲賢詩文彙集》一帙，程可則爲之跋。

《海日堂文集》卷六。

跋云：“《棲賢彙集》者，迺吾師天和尚門下首座阿字無公、東堂石鑒儆公，集前人遊覽記載，與和尚山居時詩若文之所爲作也。棲賢處匡廬西偏，山水澄鮮，草木暢茂，飛梁矗峙，流泉急湍。余壬寅秋一至其地，時殘陽在天，紫綠萬狀，造次還返，至今寤想，猶低迴不能去。今讀茲集，曠然若復置其身玉淵、金井之間，始信山水文章，互相闡發，理有然也。夫匡廬蜿蟺靈秀，非棲賢所能盡，即棲賢遺跡紏錯，亦非茲集能盡。然酌水於河，不能謂非水，又安知水之非即河；取火於燧，不能謂非火，又安知火之不在燧？通斯義也，則以棲賢盡匡廬可，以茲集盡匡廬亦無不可也。和尚旦暮將返杖溢城，枕流三峽，拍肩五老，吐納烟霞，所爲詩文，必什百於此，則茲集其嚆矢耶？將匡廬、棲賢始終與爲無盡而已。”

汪譜按：《海日堂文集》不載年分，中有“壬寅一至其地”，及“和尚旦暮將返溢城”語，可則以甲辰入都，當爲本年間作。

澹歸今釋爲之撰書後。

《徧行堂集》卷一七《書棲賢詩文彙集後》。

文曰："石鑑大師，雷峰真子，乘多生之願，發自性之通，在海雲侍寮裏，將棲賢谷震聲一喝，石人峰、三峽澗、玉淵、金井，一時蹦跳，向大清國撞府穿州，逢人換眼，自唐李渤山主、宋蘇軾兄弟、元虞集、明王褘等，都來搖鈴打梆，沿門勸助，帶累天然老漢丈室中氣喘不迭。侍者道：和上爲什麼如此？老漢道：山僧往江西、湖南去行化了一遭，直是困人。侍者道：和尚今日不出門。時普賢菩薩與文殊師利法王子兩個廝讓：這邊說你不躲奸，那邊說你不避懶，五老峰微微笑道：釋迦牟尼佛來了也。《棲賢詩文彙集》刻成，某不覺合掌贊歎，石鑑大師得道多助，不似我丹霞山冷冷落落，無古可攀，無今可倚。然雖如是，青山白雲，紅塵紫陌，還有差別也無？若道山水是清，錢糧是濁；詩文是雅，緣册是俗；孤峰頂上是高，十字街頭是下；抗懷遠引是真，垂手入鄽是假。有理有事，有佛有魔，有向有背，有取有捨，話作兩橛，便有人總不話作兩橛，恰好不成一片。快買草鞋出嶺，討個棲賢寺化主做做好。"

阿字今無亦有跋。

《光宣臺集》卷一〇《廬山棲賢寺詩文彙集跋》。

跋云："癸巳歲余侍雷峰老人入匡埠，甲午受棲賢代監寺事，僅十日，廚爨告乏。余職當爲衆乞，遂走江州，日叩頭於馬足車輪之下。玉淵、金井之潨泓澎湃，七賢、五老之翔雲疊舞，襟期可託，而合歡不抽，萱草未植，不少爲予蠲愁解憂也。嗣是已往，郵筒雁足，萬里起恨，泛弱水，走長榆，朔氣鍼骨，邊聲換形，棲遲絕域，齎志入冥，回思渺靄，增其悄悄，故余於此山也，誠雨之裳，堂之簑矣。雷峰老人二十年往返登頓，志存丹壑，目睊時賢，隱顯之途不決，而夢寐之情日遠也。計戊戌返嶺，又

七白於茲。曩昔同學，均服偕處，其披烟霞，友麋鹿，持
入山林不返之志，殆亦鼉鳴鱉應之儔。而區區以數間茅
屋，兩度鉢盂，跋前疐尾，豈老人甘露無畏之吼，而嶺之
君子親承猶有未艾，故遲其行者耶？石鑑覬弟思此山不
置，聊集諸詩文以供諷詠，魚油龍闕，足思方外。嵇中散
答二郭詩有曰：'天下悠悠者，下京趨上京。二郭懷不
群，超然來北征。樂道託萊廬，雅志無所營。'苟有讀是
集者，望玉樹瑤草遠公棲處而來，不爲天下悠悠者比，予
請先臨滄洲而俟支伯矣。"

冬間，程可則免喪赴都後，自都中問訊和尚，並請開
示佛法。和尚復書勉其不離現前，廣作佛事。

《天然語錄》卷一〇《復程周量中翰書》。

書云："日從阿字、石鑑悉公護法深心，出於誠愨，非夙植
善根，未易得此。復承遠訊，兼辱惠錫，感荷彌切。翰諭
山野現前指示，公意初入道，欲得淺乎言之，不知吾道正
不離現前而具從上之理也。夫眼所見者色，耳所聞者聲，
今人之最現前耳。然眼不到色處，色不到眼處，耳不到聲
處，聲亦不到耳處，此在眼未見色前與既見色後，耳未聞
聲前與既聞聲後易知也。若當眼與色會，耳與聲接，其中物
我不分，根塵交互，乃愚者盲目聾耳之場，即上哲全體大用
之極，是未可以言語構也。所可言者，眼在色時色不能奪眼，
耳在聲時聲不能奪耳，唯耳目從無始來，局於聞見，妄成似
聲似色之習，暫時惑亂，不能自覺，遂滯長劫衆生日用，所
爲真可憐憫也。公試於聲色紛紜中，斂目還見，攝聞還耳，
則一時聲色，直下冰銷。縱觀世間，猶如夢幻，且不妨即此
見聞，廣作佛事。若到此處，尚有全體大用一段現成公案，
又待他時相見，向棒頭上別通消息耳。"

汪譜云：書無作年。《海日堂詩集》卷四《生日感懷》二

首，有"記得本師留偈別"句，次"甲辰秋，免喪赴都，
留別羊城諸親友"詩後，所云"留偈"即此書也。

今按：汪氏謂程可則"記得本師留偈別"之"留偈"即
此書，其說恐未安。此書明言"復承遠訊"云，則是已
入都中所寄者。而所謂"留偈"，亦實另有所指。《光宣
臺集》卷一〇《雷峰老人與程萬閒書後跋》云："雷峰老
人雄猛殊特之概，荷博山之道幾三十年，聲光所及，尺蹏
寸管，與文人學士入大光明藏，繫寶髻珠，算籌屈指，不
可枚述，一代之碩匠也。今無左右執軍持，亦幾二十年。
眰者年高臘與縉紳先生下風問道，老人言宗乘外即穆然無
他語，此生平所施設也。又自棲賢返粵後慧光渾圓，契證
深邁，視今日宗徒卑靡屠販，有師資匪人之歎。至今日夜
鞭策同人，潛神性相，以佐少林一脈，期庶幾乎狂瀾一柱
也。此書爲萬閒道兄第一答札，即首揭《楞嚴》根塵之
義，以相憬悟慶喜。尊者智慧出三千羅漢之右，亦從垂臂
飛光、擊鐘解縐以臻漏盡。龐蘊相公謁馬祖聖師云：'不
與萬法爲侶者爲誰？'祖曰：'待汝一口吸盡西江水始向
汝道。'龐遂大悟。……今無以鄙劣領衆海幢，千瘡百
孔，萬閒於讀禮之中，左護右翼，使毋露醜拙。今鼓祥琴
而歸薇署，出此卷命我跋尾，心曲惘然，不敢更作世諦語
以相牽動。昔蘇子瞻舉黃魯直自代，表曰：'魁壘之才，
足以冠絕天下；孝友之行，足以追配古人。'無於萬閒亦
云其然。覺範大師曰：'張無盡登庸，百僚畏讋。坐政事
堂，德長於兩府諸公，而於方外昆仲不啻骨肉。龍安照公
倚公之風，託名不朽。'今無幸辱同門，深懼仆躓。老人
贈偈又云：'居士傳燈，非他人事。'其相期倚託爲何如
者？願萬閒不次高位，功流於萬古，使老人如龍安之有
張公，而無得以謝其私，則又拭目而翹俟之也。"

輪潔古正受具，即典記室。其子智攝古真亦同來歸。

《海雲禪藻集》卷三古正、古真小傳。

古正，字輪潔，浙江湖州府歸安人，姓茅。頓修漸公從兄。諸生。未出家前已聞天老人洞風傾注，遂挈其子智攝徒步來皈。

古真，字智攝，輪潔正公之子。在歸宗受具，隨杖入雷峰，充典座，後歷副寺。

《憶昔》詩當作於本年，以亮厥志，以紓其憂。

《瞎堂詩集》卷三。

今按：詩有云：“憶昔年十八，矢志學浮圖。荏苒塵網中，坐令真人徂。”又云：“始吾過吳越，親邁良不誣。倏忽三十載，法運當誰扶。”所謂“過吳越”，指和尚崇禎七年甲戌由京師落第南歸，經南京、杭州，還至吉州大病，禱佛而感異夢，汗透重襟而病頓愈之事，至今已三十年矣。故繫於此。

人依今四由海幢典客赴棲賢爲監院，以輔石鑑今覩。時值修建，酌盈劑虛，所需不匱。

《海雲禪藻集》卷三今四小傳。張紅、仇江《曹洞宗番禺雷峰天然和尚法系初稿》。①

澹歸今釋三次往返南雄、仁化間。南雄陸世楷、沈皡日亦數來丹霞，有唱和集，澹歸偶一參與之，推波助瀾。後陸、沈二子集爲《甲辰唱和集》，澹歸爲序而鼓吹之。

《徧行堂集》卷七《甲辰唱和集序》。

序云：“《甲辰唱和集》者，陸子孝山、沈子融谷交光迭

① 張紅、仇江《曹洞宗番禺雷峰天然和尚法系初稿》，載楊權主編《天然之光：紀念函昰禪師誕辰四百周年學術研討會論文集》，中山大學出版社 2010 年版，第 8 頁。

奏之作也。二子唱和不止甲辰，其專集甲辰，以甲辰之詩
獨多也。甲辰唱和亦不止此集，其專集此，以予所附見亦
多也。二子於予有方外之好，是歲予至雄州，凡三往返，
歲盡乃還。二子亦來丹霞，其纏綿傾倒，一見於詩，不自
知其遂多也。今人爲詩，其不能自已而爲之耶？其亦有可
已而不已者耶？予三人有不能自已者，亦不知其何以至此
多也。其所集，二子主也，予客也。二子有唱和於方之內
者，因予而別見於方之外，反客爲主，蓋二子之厚也。墨
江之什，珠江之什，相江、錦江之什，或予不預，或二子
不預，各以懷人別見，此客中客也，而主同見。予有不盡
和之詩，融谷亦有不盡和者，孝山無不和，則主中之主別
見也，而客同見。山水友朋，文字之樂，莫樂乎不能自已
而又不知其所以然。後之覽者，不解予三人之情何以一往
而深；即甲辰之後，予三人欲更成一甲辰唱和，已如阿閦
國，一見不可再見。則二子之專集此，其不能自已之情，
尤有一往而深者。予復爲之纏綿傾倒，不知其所以然也。"
沈融谷，名皡日，字融谷，號柘西、茶星。浙江平湖人。
陸世楷妹夫。以貢生授廣西來賓知縣，陞辰州同知，卒於
官。工詞，爲"浙西六家"之一。有《柘西精舍集》。客
南雄府署多年，與陸公同志好道，常連鑣過丹霞，孤燈細
雨，刻燭敲詩。與澹歸稱世外交。後禮天然老和尚授菩薩
戒，法名今鐔，字智鋒。

海雲直歲目無今全寂，阿字今無爲之舉火。

《光宣臺集》卷九《爲雷峰目無直歲舉火》。

文云："目無公，你十一臘比丘，於佛法上屛營勞慮，作
監院，作直歲，獲惜常住，知無不爲。"

今按：目無於順治十年於海雲脫白受具。今無《舉火》云
"十一臘比丘"，故繫於此。

本年雷峰海雲寺前殿成。

　　《徧行堂集》卷一一《雷峰山海雲寺碑》。

尚可喜在廣州城南門右舊龍藏寺遺址修建大佛寺，制
式悉仿京師官廟。

　　《廣州寺庵碑銘集》錄尚可喜題《鼎建大佛寺記》、《鼎建
　　大佛寺題名碑》。

錢謙益卒。

張煌言卒。

康熙四年乙巳（1665）　　五十八歲

[**時事**] 朝命鄉會試恢復使用制義。　前後免直
隸河南、陝西、江南、江西、浙江、湖南、廣西等地
災區額賦。

和尚住芥庵。奉智母師太茶毗靈骨窆羅浮葫蘆嶺之原，
琢石建塔，命阿字今無爲塔上之銘。

　　《光宣臺集》卷一〇《智母師太塔銘》。

　　《塔銘》有云："師太雅性嚴峭，老人侍庭幃時，微不合意，
　　則默坐竟日，必長跪色解而止。及其居大日也，老人歸自
　　棲賢，勉以淨土，獨柔軟不少違，其移情易性，重道之誠
　　若是也。示寂先二月，情枯識落，念佛不停口，視平日愛
　　戀之人僅聽其問起居，語畢，即揮手令去。夢中屢見佛入
　　寶池，坐蓮花，香極乃醒。臨終精神爽拔，形色光粹，念
　　佛聲絕而寂。無聞訃自海幢趨視，面色不異生時。嗚呼！
　　大法寢微，聲光漸隱，壽昌博山，其胤僅存。雷峰老人誕
　　當運會，揮智斧而破稠林，乾愛河而浚洞派。丹霞選佛勝事，

猶有其人；黃面遇風報恩，無勞念子。其紹續離微，推原所
自，歸德聖母，則師太於法門豈特照乘九鼎而已哉?"

彭孫遹有《擬同昰禪師入羅浮，縱觀金沙玉鵝之勝。
會以事留省下，未果斯約，作此奉訊》詩。

《南淮集》卷二。

春，石鑑今䫉往繼棲賢法席，記汝今𪮴偕行。和尚及
阿字今無、澹歸今釋、訶衍今摩、張穆等有詩送之。

《瞎堂詩集》卷一二《送石鑑䫉西堂領衆棲賢》、《送記汝
典客隨石西堂之棲賢》，卷一八《乙巳春送石西堂領衆棲
賢》詩。《光宣臺集》卷一六《送西堂石鑑䫉弟領衆住棲
賢》詩。《徧行堂集》卷三六《送石鑑西堂之棲賢》詩。
《海雲禪藻集》卷一今摩《送石鑑法兄領衆棲賢》詩。
《鐵橋集·送石鑑、記汝二師赴棲賢》詩。

和尚《送石鑑䫉西堂領衆棲賢》詩云："憶別匡廬又七
年，湖光山月待人圓。"所謂"又七年"，指順治十五年
春別棲賢之後至今七年也。《乙巳春送石西堂領衆棲賢》
詩云："春水薰風向七賢，到時日永綠疇添。山中賴有天
人範，火種刀耕紹別傳。"《送記汝典客隨石西堂之棲賢》
詩云："借汝篁溪一日別，酬予金井十年情。"情深可見。
澹歸詩云："法海初乘萬里風，金鱗赤日耀芙蓉。規模獨
闢天人外，堂構重興父子中。震蕩耳邊來嘯虎，摩挲眼底
失冥鴻。相當一笑三年後，七佛峰前五老峰。"詩中原
注："期至丹霞，在戊申歲。"

今按：張紅、仇江《曹洞宗番禺雷峰天然和尚法系初稿》
以爲事在去年。① 不確。

---

① 張紅、仇江《曹洞宗番禺雷峰天然和尚法系初稿》，載楊權主
編《天然之光：紀念函昰禪師誕辰四百周年學術研討會論文集》，中山
大學出版社 2010 年版，第 8 頁。

張穆，字爾啟，號鐵橋，廣東東莞人。

東莞李覺斯八十一壽辰，和尚有詩壽之。

《瞎堂詩集》卷一二《春日李司寇惠詩及粟卻酬》、《曉湘李大司寇八十一初度》詩。

今按：此二詩次於《送石鑑覲領衆棲賢》詩及《乙巳冬聞沙汰之令》詩之間，亦當作於本年。

李覺斯，字曉湘、伯鐸，廣東東莞人。明天啟五年進士，官至刑部尚書，晚年因忠言進諫，觸怒龍顏，罷官歸里，人稱“竹林隱士”云。

秋有汰僧之議。廣州海幢等寺寺僧驚惶不已。海幢監寺阿字今無有詩文及之。

《光宣臺集》卷五《監院解虎六十又一壽序》、卷一八《相江歎》詩。

壽序云：“憶乙巳時方住海幢三載，百務未備，廷議汰僧。”《相江歎》詩序云：“康熙四年秋，有汰僧之議，予自海幢解衆後上丹霞。”

汰僧之議爲順治末年尊崇禪僧太過，受西洋天主教之反響。汪譜據《僧錄》按：據性統編《高峰三山來禪師年譜》“康熙元年”條云：“夏，特旨令天下僧道復民衣。公令森嚴，列剎莫能守。邑令林觀伯素與師善，知事勢必改，命師闔院勿散，但閉門易服以待。果三月恩詔降。”徹剛等編《丈雪紀年錄》（丈雪名通醉）“康熙元年”條云：“時泰西天主教穆革我倚許方伯勢，諸當道信其邪說，有圖廢釋教之舉。師有《上許方伯、席文宗、王郡守辟天主滅佛教書》，當道公議而止。”又“康熙三年”條云：“時秉鈞者奉天主教湯若望，仍行左道，又有沙汰之說。聞玉林國師密剹進京，欲保存大雄、報恩。師致書曰：‘既膺一國之寵，當此魔強法弱之際，正宜挺身利濟，俾寧謐海內諸山，焉得只顧自己，豈稱法門柱石哉！'"據此，汰僧乃康熙元年事。三年又有沙汰之說，而粵東乃在四年。或曰《瞎堂集》云云，或不止一次。康熙四年三月湯若望案定讞，僧敵既去，何復汰僧耶？予按康熙初汰僧事，官書未載。《清史稿·湯若望傳》云："康熙五年（應作三年）新安衛官楊光先叩閽進所著《摘謬論》、《選擇議》，斥湯若望新法十謬，并指選擇榮親王葬期誤用《洪範》五行。下議政王等會同確議，議政王等議湯若望凌遲處死。得旨：'湯若望效力多年，又復衰老，免死。'并令復議。議政王等復議：'湯若望流徙。'得旨：'湯若望免流徙。'"《楊光先傳》云："國初命湯若望治曆，用新法，頒《時憲曆》，書面題'依西洋新法'五字。光先上書，謂非所宜。既又上所為《摘謬》、《辟邪》諸論，攻湯若望甚力，斥所奉天主教妄言惑衆。聖祖即位，四輔臣執政，頗右光先。下禮、吏部會鞫。康熙四年，議政王等定讞，盡用光先說，譴湯若望，其屬官至坐死。遂罷新法，復用《大統術》。"按元年汰僧，粵僧諸《集》均無紀載。《丈雪錄》三年又有沙汰說，疑屬初議，而下詔乃在四年，讀《清史》湯案一再復議可見。當時湯勢尚盛，未幾又黜光先，用南懷仁，至雍正二年乃下諭嚴禁天主教，則四年汰僧非無故也。

汪譜又按：道忞《百城集》卷二《寶奎說》云："我法孤行世間，前有三武之災，後有道君之厄，時而易僧為德士，時而改寺為神霄，近而廣督上沙汰之章，廷臣下酌裁之議，一時僧衆惶駭，還家無路，填溝壑而道途者，蓋不知幾千焉。"此說作於康熙九年，殆沙汰之議，發於兩廣總督盧興祖歟。鄧之誠《清詩紀事初編》卷四載陳玉璂《學文堂詩集》卷四《雜興》二首，其二云："羽客緇流媚世工，粵

臣佳疏慰宸衷。驅除異教迴瀾倒，斟酌興屯佐帑空。經著
玄言徒誕妄，表因佛骨見孤忠。縱觀史册賢王主，信在崇
儒下士中。"原注："粤督疏中，欲僧道還俗，開墾荒田。"
"小傳"云："《雜興》詩爲康熙四年乙巳作。"按《東華
錄》載康熙四年八月己巳，有詔採《天啓崇禎實錄》，正
與詩合。余嘗疑汰僧之議爰自粤督，更得一佳證。

今按：一九四二年三月十四日汪宗衍與陳垣書云："大著
《滇黔佛教考》謂汰僧事在康熙元年，惟《瞎堂詩集》十
二有乙巳冬聞沙汰之令詩，及沙汰寬旨詩，《光宣臺集》
五《監院解虎六十一壽序》謂憶乙巳時方住海幢三載，
百務未備，廷議汰僧。乙巳爲康熙四年，元年之說不知何
據，祈賜教。"① 一九四二年三月二十三日陳垣與汪宗衍
書云："《佛教考》謂汰僧事在康熙元年，系據《丈雪紀
年錄》，見《佛教考》廿六頁，又《三山來年譜》一條，
錄於別紙。二錄均康熙時撰，康熙時刻。汰僧爲順治末年
尊崇禪僧太過之反響，《瞎堂集》云云，或不止一次，或
《三山譜》誤記耶？然何解於《丈雪錄》，且康熙四年湯
若望敗矣，僧敵既去，何復汰僧，疑不能明。"② 一九四
二年五月十三日汪宗衍與陳垣書云："承示《丈雪錄》、
《三山譜》至感，則元年汰僧絕無疑義。《三山譜》謂三
年又有沙汰說，或屬初議，而明令乃在四年。據《清史
稿》湯若望、楊光先傳，湯案定讞在四、五年，故又復
取銷耶？惜史載湯案有年無月，不能爲詳確之證明耳。尚
祈賜教爲幸。"③ 一九四二年六月十六日陳垣與汪宗衍書

① 陳智超編《陳垣來往書信集（增訂本）》，生活·讀書·新知三
聯書店 2010 年版，第 498 頁。
② 同上，第 499 頁。
③ 同上，第 500 頁。

云："承詢湯案，定讞在康熙四年三月，見《實錄》，楊
光先之控湯則在康熙三年七月也。"①

阿字今無有《上本師和尚》書二通，亦言及汰僧事。
和尚聞此，亦有詩紀之，而實不以爲意，有"山犬不
驚松户舊，寒花猶繞竹籬新"之句。

《光宣臺集》卷九。《瞎堂詩集》卷一二《乙巳冬聞沙汰
之令》詩。

今無書云："時事如浮雲蒼狗，且夕變更。懸仰慈座，不
勝神馳。東官外縣，可無喧擾？今無領衆來時，以業重爲
門牆忝，中夜誓志，事未從心。今又遇此境，謹株守不
動。倘大決裂，始退還雷峰，乃作良圖，和尚勿過慮。已
後不必遣僧，途次大艱，非所慰也。大牛、海發俱還雷
峰，諸事足可無虞。見一、記汝諸人尚未回，亦要自不遠
耳。海幢下元後得百金，可以卒歲。但食指不止一千，俱
尋常懸度。至於事理之外如今日世事，忽然變起，則不能
如人之念又不可知矣。餘鐵機口稟，不盡。"

又書云："風波過後，痛定有痛，難陳於筆，謹著古髓
口稟。"

此兩書可見當時汰僧風聲之緊急，寺僧之驚惶。

未幾，沙汰寬旨。時尹體振遣其子兼中持書入山相報，
和尚有詩漫志之。澹歸今釋亦有詩志頌。

《瞎堂詩集》卷一二《尹恒復中翰遣公郎兼中持書入山，
時沙汰寬旨，賦此酬之》、《再示兼中》詩。《徧行堂集》
卷三九《停沙汰志頌四十韻》詩。

和尚前詩有云："物情累卵同今昔，珍重篁溪石上時。"

---

① 陳智超編《陳垣來往書信集（增訂本）》，生活・讀書・新知三
聯書店 2010 年版，第 500 頁。

後詩云："天語新傳法運回，寒梅依舊雪中開。雲閒僧臥青山穩，林外人尋白社來。空寂欲同真夢泡，豪華休作幻樓臺。吾門大有酬恩句，舉向高堂進一杯。"

澹歸詩云："有詔來天闕，相傳自海幢。遂停沙汰令，不遣鼓鐘荒。覺道圓三世，慈門慶一匡。……何辜蒙害馬，此路得亡羊。勿謂驅除快，應思述作傷。異端憂悄悄，正法用堂堂。乞取孤窮字，言旋道德鄉。幾生懸白月，半榻飽清霜。僅足填溝壑，深慚動廟廊。從容裁吏議，決定出乾綱。始讀騰師象，重宣舞鳳凰。不過尊志事，已見擴津梁。甘露軍持外，卿雲京座旁。……"

尹體振，字恒復，廣東東莞人。諸生。與張家玉善。永曆初，授中書舍人。國亡後，遁跡羅浮，逃於禪，歸里卒。

兼中，體振子。其人未詳。

陳小安臁歲薦，以陳學佺所畫關羽像寄和尚，求題數語。和尚展視故友遺墨，不勝愴懷。

《瞎堂詩集》卷一八《漢壽亭侯像》詩。

詩前有序云："雲長先生像，吾友陳全人爲小安居士所畫，三十年於茲矣。全人沒去，小安久不相往來，今年臁歲薦，始得聞音耗。小安乃以此像先寄入山，求山僧爲書數語。展視間不勝今昔之感，遂援筆疾書，以俟小安之至。"

今按：陳學佺卒於崇禎八年，至今已有三十年。又，以《瞎堂詩集》編例，此詩亦當作於本年。

九月初七日，陳小安入雷峰，和尚遂應丹霞之約。

《瞎堂詩集》卷一二《重陽前二日陳小安入雷峰，遂有丹霞之約》詩。

詩云："維摩且喜不曾病，惠遠終慚未入林。""更欲訂君同長老，天然覿面海雲深。"詩末原注："丹霞有長老峰、天然巖。"

今按：以詩集編例，此詩似應作於壬寅年。然據前引《漢壽亭侯像》詩前序，二人久不相往來，則壬寅年（即康熙元年）無由見面。則今毖編《瞎堂詩集》所據偶誤歟？

陳小安，其人未詳。

陳小安又入仁化，和尚有詩送之。

《瞎堂詩集》卷七《送陳康叔復徙仁化》詩。

詩云："惜別非歸路，胡爲千里行。客心徒自苦，去住此時輕。暴雨中席至，西風向晚生。前途望秋月，莫動故鄉情。"

今按：康叔，陳小安之字。詩云"胡爲千里行"，指康叔經仁化而欲往長安也。

澹歸今釋爲建丹霞兜率閣，行化穗城，住海幢寺。九月十四日，阿字今無送澹歸上丹霞，至三水而別。過二日，阿字今無復上丹霞，與澹歸今釋有唱和。兄弟並欲於丹霞海螺巖構淨室以奉和尚。

《徧行堂集》卷九《募造二十四諸天疏》。《光宣臺集》卷二一《和澹歸韻九首》詩。

澹歸疏云："丹霞之建兜率閣，蓋爲同願同行者結現前內院之生因，成當來龍華之極果也。……予以乙巳行化穗城，值山陰諸吳君募造如來，已有成局，而鳴玉何君乘勝上願，擔荷諸天，計二十四天，勸請善友二十四人莊嚴功德主尊輔，大稱希有緣。爾時同坐海幢鷹爪蘭下……"

阿字詩序云："乙巳九月十四，予送澹歸還丹霞，至三水而別。澹歸一路北行，得詩九首。予還海幢，遲二日，隨以近事牽連，復上丹霞，途中亦得十章，相見時各出所作，彼此屬和，路分上下，事同懷抱，歸塗次之，亦足以見塤箎之響也。"其九云："遠沙常白樹常藍，細碎平生有獨慚。且盡悲歡成鈍鳥，先欣師友得名巖。木蛇宛轉無長短，寶鏡明蒙隔聖凡。食蔗流年宜漸好，肯呵凍手擘霜柑。"詩中原注："海螺巖群峰高處，俯視海天，予見而樂之，與澹歸謀先構靜宇奉雷峰老人。"又，《徧行堂集》卷三七《和天然老人丹霞詩》十首之《登海螺巖》詩云："一徑空懸意悄然，錫聲欲過不還天。曾爲白馬封金塔，更遣黃龍負鐵船。杖底雲生同倚石，籬邊茶熟半浮烟。卻思結宇依巖話，吞吐江山得幾年。"詩中原注："阿字座元欲於此構精舍，以奉老人，予謂此散聖安禪之地，非法王所宜處。今當乞之爲息肩計，不妨下個先手耳。"

何廷球，字鳴玉。曾助塑丹霞諸天像，同建兜率閣。

更涉今回禮和尚受具，執侍左右。今回有《受具後作》詩。

《海雲禪藻集》卷二。

詩云："不那勞生與世違，名山新著比丘衣。風霜古殿聽鐘起，鳥雀柴門乞食歸。病骨漸甦依好友，禪心無恙得忘機。寄書故舊無勞問，猶有僧閒學采薇。"

今回，字更涉，廣東東莞人，侍郎王應華仲子，原名鴻暹，字方之。邑諸生。

慧則今鷟受具，充丹霞化主。

《海雲禪藻集》卷三今鷟小傳。

今鷟，字慧則，廣東番禺麥氏子，樂說和尚仲兄。邑諸生。原名向高，與兄舒齊名。樂公侍棲賢，作書招之，喻以生死大事，忻然脫白衣緇。

循圓古通受具。初典書疏，未幾出充雷峰下院主。和尚念其年老務繁，令還本山訓課沙彌，功專心勤，雖耄不倦。

《海雲禪藻集》卷三古通小傳。

古通，字循圓，廣東順德人，族姓梁，原名國楨，字友夏。郡諸生。

鐵機今沼隨杖居東官芥庵，益自淬勵，一夕坐亡，年四十五。和尚有詩悼之。

> 《瞎堂詩集》卷八《悼鐵機二首》詩。《海雲禪藻集》卷三今沼小傳。
>
> 詩其一云："年高見少亡，事苦心彌傷。人固無長在，子尤未易忘。森森雲樹密，濯濯海天長。試問身前後，悲歌時欲狂。"
>
> 今按：和尚詩繫於《丹霞山居十二首》詩之前，則作於本年是。

歲末，李覺斯贈詩，用韻酬之。

> 《瞎堂詩集》卷一二《得曉湘李司寇見懷詩，用韻奉酬》詩。
>
> 今按：詩次於《乙巳冬聞沙汰之令》詩之後，《丙午元日》詩之前，故繫於此。

康熙五年丙午（1666）　　五十九歲

[**時事**] 七月，嚴禁廣東官兵殺良民以冒功、濫派民夫折征銀兩。　十一月，免浙江、湖廣、江西災區額賦。

元日在雷峰，有詩以誌新禧。

> 《瞎堂詩集》卷一二《丙午元日》詩。
>
> 詩有云："炎洲孤嶼阿蘭若，臘轉霜殘又到春。"

春，有詩示程可則。又詩寄廖文英。

> 《瞎堂詩集》卷一二《示程周量舍人》、《寄廖崐湖太守》詩。
>
> 廖崐湖，即廖文英，字百子，一字昆湖。廣東連州人。著

有《石林堂集》。時爲江西南康府太守。

四月或之前，澹歸今釋撰《請雷峰天然老人住丹霞啟》，恭請和尚赴丹霞主院開法。

《徧行堂集》卷二一。

啟有云：“某等緣逢勝境，伴結同條。仰山此地，曾入胞胎；憨老當年，輒形寤寐。半偈未傳長慶，前驅早得南陽。乾坤誰闢，已安排長老之名；堂構初興，便洗剔天然之號。無妨無難，不徒避世花源；飽水飽柴，且作住山樂國。敢爲自受用二昧，聊充法供養一斑。敬協僉謀，專迎獨坐。伏願俯憐末法，大闡真宗。”

今按：今廣東省博物館藏該啟行草卷，末署“丙午孟夏書爲智拔禪兄正”，鈐“今釋”、“澹歸”。後有近代廣東書畫界名人汪兆鏞、張學華、居巢題跋。[1]

經澹歸今釋數載營建，丹霞山別傳寺大體落成。文士周起岐爲作《新建丹霞別傳寺記》，並勒石於丹霞山紫玉臺。

《丹霞山志》卷八。《別傳寺史略》。[2]

周起岐，字文山，江蘇武進人。順治末提學湖廣，督學簽事。終柳州通判。

南雄太守陸世楷捐俸修建山門，澹歸今釋作《丹霞山新山門記》。

《徧行堂集》文之卷一一。《別傳寺史略》。[3]

---

① 參朱萬章《澹歸今釋傳世書跡考略》，載鍾東主編《悲智傳響：海雲寺與別傳寺歷史文化研討會論文集》，海關出版社 2007 年版，第 206—207 頁。

② 袁首仁《別傳寺史略》，載鍾東主編《悲智傳響：海雲寺與別傳寺歷史文化研討會論文集》，海關出版社 2007 年版，第 84 頁。

③ 同上，第 84 頁。

李充茂寄桃、杏、核各數百棵予和尚，和尚有詩謝之。

　　《瞎堂詩集》卷五《南陽李鑑湖寄桃杏核各數百棵》詩。

　　詩題下原注云："鑑湖即丹霞山主也。先攜家避亂山中，後捨作今別傳寺。"

十月十六日夜，雷峰寺被掠，半年耕作收成一夜殆盡。翌日作法會，諸公擬募田爲放生之費。和尚應請題詩於募緣册首。

　　《瞎堂詩集》卷一八《法會諸公擬募田爲放生之費，乞書册首》詩。

　　詩云："半載耕鋤一夕盡，又謀結社買生田。從他盜殺尋常事，一味同人作勝緣。"詩題下原注："時丙午十月十七日，先夕本寺被掠，故首句及之。"

十一月初一，廣東海鹽道蘇霖、廣東督學道侯良翰、廣東都使司王履吉爲海幢寺鑄幽冥鐘一口，重一千五百餘斛。有銘。

　　《廣州寺庵碑銘集》。

　　侯良翰，河南人。康熙元年任廣東督學道。

　　蘇霖、王履吉，其人俱未詳。

和尚在海雲受澹歸今釋請，定於十六日由海雲寺啟程入丹霞山別傳寺主法席。

　　《徧行堂集》尺牘之四《與侯筠庵文宗》書。

　　書云："頃料理本師和尚入丹霞，定於十六日行矣，諸事冗劇，未敢輒驚起居，謹此布聞。"

臘月四日，抵丹霞別傳禪院。見丹山錦水喜極，以爲足慰老懷。

　　《丹霞山志》卷四《丹霞天然昰禪師語錄》。《徧行堂集》尺牘之二《與棲賢石鑑覟和尚》書。

《丹霞天然昰禪師語錄》云："康熙丙午，廣、南、韶諸郡宰官、檀越暨本山頭首大衆，啟請住持丹霞山。師於本年臘月四日入院。"

書云："老人於臘月四日入院，見丹霞山水喜極，以爲足慰老懷，某數年拮据，庶幾稍有消歸矣。一腳踢翻棲賢谷，向來祇是靴裏動指，此回卻被老人自家一個飛尖，踢去鐵圍山下。便請西堂大師打一筋斗，來長老峰前相見，方知是實不虛，恰好口挂壁上也。"

開堂說法，爲別傳道場開法祖師。和尚腳踏丹霞，胸羅千古，鼓爐吹螺，稱"天然自是住丹霞，今古殊同驗作家"，其意無論唐天然與今天然，要之正須一番作略，方不負此山河大地與。

《丹霞山志》卷四《丹霞天然昰禪師語錄》。《天然語錄》卷一。

法語云："上堂：'天然自是住丹霞，今古殊同驗作家。遠岫千層朝座直，平江百里繞門斜。大衆，還鑑賞麼？若乃鑑賞，不妨入得丹霞門，升得丹霞堂，大衆即是山僧，山僧卻不是大衆。其或未然，日日丹霞同門出入，同堂上下，山僧即是大衆，大衆且不是山僧。與麼舉揚，猶是門庭施設，山僧三十年笑具且從今日止。須知深山裏更有好商量麼？帶霧鋤雲去，穿蘿擔月回。'卓拄杖一下。"

今按：袁首仁《別傳寺史略》以爲明年正月初四入院開堂說法。[1]

記汝今幡、更涉今回、俱非今竹諸釋子隨侍之。更涉尋升記室，凡有劄記，經師指授，皆能暢發其意。

---

[1] 袁首仁《別傳寺史略》，載鍾東主編《悲智傳響：海雲寺與別傳寺歷史文化研討會論文集》，海關出版社 2007 年版，第 84 頁。

《海雲禪藻集》卷二今回小傳、今竹小傳，卷三今偖小傳。
記汝、更涉，見順治六年、康熙四年條。

俱非，湖廣人，由行伍得度，投和尚受具。初不識字，久
之能誦梵典。踰年知書，握管成文，皆有至理。充海幢典
客，禮數優嫻，被服若出儒素。頃從和尚居丹霞。後居長
慶。耄年坐化怡山。

澹歸今釋請作《丹霞詩》。因隨足力所及，成十二律。並
命諸衲隨意屬和，不拘體格，以識一時山川人事之合。

《瞎堂詩集》卷一二。

詩序云："日赴丹霞，舟入江口，雲烟縹緲，水石迴環，
奇峰間出，出沒無路，轉轉如行萬山中，比知此山之勝。
漸近，望長老峰腳，疑衡亙蜿蜒，從無餘地。及登岸，數
繞入關門，迴出意外。主山崇深，左右朝對。峰巒林立，
如與本山相連。舟所縣長江，如南華香水溪，又如棲賢金
井、玉淵，而實下臨百丈，一川平闊，遠睇孤危，到來豁
朗。此極奇極穩，真梵剎之備美者也。澹歸謂與曹溪、雲
門鼎足，洵非過譽。垂老得此，猶敢歎相遇之晚耶？初入
院，縱目應接不暇，無開口處。澹歸謂：'和尚法眼，不
可無以表彰。'乃隨足力所及，輒成十二律，名《丹霞
詩》。因命能文諸衲，隨意屬和，不拘各體，總以識一時
山川人事之合。"

其題爲《初入丹霞》、《法堂》、《望長老峰》、《紫玉臺》、
《簾竹坡》、《芳泉》、《晚步松嶺》、《登海螺巖》、《龍王
閣》、《與諸衲繞海螺山腳二首》、《過錦巖》等，實爲十一
題十二律。

今按：諸衲之和詩，今存者有澹歸《徧行堂集》卷三七
《和天然老人丹霞詩十首》，和題爲《初入丹霞》、《法
堂》、《望長老峰》、《紫玉臺》、《晚步松嶺》、《竹坡》、

《芳泉》、《登海螺巖》、《龍王閣》、《繞丹霞》等。《龍王
閣》詩云："誰道龍歸碧海深，高巖還有一泓吟。雲濤雙
幻山如水，日月光華地是金。貝闕珠宮塵劫夢，刀耕火種
古人心。爪牙更繞前峰出，瀑布須饒五百尋。"詩中原
注："此山尚少瀑布一派，爲予結想未完，輒欲更借神
龍，透頂湧出也。"《繞丹霞》詩云："此日隨師三匝後，
自矜長在翠微中。"

又，《徧行堂續集》卷八有《題瞎堂老人詩卷》云："此
詩寄託高遠，蓋悲夫逐逐於目前之繁豔者，入山惟恐不
深，非復二乘種草，亦以云救也。或謂菩薩不行聲聞行，
乃執圓通而生二見，三十二應，豈猶有不可現之身耶？澤
萠遇弟嚴氣正性，冷峭絕群。老人一日雜書十二紙，畀十
二人隨拈其一，此詩遂歸西堂寮。琥珀不取腐草，磁石不
受曲鍼，忽然而成取受，皆有莫之爲、莫之致者。法海波
瀾極寬闊中，狹路相逢，猝難迴避，大抵如是。"又《徧
行堂集》卷一七有《丹霞詩跋》云："丹霞山不識一字，
卻被識字者萬種搜求，百般題跋。比來天然老漢掀翻法海
波瀾，從新洗剔，一班禪客，化作詩翁，嘔出心肝，拋殘
鱗爪，不識字者被識字者簸弄，識字者被不識字者差排。
澹歸從旁眼飽，打個筋斗，輥作一團，五音六律，七顛八
倒。記得古德一首頌子：'西山白虎正猖狂，東海青龍不
可當。兩手捉來令死鬪，化成一片紫金霜。'書記寮發出
唱酬草本，特爲流通，莫道徧行外道有左右袒，許汝不成
擔板。"然此流通草本，今未見。

登海螺巖時，命諸衲以布界山，攀援而上。

《光宣臺集》卷二〇《本師天老人入丹霞寄示一律，依韻
恭答二章》詩中原注。

登朝陽巖，尋憨山大師遺跡，賦詩誌感。

《瞎堂詩集》卷一二《朝陽巖尋故址》詩。

詩云："朝陽巖下訪遺宮，樹鎖寒烟萬壑中。金像瓦穿殘日照，僧房門掩敗垣通。落泉流漫廚灰冷，墜葉縱橫溪路窮。試看石床苔沒處，陰晴疑有虎狼蹤。"

今按：所謂"遺宮"，殆丹霞之古寺，憨山大師嘗棲遲於此者。《丹霞山志》卷一載："朝陽巖，在禺山下。晴日初昇，霞光滿谷，舵盤正當其頂。昔憨山大師憩足於此，題巖上，柱刻兩聯云：'去日不來人已老，良田易種食難消。'猶存。"憨山到山，乃明清之際丹霞佛教重興因緣之一也。

賦詩寄海幢寺阿字今無首座，言下於丹霞一山有相見恨晚，時不我與之感。

《瞎堂詩集》卷一二《寄海幢首座》詩。

詩云："鬈鬆雪鬢滿頭斑，垂老於今始入山。上嶺人扶登絕頂，下坡杖倚到前關。晚秀茆房還我住，龍王書閣待僧閑。封題卻憶舟中語，寫去新詩一破顏。"

阿字恭和其詩，成二章。并爲作《丹霞詩序》。丹霞詩歌唱和之盛況亦可從阿字詩文中以見一斑焉。

《光宣臺集》卷二〇《本師天老人入丹霞寄示一律，依韻恭答二章》詩、卷六《丹霞詩序》。

詩其一云："未得隨師集雁班，喜聞安樂住青山。白雲萬里歸平陸，紫氣千層護上關。匹練且扶懸磴直，一身敢愛避人間。明年一幅鐮刀頌，持獻峰頭慰道顏。"詩中原注："聞老人登海山門，命侍僧以布界山，扶之而上。"

其二云："登臨曠見御仙班，親到方知大好山。枚乘筆頭勞七發，南公腳下起三關。吟詩僧聽泉巖響，閱世人誰幾日閒。頑子塵勞師莫念，自將白髮護頹顏。"詩中原注："諸子侍老人上丹霞，雖平日不作詩者亦有詩。"

《丹霞詩序》云："雷峰天老人深於入山之致，相隨諸子

亦皆骨具烟霞，鼂鳴鼇應，故其一唱百和，如天籟所觸，
別具幽響；非如詞人韻客，構雅什於文心，逸清言於雲
路，作區區綺麗觀也。澹歸以金剛心鑄成霞山一席，使法
王有居有處，龍象可步可隨，幽谷迎人，長林適意，宜其
情見於言。筆其言則似乎詩，霜鴻秋浦，跡在有無，是則
又在讀是詩者能別具只眼耳。古人謂雪夜紅爐，爐邊當有
三種人：一趺坐安禪，一圍爐說食，一吮墨吟雪詩。其旨
皆短之，而宗門大人境界，不言而頓顯矣。夫以肥遯之情
而同觸境之樂，具超方之手而爲役志之言，則遠公白雲瑤
草，長日堆堆，誰家赤尾，泝流抵源，當自不費鹽醬耳。"

是年海幢寺始增建殿宇。阿字今無勞累太甚，頭白過
半。和尚前後慰念有加。

宣統《番禺縣續志》卷三六王令撰《鼎建海幢寺碑記》。
《光宣臺集》卷二〇《本師天老人入丹霞寄示一律，依韻
恭答二章》詩。

詩其二云："頑子塵勞師莫念，自將白髮護頹顏。"原注
云："無近年頭白過半。"

和尚至丹霞未久而澹歸今釋病作，以至垂危。和尚親
臨榻前，握手與訣曰："汝前所得，到此用不著，只
恁麼去，許爾再來！"澹歸聞語，大慚，冷汗交流而
病愈。從此入室，師資契合，頓忘前所得者。

《咸陟堂集》文集卷六《舵石翁傳》。

客有問和尚何爲住此山者，和尚賦《酬客》詩以應
之。爲僧衆演說《楞伽經》自此始。

《瞎堂詩集》卷五。

詩云："客問我何意，蕭然住此山。我答客何愚，何不觀
我顏。我顏又不戚，我心何曾頑。我非武陵人，亦非南陽
賢。又非無爲謂，終日長窅然。一衲三十載，夏熱冬猶寒。

客至無美酒，烹葵酌流泉。相對無遊辭，所舉楞伽篇。日
入群動息，連床同夜禪。終宵松風聲，至曉不得眠。我
有懶瓚計，放足且隨緣。覺來日已高，此訣不可傳。"

今按：此詩無年份。和尚於崇禎丙子禮道獨於匡山後便有
"三十年不出山"之約，於今正三十年矣，故詩中有"一
衲三十載"云。又，詩云："相對無遊辭，所舉楞伽篇。"
丹霞山於康熙九年刻和尚《楞伽心印》四卷，則此書自
和尚入丹霞之初即已時時講說矣。見康熙九年條。

淨起今從禮和尚薙染。命典教授，俾諸後學請益焉。

《海雲禪藻集》卷二今從小傳。《勝朝粵東遺民錄》卷四。
今從，字淨起，即李雲龍長子雲子也。質樸不事華飾，與
人言，真率無少回護。人雖嚴憚，始終愛其直諒，蓋儒之
君子，禪之耆宿也。

旋庵今湛五十四歲，爲海雲寺常住吃苦耐勞無怨言。
和尚有詩慰勉之。

《瞎堂詩集》卷五《寄旋庵都寺》詩。

詩云："人生貴自處，勞勞欲何爲。豈不懷豐功，動靜宜知
時。爾年五十四，百歲半過之。年年狗土木，日日計度支。
山菊與溪梅，夢中相對誰。我年日以邁，爾少只數朞。縱
使更百齡，所憂常別離。何如松桂側，竟夕論心期。山
芋可繼粟，荒年恒不饑。語笑皆羲軒，而無衰世疑。靈龜
未易捨，觀我徒朵頤。隨身登古臺，下視西江湄。飛帆去如
鶩，安得暫相隨。念爾如飛帆，汩汩寒風吹。欲傾萬斛懷，
千里重躊躇。"

是年，當爲門人崔今嬰題觀音大士像詩讚數首。

《瞎堂詩集》卷一《題觀音大士像三首》、卷三《門人崔
今嬰居家事佛，而先得觀音大士像，以其意乞讚焉。爲釋
之曰：子初事佛而進退作輟未克自信，是不可不乞庇於大

士。事大士正所以深事佛也，遂讚以詩》、《觀音大士
讚》詩。

《題觀音大士像三首》詩其二云："慈能攝慢，悲以化執。
機器靡定，同歸靜正。但辦肯心，何疑於聖。我昔早年，
將悟未悟。稽首皈誠，曾獲冥護。夢裏投機，如箭鋒拄。
賓主出入，有語無語。越三十年，宛爾昨日。凡一念至，
鐵與磁石。願汝小子，但堅信此。"

今按：《觀音大士讚》當即爲門人崔今嬰而作。和尚提持
之婆心灼然可睹。《題觀音大士像》詩所謂"越三十年"
者，指丙子年禮道獨於金輪峰，有"三十年不出山"事
佛之志，以至於今。又，所謂"願汝小子，但堅信此"
者，當亦指其居家事佛門人崔今嬰。

崔今嬰，其人未詳。

除夕，和尚有詩。

《瞎堂詩集》卷一二《丙午除夕》詩。

詩云："朔風吹雁落人間，塞北江南夢欲殘。"

康熙六年丁未（1667）　　六十歲

[**時事**] 清廷從刑部奏，凡以"通海"、"逆書"、
"于七黨"、"逃人"等罪誣告他人者，查明均反坐。
　是年，分江南爲江蘇、安徽兩省。　免各地災區額
賦。　大赦，頒禁六大害，勒石縣門，粵民稱便。

元日與諸弟子在丹霞山麓錦江泛舟。有詩。

《瞎堂詩集》卷一二《丁未元日與諸衲泛舟江上》、《元
夕》、《春日登山門石閣》詩。

今按：此泛舟之江乃錦江。《丹霞山志》卷一載："錦溪，

在丹霞山下，即仁化江也。登山下視，大可一綫，源自邑
治而來，凡數十曲環繞丹霞。夾水皆山，環山皆石，或赭
如硃，或黑如漆。又一種石雜出河沙水中，其色如黄蠟，
斑斕可愛，可爲玩器。或樹木積翠，如螺如黛；或石壁插
空，沈潭浸碧，五色雜組具備。"

二月，和尚甫入丹霞，即撞着一天大雪，萬壑空明，
千山皓白，嶺南未易得此奇美也。瓊林瑤樹，與筆花
墨瀋一觸著，乃撰《雪詩》一百二十首。

《瞎堂詩集》卷二〇。

今按：《瞎堂詩集》卷一二《六十一詩十四首》，作於戊
申年。其十云："久住匡廬無雪詩，去年二月苦吟時。"
則此時有《雪詩》。①

未久古翼有刻《雪詩》之舉，陸世楷爲作序。

原書。

陸世楷序有云："天然大師舊著《梅花詩》百二十首，清
曠絕倫，讀者已超然天際矣。茲所作《雪詩》，亦如其
數。""顧嶺南之雪，未易多見，乃師甫入丹霞，而瓊林
瑤樹，忽與筆花墨瀋，翕然相遇於幾杖之前，殆猶豐山之
鐘別有感應，而豈地氣所能囿哉。""古來詠雪者多矣，
撒鹽舞絮，其失也纖；縞帶銀盃，其失也豔；剪水飛花，
其失也幻；散粉堆面，其失也膚。以及鹽虎玉龍之句，鵝
毛蝶翼之章，擬議雖工，愈失本來面目矣。余謂天壤間最
高潔者，惟梅與鹽，蓋其性壓塵凡，境耽孤寂，與深山衲
子似有夙因，故其形之詠歎，不啻現身而說法也。……不
事鏤冰刻玉，而觸想成言，真有萬壑空明、千山皓白之

致。此固胸中沉瀣自然流溢，非灞橋風雪、驢背推敲者所
能效其咳唾也。”

原書卷端題“侍僧古翼錄”。古翼，即王隼，字蒲衣。廣東
番禺人。王邦畿之子。父殁，棄家入丹霞山爲僧，法號古
翼，字輔曇。向與屈大均、陳恭尹、梁佩蘭輩交好唱酬。
有《大栟堂初集》等，又嘗選編《嶺南三大家詩選》。

澹歸今釋爲之跋。

《徧行堂集》卷一七《天然和尚雪詩跋》、卷二六《與南
雄陸太守孝山》。

《與南雄陸太守孝山》書云：“老人以《雪詩》稿與弟云：
‘若有相知者爲刻，汝可跋數語也。’今不敢違其命，爲
跋數語請教，亦發梓人附諸詩後。詩中境界已被吾兄說
盡，只得別行一路耳。”

跋云：“‘江上被花惱不徹，無處告訴只顛狂。走覓南鄰
愛酒伴，經旬出飲獨空牀。’此杜老詩也。當時信口道
也，千載而下，抓着天然老人癢處。譬如釋迦如來蟇睹明
星，悟了什麽道，料得無人可語。便要入滅去，又被十方
諸佛勸請，鼓兩片皮，東語西話，四十九年也不曾撈着幾
個，只得自癢自抓。諸善知識各各有癢處，各各沒人抓，
各各忍不得。老人晏居無事，頗弄筆硯。纔入丹霞，撞着
一天大雪，四日之内，成一百二十詩，亦只自癢自抓。陸
子孝山序而傳之，將他一身癢處抛向十字街頭，且看有人
抓沒人抓，抓得着抓不着，更不說破，別是一種作略。忽
然杜老覓看，斜斯老又告訴些什麽？沒得告訴，何用覓
他，有得告訴，覓他何用。恰好大家喫個酩酊，相趁還
家，聽得鄭元和唱哩哩蓮花落，卻也抓着癢處不少。”

澹歸今釋行化至廣州，和尚有詩送之。

《瞎堂詩集》卷一二《送澹歸行化五羊》詩。

詩云："五年辛苦走山城，構得名藍愜老情。畫壁樓臺筆下起，蓮花宮闕舌頭生。看雲只有三冬日，冒雪還登二月程。春草自青潮到處，江流偏作送人聲。"

今按：所謂"五年辛苦"，即從康熙元年三月澹歸上丹霞開山建寺至今也。

又有詩寄廣州海幢寺首座阿字今無及番禺雷峰寺諸衲。

《瞎堂詩集》卷一二《寄海幢首座》、《寄雷峰諸衲》詩。

《春雨》、《子規》、《對花》、《種桐》諸詩亦作於此時。

《瞎堂詩集》卷一二。

《對花》詩云："年年二月放新枝，挹露含烟似有期。"

今按：《瞎堂詩集》中此數詩次於一處，則均作於本年二月。

稍後有《摘茶》八首、《種竹二首》詩。

《瞎堂詩集》卷五。

今按：《摘茶》詩其一有云："海螺爛石中。"其五有云："上上螺峰頂。"則在丹霞山海螺巖摘茶有感而作。《種竹》其一云："丹霞多異木，篔簹別一山。常恐綠陰短，分植諸巖端。"故繫於此。

南雄太守陸世楷書寄和尚，和尚有詩贈之。

《瞎堂詩集》卷一二《南雄陸太守孝山書至，卻寄》詩。

並有詩贈陸亦樵。

《瞎堂詩集》卷一二《贈陸亦樵》詩。

陸谷，浙江平湖人。初名樵，字懶漁，又字亦樵，後稱樵道人。妻子既喪，遍遊名山以終。有《夜鴻鳴集》。

春日海雲寺離言今讀訃至，有詩悼之。

《瞎堂詩集》卷五《悼離言》、卷一二《悼離言》詩。

前詩云："寒飆自西北，薄曙淒中林。攬衣起徘徊，慷慨懷昔人。壽不及顏子，而有樂道心。擔笈三千里，六七年於今。風雨守窮簷，抱志暫安貧。念此冰雪姿，意氣干星辰。精銳造物妒，乖沴中肺金。適予移茅屋，扁舟發榕陰。依依向長薄，帆沒海烟深。到山始一月，遽然聞訃音。……"

後詩云："夢裏猶驚久病身，老榕窗北已無人。難留去影思曾住，想見新苔長舊痕。生死豈惟千里隔，合離深恨一冬頻。道情盡日傷流水，誰向長江問古津。"詩中原注："離言病篤，時適予上丹霞，開春便得訃音。"

四月上旬，石鑑今覿在棲賢寺石橋之西麓得佛舍利無數。六月，釋子古薪持石鑑書以報和尚，和尚喜不自勝，作詩紀之。

《瞎堂詩集》卷三《棲賢舍利塔》詩。

詩序云："康熙六年丁未夏六月，在家門人古薪唐郁文從燕邸南還，過匡山棲賢，持西堂石鑑覿子書，報本夏四月初旬於石橋之西麓下得舍利無數，極大如豆，極小如菽，皆五色瑩徹。玻璃瓶載以瓦函，函上小石刻'皇宋咸平庚子歲建此舍利塔'十二字。因無佛世尊字，疑爲諸祖、善知識闍維所獲。向傳佛舍利有五色光燦，鐵椎，上下俱陷，餘即不及。迺大慧禪師親見真淨文公與佛無異，此爲不可辨識。余謂辨在石刻單寫舍利塔字，若諸祖及善知識，則應寫某禪師舍利。此爲佛無疑也。蓋耶舍尊者自西晉負鐵金輪，至明天啓間歸宗半偈因修塔誤出舍利，此在宋咸平之後。然耶舍來匡山，曾駐錫數載，安知無隨身供養，別請作塔者？又鐵輪阿育王，建八萬四千塔，役使鬼神，一日一夜，分置國土。按神州所造，入八萬四千數，惟十九處。而道俗興福分建，亦何能測量。且佛法東流，神僧攜來，其不及書載，殆無紀極。神異出興，應有時節。殘碑斷碣，經兵火荒蕪，終難埋沒。今棲賢適當其運，宜盡誠莊嚴新塔，仍奉藏其中。函昰謹稽首載緣起，並作詩以頌。”

詩曰：“佛性甚光明，能破一切暗。佛性甚堅利，能斷一切物。流被千百骸，結成五色珠。表此堅光體，法化無有二。念我遺教者，睹珠如佛在。一粒細如菽，供養福無異。況聚千萬珠，瞻仰發凤慧。極果攝微因，感應通心臂。佛是已成佛，我是未成佛。果即在因中，當念無終始。我以此一心，供養諸如來。獲睹佛真身，朝暮常頂禮。金輪觸神光，三十年於此。今復聞棲賢，古塔示瑰異。將建窣堵坡，作詩寄千里。佛身不可讚，我讚非言句。願佛鑑我心，與佛身無極。遂我今日願，心光澤營衛。有理必有事，本舉末自至。廣及諸未來，學佛到佛地。”

古薪唐郁文，即唐樸非也。廣東新會人。見道光《新會縣志》卷六。《天然語錄》卷九有《示樸非薪道者》，云：“古者樸落薪，便知非他物。而今日用中，何故黑如漆。黑如漆，萬古徽猷是今日。咦！是什麼？”

七月十六日，舍利一千粒自廬山棲賢寺分送至丹霞山，和尚有上堂法語。

《丹霞山志》卷四《棲賢請舍利還山上堂》。

法語云：“僧問云：‘黃面老子不識好惡，無端向棲賢出現，帶累丹霞手忙腳亂。假如未出現以前，還放光也無？’……師乃卓拄杖，云：‘我佛世尊常住在世，無有變易，所以拘尸那後神光八斛，正表此瑞，廣示人天，各各自知，我佛世尊常住在世，不同滅盡。震旦自耶舍尊者負鐵金輪，分造八萬四千，流通此土一十九處，嗣後神僧攜來，無可紀極。今夏棲賢古塔從地湧出，我老僧實念嶺內，遙致瓣香，恭請三分之一，首鎮丹霞，次及海幢，端為王臣、宰官、長者、居士大作福田。大衆，者是我佛世

尊廣大精微，照天耀地，祇如老僧與諸大眾，本分上亦還
有者廣大精微，照天耀地麼？'驀豎拄杖，云：'我昔曾
供養，今復還親覰。'"

古岡善信方雲停兄弟捐資建窣堵波以儲之。澹歸今釋、
阿字今無有詩文紀之。

《徧行堂集》卷一一《舍利藏中石記》。《光宣臺集》卷
一六《歡喜歌》詩。

澹歸記云："康熙丁未秋七月，舍利一千粒至自廬山棲
賢，蓋闢地得之，爲宋咸平庚子塔中之藏。我天然昰和尚
命下地於海螺峰頂，古岡善男子方雲停兄弟捐資建窣堵
波，盛之玉合，載於玻璃盂，襲以赤石函。……"

今無詩序云："七月既望，歡喜日也。匡山佛舍利泉湧而
出，歡喜音也。予雅欲煮銅範金爲丈六之塔，有菰蘆弟子
者，於是日來滿我莊嚴之願，歡喜事也。遂作《歡喜歌》
以貽之。"

今按：仇江《清初曹洞宗丹霞法系初探》云：七月，弟
子今覠以廬山棲賢寺所出舍利子三十粒奉獻本師，天然乃
卜地於丹霞主峰海螺巖上建舍利塔，並作《丹霞舍利塔
銘》。該塔八年後方竣工。①

方雲停，字子兼。廣東新會古岡人。助丹霞造舍利塔，施
銀捌佰餘兩。

八月八日，澹歸今釋作《鵲橋仙》一闋酬謝石鑑贈三
十粒舍利。先是，澹歸欲得三十粒而只贈十六粒，今
日復贈十四粒，滿三十之數。

《徧行堂集》卷四二。

---

① 仇江《清初曹洞宗丹霞法系初探》，載《廣東佛教》2004 年第
6 期。

词题爲："初欲得舍利三十粒，石鑑兄既施十六，予有《天香》一闋。八月八日，復以十四見施，心期遂滿，調此以謝。"

八月初十，和尚與諸衲宿丹霞片鱗巖，有詩。

《瞎堂詩集》卷一二《中秋前五日與諸衲宿片鱗巖》詩。

片鱗巖，《丹霞山志》卷一載："在寶珠峰左腋。路達虹橋，右折而下，別開一徑，夾路松陰，翠色欲滴，烟雲出沒，萬境俱寂。巖內石屋數楹，軒前諸石山擁秀，左爲淺碧池，泉自山頂湧注而入池。"

八月，居士張寶譚、許孟超、劉秀卿等將南雄房產贈與別傳寺作下院，名龍護園，太守陸世楷捐俸重修。

《丹霞山志》卷七。仇江《清初曹洞宗丹霞法系初探》。①

李明山《天然禪師與丹霞山別傳寺》。②

張寶譚、許孟超、劉秀卿，其人俱未詳。

九月九日，有詩述懷。

《瞎堂詩集》卷一二《九日》詩。

《不飲酒》、《不厭酒》詩當作於是時。

《瞎堂詩集》卷四。

《不飲酒》詩前引云："讀陶元亮《飲酒》詩，顧侍僧曰：'世之高士，酒以陶情。吾教所禁，當何易此？'侍僧曰：'世人以飲酒爲樂，又安知不飲酒之爲樂更夥？即以不飲酒爲樂，可勿易也。'予頷之，作《不飲酒》詩如數。"

《不厭酒》詩序云："淵明作《飲酒》詩以止酒，終焉謂飲酒之不可終也。予作《不飲酒》詩，益知醉中之趣，

---

① 仇江《清初曹洞宗丹霞法系初探》，載《廣東佛教》2004 年第6 期。

② 李明山《天然禪師與丹霞山別傳寺》，載釋印覺、馮煥珍主編《天然禪師與嶺南文化》，巴蜀書社 2014 年版，第 213—214 頁。

非飲者所得，故以《不厭》終。猶遠公之招淵明，丹霞亦以是詩揖諸高士，或當展眉以就，不信玉泉仙人竟遜青州從事也。”

今按：和尚自稱“丹霞”，則是在丹霞山所作。又，《不飲酒》詩其七有“居山三十年”云，自和尚丙子年二十九歲掩關歸宗以來，已有三十年矣。其十一有“我有一枝藤，嘗拄海螺巔”云，即指丹霞山海螺巖也。

和尚六十誕日，賦《青松篇》詩。

詩見《瞎堂詩集》卷三。

詩云：“我年已六十，黃花開未殘。落木風初勁，澄江月正寒。所與共千峰，青松當露溥。霜重百卉枯，蔥鬱猶可觀。桃李競芳晨，斂容若盤桓。而非黜繁華，意在三春前。而非樂枯槁，庭葩無久鮮。拳曲蔭崇臺，廓落宇宙寬。揮杯就清影，頗覺形骸安。遠近呼良朋，坐久生夕烟。此樂不可說，說樂豈其天。歲月忽自知，俯仰良欣然。我樂與他樂，不離松樹邊。各各起奇情，安得不忘年。”

今按：《瞎堂詩集》卷一二《六十一詩十四首》，作於戊申六十周歲時，詩前有引，云：“予去年作《青松篇》，今年復作《六十一詩》。”則《青松篇》作於此時。

澹歸今釋作《天然老人六十初度禮懺疏》。

《徧行堂集》卷一〇。

文略云：“伏以佛種從緣，斟酌金團天子；本光現瑞，生成希有大人。以一物之不違，合群倫而善禱。我住持丹霞傳曹洞正宗三十四世某和尚，得大總持於法自在。早年搊水，塵境俱空；壯歲入山，雄峰獨坐。玉立精嚴，湜樓賢來從天際；珠盤宛轉，洪覺範標出林間。是同是別，地藏爐寬；非聖非凡，龍安路滑。憫茲顛倒，示作權衡。辯魔揀異，則三漏齊袪；直指全提，而一塵不立。濁浪奔流，聳千尋之砥柱；昏霾卷地，起百世之清風。某等幸留衣綫人身，喜見津梁彼岸。雪山香草，豈俟他求；長者明珠，還同本得。今孟冬十四穀旦，直降神六十滿旬。屈注雙龍，遙憶溫涼之水；高提一劍，全操生殺之鋒。金鎞藥發，甘露門開，莫報深恩，且憑弘誓。請佛住世，在大士夙具同心；爲我慶生，非導師即淪長夜。五濁惡世，仗十方諸佛慈悲，尚紆疑悔；大善知識，爲一切衆生煩惱，亦共涮摩。因緣會遇，未全消馬麥金槍；業識沉淪，每受制三龍二鼠。過去懺、現在懺、當來懺，無邊無際，人人歸清淨道場；息苦生、隨類生、最後生，一勝一增，步步在寶明空海。願和尚與微塵正覺不吝提攜，使我等偕法界有情永沾覆蔭。少病少惱，菁蔥藥樹繁枝；不騫不崩，截巘南山片石。十間屋之籌，填溝塞壑；三祇劫之數，過電穿針。掀翻多子塔，尚有傳人；踏倒七金山，更無壽者。一時迴向，千佛證明，長轉法輪，同圓道果。"

澹歸今釋赴廣州，旋歸丹霞。時南雄米貴，許文趾、祖秀庭、祖殿臣等贈澹歸以白米。

吳天任《澹歸禪師年譜》。①

許文趾、祖秀庭、祖殿臣，其人俱未詳。

和尚有《贈嚴殿生三首》詩。

《瞎堂詩集》卷一八。

詩其一有云："秦和醫國早歸山，獨上丹峰雲半間。"

嚴殿生，其人未詳。

十一月二十六日，別傳寺買置陳伯恭田租肆拾陸石，載糧四斗陸升，土名石母馬家村、鵓鴣嶺等處。和尚《壽陳伯恭三首》詩當作於此時前後。

---

① 吳天任《澹歸禪師年譜》，香港 1988 年鉛印本，第 85—86 頁。

《丹霞山志》卷七“田土”條。《瞎堂詩集》卷一八《壽
陳伯恭三首》詩。

詩其二云：“近山城郭紫霞連，郭裏人家歲月偏。況有東林
堪往復，淵明詩酒日陶然。”其三云：“南華讀罷恣高眠，
山院閑來亦學禪。會當攜策干時去，世上人疑葛稚川。”

今按：《徧行堂續集》卷一二澹歸有《與陳伯恭諸文學》
云：“仁陽僻儉，橫遭塗炭，可謂觸目傷心。丹霞與半岞
同託一山，劣得無恙，雖未能晤語，而消息相聞，亦足少
慰耳。警報初聞時，即諭下院：主僧家之法，謹守佛菩薩
香燈，不得委而去之，置檀越功德於草莽；倘得站定，勿
貪小利，取劫掠之餘，致招物議，爲清衆之羞也。時出獨
住閣中，耐勞忍辱，亦面獎之。偶有所聞，未知虛實，即
遣侍者嚴加訓飭，蓋領衆之道，不敢忽略。渠昨還山自
明，後承諸居士代爲申雪，具悉護念雅意。大抵一番風
浪，一番警惕，正足助人修行，不致於平常時縱逸耳。紛
紜稍定，尚圖話言，率復不盡。”又同卷有《與陳伯恭帝
咨昆仲》書。

陳孚先，字伯恭。廣東仁化人。韶州府學。禮和尚爲居
士，法名古裹，字斧山。

劉炳捐金，置常住田租五百六十四石八斗五升於扶溪。

《徧行堂集》卷一七《書元誠道人施田帖後》。

文曰：“劉公煥之雖世將，然潛心理學，得洙泗之傳，無
小儒入主出奴之見。……昨歲丙午，天然老人入丹霞，公
爲請主助道糧。今年念衲僧麕集，復捐金，置常住田租五
百六十四石八斗五升於扶溪，此其捨帖也。叢林聚十方英
才，亦只是窮理盡性，善知識能教人，不能養人，養人者
寺主之職。予方旁皇於處陸，首座爲之賦‘在原’，公聞
而憫之，遂行此施。”

劉炳，字煥之，號元誠道人。河南潁州人。

蕭時昇解職歸里，和尚賦詩送行。

《瞎堂詩集》卷一八《送蕭參戎柔以解職還里四首》詩。

今按：詩次於《壽陳伯恭三首》詩之後，當作於同時。

蕭時昇，字君允，號柔以。遼寧鐵嶺人。崇禎十六年武進士，授懷遠將軍，廣東掌印都使司廣海寨參將。曾助澹歸建造主佛像，見《丹霞山志》卷六。《徧行堂集》卷四《送廣海蕭柔以參將請老歸安德序》云：“柔以廉勇慈讓，得兵民之心，有古賢將風。然清淨好道，修然常欲自托於物外。”

是年更涉今回溺於瀧江，和尚震悼不能已已。

《海雲禪藻集》卷二今回小傳。《海雲禪藻集》卷三王隼《夢更涉師》詩。

王隼詩云：“昔年共約匡廬隱，今日相逢夢寐間。空歎有魂歸白水，可憐無骨葬青山。數篇遺草留孤韻，一樹殘梅想瘦顏。石上三生人不見，等閒風月幾時還。”題下原注稱其“丁未溺於瀧江”。

更涉，即今回。見康熙四年條。

來機今再得法後，擇地羊城小南門外以爲庵所，奉母安居焉。時值喪亂之際，鄉閭蕩析仳離，窮嫠苦節，弱息無歸，來機招之。本年始就其地建無著庵，出家、在家弟子恒數百人。

宣統《番禺縣續志》卷三六王令撰《鼎建無著庵碑記》。

張紅、仇江《曹洞宗番禺雷峰天然和尚法系初稿》。①

---

① 張紅、仇江《曹洞宗番禺雷峰天然和尚法系初稿》，載楊權主編《天然之光：紀念函昰禪師誕辰四百周年學術研討會論文集》，中山大學出版社 2010 年版，第 44 頁。

今按：來機今再得和尚法之具體時間未詳，要在智母師太未寂之前也。無著庵本年始建，或方有此名，康熙十七年落成。參見康熙十七年、十八年條。

本年七月前，海幢大殿落成，又塑十三面觀音，又欲建鎏金丈六塔。阿字今無有《與石鑑西堂大師》書，言及之。

《光宣臺集》卷九。

書云："雲中歸，悉近況。樸非歸，知舍利出現，喜躍無已。即以明日遣維那、知客拜具香花，前來迎請。無於海幢六年經營，夜以繼日，始得大殿甫成，正在塑十三面觀音，又欲建鎏金丈六塔，雖費盈萬，然願之所在，自忘其少，此其所以爲癡人而見哂於高風絕俗者也。嶺南佛事最少，舍利宜多，當鑑其誠。至幸至幸。强老夫人自佑人死後門户消乏，且長年多病，昨已極諭，如弟數矣。二公來忙，不能帶。解夏後雲中來，乃付之。不須掛念，供舍利齊儀貳拾兩，付庫司收入。訶弟不另作字，無忙無暇晷，總以明秋得見於丹霞。人參少許供上，乞鑑千里之心也。"

樸非，即古薪唐郁文。訶弟，今訶衍今摩也。雲中，其人未詳。

康熙七年戊申（1668） 六十一歲

[**時事**] 清內秘書院學士熊賜履於上年及本年連續條奏時政，言"民生困苦已極"，"朝政積習未除"；又提倡程朱理學，"非《六經》、《語》、《孟》之書不讀，非濂洛關閩之學不學"。鰲拜恨其侵己，欲加之罪，康熙帝不許。

和尚住丹霞。元旦有上堂法語。

> 《天然語錄》卷一。

> 法語云：“元旦，上堂：‘元正啟祚，萬象咸新。山川新，草木新，氣運新，人事新。且道拄杖子還有新舊也無？若無舊，安得有今日？若無新，今日相見底豈不是？大眾，祇如“新舊不到”一句又作麼生？’豎拄杖，云：‘山僧年邁，離伊一步不得。’”

此日付澹歸今釋大法，並示法偈曰：“自到雷峰十六年，掣風掣電。今日丹霞捉敗，推向人天。不教总靠着那边。咦，直举无遮拦，回护途绝，正偏休言。祇這是，難賺豆皮禪。要天下古今，盡溟滓乎豆皮長處，而不知所以然。”立爲第四法嗣。

> 《海雲禪藻集》卷一今釋小傳。吳天任《澹歸禪師年譜》。

澹歸秉拂升座，云：“天然老漢好則劇，卻喚澹歸來秉拂。撒屎撒尿有甚難，有人嫌我太狼藉。”

> 《丹霞山志》卷五《澹歸禪師語錄》。

同日又付仞千今壁大法，立爲第五法嗣。

> 《海雲禪藻集》卷一今壁《酬澹歸法兄見贈之作》詩。
> 《徧行堂集》卷三七《贈仞千壁弟》詩。

> 仞千今壁詩云：“青山滿眼隔年春，一造桃花兩度新。何幸隨聽芳草語，不妨同是報恩人。作家喜見楊岐富，對客慚招雪竇瀕。有贈頓忘言外意，感將懷抱向予真。”題下原注：“時同付囑。”

> 澹歸今釋詩題下原注云：“時予同受嗣法之命。”詩云：“古人有語寄空山，百道春雲響夜泉。入室與聞尊貴旨，到頭不會祖師禪。十年挈杖難居側，一日揚粃忽在前。老我只知無事好，兒孫須上虎丘船。”

> 今壁，字仞千，廣東東莞溫氏子。

並有上堂法語，以爲世出世間唯正氣人難得，使之透脫，從上來事，方可主張佛祖，表率後昆。

《丹霞山志》卷四《戊申元旦付澹歸釋監寺仞千壁典客上堂》。

法語云："師卓拄杖，左右顧大衆云：'元是舊年人，卻看新曆日。曆日年年新，儂渠刻刻故。既刻刻故，爲什麼總向新年新月新日裏相見？一輪紅曜安知歲，鏡裏森羅不是空。'卓拄杖一下，云：'世間出世間，唯有正氣人難得。正氣人而能透脫，從上來事，方可主張佛祖，表率後昆。今日元旦，特爲人天拈出。'以竹篦子付釋監寺、壁典客，云：'者個是汝等四十五年前成就底，老僧不過做個證明。且道證明個甚麼？眼見如盲，口說如啞，一條拄杖兩人扶，筆頭、口頭、棒頭，一任七七八八。'卓拄杖下座。"

正月，丹霞山原住僧悉恒哆將韶州府城外之會龍庵贈與別傳寺作下院。

《丹霞山志》卷七。仇江《清初曹洞宗丹霞法系初探》。①
袁首仁《別傳寺史略》。②

悉恒哆，其人未詳。

會龍庵，舊名迴龍。內有書院。知府劉世豸建。見光緒《曲江縣志》卷一六。

二月三日，陸世楷、沈皡日冒雨遊丹霞。和尚、澹歸等有詩相與酬唱。

《瞎堂詩集》卷五《陸太守孝山入山》、《沈秀才融谷入山》詩。《徧行堂集》卷三〇《戊申春二月三日，孝山、

---

① 仇江《清初曹洞宗丹霞法系初探》，載《廣東佛教》2004年第6期。
② 袁首仁《別傳寺史略》，載鍾東主編《悲智傳響：海雲寺與別傳寺歷史文化研討會論文集》，海關出版社2007年版，第86頁。

融谷冒雨重遊丹霞，即事七首》詩。

和尚前詩云："世榮詎不慕，所貴維物外。但識電火機，何辭金印大。古者不賤目，偶與水雲會。今賢有奇情，往返丹山旆。丹山指二千，居食恒依賴。感激發微言，欲解東坡帶。萬彙自乾坤，焉有函無蓋。起喚陸大夫，庭株落寒瀬。搖搖空影中，相對豈夢事。縱使百千劫，春光今夕在。"

澹歸詩其一云："春雨不欲霽，山行良亦難。使君超方意，視若秋旻寬。捨舟戒輿徒，巖岫增波瀾。度溪逾九曲，陟巘仍千盤。白雲墮澗底，忽亙前林端。我歸尚先期，百丈爭高灘。積風蕩烟靄，骨與神俱寒。荒村入鴻濛，曠懷成古歡。策杖愧未能，念之不能餐。"

殆其後未久，和尚賦詩爲陸世楷父陸未庵祝壽。

《瞎堂詩集》卷一二《陸未庵六十初度》詩。

詩云："久慕雄州賢太守，高堂長侍白頭人。從來愷悌多仁壽，始信廉明有老親。五嶺薰風披永日，一河慈潤滙通津。山中野叟遙多祝，願憶生前最勝因。"題下原注："南雄孝山使君尊人。"

馮標、萬邦維、陳萬言等，與陸世楷並力爲丹霞建準提閣合捐七十金。澹歸今釋爲之記。

《徧行堂集》卷一一《準提閣記》。《丹霞山志》卷六。

記曰："……準提菩薩近百餘年前，稍知趨向，今則遍宇內仰威神，幾與補陀競爽。夫以大士願力，不爲衆生早出，而機感乃在三千年後，豈所謂聖人不能違時，亦以夢夢群黎有數見不鮮之習，故不辭後起，以作其欲竭之氣歟？丹霞既奉菩薩像，兩載未有閒。歲在戊申春，南雄陸使君孝山，以學使者馮公蒼心淨檀五十金至，即自捐五十金；故司李今萊陽令萬公松溪，瀕行留二十金；而南海令陳公試庵於初夏遠寄一百五十金，始克集事，及冬而成。
卜地則長老峰之左肩，右臨法堂，與藥師閣平出而高顯過
之，江山層疊之秀一攬可盡也。菩薩爲毗盧遮那法身流
出，若以長老峰表現於此，左方屈伸十八臂，慈威竝用，
據高臨下，顯密互融，法爾本然，事非有作，惟此度門，
有主有伴。菩薩不求護持，而諸檀越示有祈嚮，誦祕密
呪，持清淨齋，建寶嚴閣，奉不思議像，使已信者、未信
者、將信者知有此事，同入準提三摩地中，等歸解脫。此
諸檀越即菩薩多生眷屬，亦各有互出之奇，爲相續不可盡
之勢者，皆蓮華藏海全潮，不可作一漚觀也。”

萬松溪，即萬邦維，湖廣麻城人。進士。八年任萊陽縣令。

馮標，號蒼心。其餘未詳。

陳萬言，號試庵。其餘未詳。

二月十八日，囑付首座弟子阿字今無主理海幢方丈事。

《光宣臺集》卷首釋古雲《海幢阿字無禪師行狀》、卷九
《復本師和尚》書。《嶺海名勝記·海幢志》。

《復本師和尚》書云：“首座今無白，二月十八日承和尚慈
命，差侍者捧手諭，著今無住持海幢方丈，鄭重慈嚴，不
勝汗下。今無本當仰體獎勵之私，但自今戮力法門，日以
繼夜，雖駑鈍疲於康莊，而妙嚴終期弘闊，六七年來，競
競業業，入坭入水，罔知矜惜，若使一坐方丈，返覺多事。
又‘和尚’二字，今日到處不少，自不難稱，稱之易，壞
之至也。今無自度即使不肯稱‘和尚’二字，亦不能作狂
瀾之柱。然此心以爲趁色力尚健，使得以首座攝僧，宣力
法門。遲二十餘年，若不即死，或偶稱之，正所以仰副和
尚慎重之意，非故爲謙遜，亦非退縮。但叢林董衆有綱，
而說戒得度，則何必斤斤要一和尚、一方丈之名，然後爲
之擔荷哉？且海幢一席，百事未備。今大殿未成，已儼然

踞主者之席，殊似村氣不除。今無雖身如椰子，心似過之，祖禰不了。欲一一結局，有不合典訓者，幸上有和尚，下有諸兄弟可以匡直教翼，緣會匪艱。萬一可冀，亦吾家幸事。乃和尚憐兒，忘其醜拙，采薝花於高松，索時夜於初卯，萬萬不敢仰從。又風波過後，痛定有痛，難陳於筆，謹着古髓口稟，此又時事有萬不可者，亦難拜命於此時也。萬惟慈恕，不勝負罪之至。人參、雷葛附供。"

今按：所謂"六七年來"，指康熙元年和尚主海幢而阿字今無首衆以來，已七年矣。

釋子作金今聲携牡丹自廬山回嶺，和尚喜慰，有詩云"傾國名花好自持，豈因零落慎相期"。

《瞎堂詩集》卷一二《作金攜牡丹回》詩。

今按：此詩《瞎堂詩集》次於卷十二最末，當作於本年春三月。

春，登海螺巖頂，定舍利塔址，有詩紀之。

《瞎堂詩集》卷五《登海螺巖頂定舍利塔址》詩。

詩云："三春風日麗，摳衣登重基。千仞插青霄，八方蟠龍驪。呵護自何年，乃以藏吾師。……再湧金輪巔，負鐵予寧辭。……稽首大覺尊，天宇空恢恢。"

今按：既曰"三春"，乃是本年三月之所爲作也。《瞎堂詩集》卷五此詩之前相鄰數首詩殆均作於同時或前後。

海螺巖，《丹霞山志》卷一云："在本峰下。深廣約二十餘尺，凡十餘旋至頂，若螺房然。長松古柏，龍攖虬舞，衆山列障，如闢門戶。上鐫'海螺巖'三大字，字皆三尺許，李文定公所書。澹公居丹霞尤愛此巖，示寂後門人建公塔於此。楚寧鄉陶奉長過此，有'一片土求乾淨死，千年鶴化老成遙'之句。"

自去冬海幢寺有鑿渠築堤之舉，今春成，阿字今無有詩紀之。

《光宣臺集》卷一八《築堤詩》。

詩序云："予以壬寅首衆海幢，四事荒弛，歲增月補，閱
四年而大雄殿成。時提督將軍常公、參府吳公爲覓寺後田
三十七畝，又明年冬，鑿渠作堤，蜿蜒周遭幾及二百丈，
欲堤上栽竹，渠下插柳，池沼波瀾，亭臺蔽輝，徐而治
之，城市山林，無難無妨，不獨使王舍城邊，蔚有青葱祇
樹也，因賦築堤詩。"詩其八云："餅賣當年地，禪棲此
日心。長林飛翡翠，短褐接華簪。蟛蜞驚絃落，龍蛇噴霧
深。不須神拔樹，吾種亦成陰。"詩下原注云："海幢基
趾，即予少年賣餅地也。"

浴佛日，和尚有上堂法語，勉大衆記取現前。

《天然語錄》卷一。

法語云："浴佛，上堂：'一切法不生，一切法不滅。隨
緣現世間，如鏡花水月。當生實不生，當滅何曾滅。靈山
尚儼然，丹霞如是說。'驀豎拄杖，云：'大衆，還見麼？
如來世尊在汝諸人面門出入，爲什麼如聾似盲？今日復在
丹霞拄杖頭與汝諸人相見，未證據者，請看。'復卓拄
杖，云：'大衆，還聞麼？既聞矣，更不聞。既見矣，更
不見。見聞如空華，萬法了一電。突出大好山，滿目難分
辨。更擬問如何，惡水當頭潑。'喝一喝。"

結夏日，有上堂法語。

《天然語錄》卷一。

法語云："上堂：'去年雷峰夏九十，今夏丹霞一百二。
一任諸人顛倒顛跳，不出雲門乾矢橛。乾矢橛，棒頭有眼
明如日。打得著，驪龍拗角折，打不著，木馬追風疾。'"

七月十五日解夏，和尚付以樂說今辯大法，有偈云：
"幾回疑信自疏親，門外何人指血新。蘆菔十年辜負

汝，钁頭一擊始知貧。期期不可全機要，步步無私混主賓。時節須乘用及處，報恩寧問刹塵身。」立爲第六法嗣。並有上堂法語。

《丹霞山志》卷五《戊申七月十五日解夏付樂說辯直歲上堂》法語。《海雲禪藻集》卷一。

法語云："……師乃云：'夏初時有一則公案要與大衆，待解夏時別通個消息。今日解夏，且道消息作麼生通？'以竹篦子付下辯直歲，復云：'人人盡有王喬骨，度得洪波便是仙。'歲出衆，提起竹篦，云：'堂頭老漢向者裏道得，一任留下；道不得，付之火裏。'師云：'闍黎擔荷在哪裏？'進云：'果然道不得。行者快將火來。'師云：'且禮拜著。'進云：'恁麼只得隨例顛倒去也。'遂作禮。師云：'謁影堂去。'便歸方丈。"

今按：《海雲禪藻集》小傳云：澹歸禪師闢丹霞，迎天老人開創法席，今辯劻維甚力，鞠明究曛，脅不沾席者數年，從此悟入。本年解夏，付以大法，爲和尚第六法嗣，分座丹霞，繼主海雲、海幢。

八月，有《古詩》之輯刻。手書命阿字今無爲作序。阿字恭應之，以爲茲什之作，止水照人，澄渟含蓄，未後於金函貝葉也。

《光宣臺集》卷五《丹霞天老和尚古詩序》。

序云："戊申八月，天老人手書命今無曰：'近日禪講暇，偶爲古詩，諸子請付梓，欲少待之不可，汝其序之。'此老人之逸言，微借工部之氣出之也。今無憶曩時處大窖中，嘗與剩師叔擁被寒吟，以藝海書廚，消黃沙白雪。間取《杜少陵集》讀之，擊案叫呼。觀其夔門以後諸作，悲憂愉迭，感國傷懷，饑寒酸楚如老婦子坐中堂數家中事，歷歷可見，真樸有味，令人意往神消。剩師叔謂無

曰：'夫物久則舊，詞確則新。雖世深代遠，人其云亡，
而其使人愁鬱無聊之境，何代無之。今身居絕域，邊聲刺
人。短草如烟，王孫有恨。長垣似水，木佛無家。以彼
《全集》作我橫涕，何其聲之感人若是也。故詩取窮愁，
人當問世，此作古者執之如券。若夫鬪春色於麗辭，奪秋
光於寒魄，匠意既深，鍊飾良苦，羽翼雖備，而筋骨未
全，不堪闖入作者壇坫。摹詞雖工，生意易盡，所謂有詩
無人，終未若一回坐到耳。夫道人晶瑩圓湛，中恬靡激，
既無噩夢，又薄雕蟲，而一種磊砢沉鬱，駸駸勁挺，起正
雅而溺靡嫚，掩初盛而聯漢魏，此其聲又何自而然哉？夫
情，人之最重者也。扇激奔躍，尾然相逐，使一頓錯乖
漓，宣之以聲，而成之以文，則其婉邅宕折，環迴娓疊，
發人幽思，如病骨秋容涉轟雷三峽，殆有不堪自持者。故
大雅之音，尚其恬澹，所以爲情之防而有幾夫道，道固勝
情，此道人之所以自成其聲。以閒裕爲牢落，以峭潔爲壹
鬱，內華外融，不涉境以動情，不先詞而後我，憑高縱
目，據梧發聲，極雲樹之依微，盡禽蟲之鳴變，當見其優
游夷愉，高明廣厚。人雖目之曰境，毋乃非境；人雖目之
曰情，毋乃非情。後情境而共材華，呈神鑑而齊聲調，使
荆卿易水、屈原湘江，頓變爲智可慧海，雖有虞氏之南
風，未足比數。而老人微言道韻，木葉藏春，軒軒自遠，
又可以尋常作者目之哉！抑今叢席，學者無師，人例闌
茸，庭多茂草。雖日爲之愾然斬除，而世驅風變，又並塵
伍俗，勵魄惕魂。雖不能無中激外動，可謂入水侏儒，棄
爐鈍鐵，方視缺如，怒其未逮。而老人茲什之作，止水照
人，澄渟含蓄，則又豈後於金函貝葉哉。"
今按：和尚與阿字今無手書未見。
澹歸今釋爲作跋。

《徧行堂集》卷一七《天然老人古詩跋》。

跋云："天然老人坐長老峰下，作五言古體詩，如前劫聖者見世間事，舉似世間，皆從意識初萌，名言未泄，情狀屢變，測度難通處盡底描出，卻時時吐露自己風光，及往古世兒童親串景物興會，空闊綿邈，本所不見，何況得聞。如許懷抱，託諸詠歌，不落今時，亦非此一世界氣運之所管攝，蓋其心量已全，心力已足耳。盡人皆古之人，盡大地皆古詩，無端屈滯作時流，作近體，有能因是集而問津於羲皇已上者乎？但向伊云：威音王佛前行道，猶是兒孫在。"

秋九月，澹歸今釋從螺川歸。時丹霞下院龍護園即將落成。

吳天任《澹歸禪師年譜》。

螺川，即螺山，形似螺，在江西吉安縣北十里，南臨贛江。此指廬陵郡，今江西吉安。

秋日和尚閱陳學伩、梁殿華、英上遺稿，感而賦詩，云："道心不向吾門冷，珍重雲山好弟兄。"

《瞎堂詩集》卷一二《秋日閱陳全人、梁同庵、英卓今遺稿，感而賦詩并示諸子》詩。

金光、蕭伯昇生日，和尚均賦詩壽之。

《瞎堂詩集》卷一二《金公絢生日》、《蕭孟昉生日》詩。

今按：《蕭孟昉生日》詩中原注云："公先世曾修金輪塔。"又，"公有願築南湖作放生池，先施梵筴各十二部入山"。此二詩次於《棲賢石長老生日》詩及《六十一詩十四首》之間，當作於本年。

金光，字公絢，號天燭，浙江義烏人。康熙間從征陝西、山西、湖南、廣東、廣西共三十餘年，官至鴻臚寺卿。澹歸住丹霞，或得金光之助。《徧行堂續集》卷五《爲公絢禮懺疏》云：“彼有浙江金華府義烏縣故鴻臚卿金光，於某出家以前，聞聲相思，入粵而後，晤言相悅，住山伊始，繼廩供僧，造寺未成，捐財勸衆，曾講一家之好，兼行四事之檀。”姜伯勤《石濂大汕與澳門禪史》考證云：“大汕在大佛寺、長壽寺説法，澹歸在丹霞山別傳寺主法，均以尚王府中人爲大檀越主，兩者均以其浙江同鄉金光爲中介。”① 又，據《丹霞山志》卷六，金光曾募建丹霞藥師閣。

蕭伯昇，字孟昉、孟舫，江西泰和人。嘗助丹霞山修築護生隄。見《丹霞山志》卷六。

十月十四日，和尚六十一誕日，有上堂法語。

《天然語錄》卷一。

法語云：“師誕日，上堂：‘一切人有二種想，一世諦流布想，二倒想。一切聖人有世諦流布想，而無倒想。我丹霞老僧隨世諦流布，説今年六十有一，説今日十月十四，內外諸公隨世諦流布，都來與老僧慶生，老僧亦隨世諦流布受於供養禮拜，是老僧與諸公總在世諦中，還有第一義諦麼？若有世諦而無第一義諦，是凡夫法。若捨世諦別有第一義諦，是聲聞法。若即世諦即第一義諦，是菩薩法。若即目前不是世諦亦非第一義諦，任心所擬，隨緣即宗，無有是非，亦無無是非之量，是如來法。我衲僧家又作麼生？’卓拄杖一下，云：‘大衆，會麼？老僧六十一年前只與麼來，即今亦只與麼，盡未來際亦只與麼。若在者裏構得，不妨與四聖六凡同入老僧無量壽海。目前無有諸人，此間亦無老僧，縱目所視，縱耳所聽，縱口所説，不知誰之所爲，而佛事周圓，法音普徧，且道是甚麼人境

---

① 姜伯勤《石濂大汕與澳門禪史》，學林出版社 1998 年版，第149—150 頁。

界？歲歲高山青突兀，年年流水綠潺湲。'"

感當軸巨公或枉高軒，或郵遠箚恭賀。

感當軸巨公或枉高軒，或郵遠箚以賀，乃作《六十一詩十四首》以報。

《瞎堂詩集》十二。

序云："予去年作《青松篇》，今年復作《六十一詩》。蓋荒山岑寂，撫運自娛，不覺成韻，寧足示人？乃當軸鉅公不忘衰朽，或枉高軒，或郵遠箚。無爲瓊報，敢代復言，冀簿書帖括之餘，少爲領略，知世外閑情，聊復爾爾。亦當杯盤狼藉，別出一品蔬菰也。"

詩其一云："一週甲子又從頭，生事如環誰去留。"其四云："久滯塵寰想洞天，歸山不覺已三年。人過六十有何事，峰住千重只是禪。"其十云："久住匡廬無雪詩，去年二月苦吟時。"其十一云："海螺絕巘覆洪濛，老眼臨高豁大空。"其十三云："手扶人背上丹梯，只是臨高眼莫低。老去尚能誇足力，興來差不厭人攜。猿貪果熟連枝墜，鳥識僧歸隔樹啼。暗數登山今四度，明年還擬構巖棲。"

阿字今無自廣州至丹霞，撰《丹霞本師天然老和尚六十又一壽序》，並賦《戊申初冬望前一日，本師天然老和尚六十又一示生，人天胥慶，華梵交響，恭賦律言，敬致末祝》詩、《丹霞天老和尚六十又一示生頌》，爲和尚禱。

《光宣臺集》卷六、卷一二、卷二四。

《壽序》云："今歲十月，吾師天老和尚六十又一覽揆之辰，今無與諸山衲子忭舞雀躍，將趨座右，致人天祝。諸山衲子誠懇胥慶，興情踽踽，且屬今無爲詞以達。今無復之曰：'汝曹念聖世之遯蹐，欣人天之標致，綠髮籍雙足之堄，金軀濯九龍之水，輝古照今，順性起用，固當爾

爾。然老人湛圓深密，吹南溟之法雨，韇北山之霜鐔，援
溺砥柱，救偏補弊，運三身之明幢，歛四相之空寂，殆天
之所以不隳洞上一綫之傳，北方童壽，西竺戒賢，豈計度
思慮所能及耶？又動靜之境不相到，譬之湌蜜挫糟，鼓頰
而甜中邊，運斤而勞肘腕。識海智海，兩皆無涯。而用是
相測，詎理所有？且山龍黼黻，群象昭著，碧桃逗春，紫
芝蝕月，一真靡存，十虛廓落。若微動聖智，則獨露先
乖；便爾沉滲，又那邊未到。直使執天竺之金函，發先王
之玉笈，雌黃迥遠，穎理猶迷。纔呈性境，則神龍縮項；
更欲踏翻，而靈龜曳尾。此則今無二十年執侍巾杖，而終
無以窺老人，汝曹又曷得而祝耶？老人日坐萬峰，機停歲
遠，主持斯道，以壽天下，正且未艾，汝曹但志誠作禮，
勤旛花伎樂之獻，毋以祝嘏之詞，亂空中五色。'諸衲子
歡喜作禮，今無亦歡喜作禮。"

阿字今無又有上堂法語爲和尚祝壽。

《光宣臺集》卷三。

法語云："丹霞十月十四日，爲老和尚祝壽陞座。師陞
座，衆禮畢。僧出，問：'西天四七，東土二三，還是神
通玅用，法爾如然？'師云：'亦是神通玅用，法爾如
然。'進云：'今日首座大師爲和尚祝壽，未知一班老古
錐還來聽法稱讚也無？'師云：'汝從甚處來？'僧擬議，
師一喝。僧復進云：'自從靈山同一別，丹霞今日又相
逢。'師云：'汝爲甚忘卻了？'僧禮拜歸衆。僧出，以手
一拍，云：'者箇天長地久，萬壽無疆。今日和尚聖誕，
某甲向鉢盂裏七珍八寶，滿盤托出，特來如法供養，則最
末審大師如何鑑納？'師云：'你有許多？'僧擬議，師便
打。僧舉拳，云：'只有者箇月。'師云：'者造次衲僧。'
僧作禮，云：'自知今日敗闕。'歸衆。僧問：'請問大

師：四眾人等，特來聽法？'師云：'隱隱青山騰太華，
溶溶紫氣透滄溟。'進云：'如何爲主？如何又爲證？'師
云：'你還有幾句？'進云：'無能寶藏。'師云：'且退
罷。'進云：'依師指教。'便作禮。士問：'萬事不過壽
爲先，望大師讚揚一句。'師云：'我老人壽賜與汝。'進
云：'願天常生好人，願人常行好事。大師還肯否？'師
云：'如是如是。'士便禮師云：'你帶得蟠桃果來否？'
士舉數珠右手。師云：'止得一半。'士又舉數珠左手，
云：'今日選佛場開，大師將甚麼爲題？'師云：'許你是
箇齋公。'歸眾。師乃云：'諸兄弟，還知麼？石髓餐王
烈，丹砂贲葛洪。羅浮四百路，盡在此山中。春光紗密，
不萌枝上氤氲；雪色嶒崚，後凋之草蒼翠；紅芝在頰，至
味溢於中邊；白石當門，古道忘其來往。豈知法身無爲，
不落諸數；虛空有貌，難用尺尋。直饒扶桑逗舜日之明，
瑤埠數堯蓂之瑞，亦不能道三山半岫、五嶺一峰，所以白
雲生海，阿上座逐櫓聲以圖北溟；素月流空，望星光而禮
南極。一任現前諸兄弟剖開萍實，錯獻蟠桃；指出趙州，
來當寶掌。雖則力回小劫，未盡徽猷。不見道臣奉於君，
子順於父，不順非孝，不奉非輔。'蓦卓拄杖，云：'拄
杖與大椿齊年，子期不用黃金去鑄。'下座。"

阿字今無又應諸山請，爲和尚真讚數首。

《光宣臺集》卷一一《本師天老和尚真讚》。

其一云："龍泉之光，非利也。雪山之巔，非高也。惟老人
雄特俯視，智鑑妙圓，自然旁落。藹如穆如，春風冬雪。
金紫即而失榮，英偉侍而暗結。木蛇有不轉之機，寶鏡無
自圓之月。集從上之大成，燦一燈之後葉。體嚴而道自尊，
豈非握大總持，而善施乎四攝？"題注："海幢常住請。"

又："如什襲之珠，如刳方之玉。如無雲之月，如生蘭之

谷。白棒降龍象，青眸卑世俗。此吾老人所以爲今日中流之一壺也。"題注："丹霞常住請。"

又："這老漢出世間樊籠，入諸佛妙智。萬仞峰頭，慧光到地。奪寶鍔於吹毛，起洞流於洙泗。擬之則難，即之則易。當其駕馭髦彥，打車則是，打牛則是？記得二十年前風旛堂上，錯說我是好華子。未免與大衆拈一炷香，卻恰好薰他的鼻。"題注："訶林常住請。"

今按：其中云"二十年前"，當是虛數，繫於本年和尚壽慶時。

非身今身登具於丹霞。

《海雲禪藻集》卷三今身小傳。

今身，字非身，廣東新會劉氏子，原名彥梅。邑諸生。

瓊州釋己虛十月六十一壽辰，和尚爲賦《己虛庵主出先華首座下，住瓊南二十餘年，與余生同甲子。適當攬揆分奉舍利，以福遐齡》詩。

《瞎堂詩集》卷一二。

詩云："羅浮古木不知年，移向瓊南作話傳。厚蔭偏宜炎熱地，新枝重發沍寒天。一周甲子伊誰主，十萬程途後日緣。化度未終吾與汝，靈珠分曜海潮邊。"

今按：己虛，未詳。從和尚詩目之，則其人舊爲羅浮山華首臺寺僧。又，《光宣臺集》卷九《瓊州圓通院記》云："前歲丁亥，余自遼陽還，己虛適監寺海幢，一見若深有夙契，因言其與禪功甲申歲爲雷峰老人應梁孝廉平生之招，始離華首。"則己虛又曾爲海幢寺監寺。《光宣臺集》卷八《與王問溪明經》云："白衣庵己虛老成有德，兄及人白諸公當如阿字之愛愛之，此即相託之意也。"則己虛後爲瓊州白衣庵庵主。又，《光宣臺集》卷九《復己虛》書云："宋居士來，得手札，知安樂。悟行到，又悉近

況。大士庵幾時可畢工？明年是兄六十一歲，和尚已上丹
霞，甚相念，千萬一歸，大家聚首。人生如電，老死異
土，究竟何益？且度人之事六十已上亦當休歇。"從此書
信目之，則己虛又是大士庵主也。

阿字今無亦爲撰《己虛師六十又一壽序》。

《光宣臺集》卷六。

序云："己虛自公於戊申孟冬行年六十又一，其諸弟子依
予於海幢座下者，思其德教之不可忘，相與製帳。鐵橋張
子穆之爲作《始旦圖》，合雷峰、丹霞、羅浮、寶水暨海
幢諸梵侶作爲詩歌，以廣己虛之德，爲己虛壽，祝其如始
旦之升而未既也。又合掌稽首白予，願得爲文以序之。"

棲賢石鑑今覩五十生日，和尚有詩壽之。

《瞎堂詩集》卷一二《棲賢石長老生日》詩。

詩云："老僧舊住溪橋上，卻憶當時亦五旬。"

今按：《海雲禪藻集》卷一今覩小傳云石鑑卒於康熙戊午
年，年六十，此時正五十歲。而和尚前住棲賢時亦五十
歲，故有此句。

秋冬之時，和尚及其弟子尋訪靈樹古寺。《建封灘尋
靈樹禪師舊址》詩當作於此時。

《瞎堂詩集》卷一三。

詩曰："青松高出建封寺，信棹灘頭問古津。舊址久成豪
族冢，原田半入俗居人。坡斜漫滅無行徑，竹出參差多著
塵。五百方袍何處去，青溪水涸石磷磷。"

今按：和尚及其弟子尋靈樹寺舊址之舉，當不止一次。
《徧行堂集》卷三七《奉和天老人尋靈樹遺址》："靈樹枝
條何處尋，高松落落影沉沉。屏山層疊還如昔，徑草橫斜
直至今。荒穴誰家侵寶界，斷碑無字發雷音。昨年我亦低徊
久，應有吾師一念深。"《徧行堂集》卷三八《停舟總鋪，訪

靈樹遺址，贈華、鄧諸子》詩云："停舟爲訪真靈樹，長短枝條念本根。要路未經心已到，盛時雖去意長存。畲田難得千年主，建刹全歸寸草恩。他日鯨音重吼處，不教孤負古雲門。"則澹歸去年即有尋訪靈樹寺之舉，並多次與相關人士聯絡。《徧行堂集》卷一九《典職宣勞總論》云："予於韶陽，訪所謂靈樹道場者，已化爲汙萊，歸諸兼併之户矣。故老言每疾風雷雨，有大神現其地，耕作者見之震仆，豈護伽藍者有餘恫耶？"卷二九《與鄧、華二公》云："久懷德望，兼叨弘護，咫尺高門，未得長爲法喜之遊，徒有馳仰。靈樹爲知聖禪師道場，雲門繼席，蓋出格宗匠闡揚之地。冠冕祖庭，不謂埋没數百年，每增十方澆吊。頃化主還山，備述居士欲捨故基，重開生面，聞之合掌讚歎不已。佛刹所在，具有神靈，祇桓廢興，亦憑時節，皆由菩薩願力所持。若大心頓發，克成此舉，則居士今日續施之因緣，即當年首創之功德，使慧燈晦而復明，龍劍隱而復現，知聖、雲門一會儼然未散，福田所獲，真不可以算數譬喻爲量矣。山僧雖衰老，敢不聞音擊節，爲高門稱賀，爲祖庭志喜耶？專勒荒函，仍遣化主問訊左右，伏惟裁示，可勝翹企。"又一通："承答教，殊慰老懷，此居士心光與知聖常寂光互相涉入之候也。中秋節內，恐有人事應酬，過此當擇日奉期，握晤於古殿基之上。草草未盡。"又，《海雲禪藻集》卷一錄今覞《經見峰灘尋靈樹禪師舊址》詩云："巉岏千疊枕長河，土室蕭條帶綠蘿。龍象不來行徑没，牛羊歸去野烟多。終憐勝地埋芳草，誰道遺風逐逝波。無限樵歌催落木，高天翹首意如何。"則建封灘，又名見峰灘也。此當是釋子今覞上下丹霞時經和尚授意而尋訪者，且已找到明顯綫索。今覞之行當在和尚親自尋訪之前。

和尚此次尋訪舊址，當在秋冬時令，且此次當是從丹霞山專門前往。從詩中可知和尚已得靈樹古刹舊址所在，爲日後其弟子澹歸和尚發願重建靈樹寺種下前因。①

靈樹禪師，即韶州靈樹寺如敏禪師，五代時閩人也。廣主劉氏奕世欽重，署知聖大師。

靈樹寺，在今韶關曲江縣周田鎮麻坑村東北滇江邊上，後改稱建封寺。江邊有建封渡，渡口附近一帶江灘稱建封灘，俱以寺得名。此寺唐末建立，南漢時知聖如敏禪師、文偃禪師先後住持於此。

是年福州士紳林孔石又請和尚主長慶法席，復卻之。冬，乃囑石鑑今覜代往，臨別示詩。

《瞎堂詩集》卷一二《寄林孔石》、《戊申冬日屬西堂石鑑代主長慶，臨別示此》、《石長老入閩已有別句，臨行再書扇頭二首》詩。《徧行堂集》卷三〇《送石鑑覜兄奉命之長慶》詩。《海雲禪藻集》卷一。

和尚《戊申冬日屬西堂石鑑代主長慶，臨別示此》詩云："十年未弛吾師擔，三請深慚居士心。多爾逆撐曹洞水，爲余雄據大潙岑。先宗斷續寧論後，古道凌夷直賴今。千里臨風無別語，罋頭黃葉慎知音。"詩中原注云："林孔石有劄促余。"

《寄林孔石》詩云："折柬殷勤又七年，肝腸重布菊花前。卻慚堂構乘承後，轉見王臣囑累先。白社遙知宗炳意，青

---

① 沈正邦《天然和尚與弟子尋訪和興復靈樹寺的努力及其啟示》一文道："澹歸到丹霞開山建成別傳寺，在社會上影響很大，因此有鄧居士等願將其擁有的建封寺亦即靈樹寺遺址的山地捐給佛門，請澹歸和尚重建靈樹道場。澹歸爲此致信鄧、華兩居士，表示讚歡稱賀以及爲祖庭志喜。"見楊權主編《天然之光：紀念函昰禪師誕辰四百周年學術研討會論文集》，中山大學出版社 2010 年版，第 93—95 頁。

山分去遠公禪。臨風更有無言句，他日相催一默然。”

澹歸《送石鑑覬兄奉命之長慶》詩有云：“……飛書來八
閩，仰天乞清風。推轂重此行，祖德存良弓。”

今按：《寄林孔石》詩所謂“又七年”，殆於康熙元年前
後，林孔石等已有邀和尚入閩主法之事。參康熙元年條。
林孔石札，未見。又，據《徧行堂續集》卷八《棲賢石
鑑覬禪師塔銘》，石鑑住長慶，僅半載而返。

林孔石，其人未詳。

釋依石殆於是年由端州上丹霞，參和尚爲師。

《光宣臺集》卷六《送依石老僧入丹霞序》。

序云：“依石苾蒭摩娑端溪之石殆六十年，不知他好。客
冬始走丹霞參吾師天老人，老人錄而教之，依石始知其所
以自受用者不可以石終也。然等流異熟，覺雲根之膩理，
愛月魄之精瑩，猶不能忘。頃重歸端，重入丹霞，過海
幢，袖石貽予，觀其指評曰：如此則爲水巖，如此則爲朝
天巖，如賀知章逢麴，口涎橫流，令人爲之解頤一笑。予
贈之詩，有云‘搜得青山骨，添予白晝心’，乃實事也。
……依石老矣，幸毋再道其品石之能，以奔走於溪山大澤
之間，而自取桂漆之割伐，當頹然自放如樗之無用，以料
理其能持染淨種子，則爲漆桂之所慕者多矣。老人之門墻
數仞，百官倉廩，室家之美，依石非篤信，一聞法音，如
石之聚，聚而辨，辨而聲入心通，則不可以依座下也，然
而卒難也。今蟲木之所指也，毋乃立於巷而稍語之，幸非
穿窬之智也。依石勉之！”

今按：《光宣臺集》卷一八有《送依石老僧入丹霞並謝其
贈端州石》詩，繫在《戊申夏日喜張百庵中秘過訪卻贈
即送還朝》與《己酉端陽前五日喜汝得侍者歸自陵陽吉
水因作四十字》詩之前，作於戊申、己酉年間無疑。則

序中所謂"客冬"，則指本年冬也。

慧則今鷲、作金今聲、覺大今邈等於是年隨石鑑今覿入閩。未幾，石鑑今覿返棲賢。

> 《徧行堂集》卷八《棲賢石鑑覿禪師塔銘》。《海雲禪藻集》卷三今鷲小傳。

和尚舊同年友曾開過訪，感慨繫之。有詩。

> 《瞎堂詩集》卷一二《曾公實過訪》詩。

> 詩云："看君幾歲犖皮冠，試問從來爲選官。念我故山腸欲斷，抛不得。因人岐路淚偷彈，不禁忍俊。已成白髮南洲暮，卻憶青袍北邸寒。莫怪童齡多慷慨，低垂猶自倚闌干。俗氣不少。"

> 今按：此詩以《瞎堂詩集》編例目之，當作於本年。《勝朝粵東遺民錄》卷四云："詳詩意，似諷其人國朝後欲就仕者。然阮《通志》傳及選舉表不載開爲國朝某官。蓋開得函昰詩，遂不復出也。"

是年手書《法華經》七卷，並作《書後》以見其初心，願己身以訖十方一切解義說法之人，性智明決，色身堅固，盡法行持，無所愧悔。

> 《天然語錄》卷一二《書自書法華經後》。

> 文曰："嗣祖沙門丹霞比丘釋函昰，謹竭誠頂禮佛前，書寫《妙法蓮華經》盡七卷已，而作念言：我函昰二十七歲始受持是經，至今三十五年。領衆以來，已二十八年。竊謂如來大事因緣微妙章句難信難解，蒙師開示，幸獲悟入。以此自信自修，即思與衆共信共修，一奉如來明訓，爲人宣說。詎謂懈怠之性，僻處窮谷，敢忘謙下忍辱之心，而多病之軀，精力易疲，殊失誨人不倦之意。所訓之衆，成就者少，隳退者多。或聞而弗信，信而弗篤。或利根而忽於究竟，或力弱而怯於擔荷。或少有所得而惑於岐

塗，或可望有成而限於壽命。或樂於自爲，或弛於多嗜。
浩大久遠之程未易克終，而信師慕道之懷終難勿變。睹四
衆而大哀，反一己而益切。年運雖邁，始願未衰。勉力自
書，猥以見志。願從函昰以訖十方一切解義說法之人，性
智明決，色身堅固，各於菩薩行處、菩薩親近處，盡法行
持，無所愧悔。以普賢行廣興流布，庶幾仰追先轍，免蹈
時習。凡在聽衆，聞說歡喜，夙夜思惟，始必有終，大而
勿小。尤伏懇佛菩薩大慈普及，衣以覆體，光以照心，不
致辛苦生疲，逐物成惰。少智之士，蒙光聰敏，底於大
成。薄福之徒，承願增益，毋爲中匱。更願所書經卷，直
待慈氏法華會上忽爾現前。我願如是，諸佛證明。信此一
心，必無虛棄。"

《般若心經論》殆於是年以定本流通。

《天然語錄》卷一二。

今傳本全文如下："梵語'般若'，此云智慧，以智慧解
諸法空而至於彼岸，是矣。又曰《心經》，何謂也？華首
曰：'心是體，智是用。'體則通凡聖而皆徧，用則分迷
悟以各成。天下無無用之體，體即徧而用，安得不徧歟？
曰：徧而迷悟異致，故曰各成。各成則不可均言智慧矣。
此所謂本覺，則聖凡無二，迷本爲妄，悟本爲始，妄與始
無二體而有二用也。當其迷也，見色而不見空，乃至見受
想行識亦不見空，行於日用，欲求其毫釐解脫而不可得
矣。及其悟也，即色是空，更無別空，即空是色，更無別
色。乃至即受想行識是空，更無別空，即空是受想行識，
更無別受想行識，行於日用，欲求其毫釐凝滯，而亦不可
得矣。是迷悟之用各異，而皆原於本覺之心，固無有異
也。通凡聖而無有異，故曰體也。自無始來，無佛名，無
菩薩名，無二乘凡夫名，唯渾然藏識而已。藏無自性，不

覺成識。識成而根身、器界名相臚然，而藏性不失。識滅而三明六通，智證詣極，而藏性不加。所謂無生滅之謂心，無垢淨之謂心，無增減之謂心，此心空相，本自如然，而非深於般若，則未有能徹見而返本歸源者。此三世如來所讚歎尊重，無異旨也。般若生於本覺，而要迷情淨盡，然後現。妄覺亦生於本覺，而要當體知歸，然後泯。故知翻其妄而自照之爲智，智生即無妄，妄成智也。智解諸法空，還其本覺之無動搖之爲心。心返則無智，智盡心也。涅槃三德，非縱非橫，而悉始於明見佛性，融根本差別，而一至於是。所謂佛性爲因，而涅槃爲果也。由是而造焉，之謂經也。”

今按：此書不署撰年。清順治十五年，天然和尚讀憨山德清所著《心經直說》，謂可深救禪病，因乞流通，以示來學。宗寶道獨命和尚爲之跋。或和尚其後即有此論。參本譜順治十五年條。又，順治十八年春，錢謙益寄其所集《般若心經略疏小鈔》二卷恭請宗寶道獨和尚鑑覽。時適宗寶示疾，轉生辨重加印可，而未及裁答。參本譜順治十八年條。或宗寶將此《小鈔》轉交和尚，而和尚或又略加修正耶？又，此書題“丹霞沙門釋天然函昰撰”，則此書最後定稿在丹霞，且以付梓也。故繫於此。

王邦畿約本年爲和尚刻詩集以流通，和尚謂道人無詩，偈即是詩，然偈不是偈，詩又不是詩，故題曰《似詩》，並撰《自序》。

《天然語錄》附今辯《行狀》、湯來賀《塔志銘》。《瞎堂詩集》卷首。

《自序》云：“說作吼子乞余詩付梓人，已而乞名，名曰‘似詩’。似詩者，何謂也？夫道人無詩，偈即是詩，故亦曰詩。然偈不是偈，詩又不是詩，故但曰似。吼子請焉，更爲語曰：'子以予偈不可讀，姑取詩以示人，爲其近人也。'何近乎？情近也，境近也。悲歡合離與人同情，草木鳥獸與人同境。同人者善入，入則親，親則信，信則漸易而不覺矣。噫！此吼子之說也。然予以爲吼子之知予詩者惟近，而不知予之不是詩者亦爲近。近者，天下之所同也，而有異焉。然則天下之所爲樂近者，爲其同也。而有異，則天下之所謂樂，一人尤樂。余之不是詩，是以樂與天下，而以尤樂待一人。萬世而下，其旦暮遇之耶？昔南禪師住歸宗時，遣化至虔上。將還，有劉君遠送郊外，祝曰：'爲我求老師一偈，爲子孫世世福田。'明年，南以偈寄之曰：'虔上僧歸盧嶽寺，首言居士乞伽陀。援毫示汝個中意，近日秋林落葉多。'後四十年雲庵復住歸宗，法席盛於前，雲庵上堂，有偈曰：'先師昔住金輪寺，有偈君家結淨緣。我住金輪還有偈，卻應留與子孫傳。'噫！吼子謂是偈耶？詩耶？固非艱深不可曉，而古今傳誦，不敢目爲詩，則安知夫人之所謂近者而即遠，所謂遠者而即近耶？吾願天下勿以堅白之昧終而自安於所樂，是不但一詩也。天然道人書。"

今按：汪譜繫刻書事於本年，當有據。原刻本未見。和尚示寂後，今毳編爲《瞎堂詩集》二十卷，《似詩》入焉。

大牛今白爲衆行乞有年，遊化十方，風餐露宿，歷經苦厄，於是年前後入寂。和尚悼以詩，阿字今無爲之下火。

《瞎堂詩集》卷六《悼大牛》詩。《光宣臺集》卷一三《爲雷峰大牛典客下火》。

和尚詩云："之子解塵網，相將十五年。五年予在匡，十年歸佛山。適值分衛時，相見江流間。爲衆忘疲勞，精神澤腪顏。轉盼曾幾何，鬖鬖蚤已斑。客春中深寒，半月不得眠。願言病既瘳，長揖陌與阡。欲返爾形神，侍我巾瓶前。强飯始兩旬，輒聞隨人緣。菩提薩埵心，豈肯圖自安。
憶我入丹山，再睹陽雁翮。偶逢舊山人，方知竟淹然。生
死安可逃，形魄傷雲烟。覺海空茫茫，靜觀徒往旋。誰當
諳水脈，安流泛晴川。"

阿字爲下火文曰："大牛，你此生有文人放誕之野，有鄉
曲令譽之名，有叢林血汗之功，有字畫深致之癖，超超於
俗，落落爲僧。今日這箇時節，總無各般消息。殊不知你
當放誕之時，已全身落在今日之中；聞令譽之時，已全身
落在今日之中；乃至拜街添鉢、揮毫運腕時，亦已全身落
在今日之中。而大牛不知，不惟大牛不知，盡大地人無一
箇知者。大牛，我聞你訃在海幢，趨歸爲贈這把火。你平
日所少者，我安能贈你？你平日所有者，何勞再說？惟是
你於雷峰這塊地十餘年來勤懇護持，枯盡心血，乃至四大
分散，尚未泯然。這一點菩提種子真是出世津梁，殊不知
地運隨時，夢境難挽，你若瞥去此念，萬里大虛何曾缺
少？大牛，何不於這箇時節現出大人之相，放去收來，總
自由你？此去四蹄應踏破，莫教火後一毛存。"

今按：和尚詩所謂"相將十五年"者，指今白順治十年
受具以來至今也。

姜山今旴爲雷峰監院，巾錫至者恒數千指。一僧因目
眚辭去，旴即其所居送之，仰視西日射入窗隙，蹙然
悔謝曰："某甲身爲監院，竟不知公居止爲西烏所薄，
罪何可逭。"引咎不已，自解所衣贈之。其慈遜若此。
人比之揚岐、石窗諸尊宿云。

《海雲禪藻集》卷二今旴小傳。

康熙八年己酉（1669）　　六十二歲

[**時事**] 清禁傳天主教，南懷仁等照常自行宗教

儀式，不在禁止之列。 詔永停圈地，今年已圈者還。
然其後仍有私圈之事。 八月，禁止各省建立天主教
堂傳教。 詔令量復遷海居民舊業。 是年六月，
廣州大颶風至。八月、九月三作。吹落六榕寺塔頂。
壞公私船艦甚多。

住丹霞。元旦有上堂法語，以賀新禧。
> 《天然語錄》卷一。
> 法語云：“上堂，卓拄杖，左右顧云：‘元是舊年人，卻
> 看新曆日。曆日年年新，儂渠刻刻故。既刻刻故，爲什麼
> 總向新年新月新日裏相見？一輪紅曜安知歲，鏡裏森羅不
> 是空。’”

又於此日舉澹歸今釋爲別傳寺西堂，有上堂法語。
> 《丹霞山志》卷五《己酉元旦舉澹歸釋西堂立僧上堂》。
> 法語云：“……師乃云：‘青陽布令，白種流光。朝寧呈
> 祥，山林滋慶。我別傳寺裏趁時及節，一回舉似，要酬人
> 天碩望。諸人還知麼，海幢、峽澗舊家聲，丹石優曇今又
> 樂。推出楊岐還大衆，百花叢裏看難兄。’卓拄杖，云：
> ‘大衆，送新西堂進寮。’下座。”

上元日，和尚賦《憶崇禎丁丑寓鷲峰寺上元日早朝》、
《憶與陳全人下第南歸，舟次金陵，宿報恩塔院》、
《憶過姑蘇》、《憶過西湖與余中丞集生泛舟》、《金陵
懷古》諸詩，感懷昔時。
> 《瞎堂詩集》卷一三。

澹歸今釋觀陳學佺所繪佛像，感慨此畫成於奇人之手，
又經天然老人、阿字今無、石鑑今䛒三奇人寶護之奇
遇，題誌之。

《徧行堂集》卷一六《題陳全人畫佛》。

文曰："陳解元全人作一佛二尊者，靖深肅穆，紗指發光，梵音震地，而摩竭正令無絲毫變易。全人嶺海奇士，與吾師天然老人爲生死交。老人寶之既久，以授阿字無兄。無亦奇士，童年參侍，得慧解脫。其訪千山剩人和尚於瀋陽，闖關而出，凌海而歸，險絶之中，圓明不失。迨還雷峰，以授石鑑覎兄，又一奇士，日月盪胸，風霆落手，潛行密用，深得洞上不傳之旨。其於無與老人，亦如飲光慶喜，今古同條。此圖作者、藏者、與者、受者，各具因緣而不存賓主，豈非全人正信所生，不一不異，無雜無壞，同在如來大光明藏，自有步步不離之妙耶？謹識其奇如此。時己酉上元。"

和尚賦《寄姚石埭六康》詩，有"遙山雁去三千里，獨樹鶯啼四五年"之句。

《瞎堂詩集》卷一三。

又作《春懷》、《春日寄雷峰社中》、《春日即事》、《芳草》諸詩。

《瞎堂詩集》卷一三。

今按：《春日即事》詩云："水漲錦溪知夜雨，月沉丹嶂起朝烟。""芳草王孫歸未得，幾人於此獨潛然。"《芳草》詩云："何處東風送大堤，王孫去後獨萋萋。"蓋在丹霞送人而作。

仲春，阿字今無遊歷羅浮山，有《羅浮紅鳥》詩。

《光宣臺集》卷二五。

暮春之初，沈皞日還浙江秋試。和尚有詩，澹歸有序以贈行。

《瞎堂詩集》卷一三《送沈融谷回浙秋試》詩。《徧行堂集》卷四《送沈融谷秀才還浙江秋試序》。

和尚詩云："三春去馬遲征雁,九夏歸人獨聽潮。"詩中原注："融谷於孝山太守爲內外兄弟,時客其署中。"

澹歸序云："己酉暮春之初,予與沈子融谷別於天峰。……沈子迴翔於八達之衢,日在萬仞峰頭,與天然老子把手同行,忽然放倒,則予今日惜別之懷早成剩語,不妨向叱馭樓下見影而馳。然雖如是,已被孝山勘破了也。"

今按:天峰,即南雄天峰書院。道光《直隸南雄州志》卷六載:"陸世楷,字孝山,浙江平湖人。丙戌拔貢。順治十三年自登州府同知擢本郡太守。秉性寬厚,修輯郡志,凡所設施,酌古準今。捐建天峰書院,奉祀張文獻、王文成二先賢。置田以供俎豆,諸生肄業其間,季試月課,親臨不倦,時登賢書者悉出其門。"

三月,和尚有《程大匡儀部入山卻贈》、《趙孝廉蘇生歸自江陵,與同榜潘廣文伊蔚過訪》諸詩。

《瞎堂詩集》卷一三。

程大匡,《船山師友記》卷一二:"程大匡,安成人。"

趙蘇生、潘伊蔚,其人俱未詳。潘爲和尚同年舉人也。

春遊,過桐子山、泖山,作詩紀之,有"一條舊路依層砌,無數新陰異去年"之句。

《瞎堂詩集》卷一三《桐子山》、《春日再過泖山》詩。

今按:據《丹霞山志》卷一,桐子山在獅子巖下。泖山,未詳。

春日,凌世作、陳無隱、凌稚圭、葉御題諸法侶陪黃徵君入山過訪,有詩。

《瞎堂詩集》卷一三《黃徵君過訪》、《春日凌世作、陳無隱、凌稚圭、葉御題陪黃徵君入山》詩。

凌玉京,字稚圭,法名古模,字範庵。葉蔭標,字御題,法名古桐,字音外。見《丹霞山志》卷六"法社姓氏"。

黄徵君、凌世作、陳無隱，其人俱未詳。

賦《上巳寄南康太守廖昆湖》詩，中云："此日獨懷彭蠡守，袖中存有故人書。" 又有《寒食》、《清明》、《春望》諸詩。

《瞎堂詩集》卷一三。

華首臺監寺言全今詮以疲勞咯血，病寂。和尚有詩悼之。

《瞎堂詩集》卷一三《悼言全監寺》詩。《海雲禪藻集》卷二今詮小傳。

今按：詩題下有"華首"二字。則言全爲華首臺監寺。

古詮，字言全，廣東番禺黄氏子。求和尚薙染受具，執侍勤謹。老人愛其誠樸，念華首爲空老和尚犍椎地，非高行衲僧不與兹選，特命詮領院事。至則剔蕪芟穢，斂租輸稅，頗殫心力。

劉炳四十生日，和尚有詩壽之。

《瞎堂詩集》卷一三《壽劉煥之副戎》詩。

詩云："真隱何殊水石間，王門深遠意相關。入世但尊程氏學，論心唯許遠公閑。常供軍儲先輸國，時捨僧田爲近山。最喜年華纔不惑，佇看儒術遍塵寰。"

楚黄趙處士入山見訪，有詩誌之。

《瞎堂詩集》卷一三《楚黄趙處士入山見訪》詩。

趙處士，其人未詳。

有詩寄懷臥病海雲寺之足兩今嚴。

《瞎堂詩集》卷一三《寄足兩侍者》詩。

詩云："舊院何人潮汐中，十年立雪恨西東。頻行方丈莓苔破，久病床頭藥罐空。門對孤松分鶴影，窗臨野竹惱春風。老僧近亦多愁疾，獨掩高峰聞夜鐘。"

今按：詩所謂"舊院"，即指雷峰海雲寺；"十年立雪"者，指今嚴自順治六年己丑受具至順治十五年戊戌出嶺請藏間之十年也。此時殆病居雷峰海雲寺。

《落葉》、《落花》諸傷春之什亦當作於同時。

　　《瞎堂詩集》卷一三。

姚繼舜儦儗居太平，舟次相見，有詩贈行。

　　《瞎堂詩集》卷一三《姚大參亦若儦儗居太平，舟次相
　　見，率爾有贈》詩。

　　今按：詩中原注：“公昔避亂丹霞。”又，“姚中州人。”
　　姚大參亦若，即姚繼舜。見順治十八年條。

浴佛日，有上堂法語。

　　《天然語錄》卷一。

　　法語云：“浴佛日，上堂：‘好好個太平世界，無端撞入
　　淨飯王宮，大怪小驚，當時建立，且道建立得個什麼？後
　　來韶陽老子極力推倒，且道推倒得個什麼？都來丹霞手裏
　　一捏粉碎。會麼？不識赤須鬍，依然鬍鬚赤。’卓拄杖。”

和尚近年頻患舌瘡，澹歸今釋奔波在外，多有致書聞
訊，並論及寺院建置及日常生計。

　　《瞎堂詩集》卷八《丹霞山居十二首》其八。《徧行堂
　　集》卷二一《上本師天然昰和尚》。

　　澹歸《上本師天然昰和尚》數通問訊，其一兼論丹霞舍
　　利塔建置之事，云：“聞舌瘡未愈，此乃調攝大衆，勞心
　　所致，始知菩薩問訊世尊少病少惱，亦非藥石可能旦夕取
　　效。惟以衆生和合之氣，爲堂頭安隱之方，不患無湯使，
　　但少此道地藥材耳。舍利塔仗和尚弘願，得首座與海幢監
　　寺化導，大林兄弟成之，已約於明冬結此勝果矣。僉議建
　　置於長老峰頭，使南韶江上，百里內外，皆見七級浮圖，
　　凌空出現於奇峰怪石之頂，此即天台圖畫開卷第一幅也。
　　頃蒙示誨，欲照育王塔樣，非不古雅，然製不尖聳，殊難
　　豁人心眼。又丹霞一帶峰巒皆團而鈍，不可少此如錐之

利，爲形家補偏救弊也。又聞欲置塔紫玉臺間，未知果否？若如此，則如閨閣中物，乃不若高高山頂立耳。查育王塔現於鄞縣者，高一尺四寸，其超化寺在水中者，高三尺，想亦未有高數丈者。今擬於長老峰頭造塔，不能減量於四十八尺之下，則育王樣殊非所宜矣。今釋愚見如是，和尚更一裁之。常住田未足，亦俟陸續措置。新地穀雖出水費多，然決不可糶用，幸諭職事，勿計目前小利也。此有深意，切望相從。”

又一通，論及海幢寺之事者云：“手諭舌病之後，色力心力俱不能如昔時，此蓋勞神太過所致。建立一着，只要曉事人多，則堂頭老子無他費心，但專力於鍛煉衲子耳。今一切是非人我，兼累和尚調劑，豈非及門奉職者之咎耶？首座不辭固佳，辭亦自紗。當此頹流，稱楊稱鄭，即獨行覓院，且須雇個行者，挑着對方丈燈籠，則此一辭，又足爲害堂頭熱病者一帖清涼散也。世道人心，愈變愈怪，今釋真是勉強向前。無論海幢日在風波之內，凡有志於撐持法門者，不將身見、命見掃除乾淨，未有不打退鼓耳。頃已作書畢，得慈諭，率具此白。首座非順命，然爲子之道，遇艱難困辱便不應辭；若坐曲盝牀、打鼓陞堂，猶是尊貴邊事，不妨作謙退之標幟，爲後學之楷模，況時勢不同，憂危未輟，願和尚更有以慰之也。”

又一通，論及四月八日後出嶺化緣之事，云：“聞和尚舌病復作，正是勞心之過。諭及事到着激，竟無一人代爲籌策，總斂手聽分付而已。……今釋頃欲入此一夥，尚未能也。龍護園飯碗纔有着落，忽然送一座廳屋來助，佛殿日內料理拆卸，商量修造，惹起一絡索。昨得首座書，仙城數處錢糧杳無消息，又是一天愁悶。四月八後，即圖出嶺。任勞即易，擔憂即難，莫道做現成好漢無此福，便做不現成好漢，亦須有此福也。何時得向皮寬樹裏安單，現成飯碗中打滾乎？正恐皮寬則樹死，打滾則碗破，亦非長久之計，奈何！"

又一通，論及古檜行蹤及自己行跡，云："舌瘡愈而還作，衆生息而復喧，亦是張公喫酒李公醉，總不得免，要亦不求免也。會木初二日至龍護，初四日附舟還海幢矣。西堂聞有悔意，然則欲學軟語，先辦細心也。某性好罵人，又惟恐其不盡，當以此爲佩韋，如阿修羅入藕絲孔中耳。到吉自可得廬山信，以致還生，但恐時日無多，未能久待，然有心亦不在忙也。"

今按：此數書均無年份，要之作於本年前後，姑繫一處。

五月，和尚有詩送澹歸今釋下海幢，阿字今無恭和之。

《瞎堂詩集》卷一三《送澹西堂之海幢兼寄阿首座二首》。

《光宣臺集》卷二一《己酉夏五月，本師天老人二詩送澹西堂下海幢兼寄示無。次韻恭和》詩、《己酉夏五月，海幢抽竝頭蘭兩枝。適澹歸西堂至自丹霞，有詩。亦引其意作二律，即以誌喜》詩。

驚傳朝廷詔復濱海遷民故業，初聞涕淚霑裳，作詩三首以志感，有"天道好還憑未得，人心將作感恩平"之句。

《瞎堂詩集》卷一三《詔復濱海遷民故業三首》詩。

詩其一云："市上驚傳鬻海魚，幾年禁令忽聞疏。流民多恐無歸日，望裏翻愁空故墟。城犬隨人尋舊路，野鴉遷樹避新鋤。不堪悲處還成喜，童稚編籬且種蔬。"其二云："官府唯聞復故基，荒涼田舍欲何爲。餘生便是承恩日，後死彌深設慮時。已分辭根同敗葉，卻因回律惜殘枝。夜塘寂寂春蟲切，雨過疏籬帶濕炊。"其三云："死生誰復問身名，尚在幪幪愴倍生。妻子流離今已過，家園存沒眼前成。辭巢社燕先秋恨，淚血啼鵑薄暮情。天道好還憑未得，人心將作感恩平。"

今按：《廣東新語》卷二《地語·遷海》載："粵東瀕海，其民多居水鄉，十里許輒有萬家之村、千家之砦。自唐宋以來，田廬丘墓，子孫世守之勿替，魚鹽蜃蛤之利，藉爲生命。歲壬寅（康熙元年）二月，忽有遷民之令，滿洲科爾坤、介山二大人者，親行邊徼，令瀕海民悉徙內地五十里，以絕接濟臺灣之患。於是麾兵折界，期三日盡夷其地，空其人。民棄貲攜累，倉卒奔逃，野處露棲，死亡載道者以數十萬計。明年癸卯，華大人來巡邊界，再遷其民。其八月，伊、呂二大人復來巡界。明年甲辰三月，特大人又來巡界，遑遑然以海邊爲事，民未盡空爲慮，皆以臺灣未平故也。先是，人民被遷者以爲不久即歸，尚不忍捨離骨肉。至是飄零日久，養生無計，於是父子夫妻相棄，痛哭分攜，斗粟一兒，百錢一女，豪民大賈致有不損錙銖、不煩粒米而得人全室以歸者。其丁壯者去爲兵，老弱者輾轉溝壑，或闔家飲毒，或盡帑投河。有司視如螻蟻，無安插之恩，親戚視如泥沙，無周全之誼。於是八郡之民，死者又以數十萬計。民既盡遷，於是毀屋廬以作長城，掘墳塋而爲深塹，五里一墩，十里一臺，東起大虎門，西迄防城，地方三千餘里，以爲大界。民有闌出咫尺者，執而誅戮，而民之以誤出牆外死者，又不知幾何萬矣。自有粵東以來，生靈之禍，莫慘於此。戊申三月，有當事某某者，始上展界之議。有曰：東粵背山而海，疆土褊小。今概於海瀕之鄉，一遷再遷，流離數十萬之民，歲棄三千餘之賦。且地遷矣，又在在設重兵以守，築墩樓，樹樁柵，歲必修葺，所費不貲，錢糧工力，悉出閭閻，其遷者已苦化離，未遷者又愁科派。民之所存，尚能有十之三四乎？請即弛禁，招民復業，一以補國用，一以蘇民生，誠爲兩便。於是子遺者稍稍來歸，相慶再造，邊海封疆，又爲一大開闢焉。”又，王澐《漫遊紀略》卷三《粵遊》述遷界之事云：“當是時，諸臣奉命遷海者，江浙稍寬，閩爲嚴，粵尤甚，大校以去海遠近爲度。初立界猶以爲近也，再遠之，又再遠之，凡三遷而界始定。墮縣衛城郭以數十計，居民限日遷入，逾期者以軍法從事，盡燔廬舍。民間積聚器物，重不能致者，悉縱火焚之，乃著爲令：‘凡出界者，罪至死。’地方官知情者，罪如之。其失於覺察者，坐罪有差。功令既嚴，奉行恐後，於是四省濱海之民，老弱轉死於溝壑，少壯流離於四方者，不知幾億萬人矣。”《清史稿·鄭成功傳》云：“康熙六年，徵施琅入京師，撤降兵分屯諸省，嚴戒守界，不復以臺灣爲意，鄭錦兵亦不出，相安者數年，濱海居民漸復業。”《廣東通志·邊防篇》云：“臺臣楊雍建、巡撫王來任、總督李率泰先後疏請，康熙八年春正月，奉旨盡弛海禁。”

六月，賦詩酬阿字今無與澹歸今釋，歎佛門生計維艱。

《瞎堂詩集》卷一三《酬阿首座並寄澹西堂二首》。

詩云：“渡頭長繫過江船，樹裏尋源六月天。”

七夕，有《李別駕入覲回署，適當誕日，作詩寄之》、《七夕驟雨》詩。

《瞎堂詩集》卷一三。

前詩云：“王程鞅掌年方壯，共喜恩榮發艷謳。”詩中原注：“時值七夕。”

李別駕，指李廷標。原名成棟，字廷標，又字鴻子。廣東番禺人。明經。禮和尚爲居士，山名今晴，字迥無。

以生平摘過頗切，賦詩自責。

《瞎堂詩集》卷一三《余生平摘過頗切，輒有面從之感，賦以自責》詩。

今按：和尚有《同住訓略》，中設"設思過、從新兩寮"、
"忘非省過之難"、"舉過不易"數條，其設教立徒，於改
過自新之一事，可不痛切於心焉。其"舉過不易"條云：
"夫舉過不與說過同，凡見過而不舉，其罪甚於過。世之
惡人舉過，謂訐以爲直，不則借題以行好惡，二者而已。
二者乃一人之事，而遂欲並廢舉過。世出世間所以不成建
立，與夫舉過者從法門起見，懼其有妨建立，不忍以情面
相蒙，兼之因事正告，以與大衆觀感。具此大心，又能以
慈柔出之，此關人學術既端，涵養復到，然不可一概得
也。無已則光明洞達，理正詞嚴，亦不失爲擔當祖道，開
拓叢林。若只唯唯諾諾，以爲忠厚有德，極佳者成自了
漢，山僧且攢眉待之，況更未必自了乎。至於自不作法，
聞人摘過，不生慚愧，而反目爲訐直、爲好惡，甚有終身
不能忘其人者，而謂道當如是乎否耶？即使人果訐直，人
果好惡，而於我之過舉所應舉，惟有自訟之不暇，何暇問
人？六祖云：'常自見己過，即與道相當。'吾願與諸人
日服斯語，則聞過與舉過皆有所裨。其於天下後世之楷
模，豈淺鮮哉。"可以參看。

一夏山中苦熱，偶得秋涼，有詩慶快之，云："山院
炎蒸苦莫何，西風忽向竹間過。"

《瞎堂詩集》卷一三《初秋》詩。

唐樸非北上，有詩贈行，兼寄程可則。

《瞎堂詩集》卷一三《唐樸非有北上便道入山之訂，久候
不至》、《送唐樸非北上，兼寄程民部周量二首》詩。

自恣日，有普說，勉大衆及時修行，莫圖虛名。

《天然語錄》卷四。

法語云："解夏，普說：'老僧兩三月來彊半是患舌瘡，
少與諸人說話。今日自恣，且問諸人還曾構得者個事麼？

若道一切現成，豈不一夏虛過？若必有所構，作麼生又說個本有？大衆！本有本不有，本無本不無。本無本不無，所以鹽官道：一切衆生皆有佛性。本有本不有，所以潙山道：一切衆生皆無佛性。到者裏，伶俐衲僧不難識解依通，然須悟始得。昔我世尊拈青蓮華，在百萬人天中顧視，大衆，且道是何等徽猷！古今商量都向舉起處會。金色頭陀破顏微笑，又向笑裏承當，此豈不是解？後來阿難尊者問迦葉尊者云："師兄，世尊傳錦襴袈裟外，別傳何事？"迦葉喚阿難，阿難應諾。迦葉云："倒卻門前刹竿著。"於今人也都在迦葉喚處、阿難應處作個直捷根源，謂有者個直捷根源，卻教向目前動用裏流通去，所以道，倒卻門前刹竿著。若果如是，爲什麼趙州有僧問云："學人乍入叢林，乞師指示。"趙州云："吃粥了也未？"僧云："吃粥了也。"州云："洗鉢盂去。"他何曾有什麼直捷根源？亦便就目前動用處指示。有底卻云：直捷根源祇在目前動用裏，目前動用也即有直捷根源。又引青原行思禪師見六祖話。當時行思禪師初到曹溪，便問："當何所務即不落階級？"曹溪云："汝曾作什麼來？"思云："聖諦亦不爲。"曹溪云："落何階級？"思云："聖諦尚不爲，何階級之有？"曹溪深肯之。大衆你看，聖諦亦不爲，正是沒量大人八識一刀底手段，你若在者裏下得那一刀，便能一切時、一切處、一切念，直得自由自在、蕩蕩無礙。於今人卻道，聖邊事拈過一邊，直教他在目前聲色裏倒臥橫眠始得。又和會僧問青原云："如何是祖師西來意？"原云："廬陵米作麼價？"豈不是目前一句子囫圇，無你思量處，無你立腳處？又引證石頭示藥山云："恁麼也不得，不恁麼也不得，恁麼不恁麼總不得。"者便是一句子目前囫圇，不可思量、不可站腳底道理，所以藥山不會。

後參馬祖，祖云："我有時教伊揚眉瞬目，有時不教伊揚眉瞬目，有時道揚眉瞬目者是，有時道揚眉瞬目者不是。"一時言下豁然。此正是囫圇一句子在目前動用處點睛飛去也。又云：石頭是個人境俱奪，馬祖是個人境俱不奪。總與麼批判，且道有什麼妙悟處？又引睦州有僧問云："以一重去一重即不問，不以一重去一重時如何？"睦州云："昨日栽茄子，今朝種冬瓜。"又是目前一句子囫圇話了也。大眾，我丹霞以一重去一重，絕無其人，不以一重去一重，滿目而是。何以故？茄子今年種得遲，冬瓜秋後看。大慧云："茄子一任諸人橫咬豎咬，冬瓜上試道將一句來。"我丹霞茄子、冬瓜總任諸人橫咬豎咬，祇是要下口不得。大眾，既總任諸人橫咬豎咬，爲什麼卻下口不得？作麼生是下口不得底道理？不可亦是目前囫圇一句子麼？莫總作與麼解會。解一任你解，祇是無利益。爲什麼無利益？大眾，悟之與解極相似，其實如雲泥之異。祇爲你作與麼解了，二六時中有幾種用不著處。那聲色關頭逢著便黏，即不黏，亦費許多撥置是一。又方寸裏生滅，亦有許多拈一放一底時節。又道理上亦有許多杜撰與杜撰不得，一時胸臆放不過底去處，者亦是用不著。既用不著，不可又從頭問人，只得推作行履不到。噫！佛法不是者個道理。古人也有行履底話，卻是他悟得底即是他行底，行底即是他悟得底。未有悟處不曾圓滿，卻向行履上圓滿。譬如人家有一百畝田，饒你耕耘得十分勤力，灌溉得十分及時，到成熟時亦只是一百畝田底稻子，終不成耕出二百畝來。人之學道，亦復如是。汝打頭見處如是，饒你精勤踐履，亦不過純熟得所見底。未有見不圓滿，卻靠著行履圓滿。所以道：打頭不遇作家，到老終成骨董。作家宗師就是十分老婆，他方便裏亦自然有宗門手段。你看歸宗當時有僧問"如何是佛"，宗云："我向汝道，只恐汝不信。"僧云："和尚誠言，安敢不信?"宗云："汝便是。"大衆，汝看歸宗又不道汝怎底怎底便是，怎底怎底便不是，但云"汝便是"，真可謂渾金璞玉，不曾有些子逗遛，亦無毛頭許剩義，豈不是垂手處便有剗絕底道理?其僧卻云："如何保任?"可惜一鍋湯被一顆老鼠矢汙卻。猶幸歸宗始終是個大人，復云："一翳在目，空華亂墜。"者一句子從頂門上霹靂一聲，直得湊泊無路。於今人聞說"汝便是"，卻向五蘊識田裏認個主宰。一認認著，向行住坐臥處體貼一回，又向古人册子上比量一回，自然撞到個穿不過底所在，一定回頭，在靜地裏打點潔淨，所謂"一翳在目，空華亂墜"，喚做"悟後保任"。又引證馬祖云："自從胡亂後，三十年不少鹽醬。"卻道馬祖是祖師中過量底，他打發此事三十年猶費淨治之力。大衆，佛法不是者個道理。深山裏清水白米，阿誰無分?祇要你是個人。你若是個人，自然合他古轍，又何勞續鳧截鶴?不見南泉云："我有一頭水牯牛，擬向東溪牧，不免犯國王水草。擬向西溪牧，也不免犯國王水草。不如隨分吃些些，總不見得。"大衆，汝看"隨分吃些些，總不見得"，正是當時南泉悟得底一個大總持，即在一切時、一切處得與麼跋跋挈挈。他見人家男女不識好惡，東溪、西溪牽來放去，終日不得著便，不得已露布個消息。於今人卻說那邊、者邊打成一塊，要人向黑漆桶裏橫衝直撞。撞來撞去，撞到差別境界尚不知非，卻謂大用現前，不存軌則。更引什麼古人過量話、剗絕向上話，殊不知者個事無有向上向下。一向不曾知痛癢底，一回掉得，自是有個入處。若果有個真消息，他亦自知轉變，所謂到家罷問程。作家相見，一語便知得失，不是別有個什麼喚做向上。何不看靈雲禪師當時見桃花悟道，便有偈云：“三十年來尋劍客，幾回落葉又抽枝。自從一見桃花後，直至於今更不疑。”玄沙云：“諦當甚諦當，敢保老兄未徹在。”後來有個老宿云：“且道玄沙徹也未？”覺範禪師云：“靈雲一見不再見，紅白枝枝不著花。叵耐釣魚船上客，卻來平地攏魚蝦。”你看者個偈，便知作家相見語句自有來由，如兩鏡相對，更無差互，不是只管大話、只管掠虛。祇如有個婆子供養一個老僧二十年，當令二八女子送供。一日命女子抱住云：“正當恁麼時如何？”老僧云：“枯木倚寒巖，三冬無暖氣。”女還報婆，婆云：“我二十年只供養得個俗漢。”遂趁出，燒卻庵。大眾，此作家相見，主賓縱奪，自然可觀。汝若不悟，且勿錯解。於今人卻道，老僧是個沉空守寂底，觀他“枯木倚寒巖，三冬無暖氣”語意可見，所以婆子趁出燒卻庵。又有解云：老僧者話是個句中無意底，如麻三觔、庭前柏樹子，有什麼移動處？祇是者婆子大有出格手段。大眾，恁麼則佛法有兩般，有個移動不得底，又有個出格底。若不如是，又成互異。且仔細看，勿只趁口快。又臺山下有個婆子，在臺山路旁結個草庵，接待往來。凡有僧問臺山路向什麼處去，便云：“驀直去。”待僧去，卻云：“好個師僧，又恁麼去也。”如此一二十年，有人傳到趙州，州云：“待我勘過來。”州便去，如前問，婆子亦如前答。州遂還，上堂云：“臺山婆子我爲汝諸人勘破了也。”大眾，且作麼生是趙州勘破婆子處也？須向自己本分上折合看。於今人都謂趙州眼睛爍破四天下，面前不許人站地在，就是黃面老子也須吃他一攎。說只管說，畢竟本分上那裏是不許人站地處？莫只管隨人生解。若是一向開大口，不管落處，我且問你：祇如瑯琊和尚有舉上座來參，便問云：“在那裏來？”舉

云："浙中。"玠云："船來？陸來？"舉云："船來。"玠
云："船在那裏？"舉云："步下。"玠云："不涉程途一句
作麼生道？"舉以坐具摵兩摵，云："杜撰長老，如麻似
粟。"便出。後琅玠問侍者云："者個是甚麼人？"者云：
"就是舉師叔。"玠便下堂人事，云："適來莫怪觸犯。"
舉云："我在浙中久聞汝名，原來見解只如此，何得名播
寰宇？"玠云："慧覺罪過。"似琅玠祇麼退屈，豈不是輸
卻舉上座麼？有底云：琅玠到是主，舉上座只做得個賓。
大眾，者又是大慧曾道過底。於今知解之流，多是回人餘
唾將爲己解，試打點自己分上畢竟作麼生？退屈處到是
主，本分上作麼折合？莫祇靠人說話，自己無自由分。大
眾，此事須是妙悟。若論見解，莫道杜撰，就是有個理
會，不到真悟真證，不免爲作家簡點。……就如老僧於今
在法堂上，有時亦在方丈，有時亦在各堂寮，你道那裏是
深，那裏是淺，那裏是前，那裏是後？《寶鏡三昧》云：
"重離六爻，偏正回互。"此古人借世典相似處，令人易
曉。於今人卻作實法，那一爻如何如何，者一爻又如何如
何，引伸觸類，不休不歇。說到說得玄妙，祇是去道愈
遠。大眾，者事不是如此。達磨來正要你離言說相、離心
緣相，爲何反刺頭入膠盤裏？饒爾學過五車，才供二筆，
亦祇是個讀書人。若是祖宗門下，未夢見在。祇爲者個事
極是平等，自天子以至編户，各各具足，不是我有你無
底。祇要你直下知他著落，筆頭裏筆頭裏著落，钁頭裏钁
頭裏著落。你若知他著落，自爲爲人，隨家豐儉，不要你
勉强外學。你若勉强外學，者個叫做舍黄金逐土塊，取笑
識者。大眾，者事全貴真悟。不道我住山人不重文字，到
是沒文字底悟得一分便是一分受用。……咦！出家行腳一
番，圖個什麼？難道者些虛名尚看不破？過了一夏又過一

夏，須臾便是二三十夏，轉盼老到即病到，病到即死到。
著甚來由，只管馱個包子到處向人屋簷下覷左覷右？何不
見有好山水可住只管住，有師友可商量只管商量，苦死遮
頭蓋面，有什麼著緊處？試思量看。珍重！'"

時或有一長老，乃以拈提宗門，徒見儒門孔子我法判
爲儒童菩薩，便相比例。和尚有辯析。

《天然語錄》卷四普說"壯色不停，喻如奔馬"條。

今按：此條法語乃康熙十八年住棲賢寺結夏時所示者。中有
紀"曾見十年前"之事者，則是今年也。參康熙十八年條。

秋，澹歸今釋於肇慶端水謁制府大司馬周有德，募建
別傳寺韋馱殿。後大司馬發府金五百爲助。韋馱殿落
成，澹歸作《丹霞新建韋馱殿碑記》。

《徧行堂集》卷一一。

碑記云："予初結丹霞，卜建婁至閣於大雄寶殿之前，七年
未有檀越。康熙戊申秋，勤修引直歲夢中若有迓新伽藍至
其地，立刹竿六丈有奇，覺而竊喜，謂當有福我者。己酉
秋，予謁制府大司馬周公於端水，以茲閣請，公許之，發
府金五百爲助。一年之後，實惟一年之前嘉夢是踐，則公
於丹霞三生之緣，殆未可以思議測也。……惟公文武忠孝，
克相邦家，綏靖交廣，於震旦亦爲南天，而以大司馬兼大
將軍秉鉞之重，慈護萬民，等視一子，與諸大士接物利生，
各暢本懷。丹霞正法無相而見，婁至寶閣無作而成，甫入
境之先，示已發心之兆。此中誰爲鑄形，誰爲漏影？多劫
且無先後，一念自具古今。予方誓於賢劫最後補處行菩薩
道，不蘄作佛，公於此舉，宜有嘿契而忘言者爾。"

周有德，字彝初，漢軍鑲紅旗人。順治五年，以弘文院編
修隨英親王征大同叛鎮。事平，授侍讀。歷遷弘文院學
士。康熙六年，擢兩廣總督。

重九日，阿字今無送陸圻入丹霞參謁和尚，有偈四首
贈之。

《光宣臺集》卷八《復陸麗京》、卷九《與誰庵》、卷一
二《己酉九日送誰庵入丹霞偈》。

《復陸麗京》云："別後聞即決志入山，殊令人有西河獅
子之目。此後常懷六月間見寄澹弟札，始知在雄州。又孜
孜以此事爲念，則不唯喜兄徑能剃染，且喜具此最上器
資，他日曹源一滴，當見充滿也。丹霞老人機智穩密，無
二十年耳提面命，楊眉瞬目，是在衲子妙於窺探，吾兄但
辦肯心，自然相爲得徹。今日法庭秋晚，正信人少，若得
大根人運廣大心，爲世間少留佛種，不惟自利，即是利
人。千萬即腰包上山，他日與兄言者無窮，聽我之言，不
必更留滯也。人還暫復。"

《與誰庵》曰："撥草參師，人生事業莫大於此。總之，當速
行以慰相助之意。夜來病尚未好，病不病，不足爲慮。早起
成四偈以送，草鞋一對，若要還錢，當問天然老漢也。"

偈曰："懸崖撒手老人邊，斯道無傳亦有傳。慚愧廿年偷
指注，至今鼻孔不曾圓。"又，"不敢居君於大覺，臨濟
從來是白拈。鐵棒撞開無孔礄，一頭寬潤一頭尖。"又，
"明白將來也是私，身心盡奉乃男兒。海漚息得渾如水，
不及當初未動時。"又，"回旋可惜水雲程，摳起裙衫徑
自行。直把此身須凍徹，灣頭一派是秋聲。"

今按：陸麗京，即陸圻也。一字景宣，號講山，浙江錢塘
人。貢生。順治二年乙酉之難，匿跡海濱，後薙髮爲僧，
名法龍，字誰庵。有《威鳳堂文集》、《從同集》等。朱
彝尊《明詩綜·詩話》："崇禎間文社四起，執牛耳者婁
江張吉士溥也。歲辛巳，吉士卒，麗京束芻絮酒，往會
葬，賦五言長律，一時傳抄以爲傑作。"王士禎《漁洋詩

話》云："陸圻字麗京，號講山。武林耆舊，爲西泠十子
之冠。晚年遠遊不歸，或云在嶺南爲僧，釋名今龍。或云
隱武當爲道士。"

汪宗衍《廣東釋氏疑年補錄》云："丹霞山別傳寺與安今
竟，錢塘陸氏，名圻，字麗京。明萬曆四十二年（一六
一四）生。閔爾昌《五續疑年錄》一，據麗京女莘行撰
《老父雲遊始末》：'康熙戊申（一六六八）五十五歲棄家
往粵，後遍爲尋覓，終不能得。'按：《廣東通志·釋老
傳》及《鮚埼亭集》二六《陸麗京事略》無生卒年壽，
謂'入廣東丹霞山，一夕遁去，不可蹤跡'。函昰《瞎堂
詩集》有《贈與安竟書記》詩，注云：'錢塘陸麗京。'
次於《庚戌元旦書懷》詩後，時爲康熙九年（一六七
○），今竟年五十七猶在，函昰正住丹霞別傳寺。《通志》
謂今龍爲其法名，蓋初爲僧於閩中，名法龍，字誰庵，以
海雲爲今字派，遂誤法爲今，而不知其在粵已易名今竟，
字與安。《海雲禪藻集》二有今龍，茂名籍，乃別一人。"[1]

時澹歸今釋在端州，有《上本師天然昰和尚》書，亦
論及陸圻其人；又述端州化緣，經周起岐引見周有德、
史樹駿事。

《徧行堂集》卷二一。

書論及陸圻事，云："杭州陸麗京已出家，法名德龍，字
誰庵，專入丹霞參禮和尚。渠與今釋同庚同盟，以大事未
辦，年運漸往，此心極切，若不了當，誓不下山。幸和尚
痛與提耳，並諭知客，安置一單寮，免其隨衆，使得全副
精神歸併一路。孝山已有書上白，格外成褫，慈悲攝受，

---

① 汪宗衍《廣東文物叢談》，中華書局香港分局 1974 年版，第
208—209 頁。

庶不虛其數千里趨向之勤耳。誰庵博敏多材藝，其德量醇
誠寬厚，勝今釋十倍，今釋卻有三分憊懶，若鍛煉得他，
乃法門一砥柱也。"

又述及至端州見制臺事，云："頃至端州，史庸庵太守諸
公欲爲丹霞未了之緣共了一件，以局面未大，更請周文山
別駕介紹而見制臺，意殊藹然，俟其省城歸時，更一盤
桓，或有發心處，則局面寬展矣。若不可得，即於太守一
着亦未失也。以此尚未有定局，今年難在無可想處，其有
可想，亦不能速。蓋事理如此，然於今釋內顧之心，則無
可以自解矣。"

孝山，即陸世楷。周文山，即周起岐。制臺，即周有德。
史庸庵，即史樹駿，江南武進人，康熙八年知肇慶府。

秋，和尚有《送廣慈侍者歸隱廬山》、《酬盧處士繡
子》詩。

《瞎堂詩集》卷一三。

今按：廣慈侍者，即今攝。盧繡子，其人未詳。後詩云：
"西樵居士在端州，遠寄丹山最上頭。"則盧繡子爲西樵人
而居端州。

石鑑今覿自閩中歸棲賢，和尚有詩寄之，兼訊廖文英。

《瞎堂詩集》卷一三《聞石長老歸自閩中，卻寄此詩，兼
訊廖太守昆湖》詩。

詩云："別去閩城未一年，秋風忽報返湖船。正疑人重烟
霞僻，卻似天留水石緣。雲裏峽橋仍古路，雪中金井迸新
泉。坐逢謝守爲予道，近欲移茆五老邊。"

廖文英，號昆湖，連州人。明崇禎十二年，由選貢任南康
司理。主鹿洞書院時，有枯桂重榮之異。至清康熙七年，
擢南康知府，善政畢興。

十月十四日，和尚慶生，諸子咸集丹霞。

《徧行堂集》卷三七《己酉奉和天老人送別兼寄首座元韻》詩二首。

詩其一云："辛苦頻煩錦水船，離情如月未離天。……壯心易息愛餘年。白雲到處堪回望，一片亭亭紫玉邊。"詩中原注："正月與石鑑覬兄始別。"又注："老人慶生，諸子咸集於丹霞。"

十月以後，和尚賦《丹霞山居十二首》，以誌閒適。

《瞎堂詩集》卷八。

詩其一云："憶住廬峰寺，因人每著忙。十年情已淡，千指計偏長。竹影移新月，松聲到夜床。閑心猶有此，吟詠自相將。"其六云："乞食叩門出，攜鉏候雨晴。啼林山鳥悅，過竹曉風清。入澗知雲重，分畦到月生。生涯予自足，辛苦一身輕。"其八云："連年頻舌病，今夏喜身强。六十又過二，山林多夕陽。雨來雲腳白，泉落夜風長。老眼難成寐，曉聞松柏香。"

今按：詩云"六十又過二"，則是十月以後之事。

冬，南雄太守陸世楷同闔郡諸宰官請入華林。

《瞎堂詩集》卷一三《南雄陸太守同闔郡諸宰官招入華林》詩。

今按：華林，據道光《直隸南雄州志》載，一在閭韶，一在五渡村。此不知究在何處。

途中有《晚泊有感》詩，慨人事之轉徙。

《瞎堂詩集》卷一三。

詩有云："布帆忽憶十年前，獨樹臨江晚泊船。"

今按：所謂"十年前"，指順治十五年由棲賢南還經此也。

初入華林，歡喜無量。

《瞎堂詩集》卷一三《初入華林》詩。

詩云："近郭名藍半壑開，華簪方服對高臺。雲生几席僧攜至，香滿山廚官帶來。萬里風烟霜竹斷，三生魂夢午鐘催。相看未易論疇昔，且共邂心倒茗杯。"

今按：廣州藝術博物院藏有《行草書七言句》軸。落款："華林陪諸宰官齋書，似以璜大士正。丹霞天然老僧昰。"鈐"寶鏡三昧"朱文長方印、"丹霞天然昰"朱白文方印、"曹洞三十四世博山三世"朱文方印。軸中頷聯首句爲"雲生几席僧携至"，與《瞎堂詩集》今傳刻本不同。① 以所傳墨本爲是。

以璜大士，其人未詳。

又有《贈阮若生》、《華林送李別駕廷標入覲》諸詩。

《瞎堂詩集》卷一三。

《贈阮若生》詩云："閱遍興亡一布袍，早傳名字到蓬蒿。……投閑豈爲田園樂，止酒尋僧不姓陶。"

阮若生，其人未詳。

時龍護園落成，爲丹霞別傳寺下院。和尚感而賦詩，並推毫現今端爲龍護園主。

《瞎堂詩集》卷一三《龍護園》。《海雲禪藻集》卷二今端小傳。

詩有云："太守新修別院深，遙分祇樹落城陰。"

今按：據《丹霞山志》卷一載，丹霞下院有兩處，一名會龍庵，在韶州府東門外；一名龍護院，在南雄城內。龍

---

① 據杜靄華《天然禪師墨蹟遺珍》稱，此件未署創作年份，是作者於廣州華林寺內陪朝廷官員時所創作。有題簽"天然和尚妙墨，永願庵藏。民國戊辰歸於葉氏遐庵"，原爲永願庵藏，1928 年葉恭綽得之，捐贈廣州美術館，後爲廣州藝術博物院藏。以此墨本與刻本《瞎堂詩集》對校，則可證清道光刻《瞎堂詩集》本"僧催至"之"催"乃"攜"字之誤。見楊權主編《天然之光：紀念函昰禪師誕辰四百周年學術研討會論文集》，中山大學出版社 2010 年版，第 202—208 頁。今按：此詩應創作於本年。而杜氏所云"廣州華林寺"，小誤。

護乃丹霞僧郵，居雄州孔道，能接待十方雲水。詩所謂
"太守"，即陸世楷也。

今端，字毫現，廣東新會蔣氏子。其子一子相繼出世，爲
寮元。

未幾還丹霞，有《還山留別陸太守》、《歸舟晚
望》詩。

《瞎堂詩集》卷一三。

長至日，有上堂法語。

《天然語錄》卷一。

法語云："長至，上堂：'內含陽曜，外積陰霾。仁智見
同，百姓日用。天地蔽塞，元氣潛藏。人事希夷，萬機休
謝。大眾，安住正在此時，一念瞥興，轉見淆亂。'"

繼有《歲暮》、《寄酬南康別駕沈赤巖》詩。

《瞎堂詩集》卷一三。

今按：《歲暮》詩有云："就隱丹峰幾臘殘，昨隨人去四
旬還。"則和尚在南雄住一月有餘，還山已是歲暮矣。

沈赤巖，即沈瑛，山東蘭陵人。

竟清古證依和尚爲比丘。

《海雲禪藻集》卷三古證小傳。

海雲寺建伽藍閣。

《徧行堂集》卷一一《雷峰山海雲寺碑》。張紅、仇江
《曹洞宗番禺雷峰天然和尚法系初稿》。[1]

法緯老宿請石鑑今覬住持怡山西禪長慶寺。釋子正十
古住與枯吟今龍內外調護，叢席再振。

---

① 張紅、仇江《曹洞宗番禺雷峰天然和尚法系初稿》，載楊權主
編《天然之光：紀念函昰禪師誕辰四百周年學術研討會論文集》，中山
大學出版社 2010 年版，第 17 頁。

《海雲禪藻集》卷二古住、今龍小傳。光緒《江西通志》
卷一八〇“函昰”條。

法緯，法名函濟，宗寶道獨和尚侍者。見康熙十八年條。

康熙九年庚戌（1670）　六十三歲

［**時事**］是年太湖大水，淹沒城鄉多處。從順治
十八年起，吳中積荒十年。　九月，嚴禁内、外官
饋遺。

住丹霞。元旦，有詩書懷。
　　《瞎堂詩集》卷一三《庚戌元旦書懷》詩。
　　詩云：“出世已經三十年，紅帔白髮拜金仙。”
是年慧則今鷟發願行乞募刻《丹霞語錄》。澹歸今釋
爲撰《募刻丹霞語錄疏》。
　　澹歸《徧行堂集》卷九。
　　澹歸疏云：“吾師天然老人自《棲賢逸錄》後數年，法語
未授剞劂，四衆傾渴，延首流通，於是慧則鷟公發願行
乞，而請予一言爲先。予惟祖師微言，皆諸佛頂族，蓋於
一字之下得大解脫，與蒐討修多羅、涉海算沙日劫懸絶。
如來因中，曾於半偈忘身，特欲剝皮爲紙，刺血爲墨，析
骨爲筆，遍書廣布，乃投火聚，非徒供養，要使將來無盡
世間，魔風不行，慧命不斷耳。雲門大師不許人錄其語，
見必呵逐，而香林明教私記於紙衣臂臑間。師資道合，豎
掃同歸，則雖於無量劫剝無量皮，刺無量血，析無量骨，
書無量偈，舉揚者不盡，流通者不盡，而實未有一字舉
揚，一字流通者。老人說如是法，鷟公行如是說，諸檀越
助如是行，是真般若勝緣不可思議功德。”

上元日，陸世楷爲作序。

《天然語錄》卷首陸世楷序。

序云："昔者宣聖振鐸於東方，釋尊授衣於西土，一則意盡象中，一則心傳教外。其皇皇焉牖世覺民之心，固異致而同歸也。自儒術既衰，微言遂絕。縉紳縫掖之輩，高者攻於經學，卑者溺於文詞。而聖賢盡性知命之旨，無復爲之殫心矣。釋尊諸祖乃以單提直指之說，示彼正覺，救此迷情。於是聰明奇特之士，厭迂儒之拘牽，樂禪宗之超脫。一言契旨，片偈投機。而所謂'儒門澹泊、收拾不住'者，張無盡以爲達人之論，深有以哉。始《壇經》創著，文字踵增。臨濟開玄要之宗，洞山立君臣之義，溈仰發體用之論，雲門捷示三關，法眼分呈六相，究其舍妄歸真，不離自性。夫是以從事誠明之學者，如濂溪嘗師鶴林，姚江借塗葱嶺，不啻冥心而求之也。本師天然和尚夙領儒宗，久膺祖席。身乘五衍，心入三摩。譬如洪鐘萬石，有叩輒鳴，遙源千頃，無挹不注。向在雷峰、棲賢、華首、訶林諸山，皆有《語錄》行世，學人奉爲津筏，寶若琬琰矣。乃者山靈初啟，叢席旋興。西堂澹公因南陽之舊基，開東林之新刹。祇園肇建，緇侶雲臻。爰從丙午冬仲，奉本師以居焉。師則性樂巖阿，心悲塵刹。既得棲真之境，益弘樂育之懷。或策杖而陵峰，或披襟而笑月。蒼松白雪，歲見新篇；紫玉青螺，時聞佳什。蓋已目擊道存，無行不與矣。然而鐝頭斧子，不廢鉗錘；擊碓敲床，更勤提命。山中高弟以師法語彙錄成編，命小子楷敍而梓之。余惟儒門淆雜，特辟禪關，若悟本來，同歸覺路。而師先得淵源於孔、孟，繼聞秘密於迦、文。固知六通八正，不同幻妄之談；腮影風旛，無取尖新之解也。余嘗再訪檀林，一瞻猊座，見其登堂之彥，濟濟趨蹌；入室之英，雍雍問辯。雖杏壇講習，遜此威嚴；沂水詠歌，同斯怡悅矣。是《錄》也，推原心性，利濟人天，有以佐吾儒'道德齊禮'之所不及。公之諸方，垂之奕葉，將使慧日同光，名山並壽。海螺巖下永振威音，錦石溪邊長流法乳。豈徒拾拄杖之陳言，資曲床之談柄已耶？若夫佛法深微，不從解人，自非立雪數年，未易領會，又何敢於威儀談說之間，管窺而蠡測也。康熙庚戌上元，當湖弟子陸世楷今亘和南謹撰。"

是年又刻《楞伽經心印》四卷。

雍正二年刻本卷末釋函昰《跋》。

今按：釋函昰《跋》云："《心印》先出《直指》八年。"《首楞嚴直指》刻於康熙十七年，則《心印》當刻於本年。參康熙十七年條。

和尚有《楞伽經心印自述》交與澹歸今釋，時和尚病舌瘡。澹歸有上和尚書一通論及之。

《徧行堂集》卷二一《上本師天然昰和尚書》。

書云："舌病祇是多思多語之故，痛睡一回，便覺神足，今釋亦曾試之，殊勝於補中益氣湯也。序文至，焚香跪讀，真所謂淵深廣大，不測不倚，如此而後，有真文章，亦有真心性，但費和尚如許筆舌，衲僧家尚少有會者，豈況世智辨聰聾俗之流耶！小子無狀，謬承和上解髻中之珠加於頂上，光明徧照，允爲殊絕，正恐有負山難勝之懼耳。此刻費重，慮無好事人，若幸而遇之，得如《心印》，則粵東剞劂氏原不讓三吳，自當屬山中料理也。蔡家田事，今釋受累已深，已欲結局，不惜喫虧，卻恐田成便有大差，則常住受累尤不淺。乞和尚細詢一拍與用拙，務得確當。聞一拍與用拙在世守家，曾辨論及此，然半字不曾相聞也。大抵如世間做官人，做錯了事，只圖遮掩得過，更不吐露實情，直到弄壞了天下大事，渠亦不管。不知修行人理道場事，可有如此心行耶？雪木頗欲爲營建之舉，然未有實落人踴躍發心者，若一妄動，更增勞累，且令謹守待時爲穩也。”

今按：書中所云“序文”，即《自述》也。

雪木，即今毬，和尚侍者。一拍、用抽，其人俱未詳。

春，感懷友生，有《送姜山侍者行乞江南，兼寄匡山諸衲》、《寄姚六康》、《寄黃師古》諸詩。

《瞎堂詩集》卷一三。

《送姜山侍者行乞江南，兼寄匡山諸衲》詩云：“一鉢江南萬戶春，入廛須是住山人。……秋風返棹經廬嶽，爲囑同門且耐貧。”《寄姚六康》詩云：“因僧乞食下彭湖，試問陶公憶我無。……獨有白頭人悵望，深山何處望雙梟。”《寄黃師古》詩云：“柳條初發送寒原，更有懷人欲並論。”此數詩並此一處，爲同時作。

姜山，即今邡。黃師古，其人未詳。

春夜夢懷棲賢，有詩二首。

《瞎堂詩集》卷一八《庚戌春夜夢坐棲賢橋聽泉，山月朗甚，獨步成詩，覺起索火書之，僅記後二語，因足成截句，以志一時情景》、《前詩既成，風雨擁窗，就枕未能，再題一首》詩。

前詩云：“金井橋邊夜月深，何人夢裏聽寒吟。洪泉萬古流無盡，孤負嫦娥一片心。”後詩云：“濛濛春雨萬峰深，別有清光寄夙心。收拾閑情付明月，寒爐擁被又成吟。”

是年春間重建韶城府城東門外會龍庵，爲丹霞下院。澹歸今釋爲募建疏。

《徧行堂續集》卷五《重建會龍下院疏》。

疏有云：“世間法講恢復祖宗之遺業也，出世間法亦講恢復十方三寶之常住也。韶城被圍,吾會龍下院遂遭殘破,世尊不僅莓苔,龍象直欲雷號雨泣,豈非信者發哀之際乎?大樹舊爲院主,職宜恢復,信得言侍者念其獨力難任,相助經營,其於法苑,庶幾忠臣孝子之選矣。"

大樹、信得言侍者,俱未詳其人。

和尚當於此時命侍者雪木今毳出主會龍庵,賦詩送之。

《瞎堂詩集》卷八《送雪木毳侍者出主會龍》詩。

詩云:"何曾兩辜負,十載菔蘆禪。擔荷良非易,撐持聊試先。智眼澄湘水,悲心混市廛。眉鬚應自惜,遮莫怪天然。"

今按:今毳於順治十八年受具,於今約十年矣,故詩有"十載"云。

時又有《贈姜山》、《贈角子》詩,寫師弟之相得。

《瞎堂詩集》卷八。

今按:二詩次於《送雪木毳侍者出主會龍》、《雪木院主入山卻贈》之間。

雪木今毳赴會龍庵數月,時入丹霞省覲。和尚有詩慰勉。

《瞎堂詩集》卷八《雪木院主入山卻贈》詩。

詩云:"湘江成久住,數月未曾閑。無事難離院,因人時入山。落帆搖鳥外,走馬出林間。冠蓋南城近,陪歡莫上關。"許其在韶城會龍庵創建之勞苦。

和尚念念於作育僧材,以弘揚佛法爲擔荷。有《已許二首》、《春晴月下與諸子散步》、《江漲》、《與角子夜話懷姜山江寧二首》諸詩。

《瞎堂詩集》卷八。

《已許二首》詩其一云:"已許老來暇,忙忙六十三。知從今日去,復作幾年憨。薄劣唯堪隱,愚狂不自諳。曉看春又盡,竹影入澄潭。"其二云:"已許逃人世,深山愧道名。自甘不是佛，人乃未忘情。柳暗藏鶯密，天高見鶴清。幽棲堪卒歲，何苦獨營營。」

《與角子夜話懷姜山江寧二首》詩云：「相對復何語，燈搖此夕情。無心居野寺，有夢到江城。恩在身名重，緣抛道誼輕。誰當信疇昔，期爾盡生平。」

夏秋間，廬山棲賢寺監院石鑑今覬病，和尚有詩慰勉之。

《瞎堂詩集》卷八《慰棲賢石長老病二首》詩。

七月，賦詩贈別兩廣總督周有德。

《瞎堂詩集》卷八《康熙庚戌孟秋，制府周彝初持服北歸，道出韶石，訂入山不果。賦詩三首奉束兼以爲別》詩。

詩其一云：「奉命臨南越，含哀返薊門。雙旌發穗水，千騎指相原。布地初成果，論因知有源。途中應計日，遙禮法王尊。」詩中原注：「公施造樓至閣初成。」

其二云：「孝治興朝重，覃恩守制還。哀音聯北雁，遺愛見南蠻。願深樓至後，心許懶殘間。渺渺江雲暮，停舟何處灣。」詩中原注：「公丁艱疏入，奉詔奪情，再請方許終制。」

周彝初，即兩廣總督周有德。見康熙八年條。

鮑鱗宗嘗施造丹霞藏經閣。時隨周有德北還，和尚亦有詩送之。

《瞎堂詩集》卷八《雲從大士隨制府還北，口占寄別》詩。詩末有原注：「大士施造藏閣。」

鮑鱗宗，其人未詳。《丹霞山志》卷六《外護·建立姓氏》載：「部院轅門都司鮑諱鱗宗號雲從，同建藏經閣，施銀臺拾兩。」

七月至十月十四日，始撰《首楞嚴直指》十卷，三月而成。

原著澹歸今釋《序》。

澹歸序云：“吾師宴坐丹霞，以三月成《直指》，適屆示生之期。”《甘露頌》序云：“庚戌十月，丹霞甘露降於叢竹，時和尚疏《楞嚴》方竟，適界下生之期。”

書首《總論》云：“⋯⋯佛性流轉，隨念升沈，妄情匪他，如手反覆。但能識本自心，不循知見，便可隨順覺性，頓了聖情。三摩地中，得失俱泯；五陰盡處，境界不留。由初至終，從凡入聖，循顧所悟，不逾初心。非法眼之能窺，豈天魔之得便。若只依教進修，由戒入定，苟不隨時自覺，未免因勝生心。著境便落邪思，動念即爲魔攝。至於生滅已滅，識性現前，誤作菩提，亡失知見，別成諸論，不究妙圓。即使定性聲聞，未許見性，得少獨覺，遠背涅槃。所以不由積累，直下心開；與此遞歷深禪，循致識破。同名乾慧，頓入金剛。彼由悟修，此乃修悟。修悟者，先行布而後圓融；悟修者，先圓融而後行布。悟則俱悟，互有異同；修則俱修，且分難易。頓悟者，理虞差別；漸修者，事涉淆訛。理之差別，乃在悟之失真；事之淆訛，常恐修多岐路。是以見性離塵，超分別而隨緣自在；真心無妄，出是非以妙慧莊嚴。悟既精詳，修應圓脫。行以理印，差別之義無虧；理以行嚴，根本之門靡逾。陰銷次第，豈閡圓融。因界分明，不淪偏證。本覺淨心，初無塵垢；妄想計度，始現色心。色因空有，觸以離知；記非忘無，生豈滅盡。即使生滅已旋於湛中，入合彌彰於識際。故行陰雖盡，覺心難圓。二乘既誤入於無爲，初心猶錯擬乎即色。悟理未圓，才趨解脫之門，適已成於厭境；迷情不盡，侈言非道之行，究必底於撥無。萬法雖空，一真何住？三界之心已絕，現行豈濫俱生？千聖之眼既超，無身恐妨有事。所以同時崒啄，須還作家；無著真

宗，未稱尊貴。此經示墮，要先蕩其識心；終至圓修，亦
即蠲夫聖解。行於異類，始許同廛。誰非見者？誰非聞
者？眼見非色，耳聞非聲。全體大用，攝今古於當途；泯
智絕愚，齊物我於劫外。猶屬指蹤，未當真詣。默而成
之，不得其朕；神而明之，存乎其人。"①

澹歸撰頌一首，並按詞一闋慶之。

《徧行堂集》卷一五《甘露頌》、卷四四《解連環》"甘
露降於叢竹，時老人疏《楞嚴經》適竟，兼值生辰"。

《甘露頌》序云："庚戌十月，丹霞甘露降於叢竹，時和
尚疏《楞嚴》方竟，適屆下生之期，慶一雨之普滋，散
天花而莫及。卉木本無情識，醴泉自擢枝條。盟共歲寒，
瑞呈天格。流比膏浮之蜜，凝如粟綴之珠。或掇而歸，未
詳其異，亦復采聽遊蜂，粘嗞夢蟻，豈所謂野老不重太
平，童子何知帝力者耶？"

是年爲與安今竟受具，使掌書記，並贈以詩。

《瞎堂詩集》卷一三《贈與安竟書記》詩。

詩題下原注："與安即錢塘陸麗京也，擅岐黄之術，兼通
三學。"

今竟，字與安。即錢塘陸圻，字麗京也。見康熙八年條。

---

① 據夏志前《〈楞嚴〉宗趣與晚明曹洞宗風——以天然和尚〈首楞
嚴直指〉爲中心》，明清之際《楞嚴經》注疏較夥，僅康熙間就刊出數
家。"綜觀《直指》則可發現，天然和尚並沒有如錢牧齋所說的'提唱
《林間錄》'，也沒有'提唱《宗鏡》'。儘管《直指》對以往諸師時有詰
難，但天然和尚並未陷於門户之爭，而是'依法不依人'，完全超脱於
當時的《楞嚴》之爭而直指《楞嚴》之宗趣。""天然和尚依《楞嚴經》
而直指時代之禪病，意在點醒學人，'世有智者，須具擇法，當此邪正
混淆，稍具正見，豈肯更以口舌起爭？'在《直指》中，我們經常會看
到天然和尚於注疏之時，信手拈出此類話語，'以俟天下後世高明自
愛'。"見鍾東主編《悲智傳響：海雲寺與別傳寺歷史文化研討會論文
集》，海關出版社2007年版，第379—390頁。

作金今聲行乞虔州，和尚詩以送之。

《瞎堂詩集》卷一三《送作金行乞虔州》詩。

是年鐵關古鍵十八歲，出世雷峰。爲和尚刻舊作《梅花詩》。澹歸今釋請山西布政使王庭撰序。

《海雲禪藻集》卷三古鍵小傳。李福標《天然老人梅雪詩單刻本的文獻價值》。①《梅花詩》卷首。

序云："天然老人以名孝廉早謝舉子業，入選佛場，其事在鼎革前，非他有託而然者倫也。老人乃博山之孫，乃建立其宗旨於廣南，一時道望之高，從遊者益衆。會下澹歸師，予同年友也。羊城平定之後，安集爲難，予鞅掌爲俗吏，曾再通澹歸信，不及訪，因不及一謁老人。老人曾從平藩請一入城，予適有他務羈，不得見。茲去粵有日矣，念此常爲歉然。有客以老人《梅花詩》示者，云澹歸致言索予序。嗟乎！予不見老人，今得附名於其詩，使老人見我，乃予之幸也。夫詩之一道，本非禪家所貴，然古德多爲之。其詠梅，未嘗沾沾於梅也。原風人之意，如河鳩、淇竹，非爲比，即爲興，大都偶感於物，以寄其懷云爾。若必詠物之體求之，將曲肖其形質，微寫其性情，博徵其事實，非切而能工，不以名執，此評諸詠梅者，林逋'暗香'、'疏影'二語而外，可稱者寧有幾哉。然而昔人詠梅往往多百篇，今老人之作亦百有二十篇。嗟乎！吾知老人之託意深矣。夫佛之妙法取之蓮，老人之微旨取之梅，以例之栢子草頭，老人之詠梅未嘗非說禪，豈可以詩觀之耶。然即以詩觀之，此老人諸作，其格高矣，其趣合矣。其詞爲雅馴，又豈他百篇者所可及哉！同時有名孝廉

---

① 李福標《天然老人梅雪詩單刻本的文獻價值》，載《文獻》2007 年第 1 期。

美周黎公，與老人俱以大法自任。美周前在揚州，有詠黃牡丹詩十首盛行於時。夫牡丹之黃者，特表異於繁艷，而梅寂守其清寒，各有所取之。他日美周以節烈終從世間法，老人常逍遙於方外遊。嗟乎！予於茲《詠梅詩》得之矣。”

今按：和尚《梅花詩》當作於順治十一年至十四年住歸宗時。古鍵殆精於書法。《海雲禪藻集》古鍵小傳云：丁丑復居雷峰掩關，有比丘香雲刺指血求書《華嚴經》，鍵暑月披衣長跪，繕寫精勤，過勞得咯血之病，以此致蛻。尚餘數卷，未獲卒業。

王庭，字言遠。浙江嘉興人。順治進士。順治七年任廣州知府。官至江西、山西布政使，俱以清操稱。

是年應海雲都寺旋庵今湛與放生社諸公請，撰《海雲寺放生社置田碑》。

《天然語錄》卷一二。宣統《番禺縣續志》卷三六。

碑文云：“萬靈一體，苦樂同情。惑業爲因，生死異致。以其因也，群倫成有漏之趣。以其體也，聖人起無緣之慈。……此聖人所以護萬物之情，而育慈心於旦夕，物寬其後報，人息其現流，故一事而有止情達性之道也。□□以無生導上哲之歸源，而以護生發初機之含物。見物非物，何所不容。當生而不生，即方便以明智。余也身坐萬峰之上，心入人群之中。真機寥廓，偕萬里於無言。有物有恒，等平觀於庶類。在處蘭若，用扇惇風。三十餘齡，殆無虛日。顧茲白社，志慕上乘。集我同人，深維厥旨。念過化之所存，紹成規而再振。豈人天之盛事，實大覺之骈緐。道齊物外，心切並包。神而明之，已見其人。撤器而觀，誰安形下？欲垂永久，廣募生田。敬丐長辭，猥以人重。機感一揆，海嶽同風。遠貽斯文，昭爾後裔。”

康熙十年辛亥（1671）　六十四歲

[**時事**] 二月，朝命撰《孝經衍義》。　靖南王耿
繼茂死，子精忠襲爵。　毀南京故宮。　廣州大有年。

住丹霞。初春，與諸衲遊丹霞黃沙坑，有詩紀之。
　　《瞎堂詩集》卷一三《初春與諸衲遊黃沙坑》詩。
書記今二種桃於法堂、方丈之間，新花爛熳。二月，
和尚偶過玩，書記與安今竟索詩，欣然應之，有"紅
雨年年二月飛"之句。
　　《瞎堂詩集》卷一三《二書記種桃於法堂、方丈之間，新
　　花爛熳，余偶過玩，竟書記索詩，示以此詩》詩。
　　二書記，即一有今二也；竟書記，即與安今竟。
又撰《寒夜偶成》、《送澹西堂下廣州並示阿首座》、
《再送姜山行乞江南》、《牡丹花開，訝其憔悴，戲示
諸衲》諸詩。
　　《瞎堂詩集》卷一三。
　　澹西堂，即澹歸今釋；阿首座，即阿字今無。
霪雨不止，連四十日。有《苦雨》詩。
　　《瞎堂詩集》卷一三。
三月三日，有茶話，述住山因緣，兼安置職事，勉衆
僧發心辦道。
　　《天然語錄》卷五。
　　法語云："茶話：'言不可以示道，心不可以入玄。所以
　　從上先哲無心體合，不言躬行。老僧自見先師，得此滋
　　味，便擬向深山窮谷力行古道。詎意因緣不偶，後來在者

破院住三五年，那破院住三五年，住來住去，便是二三十
年。十年前澹監寺深悉老僧此意，曾向三吳替老僧尋個住
廬山因緣，三回兩次，祇是不成就。如今想起來，始知因
緣合在者裏。既有監寺一副身心，又得副寺、直歲、莊頭
暨山園大小職事前後發起，亦同一副身心，所以五年之間
儼然叢席。雖則老僧初心，亦是諸人願力互相湊合，不得
不歸之夙緣。老僧今日到來，安置職事，與大眾會茶，不
可無說。'遂舉盞子，云：'大眾，住山須要得者個著
落。'復云：'有得食，有得呷，便是我和你底活計。食
了呷了，拿起鋤頭，挑起匾擔，向那青黯黯處去，不管他
高低平突，鋤了一畦，又翻一畛，正當恁麼時，佛也覰你
不得。若是具眼底，埋頭在那裏，日三月三，必定到親證
田地。就是初心淺學，總教生按著不許走作分毫，久久自
然觸著磕著。大眾，此是汝諸人本分上原自具足底，不是
強為，祇是暫時岐路。你若肯收拾世間底心，一按按在三
寶上，全身放下，一肩挑起，老僧不教你求禪學道，大
眾，你便是禪，你便是道，更求個什麼，學個什麼？你若
還起一個求禪學道底心，卻似出得醬缸又入虀甕。從上佛
祖雖有言句，卻是教你向無言句處，不是叫你在言句上作
境致。你若向言句上作境致，與那沾滯粗重境緣有何分
別？總是解脫不得，說甚粗細？於今說心說性、說玄說
妙，盡是惡口。你又在他惡口上左思右量，豈不東行西
向？古人道，學到佛邊，猶是雜用心，何況其餘？大眾，
於今世間人祇有兩種障：每日下得床來，門外門內，若大
若細，一切境緣悲喜得失，你若透他不過時隨順了他，便
是被他流轉。若不隨順，便有許多礙塞處，謂之事障。一
回瞥地，轉向自己，又在自己正位上住著，不得自在，謂
之理障。豁然醒覺，回向日用，在日用上一切時、一切

處，頭頭上明，物物上了，才喚做事理無礙。更須知有牛頭出馬面沒、指東爲西、喚黄作白，到得者田地，若不知轉變，古人喚作"貼體汗衫"，最難脱卻。到不如我和你食飽飯，肩上作具，東嶺上，西嶺下，更自親切。祇是你不肯承當。大衆，天下無難行底事，祇要自肯發心。於今現住著好山水，相聚底都是絶好師友，又有許多菩薩替你起了房屋，趕趁錢糧，種種成就，你還當下錯過，擬向什麽處去？何不趁色力康健，持一片衣、一口食，與衆作息。歲久日深，自然暗自點頭。老僧不教你無利益，努力向前，取辦一生，豈不慶快？還肯麽？久坐！'"

四月，廣東巡撫劉秉權助建别傳寺華藏莊嚴閣落成。閣在紫玉臺巨石之右，如舒一臂。澹歸今釋撰《華藏莊嚴閣記》。

《徧行堂集》卷一一《華藏莊嚴閣記》。

《記》云："大中丞劉公填撫東粵，至化所被，予無以擬諸其形容。公未嘗以貴驕人，不大聲以色驕人，不以德驕人，若置之一切人中，亦不見異；而文武吏士一切人，輸寫智力，各不見同，蓋於古一个臣有神似者，以其不爲高，不爲上，而爲至高至上。毗盧遮那於佛身至高至上，華藏莊嚴閣於别傳樓觀亦至高至上，真有適得其位置者。公未嘗有意位置此閣，然不得不以此閣爲位置，亦毗盧性海不見身而身見、不見世而世見之一端也。閣始於庚戌秋九月，竣於辛亥夏四月。兩成三楹，闢土之半，結石爲臺，而下成乃就右爲石級，始抵於上成，級皆搆步廊覆之。"

大中丞劉公，即劉秉權，字持平。漢軍正紅旗人。歷任兵部、刑部主事，康熙六年十二月任廣東巡撫，陞兵部右侍郎。康熙十三年十一月死於軍中。賜謚"端勤"。其助建毗盧閣之餘，又蓋廊路，造普同塔等。參見康熙十四年條。

和尚本年在東莞結夏。五月初三日，棲賢寺侍者、知客還粵。初五日，阿字今無代和尚預先撰《與棲賢大眾》書，勉其發菩薩心，行菩薩行。

《光宣臺集》卷九。

書云："五月初三日侍者、知客歸，知大眾安樂如常，喜慰之極。但念大眾頗少，以此縈懷，然孤硬衲子一人，皆興得一座叢林，故此只問人發心與不發心，不計人之多與少也。目今同住不過懿蒽、還初係常住，着力、人汝諸人當安靜辦事。此地九代祖師道場，念其敗壞，當日吃盡生受，始稍立基址。數年運去錢糧可謂不少，我輩非癡愛棲賢，若論要所在住，廣東七八處已苦住不遍。總之，菩薩行該我輩行，菩薩心該我輩發，故未肯休息耳。諸人當知此意，亦分一分擔子，做一分菩薩。第一同住莫生人我，有些小微嫌，當互懺悔，戒律清淨，方堪食佛祖衣飯，道路遙遠，音信稀疎，莫等閒視之，此處緣法如常，即去募化，世事艱難，亦急不得。你諸人不得此處真實任力，人來切莫擅離，離則敗常住事矣。切囑，切囑。然真正人來，須方丈手字及我手字，安佢做甚職事，叫佢來管理何處，乃算真實。如無手字說得明白，即係座下糊塗生事之人，懿副寺與還初當作主意，勿使佢假借名色欺凌汝輩也。方丈在東莞結夏，遲遲人來，乃另字來也。種作宜勤，使用宜儉。本山界至，當同諸師清楚驗明。十方師僧到，即窮極，亦留一宿兩飱，結菩薩緣，莫失叢林禮數。若擔拄杖，長髮留鬚，稱新付法，逢人滿口妄語，此今日魔風，佛法衰殘，甚於寇盜，切莫與之交談，有損無益也。香聞在橋上雖云安樂，當檢點身、口、意三業，乃有利益，否則一廟尸祝耳。五月五日手字。"

今按：此書信繫於《光宣臺集》卷九辛亥正月十三日《復遼陽定原師及遼、瀋、海、蓋四城諸師》之後，故當作於本年。此時棲賢監院爲石鑑今覰，侍者、知客不知爲誰。"方丈在東莞結夏"，方丈者，指和尚。

六月二十日，釋依石倩人持和尚楷書幅請阿字今無題之。今無跋其尾，譽爲道韻深穩，精到健媚。

《光宣臺集》卷一〇《丹霞老和尚楷書後跋》。

跋云："丹霞老人禪悅暇，間作字。今年六十有四，而喜書此小幅，精到健媚。殆烟雲泉石之致，爲慧光渾融所用，道韻深穩，非小技雕蟲可能彷佛者。宜其月滿千峰，鐘鳴獨院，法雲深處，一座巋然，而能使霜顥螺頂之侶，胸中如灑。計此末神，當與趙州、南陽問法臘而指庭樹也。覯承禪人代依石持來索跋，拜閱之餘，輒增私喜。時辛亥六月望後五日。"

汪譜云："其書法南宮，海雲諸子皆受其熏染也。"

僧自恣日，和尚付囑角子大法，爲第七法嗣。有上堂法語，又有詩贈之。

《丹霞山志》卷五《辛亥僧自恣日付角子黿侍者》。《瞎堂詩集》卷八《贈角子》詩。《楚庭稗珠錄》卷四。《海雲禪藻集》卷二今如小傳。

詩云："閑窗愛獨坐，禪暇稍吟詩。與世真無涉，逢人輒解頤。幽棲偏得性，辛苦勉從師。所賴惟多病，投艱或可遲。"

汪譜按：今黿爲和尚第七法嗣，見廣州海幢寺所藏《世系表》及鄧淳撰《嶺南叢述》五五。其付囑年分未詳。據《咸陟堂文集》十七《代丹霞合山請棲賢和尚啟》云："惟角公和尚雷峰嫡乳，舵石連枝。生鍾紫水之靈，夙受丹霞

之記。"或角子付囑在和尚居丹霞時。《詩集·挽真佛》詩
有"有子傳燈心已安"句,真佛名今如,爲今黿之父,以
康熙十三年甲寅卒,則今付囑之年當在戊申、甲寅間。

今按:汪譜繫此事於康熙八年條,未安。或以時未見
《丹霞山志》之故也。仇江《清初曹洞宗丹霞法系初探》
繫於本年。①

角子,名今黿,廣東新會人,族姓黃,真佛今如子。幼年
隨父出家,九歲成僧,不數年遂悟大乘。後住柳溪,復徙
棲賢,繼石鑑覵公主法席。有《丹霞角子禪師語錄》。

八月,廣東巡撫劉秉權助建海幢大雄寶殿落成。

《光宣臺集》卷七《羅浮寶積寺瑞像記》。

記云:"然予時方建海幢大雄殿,顧力不及。庚戌、辛亥
兩歲,承大中丞劉公弘護,殿遂落成,此辛亥秋八月也。
……中丞諱秉權,三韓人,由學士出,巡撫廣東。"

九月,肇慶知府史樹駿、韶州知府馬元助建丹霞山地
藏殿成,澹歸撰《丹霞地藏殿記》。

《徧行堂集》卷一一。

《記》云:"予以庚戌春至肇慶,太守史公庸庵發地藏閣之
願,約韶州太守馬公子貞共成之,閱辛亥秋九月落成。"
史庸庵,即史樹駿。

馬子貞,即馬元,遼東籍北直真定人。康熙九年任韶州
知府。

秋,和尚有《秋日送李廷標赴雲南郡丞》、《秋日懷悟
石陸太守》、《答紹元居士》、《送陳季長還閩,並寄怡
山社中諸子》諸詩,寄意各社中友生。

---

① 仇江《清初曹洞宗丹霞法系初探》,載《廣東佛教》2004年第
6期。

《瞎堂詩集》卷一三。

陸悟石,即陸世楷也。

紹元居士、陳季長,其人俱未詳。

端州蓮社諸道友欲訪丹霞,和尚喜而賦詩。

《瞎堂詩集》卷八《寄端州文社諸公》詩。

詩云:"端州有蓮社,聞欲入丹山。思見宗雷久,方慚慧遠閑。臨風裁素翰,對月待春關。須憶身前後,茫茫去住間。"

今按:此詩次於《送衣石下山兼訂復來》詩之前,故繫於此。

十月十四日,諸子集海幢寺爲和尚壽。林上達留宿寺中,有祝壽詩。

《海雲禪藻集》卷四林上達《辛亥陽月,集海雲寺祝丹霞老人壽,留宿山樓,卻賦》詩。

林上達,字苑君,又字益金,廣東番禺人。文學。禮和尚爲居士,山名古贄,字鏤白。有《北窗集》。

當在和尚十月生日後,釋依石下山,和尚有詩贈行,並約其明春再來。

《瞎堂詩集》卷八《送衣石下山兼訂復來》詩。

詩云:"六十又過四,千華重授衣。青山不可再,白首好相依。梅發隨流去,春來逐雁歸。相期寒食候,垂綠半開扉。"

衣石,即依石也。

和尚得澹歸病即愈之訊,時會龍擬新構,乃走筆爲詩寄慰。

《瞎堂詩集》卷八《得澹歸病即愈之訊,時會龍擬新構,走筆寄之》詩。

詩云:"岌岌憂予老,勞勞愛汝賢。儘教身外絆,何可病相纏。近水還成屋,臨門見泊船。展書歡無極,此意孰相憐。"

會龍，即韶城府東門外之會龍庵。

又有《孝山太守入丹霞阻雨建封灘》、《並頭蘭寄和阿字、澹歸二首》、《沈融谷將入都門過別》諸詩。

《瞎堂詩集》卷一三。

今按：沈融谷前有赴浙秋闈之事，今入都門會試矣。

《酬木公尊宿》詩亦作於此時。

《瞎堂詩集》卷一三。

詩云："白雲何處足安排，萬里河山一草隈。當念久知忘劫量，入林元爲濟川才。共期砥柱傷同異，不取移茅絕去來。底事只今誰舉似，佇聞法鼓起春雷。"

今按：今年和尚有《寄端州文社諸公》詩，與肇慶相聯絡。則此木公殆即鼎湖在犙弘贊和尚乎？在犙號木人，有《木人剩稿》。此時在犙年六十一，爲鼎湖第二代住持。澹歸有《謁慶雲和尚二首》，詩云："山靈函閟自何年，寶地初開屬法筵。今在人天俱入座，形成龍虎不爭權。""論傳西域尊僧肇，律定南山重道宣。爲念末流看砥柱，白雲青眼各翛然。"署名"法姪今釋"。從此目之，則此木公似以在犙爲是。

又，《千山詩集》十二《同雪公遊千頂紀事序》曰："丙申八月廿三日，由瀋出門，歷盡艱險，非獨前遊不及，即同木公遊，亦一丘一壑之見耳。"而此一木公，遠在關外，未知與和尚有交往否。錄以備考。

尹體振七十有一，有詩壽之。

《瞎堂詩集》卷一三《壽尹中書恆復》詩。

詩云："禪者歸山問昔遊，知君七十去年秋。世間歲月豈容易，山上雲烟忘去留。招隱久虛宗炳社，懷人頻上仲宣樓。高齡相見難期約，遠泛滄江空白鷗。"

十一月十一日，和尚於丹霞退院。

　　《丹霞山志》卷三"法統"。《別傳寺史略》。①

南康知府廖文英及歸宗諸子，啟請住持歸宗。此前數
年，長慶寺兩度見招，堅辭弗起，而歸宗寺一請便諾。
時諸子懇請畢丹霞創造之局，相留至於絕裾。

　　《瞎堂詩集》卷一四《退院詩十四首》詩序、卷一八《初
　　住歸宗》詩四首。《咸陟堂集》卷六《舵石翁傳》。光緒
　　《江西通志》卷一八〇。《廬山志·廖文英傳》。

　　《退院詩》序云："廬嶽退居之志十年於茲矣。長慶兩度
　　見招，堅辭弗起。歸宗一請便諾。"參康熙十三年條。

　　《初住歸宗》詩其三曰："嶺南獦獠自丹霞，梛栗橫挑千
　　里睱。多少兒孫憐老大，不知何地是吾家。"詩中原注：
　　"余受歸宗請，諸子相留，至於絕裾。"

　　今按：《咸陟堂集》文集卷六《舵石翁傳》云："辛亥冬，
　　老人赴歸宗請。"則和尚受邀當在十月末。

曲江文士廖燕有詩送別和尚。

　　《粵東詩海》卷六三《集丹霞古寺同諸子送天然和尚歸廬
　　山》詩。

　　詩云："丹霞久住露玄機，又背蒲團下翠微。一榻坐穿塵
　　外去，千峰行盡雪中歸。路徑橫浦同鷗宿，身上廬山看瀑
　　飛。此去春風吹正好，蘑菰新長蕨芽肥。"

　　廖燕，字人也，號柴舟。廣東曲江人。諸生。有《二十
　　七松堂集》。

十二月底，抵匡山歸宗寺，主方丈。作《初住歸宗》
四首、《復生松》四首，有力任其艱之志。

────────

　　① 袁首仁《別傳寺史略》，載鍾東主編《悲智傳響：海雲寺與別
傳寺歷史文化研討會論文集》，海關出版社2007年版，第87頁。

《瞎堂詩集》卷一八。

《初住歸宗》詩其一曰："東晉開先代有人，復生松轉劫前春。遙思八十年來事，艱鉅難辭是此身。"詩中原注："寺重興八十年，予始忝主方丈。"

其二曰："吾師舍利在金輪，四十年前話轉新。不道無禪誰獨念，祖翁田地久生塵。"詩中原注："予自丙子禮金輪塔，便有三十年不出山之約。"

《復生松》詩其一云："太薇鳳植歲寒心，移覆祇園大樹陰。不向人間輕一死，鸞溪橋北早成林。"

今按：所謂"四十年前"云，指崇禎三年庚午其師宗寶道獨掩關金輪，至今四十年矣。

並有上堂法語，發願將此身心以奉塵刹，以報佛恩。

《天然語錄》卷一。

法語云：上堂："刹竿依舊，毒鼓從新。祖令親行，魔外潛息。然燈身前，不容擬議。迦葉門下，許有激揚。一句根由，當眾決擇。"問答畢，云："天清地寧，江深嶽峙，風動雲起，晝朗夜昏。聖主垂衣，良臣補袞，四民浩浩，百氏騰騰。現成公案，還有指示也無？若無指示，老僧堪作甚麼？若有指示，大眾何曾具足？所以遇賤即貴，寶几珍御豈是元無。遇貴即賤，白牯狸奴應非別有。攙搦並用，貴在當機。從上真宗，只言'仍舊'，'恁麼也不得，不恁麼也不得，恁麼不恁麼總不得'。石頭極口在'仍舊'上猶爲指蹤極則之談。'我有時教伊揚眉瞬目，有時不教伊揚眉瞬目。有時道揚眉瞬目者是，揚眉瞬目者不是'。馬祖用盡氣力，亦不過在'仍舊'上虛縱虛奪。臨濟得大愚點破，始解未到黃檗時消息。俱胝得天龍一指，受用平生，末後在童子指頭上施全殺手段，顯全活風猷，亦不過在'仍舊'上善爲去就。始知直下承當，錯過不少，翻身跳出，轉見無端。直饒三頭八臂，鼻直眉橫，到者裏總要吃歸宗痛棒始得。且道歸宗又作麼生?"卓拄杖，云："將此身心奉塵剎，是則名爲報佛恩。"下座。

歲末，聞姜山今邡有入越之舉，賦詩慰勉。

《瞎堂詩集》卷一三《歲晏懷姜山》詩。

詩云："東風吹雨下長干，又見梅花帶雪殘。夏杪一傳廬嶽信，秋來幾聽雁聲寒。艱難客路誰能久，冷暖人情我已安。聞道開年定入越，輕舟應過子陵灘。"

本年在雷峰爲鐵關古鍵受具。

《海雲禪藻集》卷三古鍵小傳。

古鍵，字鐵關，和尚侍者。後曾爲和尚刻《梅花詩》。

仞千今壁於十月分座海雲，十二月六日示寂，初八日阿字今無爲下火。澹歸今釋爲塔銘。

《光宣臺集》卷一四《爲雷峰西堂仞大師掩龕》、《爲雷峰西堂仞千大師下火》。《徧行堂續集》卷八《海雲西堂仞千壁禪師塔銘並序》。

阿字今無爲下火，云："釋迦老子當年於此月八日夜半子見了明星，悟卻甚麼道，遂令天下古今聖凡之見不得貼然。我仞千壁師弟亦於此月前二日夜半子端坐默然，與釋迦老子異路而趨，無聲無朕，不掉不持，斗柄移於北邊，鼻孔卻朝於南面，令一切人人抱沖天之志，箇箇持入地之謀。到得面前，卻似紅爐上彈一點冰相似。且道仞公爲甚麼得此奇特? 衆中有商量底道：'仞公善於親近吾師天然老人，得聲入心通之妙。'這箇是不識我仞公。又有商量底道：'仞公掉得便行，自是腳頭快。'這箇亦不識仞公。亦有道：'仞公貌古形疎，解空離色，風韻出自天成，俊快成於夙慧。'這箇亦不識仞公。且道如何乃識得仞公?"提起炬，云："一雁獨飛滄海外，鷓鴣原上火燒空。"

遂蓺。

石鑑今覩本年返廣州，居雷峰。正十古住隨侍之。

《海雲禪藻集》卷二古住小傳。

方以智本年夏受"粤難"牽連，自詣廬陵就監。先押至南昌，後押赴嶺南，至廬陵病危，經周亮工等營救而事稍得寬。冬日，仍由廬陵押赴嶺南，舟次萬安惶恐灘，風浪忽作，疽發背而死。

任道斌《方以智年譜》。

吳偉業卒。

康熙十一年壬子（1672）　　六十五歲

[**時事**]九月，免江西荒疫之區逋賦，並招民耕墾。　陸世儀、周亮工死。　廣州大有年。

住歸宗。正月四日，登金輪峰禮如來舍利塔。因過宗寶道獨掩關處，有題塔院詩四首。

《瞎堂詩集》卷一八《題金輪峰塔院四首》詩。

詩前有引云："予初主歸宗之明年正月四日，登金輪峰禮如來舍利塔，因過先師掩關處，棟宇傾落，茆簷頹圮。念水木之根源，傷典型之凋謝。思停波靡，敢以身先，尊古人坐斷之風，息後學狂奔之習。正惟此日，殆將終焉。俟之後緣，聊題四絕。"

病中，劉德馨太史過訪。賦詩誌之。

《瞎堂詩集》卷八《病中劉德馨太史過訪》詩。

詩有云："暫作江淮別，寧知天地寬。明春有歸雁，消息到長干。"當在廬山作。

劉德馨，其人未詳。

二月初，有上堂法語。

> 《天然語錄》卷一。
>
> 法語云：“上堂：‘正月已過，二月初來，諸人個個委悉，惟有拄杖子總沒分曉。且道委悉底是，沒分曉底是？全是全不是。’卓拄杖，云：‘道士帔白襴，知非真措大。’”

本月得姜山今旀入越消息，賦詩寄之。

> 《瞎堂詩集》卷一三《仲春得姜山報，知以此時入越，卻寄》詩。
>
> 今按：去年和尚有《歲晏懷姜山》詩，有“聞道開年定入越”之句。

二月十六日，和尚賦《海幢阿首座生日》詩。

> 《瞎堂詩集》卷一三。

春，陳子升至歸宗寺，有詩呈和尚及西堂角子今𥶶禪師。

> 《中洲草堂遺集》卷一四《歸宗寺呈天然和尚》詩。
>
> 詩云：“四十年前恨不同，高山忽仰客途中。……欣從兩世師承地，況自曇摩海岸東。”又，《重入廬山歸宗寺，受天和尚戒，答西堂角公見贈之作用韻》詩云：“……石寶納風泉響細，金輪承日塔光新。歸宗舊地歸心屬，一見同門即甚親。”

並乞作優婆塞。和尚爲升座，賜偈，書卷子與之。別後有《寄喬生書》一通，勉其學道持戒一如其詩。

> 《中洲草堂集》卷末。蔡鴻生《清初嶺南佛門事略》。①

---

① 蔡鴻生《清初嶺南佛門事略》，廣東高等教育出版社 1997 年版，第 130 頁。

卷子云："智山居士即陳喬生，予四十年前聲氣友也。予
與黎子美周少年時爲莫逆交，美周又與喬生爲莫逆交，出
世來行跡隔絕，而心中常有其人。後聞皈依先師，法名今
住，字草庵，而心中之人較切，離亂之後，去住難覓。予
前六年自雷峰徙丹霞，去臘又從丹霞入歸宗，春日晴暖，
偶與西堂角禪宴坐丈室，有投刺索見者，則心中之人忽在
目前，握手歡喜，輒云歸去，既恨相失之日長，而又嗟相
遭之日短，三界旅泊，韶光難駐，謂我輩相期，安得更有
第二事耶？智山臨歧乞作優婆塞，爲之升座，並畀以偈，
偈曰：'三界無安，猶如火宅，兒嬉不知，出入馳突。梁
棟傾圮，朝不違夕，長者彷徨，諸子豫懌。惟有一門，
道路孔窄，捨此別無，當慎決擇。古今聖賢，斯道是適，
道以戒先，性戒自律。忽隨順流，與世汩汩，囑我陳子，
惠迪厥吉。'"

書云："山中一日風味，儘公受用，蓋欲公退而思之，家
食知足，不爲將來裹足之由，則坐進於此矣。《大江吟》
讀至《過虞山》一首，直追古作者，近時詩多新聲，唐
韻寥寥，矧其尤耶。公但學道持戒一如其詩，斯老僧所爲
加額也。再會何時，願毋忘是。"

今按：此卷子與書信，《天然語錄》未收。

時負笈稱盛。並應石鑑今覯請，至棲賢寺上堂說法。

《天然語錄》卷一。《光宣臺集》卷一二《雷峰天老和尚
七十示生頌》。

法語云："上堂：'赤眼常因刺史李渤初住棲賢，後居歸
宗，《傳燈》載歸宗智常禪師。老僧二十年前亦因燈巖文
公曾住棲賢，後付法子覯長老繼席。今來歸宗重得相過，
承覯長老啟請陞座，置得一語要問大衆：只如智常禪師住
棲賢時、住歸宗時所有舉揚，與老僧前住棲賢、今住歸

宗，正當過此爲大衆鼓兩片皮，且道是同是異？若道是
異，人隔數世，地距數十里，而道無古今，道無遠近；若
道是同，同在甚麼處？'卓拄杖一下，云：'會麼？東海
龍王打鼓，西海龍王撞鐘。金輪峰頂霹靂一聲，玉淵潭裏
淙淙晝夜。兩山衲子你來我往，摩肩接踵，聚頭付耳，畢
竟明得個甚麼邊事？於此折合，歸宗即是棲賢，棲賢即是
歸宗，主即是伴，伴即是主，主伴即是拄杖子，拄杖子即
是個甚麼？五老峰高猶在後，七賢聯峙且居傍。'卓拄杖
一下。"

今按：所謂"老僧二十年前亦因燈巖文公曾住棲賢"之
事，參見順治十年條。

仞千今壁訃至，和尚有詩悼之，兼及離言今讀，頗傷
人事凋零，吾道芳蕪。

《瞎堂詩集》卷一三《悼仞千壁西堂》詩。

詩云："昔辭雷岫獨躊躇，再別丹山意倍孤。慶喜堂虛人
去後，鉢曇花落雁行殊。七年行徑空芳草，此日雲山有鷓
鴣。老我鸞溪成底事，不堪吾道日芳蕪。"詩題下原注：
"歸宗聞訃作。"詩中原注："自雷峰遷丹霞時，離言將
寂。今自丹霞遷歸宗，又得仞千之訃，皆侍者寮。"又
注："仞千以侍者改雷峰西堂。"

離言，即今讀。

丹霞爲儲棲賢舍利而建窣堵波成，澹歸今釋有文紀之。

《徧行堂集》卷一一《舍利藏中石記》。

記云："……歲在壬子，日維壬申，月與時皆甲辰，天地
協吉，緇白相慶，丹霞道場永明慧日，韶陽福地遍覆慈
雲，三災絕沴，八法生光，現前內外護隨喜見聞，皆與釋
迦如來同分多寶之座。"

浴佛日，棲賢舍利入塔，石鑑今覿寄書海幢索頌，阿

字今無歡喜應之。

《光宣臺集》卷一二《壬子浴佛日，棲賢舍利入塔，大小二顆同放寶光。石鑑覬公寄書索頌，比丘今無見聞隨喜，敬載筆颺言頌曰》。

結夏日，和尚有上堂法語，勉大眾在疑信里參禪學道。

《天然語錄》卷一。

法語云："上堂：'文殊三處過夏，有一句子要人信。迦葉欲行正令，有一句子要人疑。疑句即信句，信句即疑句。疑信裏錯過，疑信裏薦取。呵呵呵，日出眾峰青，雲深不知處。'"

又云："結制，上堂：'從上來事，諸佛無開口處，豈更有指示於人。歷代祖師、天下善知識橫說豎說，祇是發揮者個道理。大眾，既開口不得，指示人不得，又發揮個甚麼？'卓拄杖，云：'會麼？昨日有人從嶺上來，不得五羊信。江淮一帶四五十文一斗粟，飯袋子還有向廬山死灰裏爆出麼？現前一眾，幸無枝葉。九十日內，老僧不教你參禪，不教你學道，祇要你二時粥飯不咬破一粒米，堂裏堂外往來出入不蹋著一寸土。張眼不見色，人不喚你作瞎漢，側耳不聞聲，人不喚你作聾漢，已後天下無奈你何。還肯麼？肯則歸宗今日失利。'擲下拄杖，云：'賺殺廣南蠻。'"

端陽日，有上堂法語，勉諸人勇猛精進。

《天然語錄》卷一。

法語云："上堂：'端陽到來了，文殊、普賢、觀音在拄杖頭諍論佛法，各持一說，如鬥快龍舟相似。汝諸人爲老僧捉下，有功者賞，有過者誅。咦！總是有過，且作麼生誅？'喝一喝，云：'狗銜赦書，諸侯避路。'"

七月十四日，雷峰都寺旋庵今湛六十歲生日，澹歸今

釋有壽序賀之，且表其真至純誠，博大愛客，一切順
受之德。

《徧行堂集》卷五《雷峰旋庵都寺六十壽序》。

壽序有云："《金剛般若》云：菩薩佈施福德，如虛空不
可思量，以其不住於相。公既迎老人居雷峰，悉出所有，
然猶有議其私匿膏腴者，公無幾微見於詞色。予初執役廚
下，從老人爲三姥之遊，一衆幾空。公知客事，偶不行堂
中受食法，老人歸，嚴加呵責，公俛匐請杖，巡寮哀懺，
亦無幾微見於詞色。老人出匡廬，初不使公知，公思慕無
已，旦夕謀所以迎還，至於泣下。老人既還，或遷芥庵，
住丹霞，出歸宗，公之思慕如一日。今老矣，猶竭蹷營
建，冀老人之一日還雷峰，以克愜其初志也。公於法門可
謂真至純誠，有不二心之操者矣。予性戇直，遇事輒發，
以此失師友之歡，每一念及即內愧。公一若南雄陸使君孝
山，予與往還十餘年，未嘗見其疾言遽色，時取以當西門
豹佩韋之義也。公博大愛客，見人有一能，稱羨不去口，
其人有過，終不言也。人或以意氣相凌，一切順受，不爲
抵忤。其輔弼宗師，得上相之體，故一衆無不安之。歲在
癸丑秋七月十有四日，得天之紀，一周復始，公於雷峰爲
十方檀越，其於老人門下則耆年內護，若予於同學中又心
所矜戒，於法宜稱壽。"

今按：《徧行堂集》卷三一《旋庵湛公生辰歌》詩又云：
"丹霞已破生辰窟，還有生辰消不得。海幢總院旋庵湛，
七月十七五十一。"則旋庵生日又是七月十七。

本月，平南王尚可喜鎮粵二十餘年，疏請歸老遼東，
彙其生平戰功事跡，屬尹源進爲撰年譜，以垂示子孫。
源進轉付澹歸今釋爲之，費三月之工，成二卷，題曰
《元功垂範》。

原書卷首尹源進序。《徧行堂集》尺牘之二《與棲賢石鑑覿和尚》之十五。

《與棲賢石鑑覿和尚》書云："四月下山，圖出嶺，病於龍護；初秋赴平南之招，喫官飯，做官書；十月還山，雖千波競湧，而一塵不染也。山中窮極，樂說在庫司，有七十日不見分毫夾剪口中銀屑。曩來奔走上門，蓋爲弟子之義如此，今老人既不要丹霞，豈可復奔走上門作郎當漢耶！所以在省城，絕口不及因緣，惟領劉撫軍高情，爲料理普同塔及廊路。今塔已成，廊於明春杪可畢工，再結舍利塔之局，便圖放手。惟債務一着，當俟出丹霞後，蓋在丹霞，則債但有添無減。弟平生認真守分，先公後私，未嘗於自己分上討便宜，而世出世間，常招憎怨，致猜忌，吾自信吾心而已，乃以爲有福，可乎？老人過泰和，不與孟昉相聞，未爲失也，孟昉之致憾，亦未爲不得。孔子曰：'過我門而不入我室，我不憾焉者，其惟鄉願乎？'弟有時過人而人厭，不過人而人喜，然則孟昉之致憾者，孟昉之厚，而老人之福也。近來人情險惡，弟於觀人，略用別眼，即吾輩做事，亦玅在成與不成之間，使人以爲無用，不復置之心中，作一障礙，便是有福。弟於此猶是跛腳阿師，說得行不得也。歸宗化主便，率附此紙，一書一啓博笑，以吾兄尚有頭巾氣，故以此充供養，呵呵！"

今按：今傳本《元功垂範》無撰年。書之序跋均不屬年月，卷端僅題"賜進士吏部考功司郎中東官尹源進撰次總督兩廣兵部都察院右都御史李棲鳳較定"。僕數年前初輯《清初丹霞天然年譜》時亦以吳天任《澹歸禪師年譜》之說爲說，曾不之疑。近得中山大學古文獻研究所教授楊權先生垂示讀澹歸《與今覿和尚》此書，并教云：書中"喫官飯，做官書"即指應尹源進之託爲平南王編《元功垂範》事也，幾無疑義，然此“四月”爲何年之四月，則頗廢斟酌。先生頗有意於《澹歸禪師年譜》之新撰，近二年費力整治《澹歸日記》，頗有重要發明，斷言癸丑秋澹歸決無可能在廣州，舊吴氏定《元功垂範》爲癸丑年作非是。

竊喜有楊先生之教，乃重檢舊文，與《徧行堂集》比對，終能坐實《元功垂範》爲澹歸康熙十一年壬子間所從事者，再無疑義也。請試申述之如下：

辛亥（康熙十年）冬，天然和尚去丹霞赴廬山歸宗請。澹歸《與棲賢今覞》書云：“秋，赴平南王之招，吃官飯，做官書，十月還山。”“曩來奔走上門，蓋爲弟子之義。今老人既不要丹霞，豈可復奔走上門，作郎當漢耶。所以在省城絕口不及因緣，惟領劉撫軍高情，爲料理普同塔及廊路。今塔已成，廊於明春杪可畢功，再結舍利塔之局，便圖放手。”此中“今老人既不要丹霞”云云，乃指天然和尚新去丹霞時；“今塔已成”云云，指丹霞普同塔也，其經始於壬子年五月，告成於九月十八日，擇冬十二月之朔捧諸骨石入塔，事見《徧行堂集》卷一二《丹霞普同塔碑記》。則《与今覞》此書撰於壬子十月從廣州平南王府還山之後。

書云“再結舍利塔之局，便圖放手”者，舍利塔成於甲寅冬，見《徧行堂集》卷一二《丹霞舍利塔碑記》。此是後話。

又，書有“四月下山”云云，倘是甲寅之四月，則甲寅春間，澹歸正在廬山陪侍和尚，有《甲寅新正二日，侍天老人同諸及門遊玉簾泉》詩可證，見《徧行堂集》卷三八。又，《徧行堂續集》卷三《〈堅素堂詩集〉序》有云：“甲寅春，大病久不復。”倘是在廬山病，何言“下

山"；倘正月自廬山歸丹霞即久病，既無緊迫之事，四月
又何能"出嶺"，何必"出嶺"？故此必是壬子間事也。
既是壬子"四月下山"，則"初秋赴平南之招"亦在壬
子也。

書云："老人過泰和，不與孟昉相聞，未爲失也。孟昉之
致憾，亦未爲不得。"此亦解釋老人去年冬赴廬山經泰和
時事也，倘事發既久，無再提起之理也。

書云："近來人情險惡，弟於觀人略用別眼，即吾輩做事
亦紗在成與不成之間，使人以爲無用，不復置之心中作一
障礙，便是有福。弟於此猶是跛腳阿師，說得行不得
也。"殆暗指其爲平藩作書，而遭攻訐之事也。

未知吳天任《澹歸禪師年譜》爲何繫於癸丑年。倘有言
證，則是澹歸本人閃爍其詞也矣。然《與今覢》書具在，
證其"喫官飯"之事顯在壬子無疑。

澹歸以六十老僧爲此事，而於書中多所頌揚，原文竟稱
明、明官、明兵爲僞、賊。世人無論遠近痛譏之，目爲
"勢利和尚"。邵廷采《西南紀事》卷七《金堡傳》："堡
爲僧後，嘗作《聖政詩》及平南王年譜。以山人稱頌功
德，士林訾之。余初未信，及問之長老，皆云。"全祖望
《鮚埼亭詩集》卷一○《肇慶訪故宮》詩，有"辛苦何來
笑澹翁，徧行堂集玷宗風"之句，原注云："予嘗謂澹歸
在'五虎'中本非端士，不特爲平南王作《年譜》而一
敗塗地也。"[1] 近人陳垣《清初僧諍記》亦斥云："尤有
甚者，結交貴遊，出入公庭，如澹歸晚節之所爲，則不如
即返初服之爲愈矣。"[2]

然據《澹歸禪師年譜》，其後澹歸又上書平南王，請更正

---

① 《全祖望集彙校彙注》，上海古籍出版社 2000 年版，第 2296 頁。
② 陳垣《清初僧諍記》，北京中華書局 1985 年版，第 90—91 頁。

《元功垂範》中對明之稱謂。《徧行堂集》尺牘四《上平南尚王》云："丹霞山僧某啓：前所編次《元功垂範》一書，遵奉記室所授稿本，於明稱僞，於明兵稱賊，初謂奏報相沿，未曾改正。竊念明滅元而修《元史》，不以元爲僞，不以元兵爲賊；元滅宋而修《宋史》，不以宋爲僞，不以宋兵爲賊；明末君臣播遷，亦自延其祖宗一綫之脈，非僭竊比，而清朝承明正統，且驅除李自成，爲崇禎雪恨，與明本非寇讐。今書中稱李自成爲僞爲賊，稱明亦爲僞爲賊，略無分別，恐非正理。謹請發回原書改正，於明朝削去'僞'字，稱明，於明兵削去'賊'字，稱兵或稱將領之名。蓋天下之分義，當與天下共惜之，天子之體統，當爲天子共存之也。王此書雖爲家乘，而事關國史，當傳之天下後世，不敢草草，謹此上啓，伏惟裁察。"吳天任稱："平南以其詞嚴義正，卒允所請。今書中於明及明官明兵，皆依原稱，無稱僞者、稱賊者。陸升初見禪師所上平南書而愛之，求爲手書以贈，師亦有題所上平南啓後二則。其一云：'此亦卑之無甚高論，然人或相顧不言，則言之者或指目爲高論矣。書既上，平南極稱有理，遂發原稿改正，蓋人心之所同然，無一人能爲不同者謂之至平至易。陸子升初見而愛之，持幅綾屬予手書。陸子特賞其平易，非謂其奇且難也。識陸子此意，天下國家可均，爵祿可辭，白刃可蹈，元是著衣喫飯事，元極中庸，何不可能之有？若別有一不可能之中庸，卻早落在索隱行怪一流去也。'其二云：'平南尚王屬爲料理年譜，乃有此書，亦且救得一半。江北不知有弘光，江南不知有永曆，蓋其所不見者，聞之蔑如也。習鑿齒當晉世，以昭烈宗室，承漢正統，魏受漢禪，猶爲僭竊，可稱眼正。若以明室遺民置隆、永於若存若亡，而不知吳三桂身爲統領，滅雲南、弑永曆父子之爲不義，烏乎可？烏乎可！’”
今檢《徧行堂續集》，其卷一四《升初以幅綾索書所上平
南王啓》詩云：“直道斯民在，空言亦可存。何人操史
筆，不意到王門。內外無殊體，興亡共一尊。吳綾閑索
字，字裏立乾坤。”又，《元功垂範》書前尹源進序云：
“天不言而雷霆宣其威，雨澤宣其德，聖人作於上，而智
者效其謀，勇者效其力，其道一也。故紀星辰日月之行，
而天之尊見焉；紀臣子攀鱗附翼之功，而國家之盛著焉。
我世祖章皇帝應天受命，撫有區夏，威德被於四遠，宏謀
英斷，得之天縱者爲多。而一時股肱干城之佐，宣力封
疆，異姓而王者四人，其在吾粵者爲平南王焉。蓋自航海
歸命，北定燕都，西平三楚，南開百粵，廓清千里，所向
無敵，足以播揚國家之威。鎮粵二十餘年，邊境乂安，民
樂其業，休息長養，日以蕃庶，足以宣布國家之德。秉征
誅之權，而有撫綏之實，位上將之尊，而得大臣之體，宜
其帶礪山河，垂勳竹帛，與國悠久也。今天子眷念三朝老
臣，特從所請，以世子公代鰲軍事。王以衛武懋德之年，
優游多暇，追念疇昔，將次第其事，彙爲一書，垂示子
孫，誠盛舉也。以命源進，進何敢辭。顧自以生長南方，
見聞寡眇，才力鄙劣，敘次益非所長，遜謝久之。及得王
宿昔家乘所錄者，一月而遂成編。蓋敘事之外，時爲論
斷，以彰王寬大好生之心，表當時事機得失之會。其名曰
《元功垂範》，不惟王之豐功偉烈，展卷昭然，即開天之
規模，亦可一二相見，國史將於是取徵焉。豈獨爲一家之
寶哉。進幸觀厥成，謹再拜爲之序。”“右《元功垂範》
五十年事實，出記室條錄及航海舊人參互考訂，纂爲二
卷。……古之大臣，惟郭子儀、曹彬功德俱全，輝映史
冊。源進故於王所建豎，緣功遡德，未嘗不三致意焉，亦

欲使天下後世，不徒以力征經營畢勳臣之能事，則蒼生與
有厚幸矣。"僕頗以爲此序亦澹歸禪師所撰而冠以尹氏之
名者。味此等語，其中不斤斤以王朝興亡爲辭，而刻刻以
天下蒼生爲念，此乃滄桑之際天然海雲法系所持大乘菩薩
之教也，不亦灼然可睹！傳曰："人誰無過，過而能改，
善莫大焉。"無乃讒之者過急，責之者過當歟。

尹源進，《丹霞山志》卷六"法社姓氏"載：太常少卿，
字瀾柱。民國《東莞縣志》卷六五《人物略》傳載：又
字振民。廣東東莞萬家租人，順治十二年進士，授兵部都
督主事，改吏部文選主事，擢考公郎中，進太常寺少卿。

秋，黎同三袖詩來訪，時和尚在病中，有詩酬之。

《瞎堂詩集》卷八《黎同三見訪索詩，時予在病中》詩。

詩有云："廣南有佳士，遠訪廬山岑。"

黎同三，其人未詳。

會木古檜行腳歸至歸宗，爲一衆募食，至浮梁，遇水
災，棲止一樓，斷烟火數日，諸行募者持空鉢而反，
已獨操輕舟載十餘石歸。殆得江西巡撫董衛國之供
輸也。

《海雲禪藻集》卷三古檜小傳。

今按：《瞎堂詩集》卷一四有《奉束制府董公》詩，云：
"憶昔鸞溪紹祖山，時荒分衛荷隆頒。"時江西乃荒疫之
區，會木行乞得十餘石，乃難得之大供養也，非大施主不
能辦。殆即江西巡撫董公也。參康熙十七年條。

是年澤萌今遇謁和尚於歸宗，一見契合。遂結茅於寺
後，旦夕入室，針芥相投。

《咸陟堂集》卷六《澤萌遇禪師傳》。

文略曰："年十九依雲棲會下尊宿落髮。越二載，禮洞下
三宜和尚受具。發足參方，往來天童之門，洞徹玄要。未

幾，還里省親，適聚徒論議，公至，力爲舉揚正法，剔譌
芟謬，反復再三，衆無以難。父母有省，遂舍所學，發大
諦信，因師往依濟下費隱和尚，同時得度。後嗣法千峰，
闡化廣福，是爲德化範和尚暨德修心庵主，公父母也。夙
願已酬，報恩事畢，橫擔椰栗，直入匡廬。時天然和尚主
法歸宗，公一見契合，遂結茅於寺後巖壑深邃之處，旦夕
入室，針芥相投。後返雷峰，乃受付囑。"

長至日，有上堂法語，勉大衆惜取光陰，直探本際。

《天然語錄》卷一。

法語云："長至，上堂：'一陽來復，萬象從新。一陽即
是萬象，此日全彰。萬象不是一陽，本際無二。從此日
去，爲聖爲賢即易。從本際來，爲愚爲凡即難。何以故？
日有投江影，水無留月心。'"

康熙十二年癸丑（1673）　六十六歲

［**時事**］三藩之亂起。三月，尚可喜告老，請以
子之信嗣封鎮廣東。清廷令撤藩歸遼東。　七月，吳
三桂、耿精忠請撤藩，以探朝旨。許撤藩。　十一月，
吳三桂殺巡撫朱國治等，據雲南起兵攻湖南諸省，自
稱天下都招討兵馬大元帥，以明年爲周元年。貴州都
督李本深響應。十二月二十一日，叛訊傳至北京。

住歸宗。正月，陪廖文英、曾文學遊玉簾泉。

《瞎堂詩集》卷一三《初春陪廖使君、曾文學遊玉簾
泉》詩。

廖使君，即廖文英也。曾文學，其人未詳。

又過東古寺，晤雪悟禪師。

《瞎堂詩集》卷一三《過東古雪悟禪師卻贈》詩。

詩有云："一岫獨當欄外穩，石門回首衆峰移。"

東古，《江西通志》卷一二南康府"東古山"條："在府城西南一十里。上有東古寺，有釣魚臺石。"

雪悟禪師，法名上思，嗣靈隱。

有詩約闇道者入山。

《瞎堂詩集》卷一三《春日倩闇道者入山二首》詩。

闇道者，其人未詳。

三月，海幢寺山門畢工。阿字今無以神氣虛耗，思就養羅浮。寒食日掃羅浮山宗寶道獨師翁塔，有詩。

《光宣臺集》卷一九《十一遊羅浮詩》。

詩前有小序："癸丑三月，予以海幢山門畢工，神氣虛耗，厭極人事，思就養羅浮，且當寒食掃塔之日，遂乘興入山，登眺之樂，悠然灑灑。纔四日夕吟弄烟雲，忽二天使一等侍衛顧公、二等侍衛米公至五羊，少保尚公、中丞劉公遣役追予還，相陪入山，未三鼓而肩輿戒路，冰車鐵馹之聲已宛雜於谷風澗響間矣。始信閒福未易消受，僅得十四首以紀茲遊耳。"

詩有四首，其一云："十載登臨興，年年自不同。"此時今無已是第十次入羅浮山，適山中寶積寺瑞像殿成，今無爲之序，見《光宣臺集》卷六《募建羅浮寶積寺瑞像殿序》。

少保尚公，即尚可喜之子尚之隆，康熙六年加封太子少保。劉公，即劉持平。

七月十七日，雷峰都寺旋庵今湛六十一歲生日，阿字今無有壽序賀之。

《光宣臺集》卷三《雷峰都寺旋庵湛公六十一壽序》。

即覺今離來棲賢省觀和尚，和尚許還雷峰付以大法。

惜其未幾咯血病作，秋，自知時至，出別大衆，說偈曰："懸崖撒手風猶晚，未上山時意若何。"遂合掌逝。

《海雲禪藻集》卷二今離小傳。光緒《廣州府志》卷一四一今離傳。

秋，和尚病甚。有詩寄阿字今無，既以門庭材盛爲喜，又隱含捨離之憂。

《瞎堂詩集》卷一三《病中寄阿首座》詩。

詩云："塵剎難將歲月論，每因疏越見寒暄。一年一度深秋雁，何夕何時入塞垣。種菊豈惟期晚節，搴蘿誰不羨吾門。月明俯仰猶今昔，亦有聞猿欲斷魂。"

八月初六日，澹歸今釋得歸宗寺兩札，催與阿字今無速往料理。

《徧陟堂集》卷六《舵石翁傳》。

十月初一，阿字今無急趨鶯溪省視，行前一晚，有晚參示衆。

《光宣臺集》卷四法語、卷一二《雷峰天老和尚七十示生頌》詩十首其八詩中原注。

法語云："九月三十晚，師因度嶺入匡山省候老和尚，晚參示衆。師云：'未有常行而不住，未有常住而不行。……'"

詩云："鶯溪還復振獅踪，日繞簾泉十萬松。卻爲北行瞻泰岱，慈風吹遍玉芙蓉。"詩中原注有云："老人出世鶯溪。三入鶯溪，乃主法席。壬、癸之交，負笈稱盛。今無亦以癸丑冬趨省鶯溪……"

澹歸今釋亦別丹霞，赴匡廬省觀和尚。

釋今釋《丹霞日記》。《徧陟堂集》卷六《舵石翁傳》。

又，《徧行堂續集》卷三《堅素堂詩集序》有云："癸丑冬，余將之匡山，止龍護園，入夜有剝啄聲，則戴子怡濤與池子伯儀，以朝正北上，步屧來過。……時值遷藩，江舟俱斷，洪波片葉，從樵舍抵星渚，幾於夜行畫伏，未暇也。"

病中，和尚有《玉簾泉用劉德馨太史韻》、《又用葉桐初大士韻》、《陸義山舍人入山》、《陳元水見訪，病中少闕展待，以詩贈之》諸詩，以酬謝諸道友。

《瞎堂詩集》卷一四。

《玉簾泉用劉德馨太史韻》詩云："曾借東坡深夜偈，更逢摩詰對山楹。"

陳上善，字元者，號元水，江蘇蘇州人。見明張喬《蓮香集》卷二《雜詠》。

葉藩，字桐初，直隸太倉州人。少有詞名，陳維崧序之。終身不仕，客遊四方，卒於旅次，年六十。見嘉慶《直隸太倉州志》卷三六。

陸葇，原名世枋，字義山，浙江平湖人。康熙六年進士，舉博學鴻詞科，改翰林院編修，總裁三朝國史。有《雅坪文稿》。見光緒《平湖縣志》卷一六。

程可則以職方郎中赴任桂林府，扁舟經匡廬而不得上山一展拜，有《寄本師天然和尚》二首。

《海日堂集》卷一。

詩其二云："聞道有宿懷，舍師更何似。搖搖塵網中，大覺紛誰是。憶昔登海幢，瓣香拜南指。全體有大用，盲目而聾耳。師昔示偈云：愚目聾耳之場，即上哲全體之用。人海雜喧囂，歌哭失至理。未能守空山，徒然三復此。扁舟望匡廬，咫尺烟霞紫。扉履不可留，慚憂渡湘水。"

容瞻公過訪，和尚有詩。

《瞎堂詩集》卷一四《容瞻公見訪》詩。

詩題下原注云："得程周量寄書，周量方出守桂林。書中道其從楚入粵，即事賦詩，並呈瞻公。"

容瞻公，其人未詳。

開先寺山鳴弘璐禪師六十初度，和尚賦詩壽之。

《瞎堂詩集》卷一四《開先山鳴禪師六十初度》詩。

詩云："重興祖剎逢獅吼，一代真風付後人。身在此山慚昔日，道隆堂構荷芳晨。無窮自可禳山鬼，常住偏能現病身。千尺龍吟投耳順，班荆容我話長春。"詩中原注："雪大師主開先時，適予掩關歸宗，不獲相見。"

山鳴禪師，法名弘璐，臨濟三十一世，嗣開先信璐。浙江會稽人。從雪嶠遊。康熙四年，南康司理巫之巒請住開先寺。

又賦詩爲澹歸今釋六十生辰壽。

《瞎堂詩集》卷一四《丹霞澹長老六十初度》詩。

詩云："如來壽量付何人，湧出因緣劫外春。只少六年稱弟子，卻於五位定君臣。臨機輸汝棒能疾，得意慚予道未親。且喜分身還集處，端然寶塔露全身。"

澹歸今釋本年有《日記》，起於六月二十九日，止於十一月三十日。

原書。

今按：此《日記》爲行草册，今藏澳門普濟禪院。前半爲住丹霞山別傳寺時所記，後半爲移錫龍護園與出嶺後所記。汪宗衍有跋，評云："書法南宮，精到健媚，小字草書，世尤罕覯。"

冬杪，阿字今無以請藏北上，過山東方聞三藩之亂，乃駐錫蕭府。

《光宣臺集》卷首釋古雲《海幢阿字無禪師行狀》、《阿字禪師傳》引《阿字禪師語錄》、卷一〇《汪淑莘〈五百羅漢記〉跋》、卷一二《雷峰天老和尚七十示生頌》詩十首其八。

《汪淑莘〈五百羅漢記〉跋》云："癸丑歲杪，予從嶺南萬里入京師，將以舉揚無義味語，弄蹄於陸，以冀睹乎蜿蜒盤旋，而莫知其至者，尋故人蕭副戎柔以於德水。"

《雷峰天老和尚七十示生頌》詩十首其八原注云："今無亦以癸丑冬趨省鶯溪，乃爲宋方伯拉入都門，中途阻亂，遂上泰岱，因恨不久住鶯溪，爲此虛役也。"

蕭副戎，即蕭柔以。

宋方伯，即宋可發，山東膠州人。順治十六年進士。康熙十二年任廣東布政使。

康熙十三年甲寅（1674）　六十七歲

[**時事**] 耿精忠遣將分攻浙、贛、粵，並請臺灣鄭經攻潮、惠。　吳三桂兵入江西，攻袁州。　春月，續遷番禺、順德、新會、東莞、香山五縣沿海之民，先畫一界而以繩直之，其間多有一宅而半棄者，有一室而中斷者。濬以深溝，別爲內外，稍逾跬步，死即隨之，遷者委居捐產，流離失所。

住歸宗。新春，偕澹歸今釋遊玉簾泉，有詩紀之。澹歸亦有詩、詞及之。

《瞎堂詩集》卷一四《新春偕澹長老遊玉簾泉》詩。《徧行堂集》卷三八《甲寅新正二日，侍天老人同諸及門遊玉簾泉》詩、卷四四《齊天樂》"歸宗侍天然老人遊玉簾泉"。

澹歸詞中原注："懸泉如練，見五色光變幻恍惚，因人指注而爲名狀，蓋日色所映耳。"

未幾，澹歸今釋還丹霞。

《瞎堂詩集》卷一四《退院詩》其九詩中原注。

澹歸今釋俯順衆請，繼和尚充丹霞西堂匡徒。三月十九日，有上堂法語。四方聞風，瓶笠雲集，堂室幾不能容。概以本分接人，一味真實，野狐禪輒斥之。一時會下多真參實究之士，至白首丹霞，足不下山，有古德之風。

《徧行堂集》卷二〇《語錄》。《咸陟堂集》卷六《舵石翁傳》。《丹霞山志》卷五《宗旨》載澹歸語錄。

繼之澹歸大病。後爲戴怡濤《堅素堂詩集》序。

《徧行堂續集》卷三《堅素堂詩集序》。

序有云："甲寅春，大病久不復，蹉跎至今，始得追通思酬昔念。"

今按：爲戴怡濤作序，當時甲寅年以後之事，具體何時未可知，姑繫於此。

戴怡濤，當即戴夢暘，字大來。怡濤或其號也。由明經任廣東高州府通判，康熙十四年知廣州府。

阿字今無有《甲寅春二月與密在、慧均、四藏、自顯、超漢、鐵關、洞開、瓶出、法敵、不息、漻文、始十、靖一、掛雲諸子從燕臺南歸，取道泰安登岱嶽，所經勝概，矢口詠歌，共得五言近體十二章以誌一時》詩。

《光宣臺集》卷一九。

春杪，南雄知府陸世楷持服歸當湖。

《徧行堂集》卷六《送陸孝山太守持服歸當湖序》。

序云："十九年不得調，任緣而安之若命，幸不幸之數、公私之介，同豎同掃，無能置辨，此即無縛無脫之極也。甲寅春杪，使君奉尊人諱，始謝雄州。使君抱終天之痛，雄之士民若屬吏以至丹霞，各失所天。以使君之不幸，成一

切人之不幸，而一切人又交相慰解曰：夫雄州之爲使君累，
　　十九年不得調，時有拂衣之請，不得遂，而乃得之於此。”
本年春，程可則到桂林知府任，問訊和尚，和尚有詩
酬答。

　　《瞎堂詩集》卷一四《程周量寄詩並繭紬，賦此酬之》詩。
賦《與方樓岡學士談千山舊事》詩，有“身世悠悠成
曠劫，每因芳草念王孫”之句。

　　《瞎堂詩集》卷一四。

　　方樓岡，即方雲停。見康熙六年條。
開先寺山鳴禪師病寂，有詩哭之。

　　《瞎堂詩集》卷一四《哭開先山鳴禪師》詩。

　　今按：澹歸今釋與山鳴弘璐禪師甚相得，《徧行堂續集》卷
　　十四《悼棲賢石鑑覬兄》詩序云：“予向與山鳴長老劇談
　　三日，開先僧云因此疾篤，遂化去。”同卷又有《挽開先山
　　鳴和尚》詩：“圍爐擁毳意俱消，鴻跡龍光望已遙。三尺木
　　蛇留本色，一番紙被寄孤標。雪邊聽竹無空谷，月下掬泉
　　有破瓢。公去卻憐吾病在，可還生死不同條。”
賦詩送廖文英解組歸里。時將去鸞溪，另卜紫霄。

　　《瞎堂詩集》卷一四《甲寅春日廖昆湖太守解組歸里，適
　　予有移茅之役，不獲出祖，詩以送之》詩。

　　詩云：“政成得請還鄉去，正值桃源花發時。五老清風吹
　　滿袖，三山遲日照龐眉。金輪難買陶潛醉，珠海誰呈宗炳
　　詩。自笑水雲情未瞥，一條栲栗送君遲。”詩中原注：
　　“予將去鸞溪。”又注：“海幢無子請藏北行。”

　　今按：今無上年初冬日北上，今春仲已自燕臺南還山東泰
　　安境。
釋子真佛今如寂，詩以輓之。

　　《瞎堂詩集》卷一四《輓真佛》詩。

詩云：“有子傳燈心已安，蓮華臺上足盤桓。玉淵步月溪聲舊，錦石登山屐齒乾。放老豈虞調衆拙，避人寧計買山難。訃音正值移茅日，憶昔嗟今眉欲攢。”

今按：“有子傳燈”，指角子今甿也。玉淵，指廬山棲賢寺；錦石，指丹霞山別傳寺。真佛嘗隨侍和尚於此。“訃音正值移茅日”，指和尚擬退歸宗寺方丈而卜居棲賢也。

釋子即覺今離衰病甚，欲還鄉就養，詩以送之。

《瞎堂詩集》卷一四《送即覺還海雲，並寄社中諸子》詩。

詩云：“鷺溪一住已三年，衰病無心作俗緣。見說鄉關人盡望，其如雲水意猶牽。白頭生計應無別，青鬢儀型莫放顛。若問老僧高臥處，紫霄峰下綠疇邊。”

作《柬倫宣明使君》詩，有“老病輒聞衰世事，無緣空抱古人心”、“三徑久荒遲貴客，五陵夐絕託瑤琴”之句。

《瞎堂詩集》卷一四。

倫品卓，字宣明。河北灤州人。拔貢。康熙十三年任南康知府。

七月，和尚自歸宗寺退院，欲卜紫霄峰下之淨成。作《退院詩十四首》。時南康郡城多烽火，人事紛雜，詩中念念於返丹霞之澹歸今釋、寓江南之阿字今無、住鶴鳴之訶衍今摩、住柳溪之角子今甿。

《瞎堂詩集》卷一四。

詩序云：“廬嶽退居之志十年於茲矣。長慶兩度見招，堅辭弗起。歸宗一請便諾，儼然而來，蓋欲借路還家，因風吹火，易子孫而禪席，還祖道於名藍，然後掉臂出門，指峰深處。詎謂三年未究，老病頻仍，數月以來，人緣交互，乃翻然杖策，遂我初心，住棲賢老方丈，待紫霄新結茅，萬竹千松，一日三覺。古人登山長嘯，棹艇洪波，此心此景，於予何憾。匪敢追芳往躅，庶免貽譏今時。率爾成章，貽闕高識。"

詩其一云："生來業運滿應除，幸托龍天得退居。廬嶽故丘曾有約，金輪祖席且從虛。黃花晚節凌霜早，白竹新鋤數畝餘。自此幽棲少鄰並，清談無客或觀書。"詩中原注："淨成在紫霄峰下，山中人相傳古白竹。諸志無所考，故易今名。"

淨成，位於毛筆峰南坡，與巢雲庵上下相鄰。

又有詩寄旋庵今湛、解虎今錫等，微有久住淨成之意。

《瞎堂詩集》卷一四《寄旋庵、解虎並社中諸子》詩。

詩云："退身卜得紫霄寬，準待誅茅度歲殘。老景祇知黃獨美，少年休訝白雲寒。非關苦節成孤往，每念酬恩亦大難。且學懶瓚聊自慰，還鄉又在數年間。"

今按：所謂"社中"，即海雲社中也。旋庵、解虎在雷峰海雲寺。

解虎，法名今錫。廣東新會黎氏子，原名國賓。諸生。其子月旋古豪，齠齡從頂湖棲壑和尚受具，後亦依止海幢，爲今無侍者，並稱耆德。

路經開先寺，祭山鳴和尚塔，有詩。

《瞎堂詩集》卷一四《經開先上山鳴和尚塔》詩。

詩云："幾日相過笑語歡，西風轉盼隴楸寒。溪橋一別人千古，山寺重來竹數竿。夜月已添新塔影，寢堂猶挂舊蒲團。扣門不作西州慟，直向深雲定裏看。"

今按：《廬山秀峰寺志》卷四載："山鳴禪師塔，在寺之西。"

還過棲賢，憶及先三月而逝之釋子即覺今離，不勝悼惜。

《瞎堂詩集》卷一四《過棲賢憶即覺》詩。

詩云："重踏溪橋萬慮輕，今人丘壑昔人情。青山不改寒

松色，白水猶留峽澗聲。種竹莊前看已老，攜瓶石上憶隨
行。黃家兄弟皆淪落，歎息吾門百感生。”詩中原注：
“老漢退居，即覺與有從臾。”又，“即覺俗姓黃，真佛如
禪即其從兄。先三月而逝。”

上巢雲庵，有詩。

《瞎堂詩集》卷一四《上巢雲》詩二首。

詩其一云：“朝看湖水連天白，擬傍西峰共設關。”詩中
原注：“雲居在淨成峰西。”詩其二云：“檐際星河連絕
巇，下方燈火點疏林。”詩中原注：“淨成擬作山樓。”

巢雲庵，又名觀音閣，在龍雲寺下東北。與淨成寺上下相
鄰，位於今稱毛筆峰南坡，南眺鄱陽湖，千頃碧波，盡收
眼底。參見同治《星子縣志》卷四。

秋，阿字今無自燕臺南歸，留滯白門，有詩。又頻謁
憨山大師薙髮地金陵長干寺內西林，並爲憨山大師後
人觀我禪人作《募新西林序》。

《光宣臺集》卷首釋古雲《海幢阿字無禪師行狀》、卷七
《募新西林序》、卷一〇《北斗經後跋》。《光宣臺集》卷
一九《甲寅秋，予以乞經從燕臺南歸，留滯白門，頓弟
在吳門專侍。至之住數日，去陵陽，訂其復至。白首天
涯，易散難聚，不已之情，未欲遽遠。且天老人住山無
力，世亂難安，相與共依座下。此什送之，並似六康居
士，念予亦一編戶民也》詩。

詩其一云：“暫問陵陽路，冬初復待君。青山同學道，白
首惜離群。將母心先拙，扶師力欲分。干戈看鼎沸，俱是
異鄉人。”

今按：詩中原注：“頓弟、四弟在陵陽。”頓弟，即今漸；
四弟，即今四。又，《光宣臺集》卷一〇《北斗經後跋》
云：“甲寅春余從歷下還金陵，印南藏經。冬十一月走句

曲，乞合尖之緣於林僅人明府，掛搭縣之崇明寺。崇明，
句曲祝聖剎也。"

和尚卜隱紫霄峰下之淨成，未誅茅而南康有警，時耿
精忠據福建攻江西各屬。十月十三日，和尚有詩誌之。

　　《平定三逆方略》卷一〇。《瞎堂詩集》卷一四《生日前
　　一日聞南康戒嚴》詩誌之。

乃擬自三峽寺避亂入嶺，歸雷峰海雲寺。時諸子或主
張立定廬山，不可入嶺，而和尚曰否。阿字今無已還
抵廬山，默應和尚。

　　宣統《番禺縣續志》卷三六《海雲寺放生置田碑》。
　　又，《光宣臺集》卷一二《雷峰天老和尚七十示生頌》詩
　　十首其九云："高涵海月抱秋光，萬頃鴻濛坐渺茫。只有
　　太平豐盛事，不須野老歎維桑。"詩中原注云："甲寅劫
　　風震蕩矣。古德云：'國家興盛，野老頻蹙。'老人從匡
　　廬間道歸雷峰，而福座所臨，處處桃花，武陵可泛，道人
　　無事外之理，當不許野老歎維桑。諸子欲以匡雲爲海雲，
　　老人曰否。今無又似五千退席，不敢置喙耳。"①

────────

　　①　梁基永、毛竹《今無逸詩兩首》一文稱："天然生日在十月十
四日，以年譜推之，十三日南康戒嚴，戒嚴以後和尚何往，以往文獻無
記載，但知其翌年已在番禺雷峰。有此詩可知，十月之後，天然動身回
到了番禺。天然的這次返回番禺，是冒著三藩的劫亂去的，路上清兵和
三藩亂兵之間當是紛擾不休，'劫風震蕩矣'，老和尚回番禺海雲的目
的，我們今天已難推斷，但是番禺的弟子們，看到時事的動亂，卻已憂
心忡忡，提出'以匡雲爲海雲'，準備舉家北上，放棄番禺的根據地，
躲到廬山上去了。對弟子們的意見，天然是堅決反對的……題跋裏面的
'道人'是今無自稱，禪師對弟子們的這種意見，他是沉默地站在師傅
一邊的。"楊權主編《天然之光：紀念函昰禪師誕辰四百周年學術研討
會論文集》，中山大學出版社 2010 年版，第 258—259 頁。今按：然此說
值得商榷。此番爭論應該是動身入嶺之前，發生在廬山，而非在海雲寺
而爭論入匡山者。其目的似可在《退院詩》中尋繹。

三峽寺，即棲賢寺。因棲賢谷中有峽，奇險如三峽，故名。

入嶺道中，有詩寄意留守棲賢諸子，勉其不畏艱險，以待將來。

《瞎堂詩集》卷一四《入嶺道中寄訶衍、角子、澤萌、廣慈、作金、圓湛》詩。

詩云："廬嶽於今已劫灰，白雲流水盡生埃。荒榛待闢誰堪守，虧著作金、圓湛。新竹成陰我再來。絕食自甘同大眾，避人何憚走千回。盡天地是個人，作麼生避。一生一死尋常事，也有人面如土色。珍重寒溪雪夜杯。"

作金，即今聲。圓湛，其人未詳。

丹霞舍利塔自始建至今，閱八載而成，澹歸今釋撰《丹霞舍利塔碑記》。

《徧行堂集》卷一二。

《碑記》云："……予開丹霞五年，歲在丙午冬，奉天然昰和尚住院。丁未夏，舍利出於廬山之棲賢，時長老石鑑覰公以千粒獻，古岡善男子方雲停請爲建塔，遂卜吉於海螺巖上，江山環擁，秀絕一區。製仿育王，編以赤石。下闢爲基者，縱廣五丈，高一尺；次上爲臺，縱廣三丈五尺，高一尺五寸；復次爲臺，石闌周之，縱廣二丈四尺，高三尺。乃置塔座，縱廣一丈三尺，高四尺；塔四面，面各一丈，高一丈三尺；面正鐫釋迦牟尼如來，左文殊師利，右普賢，後爲觀世音三大士像。其上鐵露盤七重，高一丈三尺，冠以鎏金寶珠，高三尺七寸，鐵繩絙之。叶謀於丁未之秋，葬舍利於壬子之春，塔成於甲寅之冬，閱時則八年，計費八百有奇，亦韶陽創獲之觀也。予聞之，舍利所在，不徒啓信生悟，將以福國佑民。嶺表道場，曹谿、雲門領袖天下，其餘梵刹實繁，豈無建立？自明以來，佛法不競，叢席多廢，群一闡提不知舍利爲何物，往往置窣堵波培護，地勢亦用形家言耳。凌江北境，或耕田而得古鉼，中有如麻如菽，五色璀璨，野人齧之不入，棄去。是夜大雷電，以風厥明，倂土而失，如有物搁之者。豈非古塔夷爲平田？人既貿貿，遂使天龍鬼神因之獨擅，此三年以近事也。予故詳其始末，勒之貞珉，俾有目之流知所恭敬圍繞，以諸華香而散其處，則丹霞奉如來金剛不壞之殊形，開眾生金剛不壞之同智，塵塵堅密，一從此入，福國佑民，始爲最勝。即雲停財法二施，與本有三身等，於如來金剛不壞，其敢矜有爲功德以誇來者？是塔也，勸發之初，惟海幢阿字無長老；通導於內外護之間者，爲海幢解虎錫都寺；經始於樂說辯首座；訖工則勤修引直歲；轉輸督鑄則石吼震監院；諸效奔走於是役者，不概及。"

今按：澹歸《碑記》所作年份，據仇江《清初曹洞宗丹霞法系初探》。①

勤修引，當是今字輩，即今引，字勤修。石吼震，即古震，字石吼，又字石猴。參張紅、仇江《曹洞宗番禺雷峰天然和尚法系初稿》。②

和尚撰塔銘。

《天然語錄》卷九《丹霞舍利塔銘》。《瞎堂詩集》卷三。

銘云："心光徹內外，如珠入五色。珠與色無性，非離亦非即。非即超形骸，非離浹營衛。月在千波中，波波搖清霽。凡聖唯一心，湛昏成二諦。示生死涅槃，而實無堅

① 仇江《清初曹洞宗丹霞法系初探》，載《廣東佛教》2004 年第 6 期。

② 張紅、仇江《曹洞宗番禺雷峰天然和尚法系初稿》，載楊權主編《天然之光：紀念函昰禪師誕辰四百周年學術研討會論文集》，中山大學出版社 2010 年版，第 7 頁。

脆。脆以別生死，堅光表性義。本從心生色，迷色乃有二。
蚌含明月珠，體合百骸粹。領納鏡中像，想即妙觀智。流
注皆真常，分別非明記。如是五蘊身，與法身何異。祇因
一念迷，情生分穢淨。淨穢悟由心，當念絕邪正。佛以
此智證，法化無同別。示現別中同，同中別自晰。光耀
百千年，福被我遺教。神光觸金輪，仰瞻如夢覺。棲賢發瑰
異，感激當其運。移光照嶺南，慈曜無遠近。佛子學聚沙，
燔土紫金瀾。崔巍海螺巔，晶晶逼霄漢。舉目道與會，布
發形俱泮。見聞起遐情，究此未來際。念念盡圓明，身與
心毋戾。"

本年六月二十七日木陳道忞示寂，世壽七十九。

《五鐙全書》卷六六。《續指月錄》卷一九。

康熙十四年乙卯（1675）　六十八歲

　　[**時事**] 正月，封尚可喜爲平南親王。　　夏，因
圖海奏，命禁止因軍需私派伕役，先期拘禁，以及銜
役需索等，俾"民不知兵"。然民間因軍興所受騷擾，
極爲嚴重。　　吳三桂兵攻廣東北部，土民紛起。

住雷峰。正月初七日，賦詩酬贈樊應元，並寄樊大願。

　　《瞎堂詩集》卷一四《乙卯人日酬樊月藏孝廉，並寄大願
　　文學》詩。

　　詩云："匡廬歸棹逢人日，是處宗雷在眼中。"詩題下原
　　注："時予初還雷峰。"

　　樊應元，字長文，廣東番禺人。順治二年舉人。禮天然爲
　　居士，名今鷺，字月藏。

　　大願，疑爲長文弟。《瞎堂詩集》卷三有《樊大願生日》

詩云："我愛樊道人，皆醉而獨醒。壹志在西方，而未嘗離欲。高齋來南薰，梵音響村屋。田園樂有餘，豈更羨山谷。"亦禮和尚爲居士者。

又撰《酬謝鄴門、許二荄二文學》、《偶成》、《話月堂紀夢》諸詩，以攄舊友新聚之樂，亦寫匡廬沉淪之憂。

《瞎堂詩集》卷一四。

《酬謝鄴門、許二荄二文學》詩云："已分匡廬埋老骨，干戈萬里促行塵。謝家兄弟風流舊，玄度襟情笑話新。……"

謝鄴門，即謝楸，字惟秉，廣東番禺人。隱士。禮和尚爲居士，山名今楸，字鄴門。

許二荄，即許城，字清漳，廣東番禺人。文學。禮和尚爲居士，山名古荄，字二荄。有《箕山草堂稿》。

樂說今辯還丹霞，和尚送之以詩，勉其撐持門庭。

《瞎堂詩集》卷一四《勉樂說還丹霞》詩。

殆於此時，和尚爲澹歸今釋自編《徧行堂集》撰序，許其言與心合，其勝與拙將行於天下後世。

《天然語錄》卷十二。

序云："吾徒澹歸釋子於其將梓《徧行堂集》，編而上之老人。老人讀而擊案曰：人之有言，如其有心也。夫心之不能遁於其言，亦猶言之不能遁於其心也。不能遁於其言，故天下之言爲可貴；不能遁於其心，故天下之心爲可貴也。蓋自言可貴，而天下相爭出於文章機穎之塗亦夥矣。忠臣之文憂以遠，孝子之文柔以慕，仁人之文恬而切，義士之文方以捨。得志者其詞壯，失運者其詞悲，入理深者盡曲款而弗誣，獲真悟者極淺易而絕人以無行地。此言之可貴，貴以其心，而與天下後世發揚於易地同時，快古人之先獲我，恨古人不及見我，其爲樂未易一二數也。然亦有貌似憂而念起於近名，勉爲慕而情生於循理，恬以文刻，捨以任氣，壯而流爲淫，悲而傷於怨，曲以極微而弗覺其板滯，以爲絕人行地，而不知腳板已弗底於四楞。此又言之可貴而反成於甚不可貴。於是天下真聖賢、真才智遂有置文章機穎，而求人於淵嘿自存之地。言與心乃判然分爲二致，而不知實有不能相遁者，豈但悄然於爲言者之心，亦自鼇然於觀言者之心，抑已久矣。夫人於無念而忽有念，獨知豈不甚明？其爲念善，而以善言出之，不可遁也。其爲念不善而以善言出之，其爲念善而以不善言疑之，或始善而終不善，或始不善而終於善，其心皆不能自昧，此所謂言之不能遁於其心者也。苟其昧於善與惡而不能自覺，則亦無所掩著於爲言之日矣。若果不能自昧，人之視己如見肺肝，此正心不能遁於其言，又可與不能遁於其心者互相發揚，以見天下之言爲可貴，天下之心爲可貴也。澹歸固貴天下之心者，而與天下共相見於其言，老人亦亟欲與天下共觀於其所言也。雖然，人之有言如其有心也，是言固心也。言而唯，心唯也。言而阿，心阿也。引而準之，言而善，豈心善歟？言而惡，豈心惡歟？言而幽，心固匪幽。言而顯，心固匪顯。言而正，心固匪正。言而旁，心固匪旁。心匪旁，言豈得旁？心匪正，言豈得正？心匪顯，言豈得顯？心匪幽，言豈得幽？又曠而推之，鳥獸亦有心，啼號何云？天地亦有心，日月星辰何說？山川陵谷何說？熾然於晝與夜而略無間歇者，置澹歸此集於其中孰多孰少，爲有爲無，此自澹歸事，老人與天下後世且得瞠然觀勝拙矣。”

汪譜繫此事於康熙十三年，並按云：序無年份，《徧行堂集》詩文編至甲寅年止，本年遊匡山，故繫於此。

今按：汪譜殆小誤。《徧行堂集》中有甲寅冬日之詩。即

使甲寅歲末編成，恐亦未能及時奉呈於和尚。且和尚在匡
山亂中，似亦無暇及此。而今年和尚稍能安穩，樂說今辯
又來往丹霞、海雲二地，方便傳遞；且樂說當亦參與編輯
《徧行堂集》之事，編就後則奉達和尚。故繫於此時爲更
切實情。

澤萌今遇遠自廬山開先寺來，和尚有詩誌喜，並轉示
塵異今但。

《瞎堂詩集》卷一四《喜澤萌來自開先，並示塵異，時塵
異偶患瘟》詩。

賦詩寄南康知府倫品卓，感其亂世交誼。

《瞎堂詩集》卷一四《寄南康倫宣明太守》詩。

詩云："津梁遠託濟時難，屢辱榮施動老顏。世亂一丘難
穩住，情高千里欲將還。真僧只合依深壑，謀食惟應自種
山。更乞大賢終盼睞，紫霄容我永投閒。"

廣慈今攝離亂中冒險入嶺，和尚知其有決定志，隨處
提嘶，時有進益。

《海雲禪藻集》卷一今攝小傳。

彭飛雲刺史入海雲寺過訪，賦詩贈之。

《瞎堂詩集》卷一四《彭飛雲刺史入海雲，偶談往事，感
而成詩，即以爲贈》詩。

詩有云："酸辛話到沅湘事，四十年來夢轉新。"詩中原
注："崇禎末制府熊心開參先老人最篤，後經略西師，在
楚被逮，刺史適居其署中。"

彭飛雲，其人未詳。

三月十五日，阿字今無自金陵請藏歸廣州海幢寺，蒙
平南王率闔省文武宰官紳衿延禪僧四十衆奉誦全藏長
期，祝國庇民，上堂說法。

《光宣臺集》卷四。

法語云："卓拄杖一下，云：'者拄杖子與大衆相別三年，當其風雪戒途、雞聲鳬駕時，不說有離相；今日烽烟萬里，間道而歸，與大衆團圞聚首，不說有合相。既無離相，又無合相，則一道平沈。一道平沈，則三乘十二分教，揭頓漸之兩途，融半滿之真諦，時刻在大衆額頂頭上名句文身，一時具足，流布人間，充斥國土，長留歲劫，照耀古今。是經所在之處，則爲有佛，直得天魔合掌，外道皈心，天龍八部，吉祥擁護。經中云：有大經卷在微塵中，若有破塵，其經便現大衆。還知此經來處麼？阿上座最初發腳時，只謂上廬山省覲天然老和尚，及抵中途，遂爲宋艾石方伯力請入都，便挈十八衆，犯齊魯之風霜，瞻幽燕之日月，饑飡小米，渴嚼凍梨。其中種種思惟，種種做作，只見微塵，不見有經。忽而八方鼎沸，四海羽書，顛躓南還，由歷下渡黃河。其中亦種種思惟，種種造作，只見微塵，不見有經。大衆且道來往思惟做作與一道平沈，有動相無動相？有則萬法俱剩，無亦一句難融，正要你在者裏枰錘上沒甚麼汁。及至金陵，因方氏昆玉發勝因於前，藏主密公繼心膂於後，合金陵縉紳孝秀、宰官長者，一時川滙雲臻，見聞隨喜，百日裝潢，不見有破卻微塵之相，此經頓爾現前，疾若轉丸，快等風雨，究竟底成。又承總戎葵軒張公置之軍牙大纛之間，加意護衛，遂得歸至羊城，以此功德，上祝藩王以暨闔省護法，祈劫運昇平，五穀豐登。今日新都監寺與闔寺頭首知事，恭敬圍繞，散諸旛花，且道與額頂頭上名句文身，有異合相，無異合相？'驀卓拄杖，云：'大衆，還見麼？八部龍神，一時在阿上座拄杖頭上，合掌同聲讚道：一乘妙義，甚爲難值。'又卓一卓，云：'以字依稀八字同，三年辛苦兩河風。分明十八孤僧力，請得真文至此中。不妨作一場話欄。'"

與諸衲赴大石李村荔枝之約,有詩誌之。

《瞎堂詩集》卷一四《與諸衲赴大石李村荔枝之約》詩。

大石李村在番禺,多荔枝樹,數十里無雜木參其中。見光緒《廣州府志》卷十六"果品"。

又撰《方樓岡入海雲》詩,有"金輪惜別誰當後,珠浦重來我獨先"之句。

《瞎堂詩集》卷一四。

秋,今錫解虎於海幢十年辛勞,內外撐持。今年六十一,阿字今無贈詩壽之。

《光宣臺集》卷二〇《解虎監院六十一》詩。

詩云:"慈氏初成祝願回,十年辛苦共城隈。事師似此方言德,及物其如只有才。玉鏡天高侵短鬢,金風人健樂春臺。攙頭狼狽還牽引,且對芳辰意暫開。"詩末原注云:"海幢鑄慈氏,乙巳歲也。解虎以勞失血,嘿祝而愈,故首句言之。"

今按:所謂"十年辛苦"云者,從康熙四年至今也。又,《天然語錄》卷九和尚有《寄示海幢監院解虎》偈云:"一心內外絕纖塵,更欲從人問主賓。千里寄聲無別語,秋風江上浪如銀。"《瞎堂詩集》卷一八亦錄之。

十一月初一,海幢寺住持阿字今無、比丘古璞募造海幢寺鐘,王令撰鐘銘。

《廣州寺庵碑銘集》。

王令,字仲錫。陝西渭南人。任廣東提刑按察使。有《念西堂詩集》、《古雪堂文集》。

古璞,其人未詳。

阿字今無又建持福堂,以祀大護法劉秉權。

《光宣臺集》卷首釋古雲《海幢阿字無禪師行狀》、卷二三《持福堂成，移植刺桐樹》詩五首。

詩序云："劉持平中丞沒於王事三年所矣，予乃搆堂祀之，報德酬諾，聊盡此心，至於生死交情，付之一夢，因緣宿契，更訂三生，欷欷下泉，陶陶永夕，伊誰獨切，信非文具。堂成，移種刺桐，點綴雲林，偶吟短章，寫懷莫盡，而諸子遂從而和之，竟爾成帙，亦聊誌一時云爾。"

詩其五云："燕山尚有結茅茨，數載交情一夢辭。"詩中原注："中丞與余及澹歸訂隱燕山，已結茅庵一所。"詩其六云："重言共過梅花嶺，傷逝同嗟彈子磯。"詩中原注："中丞嘗謂澹歸及予曰：'我三人不論我陞官、降官及死，過嶺時俱要同行。'旅櫬過關，予與澹歸津送過紅梅驛乃回，蓋不忘宿諾也。歸舟泊彈子磯，相對有不勝今昔之感，此予初自金陵歸未數日，往來於相江中也。"

十二月，和尚作《遲紫霄人不至》詩，有"入關忽忽重逢臘，數折梅花當雪看"之句。

《瞎堂詩集》卷一四。

歲末有《雪木歸自博山，見予海雲，聞其母謝世，辭還省墓，因示以詩》、《海雲歲暮》詩。

《瞎堂詩集》卷一四。

慧則今鷲本年歸雷峰，典客六年。

《海雲禪藻集》卷三今鷲小傳。

八月，通琇玉林禪師卒，年六十二歲。

《玉林語錄》附超賢撰《玉林琇禪師年譜》。

康熙十五年丙辰（1676）　六十九歲

[**時事**]是年吳三桂兵攻惠州、肇慶諸處，逼廣州。二月，尚之信劫其父可喜反，旋密疏願立功贖罪。

尚可喜死。

粤中兵連禍結，到處略殺。海幢、雷峰、韶州、仁化
均遭剿劫。

 同治《番禺縣志·前事略》。《光宣臺集》卷一九。汪譜據
今無撰《解虎錫公塔銘》拓本。吳天任《澹歸禪師年譜》。
又，《光宣臺集》卷七《酈息影詩序》云："今歲丙辰，
嶺南潮與高涼兵連禍結，戰苦雲深，羽檄紛馳，殆無停
晷，視轉輸有燒頭之急。客歲秋，毗陵別駕熊君坊轉江南
之餉十餘萬，以癃弱書生於章貢間且戰且行，得達廣州，
當宁已奇之。又閱半載，道愈梗，不惟潮與高涼喋血成
川，而凌江、韶石二郡，亦在耀兵。逐北之後，水陸戒
嚴，而酈君息影亦毅然轉金閶之餉而至。"又同卷《鐵橋
詩序》、卷一九《遇盜》詩亦及此。
 澹歸今釋亦有詩紀之。《徧行堂續集》卷一三《丙辰二
月之事，海幢有詩寄懷，題此奉答》詩云："九隻金烏不
當一，彎弓擬落天邊日。海立山崩勢自驕，魚驚鹿駭欲何逃。
大衆方窮我方病，同死同生豈無命。將軍縱掠韶陽城，傳呼
日月今重明。廉石山中槍已朽，師子巖前失卻口。稱戈荷校
網誰投，刮皮劘骨何時休。雷峰擊柝夜未歇，忽聞海幢清晝
劫。丹霞重門雖洞開，便有白鼠無銀臺。業海風濤八面作，
百苦安能思獨樂。汝曹莫尋沙打油，佛燈滅後聞鵂鶹。
老來甘食還甘寢，茫茫大地誰安枕。一星火焚須彌盧，集菀
不如仍集枯。六十餘年一長歎，玄黃血濺龍酣戰。山空夜
寒啼杜鵑，今年可是週三年。"

和尚住雷峰。澹歸今釋乃致書和尚，以丹霞險阻，賊
望而生畏未敢攻，請和尚入山以避亂。

 《徧行堂續集》卷一○《上本師天然昰和尚》書。

阿字今無講《圓覺經》，以二月之亂杜門半載。

《光宣臺集》釋古雲《海幢阿字無禪師行狀》。

又，《光宣臺集》卷一九有《遇盜》詩三首，其一云：
"烽火消鄉落，僧糧斷月中。有魂依草綠，無淚濺花紅。
大難身經慣，浮生意久空。坐深霖雨夜，瀟灑入洪濛。"
其二云："白刃驚禪窟，清風掃晚烟。長貧原至計，不死
荷皇天。冢響鵂鶹夜，魂消海蛋船。從今更無物，即是未
生前。"其三云："鐘鼓分明歇，香烟亦斷燒。南塘忽有
興，蕭寺遂無聊。竹徑因時塞，腰支減食消。安禪難制
毒，豺虎下青霄。"題下注云："丙辰二月二十一日也。"

又，《光宣臺集》卷七《鐵橋詩序》云："丙辰仲春亂後，
予困於賊，伏草莽，日夕怦怦。未數時，鐵橋道兄從寶水
來，心氣閒適，已有羨焉。復袖新詩一帙，聲韻雋朗，抑
揚合節，浮筋怒骨，爲之一洗，可讀也。"

和尚以嶺外阻梗，念棲賢困厄，音問闊絕，克躬古行
乃毅然請往，纔至淨成，卒。

《海雲禪藻集》卷二古行小傳。

古行，字克躬，廣東順德人，循圓古通族弟。童子時與足
兩今嚴同鄉塾，世亂遂棄簡策，慨然有出世之志，以親老
依戀子舍，逮服養至歿，即入雷峰脫白受具。行募於吳楚
閩越中，積有勤勞。

春，和尚有《馬鐵印、嚴鼎臣二參戎入山》詩，句
云："故山千里干戈日，荒院殘年梅柳天。"又有《方
樓岡自五羊之楚》詩，句云："干戈滿地竟南詢，烟
水迢遙隔岸塵。"

《瞎堂詩集》卷一四。

馬鐵印、嚴鼎臣，其人俱未詳。

五月十二日，廣州颶風壞屋廬者不計其數。阿字今無

有詩紀之。

《光宣臺集》卷一六《颶風歌》詩題下注。

詩有云：“兵來賊去多苦辛，亦喜踪跡頓磨滅。海幢寺向珠水湄，香燈寥落草離離。賊過仲春如水洗，愁來九夏復風吹。颶風吹兮捲水入，珠璣百斛侵人濕。轟雷不救屋宇傾，空園只抱瓜芋泣。行僧粗莽難守饑，持鉢不得心魂疲。食指三千徒落落，冷黔數座苦漓漓。豆苗枯瘦禾苗死，欲走咫尺阻亂離。分同黎庶遭劫運，事事不敢怨瘡痍。更願還吹十日風，白骨撑拄償天公。”

九月初四日，吳盛藻由阿字今無陪同入海雲謁訪，並寬免寺僧賦役。和尚有詩誌感。

《瞎堂詩集》卷一四《吳觀察采臣入海雲》詩。《光宣臺集》卷二三《重九前五日奉陪吳采臣糧憲入雷峰謁天老人》、《吳采臣糧憲約同入雷峰，官舟先發》詩。

和尚詩云：“亂後軍儲未易供，百蠻生事欲從容。羽書緩急空籌餉，閭井蠲輸賴勸農。賦役尚寬僧戶稅，尋盟深愧虎溪蹤。麻衣身在陪軒冕，秋葉蕭蕭落遠峰。到底是山人習氣。”詩題下原注：“吳督理鹺餉。”

吳盛藻，字采臣，江南和州人。康熙十四年任按察副使。

賦《秋興八首》詩，以感慨時事人生。

《瞎堂詩集》卷一四。

詩其三云：“三十三秋汙祖席，前年七夕始移茅。干戈匝地驚林木，居食從天笑斗筲。入海已深龍鼈蟄，望山猶隔虎狼咆。高峰雪月何生事，泣向西颸作解嘲。”其八云：“聞道荊門未解兵，九嶷秋色對溢城。僧歸湖上無消息，客到虔州有戰爭。三載孤蹤憐躑躅，一樓明月帶槐檎。逢人但問西江水，日下黃塵蔽亂營。”題下原注云：“丙辰海雲作。”皆能反映時事。

今按：所謂"三十三秋"者，指崇禎十五年住持廣州訶林寺始至前年在歸宗寺退院也。所謂"前年七夕始移茅"，即指康熙十三年在歸宗退院，有《退院詩》。

有詩寄示王令、願海今普。

《瞎堂詩集》卷一四《寄王廉憲仲錫》、《梅影詩示願海》詩。

王仲錫，即王令。見康熙十四年條。

願海，即今普。其先姑蘇人，姓朱，居廣州。弟大嚴亦爲僧海幢。兄弟皆精篆刻。

鄺日晉捨磊園作禪林，請和尚主社，和尚題以詩。

《瞎堂詩集》卷一四《磊園捨作禪林，招予主社，感而留題》詩。

詩云："四十年來事轉新，此時泉石昔時人。右軍第宅今猶在，晉室山河久已湮。拄杖尚能觀布地，栽松真欲論前因。深堂雁影何由度，莫話寒山春信頻。"

鄺日晉，字無傲，一字檗庵，廣東南海人。官總兵。廣州破，張家玉起兵東莞，日晉率所部爲之響應。事敗後禮道獨爲居士，山名函乂，字安老。有《楚遊稿》、《磊園詩集》。《海雲禪藻集》卷三錄其《磊園捨作梵刹，英石假山爲勢家求去，詩以送之》詩云："廿年選石激潺湲，疊壑層巒待掩關。百尺巉巖方壁立，一朝陵谷等雲閒。移來不覺驚濤險，別去應知說法難。誰惜鋒稜俱損盡，邃然堅骨漸成頑。"

龐嘉耄招遊弼唐之亦庵，有詩紀之。

《瞎堂詩集》卷一四《龐若雲招遊亦庵有懷梁同庵》。《咸陟堂文集》卷十八《募化重修亦庵疏》。《海雲禪藻集》卷四。

諸護法助刻澹歸今釋《徧行堂集》。先是和尚已爲製序。

《徧行堂集》卷首今釋撰《徧行堂集緣起》。

《緣起》云：“是集孝山一閱稿，有《徵刻引》。天然老人先爲製序。雲芝瑞侍者欲任此役，未幾而歿，置不復道者久之。公絢聞而寄語，當爲勸導。於是石吼監寺走穗城，合諸檀越所助，始克竣工。公絢於予有譜誼，其人好奇，故樂於從事。是書始末，因緣非一，具述於此，不敢忘朋好之雅也。”

石吼，即古震。公絢，即金光。

阿字今無繼和尚之後於今秋八月亦爲撰序，稱澹歸不止於文章節義，不爲獨善祖師，能以無言爲功，別有密移，爲吾宗之偉人。

《光宣臺集》卷七《徧行堂文集序》。

序云：“夫能以無言爲功，使義天朗耀，則莫若諸古德踏翻向上，停竭識浪，憑凌敻絶，正智宏傑，一咳一唾，珠璣盈把，聲音所接，如初日浴海，秋月行空，地變黃金，河成酥酪，真廓如也。然使其握毛錐子以臨赫號，中峰、大慧抗精極思，雖聲光振起，而揚攉微細，繁章累句，未可獨擅文壇。蓋斯道之深玄，天材之挺拔，如魯麟穎鳳，而能兼之者，亦自中峰、大慧而後，祥鱗瑞蹟不多覯遇也。予道弟澹歸和尚爲文陣雄帥，四十年前鵲起甲科，健筆勁氣，破明二百餘年委靡之習，浩浩然，落落然，使人如攀瓊枝、坐瑤圃，離奇光怪，楷模宇内。憶歲辛卯，澹歸行腳入雷峰，天然老人一見，令其滌碗廚下。衣百結衣，形儀戌削，靜嘿堆堆，無所辨別，牧南泉之牛，養莊生之雞，穆如也。予時髫齡，目未識丁，豈知其材爛江花，德溫衛玉？當國家陽九之運，翠華無所，驅馳忠悃，艱難立節。及趙氏之肉既入崖山，與人爭空枰、守殘局而驚世患。一入空門，遂能轉剛爲柔，可以爲疾風勁草，可以作斷臂齊腰，其易地固已雄矣。陸宣公扈從德宗，有險阻腹心之助，二京光復，裴延齡蜚語中傷，幾蹈不測，杜門卻掃，至不敢著書。大抵勞臣志士，勤於王家，宣力匪躬，道或難行，則消熱而濯，心安而氣和，此其載道之資合符同轍，然未有能頓忘時命，實證空花，遊祖師室，踞最上乘，此固天有以開之而天有以成之也。壬寅，予領眾海幢，澹歸方開山丹霞，自此已往，營道抗志，綢繆跡密，涼燠頻移，靡或有間。一真之境備於日用，沖融紗敏從胸襟中流出，拈掇無遺，遂能大破町畦，忘乾坤之新故，剗文義之萌芽，理事無軋，巨細必陳。間有疑其平昔道岸高峻，忽而入廛垂手，似過和光。嗚呼！道雖自我，弘之在人。一攝其柄，雲蒸龍變，鼓法海之波瀾，入如幻之三昧。此其天材卓犖，郁爲正智大用，殆非區區卑論所識。澹歸亦云：人每以道隱求澹歸，而不知澹歸非道隱也。三十年內，澹歸之爲澹歸，日進而月化，同牀知被，莫踰於予。既幸其不止於文章節義，又幸其不爲獨善祖師。是集也，乃其施張叢席，接引話言，起中峰、大慧爾雅之盛，而能以無言爲功，別有密移爲所矜惜。夫豈非吾宗之偉人歟，夫豈非吾宗之偉人歟！因其寓書索序，爲序之如此。丙辰秋仲，海幢同學今無序於光宣臺上。"

除夕，瞎堂梅花再放，觸動和尚廬嶽之思。

《瞎堂詩集》卷一四《除夕瞎堂梅花再放》詩。

詩云："嶺表梅花不見臘，今年寒盡數枝開。誰憐海國僧歸後，只是自憐。故遣廬山春信來。亦只自遣。就下似臨三峽水，因高疑傍七賢臺。暗香處處應無別，欲剝黃柑擬雪杯。擬不得。"

康熙十六年丁巳（1677）　七十歲

[**時事**]　清軍屢攻吉安。　　尚之信降，閩、粵、贛平。　　八月二十夜，廣州大風驟雨拔木壞官民衙舍。

住雷峰。應澹歸今釋請，以定本《首楞嚴直指》寄丹霞山中。今釋有書數通呈和尚，並言及欲將丹霞法席付樂說今辯事。

《徧行堂續集》卷一〇《上本師天然昰和尚》書。

其一通云："曩蒙慈諭撰《楞嚴直指敘》，未敢輕易，頃始讀全稿，僅得成篇。老病昏煩，豈足發揚妙旨於萬一？錄呈法眼，所冀摘示紕繆，使知改正也。此書乃和尚住丹霞所撰，聞有謄真本，取去歸宗，有所增刪，幸賜發回，俾今釋獲睹全璧，又貯之丈室，永鎮此山，且欲稍集因緣，付剞劂以公諸天下萬世也。前屈樂說爲首座，力勸不從，蓋其意不忍竟離和尚，亦恐被丹霞法席粘住耳。"

又一通云："去臘得慈諭並《直指》定本，即與樂說較閱發寫。每讀之，但見其不可思議，故非游、夏所能贊一詞也。樂說行解相應，終當以此席累之。年運以往，前路無多，荔子之緣遂絕，俟入夏又看江舟消息也。""領衆宜嚴，乃古人垂範不易之論，至於今日，尤足救時。今釋老矣，食少事繁，加以多病，斷不可久。樂說解行相應，終當以此席累之。渠怕粘著伊，所謂士各有志者，何可抑逼。然今釋或死或去，倘於法門少有關切，安忍不回心一顧念耶。時事紛紛，非目前所能寧謐，和尚慮路塗梗阻，或致流落故鄉，今釋以爲每念不忘處，乃是故鄉。若和尚之粵，與今釋之浙，正他鄉耳。"

原書序無年分。汪譜按：戊午今釋以丹霞院事付今辯，六月出嶺，見《澹歸禪師年譜》。前書當作於丁巳，後書作於戊午，故繫於此。

今按：二書所言之事差同，且均爲急務，當爲同年前後不遠所作。

澹歸今釋即與樂說今辯校閲發寫，謀付剞劂，並爲撰《首楞嚴直指序》。

原書。

澹歸序云："大覺能仁成道十日，即說《華嚴》，以衆生住地煩惱，爲諸佛不動智。如將寶位，直授凡庸。故非三乘之流所能諦信，當時聲聞在坐，不見不聞。然而最後拈華，則金色頭陀，獨得別傳之囑。慶喜繼之，爲西天二祖。雖登位於刹竿倒卻之時，而發悟在擊鐘驗常之際。則《楞嚴》一經，又宗門之法印也。古今疏此，俱擅所長。吾師天然昰和上，宴坐丹霞，以三月成《直指》。適屆示生之期，甘露降於叢竹。今釋受而伏讀，青蓮發筆端之瑞，赤珠映意地之光。微眹不留，是跡皆剗。言言本色，不借華詞。其不可思議之妙，實有與諸家迥絕者。彼皆悟門各得，然而見量未忘，往往以詞害志，執藥成病。原其所由，不過能推非心離塵有性而已。夫'能推是妄，離塵無禮'，此如來語也。如來不云'性真常中，求於去來迷悟生死，了無所得'耶？真覺無功，根塵何咎。極其轉名不轉體之致，未能迷悟並銷。而迷悟不銷，則常光便隔。妄即不存，真復何在。當下覺了，已落紆回。故爲之直示曰：非別有一真在緣慮之先、影像之外也。若謂分別之心與塵俱滅，則無分別。哲不與塵俱生，各成一物，於何立界。故爲之直示曰：但據其所謂全性者，舍分別而更有；不知其所謂分別者，舍全性而必無也。於此不明，詎稱圓悟。所以破心破目，無罪加誅；有正有倒，將名作實。體用上下，析見見於現前；人法後先，失空空於頓覺。斷而得顯，因緣自然之戲論滋深；修乃可成，諸佛眾生之分疆愈遠。倘能豎掃同時，始信因果俱幻。是故法性海中，本絕思惟。四十九年，不說一字。若雲此謂權，此謂實，此謂見，此謂修，此謂圓融，此謂行布，纔成實法，便非了義。乃至性覺必明，妄爲明覺。依經立解，寧不較然。然於性覺生取心，則明能生所，無如其與妄俱來；於明覺生舍心，則所必障明，無如其並真俱棄。遂使覺與所明，如來語下，二俱有過；安知明與無明，如來藏中，一亦不存。故又爲之直示曰：覺明不礙性覺之常然，性覺豈傷覺明之自異。悟理之士，亦可立地冰消矣。而每至險崖輒生前卻者，蓋聖境不捐故，凡情競起也。識其惟一乾慧，則流轉四生，名爲亂想；洊登妙覺，名爲極果。皆是分外，不契本然。故又爲之直示曰：舍亂想必無乾慧，亦猶舍乾慧必無極果。遂以亂想爲乾慧，似有悟迷至於乾慧。而回觀亂想，悔不安住，尚若遜其所不及者，然後知迷之不可得也。迷不可得，悟亦何爲。能仁成道之後，適還其眾生之初泯法界量，現法界身，說法界事，顯法界理。若作聖解，即受羣邪。縱將寶位，直授凡庸，亦恐凡庸，不應重受。彼聲聞在坐，不見不聞，正與破顏微笑，同一玄賞。今釋豈能更有思議於吾師不可思議之中耶？謹因讀《疏》之餘，隨見隨拈，因月有指，非月所取。若其全經旨趣，則一總論，已化爲無縫天衣。一切眾生，於一原題，全現出無見頂相，開卷了然，無塵不破。此即枝中覓本，委上求原。不妨引而伸之，作鈍根之助爾。"

正月九日，澹歸今釋爲作文以祭解虎今錫，表其奔走叢林，死而不已之志。

《徧行堂續集》卷五《祭海幢都寺解虎錫公文》。

文曰："歲在丁巳春正月之九日，住丹霞某，遣祭於海幢都寺解虎錫公之靈。嗚呼！公與予俱有奔走叢林之願力，時兼世諦而行，顧各自信，以爲不落世諦也。公老且病，於叢林不肯一日即安，至於死而後已，予亦相信，以爲有死而猶不已者也。……公長予三歲，先予而逝。予日老且病，坐丹霞丈室，不能教人，更欲終奔走之役，與公相抵於死而不已之道，披破席邊，持破盌足，提破竹籃耳，連臂踏歌，風擁而行於生死大海中。……"

今按：此文廣東省博物館藏行書卷，鈐"今釋之印"、"澹歸"。

六月十五日，澹歸今釋爲撰《雷峰海雲寺碑記》。

宣統《番禺縣續志》。《廣州寺庵碑銘集》。

《續志》著錄云："存。正書。"末署："康熙十六年丁巳夏六月望日，丹霞嗣祖比丘武林今釋撰文。""原碑爲柳城縣令彭士櫃篆額，韶州司訓方雲停書。"

彭士櫃，廣東普寧人。

八月十八日，和尚與諸子翫月，歎人生參商，流年易逝。

《瞎堂詩集》卷一四《中秋後三夕與諸子翫月感賦》詩。

八月，海雲旋庵今湛病篤，阿字今無與之訣別。

《光宣臺集》卷一九《雷峰山寮口占》詩。

詩序云："丁巳秋八月，都寺旋庵湛公病篤，予自海幢還山，與其永訣，不自覺其悲而成聲也。"詩其三云："大陸鵁鶄響，孤魂逐暝烟。百憂攻五尺，寸土陷雙拳。旋庵、解虎，予之左右手，皆無矣。夜雨侵人淚，天心奪世緣。斯人安可得，古道在林泉。"

旋庵今湛卒。阿字今無爲之封龕，哭之如斷左右手。

澹歸今釋亦悼之以詩。

《光宣臺集》卷一三《爲旋庵都寺封龕》文。《徧行堂續集》卷一四《挽旋庵湛都寺》詩。

阿字撰封龕文曰：師撫龕痛哭云："都寺，汝死我心傷已。我前次入山，已知汝此病不能起，寄札汝云：'汝與解虎，我之左右手。'去年解虎死，損我一手，今病勢如此，是我無手矣。以無手之人痛惜其手，此情又當何如？"痛哭良久，云："汝之德業可謂純璧無瑕，即汝一旦將數十世子孫相繼之業捨而爲叢席，殊有豪華俠義之概久矣。又能仰事堂頭老人三四十年，此心依依勤懇有加，殊有純臣孝子之懿。數十年來知有大衆而不知有身，殊有菩薩深願。執汝之因，問汝之果必在人天，可以無慚。所以慚者，世界人心可慚，我與汝手足之誼可慚，我與汝知心獨深可慚。海幢十餘年稍能成就，亦皆汝左扶右弼之力，我又安能一刻去心？"又痛哭云："汝臥病以來，堂頭老人爲汝少食少眠，調汝劑藥，何以得此於師長？益顯汝之懿德。……又汝欲塔全身，我亦爲汝白堂頭老人，俱滿汝意。所以別於清衆者，崇德報功，理當不失。我今且爲汝封卻龕，使汝行業顯赫，爲法門祥瑞，昭示後人，俟七後即葬汝於南園所自擇之地，了此一場夢事。"

澹歸《挽旋庵湛都寺》詩有云："退院我方慚老計，息緣公已歎離群。"

今按：《海雲禪藻集》卷二今湛小傳："趺化於丁巳年，世壽六十五，僧臘三十。衆奉全身塔瘞本山南園。"

九月九日，和尚有詩感懷。

《瞎堂詩集》卷一四《丁巳九日海雲書懷》詩。

旋庵今湛寂後一月，和尚數撰詩以長悼之。

《瞎堂詩集》卷八《悼旋庵湛都寺六首》詩、卷一四《悼旋庵湛都寺》詩。

《悼旋庵湛都寺六首》詩序云："旋庵三十年殫力叢林，

若緇若素，皆識其純一而非勉然。此老朽所不能去心，而與大衆同其嗟歎者也。若夫承事師長，體悉心曲，雖千里之遙，一事之細，極曲折艱難而無難色，則老朽所獨知，而未嘗與大衆言及者也。永訣逾月，未有一悼語，蓋情之塞不能出諸咉也。頃讀阿長老詩，乃用韻一申其意，因示諸子，使知弟子之得於其師，真非偶然。即以慰旋庵於中後陰，當無所憾云。"詩其四云："萬里秋山好，凋零逼歲除。"

《悼旋庵湛都寺》詩云："頹齡歎逝苦低垂，至性從今更有誰。"

今按：《悼旋庵湛都寺六首》詩序有"永訣逾月，未有一悼語，蓋情之塞不能出諸咉也"云，則詩作於九月後。又，《悼旋庵湛都寺》詩繫於《丁巳九日海雲書懷》詩後，亦九月後作也。

又有詩寄尹體振，以表相思。

《瞎堂詩集》卷一四《寄尹恒復中書》詩。

十月十四日和尚誕辰，阿字今無有上《雷峰天老和尚七十示生頌》十首並序。

《光宣臺集》卷一二。

序云："流霞沆瀣，潤大地之靈芽。石腦金丹，奉雲中之壽佛。吾本師天然老和尚，大智獨圓，神珠並朗。現爪牙於獅座，洞徹心胸。談半滿於龍宮，聲齊妙諦。繼日者月，萬古流輝。弘道者人，一時莫匹。久稱標表人天，深能融渾魔佛。丹梯千尺，神鼎失其孤高。白水一盂，浮山折其苦辣。今歲丁巳孟冬，壽邁古稀，四衆瞻雲，唄梵胥慶。今無舞忻，不能仰讚一詞，僅追憶執侍已來中間離合之概，與老人行住之因，成示生頌十首。他日年齊寶掌，韻越南陽，回視曩緣，不妨作太古觀耳。"

其十云："蒼生演劫見金仙，鶴語松濤集曉烟。一粒火齊焜耀處，道山鐘鼓自年年。"詩中原注云："南陽、趙州，古稱壽者。吾師正演大宗，玉振金聲，福智超越，所以云喻者，蓋今無及後昆之卑智慶企之私耳。"

迥無今晴上《壽天和尚》詩二首。

《海雲禪藻集》卷四。

《壽天和尚》其一云："仙城問道早逢師，髫齔從人學語時。屈指已嗟承教晚，寸心長向夢魂遲。大年豈盡虛空劫，現世猶親古德遺。倘獲尚平酬夙願，玉淵金井好追隨。"

今晴，即李廷標。

跡刪成鷺時寄跡於南海弼唐亦庵，有《天然和尚七十頌》詩賀之。

《咸陟堂集》卷二。

詩有云："七十年前無此人，衆人道假我道真。七十年後稱壽者，衆人道真我道假。真假兩不知，請問天人師。今夕雷峰好輪月，不異匡廬夜靜時。"

今按：時成鷺寄跡於南海龐氏。《紀夢編年》云："丁巳……予時未有師也，寄跡於南海弼唐之亦庵。"《咸陟堂集》卷七《借園雜詠》序云："久住東林，不堪煩劇，且念老母，未忍遠離。遂尋舊隱，借地於南海龐氏之園林，暫寄跡焉。"其對天然和尚與龐氏之交誼心嚮往之。釋成鷺，又名光鷺，字跡刪，廣東番禺人。明舉人方國驊子。俗名顥愷，字趾麐。諸生。從石洞離幻和尚披薙。有《咸陟堂集》。

陳恭尹亦有《壽天然和尚七十》詩。

《獨漉堂集》卷四。《海雲禪藻集》卷三。

詩云："孤高如月萬方看，至道無言仰頌難。垂老尚聞勤梵行，太平先已薄儒冠。身爲碩果時方剝，書滿名山墨未乾。曾住朱明洞天上，仙人不敢愛還丹。"

陳恭尹，字元孝，廣東順德人。邦彥子。諸生。工詩文，
與屈大均、梁佩蘭合稱嶺南三大家。有《獨漉堂集》。

和尚於誕日有詩贈廣東廉訪使王令、觀察使吳盛藻及
江西南康知府倫品卓、郡丞李子文。

《瞎堂詩集》卷一四《生日酬王廉憲仲錫、吳觀察采臣》、
《又酬南康太守倫宣明、郡丞李子文》詩。

李子文，其人未詳。據同治《南康府志》所載，當爲李
元鼐。

又有詩酬棲賢社中諸子及各山僧衆，相思如擣。

《瞎堂詩集》卷一四《又酬社中諸子》、《又示各山》詩。

《又酬社中諸子》詩云："因亂離山托海瀕，朔風初動水粼
粼。三千路阻干戈日，七十年催老病身。慧遠幾時歸淨社，
宗雷隨地識前因。莫辭秉燭燒殘夜，鶴唳猿啼夢裏頻。"

今按：此所謂社，指棲賢蓮社也。

十一月，手書《雷峰海雲寺放生社置田碑》，釋古機
刻石嵌寺壁。

《天然語錄》卷一〇。《廣州寺庵碑銘集》。宣統《番禺縣
續志》卷三六。

汪譜云：余舊藏拓本末有後記云："盧山紫霄峰天然昰老
僧，於康熙丙午臘月，在海雲受澹歸釋子請住丹霞。越四
歲庚戌，海雲擬置放生田，湛都寺與在社諸公敢乞前文。
明年，赴盧山歸宗。又三年甲寅七月退院，卜隱紫霄，未
誅茅而有南康之報，自三峽寺避地入嶺，復居海雲，以今
丁巳冬十一月書石，時余七十矣。布金購田，詳具碑陰。
比丘古機刻。"鈐"匡盧山長"印。此碑在海雲寺大殿西
廊，《番禺縣續志·金石略》著錄，頗多闕字，蓋乾隆四
十一年今釋《徧行堂集》案發，寺僧懼禍，輒將丹霞及

澹歸等字刓去。詳見《清代文字獄檔》。

釋古機，字汝得。

十二月，和尚付澤萌今遇、塵異今但大法，爲第八、
第九法嗣。

《海雲禪藻集》卷一今遇、今但小傳。

汪譜云：今遇爲和尚第八法嗣，見廣州海幢寺所藏《世
系表》。《咸陟堂集》卷六《澤萌遇禪師傳》云：“天然
和尚主法歸宗，公一見契合。後返雷峰，乃受付囑。”當
在乙卯、丁巳間矣。《徧行堂續集》卷十《與樂說辯和尚
書》云：“程達庵云：‘臘月，老人付法二子。’殊可喜
慰。口號奉寄。”有“又報新生兩法王，誰家兄弟沒爺
娘”句，書中無二子之名。又《與塵異但大師書》云：
“老夫耄矣，孤負老人付囑，喜見英俊爲吾門昌大，不禁
起舞也。小詩請正，並寄拙集一部，非敢充賀，或可與春
禽秋蚓共一賞音耳。廬山定必侍行，相見於湘江、凌水間
知不遠矣。”又十四有《賀澤萌遇西堂秉拂海雲》及《賀
塵異但侍元秉拂海雲》二詩，編在《輓旋庵湛都寺》詩
之後，今湛卒於丁巳，和尚以戊午入廬山，今釋以戊午請
藏出嶺，故書中有“相見湘、凌”之語，則今釋書中所
云“二子”當指遇、但二人，其付法亦在丁巳臘月矣。海
幢寺藏《世系表》列但爲第十、今攝爲第九法嗣，惟《海
雲禪藻集》卷一謂“今攝以庚申得法”，在遇、但之後，
證以釋書言二子同時付法，則但爲第九，攝爲第十明矣。
《徧行堂續集》載釋庚申臨歿時，於平生師友如天然、今
無、今摩、今辯、今電、今遇、今但皆作書贈物留念，而
未及今攝，則其時攝未付法也。攝卒康熙二十五年，今但
年壽最高，卒雍正間，《世系表》遂誤列攝在但前耳。

一麟今足本年受具，次日即奉命棲賢，腰包度嶺，走

吴楚秦晉，惓惓以棲賢建立爲念。

> 《鼎湖山志》卷五"陸佛主傳"。《海雲禪藻集》卷三今足小
> 傳。張紅、仇江《曹洞宗番禺雷峰天然和尚法系初稿》。①
> 《鼎湖山志》卷五"陸佛主傳"云："陸公法名傳誠，字
> 振五，高要縣沙步鄉人。生平樂善好施，合家敬信三寶。
> 每遇佛事，無大小輒隨喜成就。鼎湖慶雲寺大殿告成，主
> 佛待塑。監院崇梵長老持册出山，將遍募於十方。暮宿陸
> 公家，公詰所以，崇以緣告。公問：'所費幾何?' 曰：
> '殿上三佛，成就其一，計金二百有奇，似難獨任，量力
> 隨緣足矣。' 公笑曰：'此舉易耳，烏用多人? 師且安之，
> 明旦報命。' 歸而商諸婦子，無難色者。罄家所有，僅三
> 之一，公問二子：'不足，奈何?' 答曰：'田舍，幻物耳，
> 盍變幻爲真乎?' 詰旦出語崇曰：'吾事辦矣。師無他募。'
> 促歸納疏，金隨後至，徐鬻產繼之。不暮月而三佛金容巍然
> 成就。至今檀越，首列公名，奉爲永遠香火。公同緣陳氏，
> 法名傳順；長公，法名一瓊，字琚子，邑博士，後禮雷峰出
> 家，法名今足，字一麟；次公，法名一琳，字仙琛。暨諸孫
> 曾，奕世信道。佛光所照，燕翼貽謀，未有艾也。"

海雲寺伽藍閣左右廊廡工竣，有拂月堂、按雲堂、如
護堂、智食堂、瞎堂，皆和尚題匾。

> 張紅、仇江《曹洞宗番禺雷峰天然和尚法系初稿》。②

臘月二十八日，今辯樂說繼席丹霞別傳寺，有上堂
法語。

> 《丹霞山志》卷五《丹霞樂說辯禪師語錄》。

---

① 張紅、仇江《曹洞宗番禺雷峰天然和尚法系初稿》，載楊權主
編《天然之光：紀念函昰禪師誕辰四百周年學術研討會論文集》，中山
大學出版社 2010 年版，第 9 頁。

② 同上，第 17 頁。

康熙十七年戊午（1678）　七十一歲

[**時事**] 閏三月，吳三桂在衡州稱帝。其黨人強命王夫之代寫《勸進表》，王憤然拒之，逃往深山。

是年以形勢漸見緩和，清廷開博學鴻詞科，徵舉名儒。李顒以死拒，始免；顧炎武被推舉，從此絕跡不至京師；浙江舉呂留良，亦不赴。

年初將還廬山，有詩留別海雲社中諸子。

《瞎堂詩集》卷一四《將還廬山留別社中諸子二首》。

詩其二云："垂老生涯在石門，萬峰積雪暗寒原。今心未易酬先德，作麼生酬。古貌終難媚後昆。總之要還山。海客已隨春雁去，溪聲應共隴花繁。光景在目。流光冉冉干戈裏，影息深雲起自存。唯我能知。"

經佛山，遇提督嚴自明奉召入京，附其舟北行。

《瞎堂詩集》卷一四《佛山遇嚴玉寰提督奉召入京，卻贈》詩。

嚴自明，字玉寰，陝西人。武生。康熙九年任廣東提督。之信初叛，自明附之，之信遣攻南康，敗走南安，先之信降，授鑾儀使，病卒。

過英德，泊彈子磯，有詩紀之。

《瞎堂詩集》卷一四《泊彈子磯》詩。

詩云："得附官艘稱野情，碧天巖壑望中生。重圍初解韶陽堞，插羽仍馳西粵兵。幾歲干戈銷客夢，一江風雨滯王程。莫嫌老大歸山暮，松菊荒蕪賴晚成。"詩題下原注："嚴公招余同舟。"

彈子磯，在廣東英德縣。道光《英德縣志》卷四："輪石

山在城北一百一十里，高一百丈，周七里，一名彈子磯，
壁立江滸，壁半有窩，廣圓數尺，俗稱黃巢試彈於此。"

舟泊韶州，澹歸來送，呈以詩。

《徧行堂續集》卷一三《送瞎堂老人出匡山》詩。

詩云："三年闕省侍，彩鸐隨歸鴻。及茲得起居，夕月來
江中。歡聚殊未久，惜別何匆匆。……法藏從此去，五月
多深松。相期庶無負，歸與紫霄峰。"

兩月後，與嚴自明作別，贈以詩。

《瞎堂詩集》卷一四《舟次別嚴公》詩。

詩有云："君趨鳳闕我還山，共載江流兩月閑。"

感昔時江西制府董衛國捐輸之忱，賦詩寄贈。

《瞎堂詩集》卷一四《奉柬制府董公》詩。

詩云："憶昔鸞溪紹祖山，時荒分衛荷隆頒。出門倚杖慚
僧服，避地移茅入庾關。洪府遠聞江路靜，孤峰仍逐使臣
還。寅緣一望孫弘閣，七載銜恩想像間。"

今按：詩云"時荒分衛荷隆頒"，又云"七載銜恩想像
間"，詩乃為感謝制府董公於康熙十一年施十餘石糧而作
也。參康熙十一年條。

制府董公，即江西總督董衛國，字佑若。漢軍正白旗人。
自順治十八年起屢任江西總督、巡撫。康熙十一年時為巡
撫，十八年時為總督。

二月二日，四眾奉仞千今壁靈骨建塔於海雲寺之南園。
海雲監寺應物請澹歸今釋為之銘。

《徧行堂續集》卷八《海雲西堂仞千壁禪師塔銘並序》、
卷一一《與應物監寺》。

序有云："予以戊申元日，仰承本師是老人大法相屬，時
同受者為仞千壁知客，僅四載而謝世，法運衰晚，法城摧
頹，遺予耄荒，莫能埤益。悲夫悲夫！公系出寶安溫氏，

幼探墳典，未弱冠，投簪拔俗。初習毗尼於鼎湖，止持堅確，篝燈讀經，伏几作字，不舍晝夜，遂致咯血。迨謁老人，許以入室，屢呈所見不諾，研窮益苦。尋於丹霞侍寮，一言之下，知解盡脫，得大安樂，不啻疎山之遇明招，地藏之爲法眼。執侍彌勤，好學猶故。羸疾既深，同參益切，誡以節勞，笑而不答。辛亥十月朔日，分座海雲，即於十二月六日示寂。停龕三日，顏色無改，雙眸炯炯，仍有象王迴旋之概，四衆歎仰。戊午二月二日，奉靈骨葬於寺之南園，別崇制底，表有矜式，禮也。”

《與應物監寺》云：“惟進殿主來，具述雅意，即爲落稿納去，盛儀藉璧。蓋請文備禮所以見恭敬之實，雖爲古今通義，而作文者之辭受，則有分矣。今釋於仍千大師兄弟之義，死生之情，銘塔故其分內，則有不應受者在，雖絲毫不可受也。若因其不可受而遂不備禮，則請者之恭敬亦無其實，此老人之諭與今釋之辭並行而不相悖也。老病廢學，恐不足以發大師之光明，當呈老人改削，乃書丹也。”

本年春，澹歸今釋書致和尚，稱決意出嶺，並言年老食少事繁，加以多病，恐前路無多，終當以丹霞一席託於樂說今辯。未幾，澹歸行，樂說勉攝丹霞院事，仍懷退志，有請和尚復來住持之意。澹歸乃致書勸其力任茲艱，勿過謙退。

《徧行堂續集》卷一〇《與丹霞樂說辯和尚》。

閏三月，和尚抵棲賢。石鑑今覻喜甚，身侍老人，以爲生平至樂。俄中寒疾，咯血卒，年六十。示寂前，石鑑讀澹歸《徧行堂集》每至三更。和尚有詩哭之。

《瞎堂詩集》卷一四《哭石鑑覻子》詩。《徧行堂續集》卷八《棲賢石鑑覻禪師塔銘》。

詩云："八旬萬里望寒原，倚杖山堂笑語溫。欲啓蔣生當日徑，俄招宋玉百年魂。孤松日暮憐歸鶴，斷壑春深泣夜猿。從此掩關忘歲月，不知誰是我兒孫。"

《棲賢石鑑覲禪師塔銘》序云："戊午春三月之閏，老人自海雲復至，師喜甚，霍然似無恙者。請以院事屬角子電和尚，而身侍老人，朝夕與同參談道論文，以爲生平樂無逾此樂也。俄中寒疾，七日而沒。"

四月十二日，澹歸今釋正式退出丹霞法席。

《徧行堂續集》卷八《棲賢石鑑覲禪師塔銘》。仇江《清初曹洞宗丹霞法系初探》。①

五月一日，和尚有詩悼懷釋子仞千今壁、旋庵今湛、石鑑今覩。

《瞎堂詩集》卷一四《五月一日申刻睡起有感》詩。

詩云："閉門睡足申初起，峰轉斜陽到竹扉。萬里干戈餘此日，五年江海待忘機。黃葉不教流水去，白雲終向故山歸。獨憐跋涉同行者，失我三人淚滿衣。"

今按：詩所謂三人者，即仞千今壁、旋庵今湛、石鑑今覩也，相繼云亡。

又撰《戊午歸自嶺外，以中夏上巢雲》詩，有"徙倚忽思珠海日，不知身已在高原"之句。

《瞎堂詩集》卷一四。

七月十九日，澹歸今釋過匡山棲賢，知石鑑今覩卒，爲文祭之，後又爲撰塔銘，並編其遺集《直林堂集》。

《徧行堂集》卷七《直林堂詩序》，《徧行堂續集》卷五《祭棲賢石鑑和尚文》、卷八《棲賢石鑑覲禪師塔銘有

---

① 仇江《清初曹洞宗丹霞法系初探》，載《廣東佛教》2004 年第 6 期。

序》、卷一四《悼棲賢石鑑覰兄》。

《直林堂詩序》云："棲賢石鑑覰兄傑出儒林時，早已研求祖道，及侍天老人，一回汗出，識得下載清風，師資相契，舉說相長，洞上縝密家聲，庶幾不墜。於玉淵金井間，品字柴頭，籬門晝掩，若將終身，予懷渺矣。及奉老人命，紹席怡山，未半年，舊住恣睢作腐鼠之嚇，便曳杖徑歸，其標致若此。頃在海幢，手一編詩見示，清淳淹雅，追蹤王孟，在今日激枭靡麗中，如聞古樂。因稍爲評次，公諸同好。一心之用，不出剛柔，雖宗門用處亦無異路。濟家用剛，洞家用柔。用柔之紗，蘊藉於吞吐之半，不盡不犯，出而爲詩，與風人之微旨得水乳合，有不期然而然者。詩非道所貴，然道所散見也。譬之已是鳳鸞，舉體錯見五色六章，求北山鷗不潔之翼，了不可得。則斯集也，千仞高翔，固可因片羽而識之耳。"

今按：其集今不存。《直林堂集》成書之前，石鑑有《棲賢三十詠詩》行世，見《海雲禪藻集》卷一今覰小傳。《光宣臺集》卷六《棲賢詩序》云："石鑑覰弟作詩在柴桑、輞川間，風姿秀整，襟期豁澹，故能一切脫落，入選佛場，又能坐進尊貴之旨。有如騏驥，筋力養成，昂首振鬣，錚錚然跺躞冰衢，所謂'手執金鞭問歸客，夜深誰共御街行'，學力筆力，互相映發，殆不可控馭。其出住匡廬，往返閩粵，興會所寄，河梁投贈，寫境物之真致，發心賞之遐騖，成一編，可讀也，欲付梓……丘壑閒情，有不遑恤，驢背斷鬚，風前敲月，器我以小，智者所不敢爲，而謂荷擔祖道者爲之乎是編也？此外，其能免予於懼，恐滋寡矣。"

七月三十日，和尚讀石鑑今覰遺詩，感而有詩。

《瞎堂詩集》卷一四《讀石鑑遺詩》題下原注。

詩云："讀罷遺詩意惘然，中間離合總堪憐。瀝乾熱血難尋夢，欲趁餘生直上天。幾回後事悲前事，安得今年是去年。顧我掩關慚已晚，閑情休更落中邊。"

秋，僑寓棲賢寺之"雪泥爪"室，作《秋蟬四首》。

《瞎堂詩集》卷一五。

詩前有引，云："廬嶠初還，新構未集。僑寓三峽寺之'雪泥爪'，日坐長松下，蟪蛄徹谷，哀音動人。偶憶'露重身難進，風多響易沈'之句，不覺慨然。情異世殊，均有所寄。天籟待發，因感成聲。"

今按：謝楸有《秋蟬和海雲天老和尚》詩，見《海雲禪藻集》卷四。

與釋子塵異今但論及姜山今卶，不勝生離死別之悲。

《瞎堂詩集》卷一五《與塵異論及姜山，慨然有作》詩。

詩云："生別何云遂死離，百年人事不堪思。從今晤對知多日，憶昔綢繆已後時。淚盡江河空滾滾，看窮日月自遲遲。寒山賴有安心處，收拾殘編欲付誰。"

遊白鹿洞、凌雲，有詩。

《瞎堂詩集》卷一五《秋日遊白鹿洞，時督學邵公、太守倫公重修書院，賦呈倫公二首》、《遊凌雲留贈主人》詩。太守倫公，即倫品卓。督學邵公，其人未詳。

凌雲峰，在星子縣城北二十里下，有青玉洞，唐劉軻、宋劉弇、薛澥三書堂。又有折桂寺，爲唐李逢吉讀書堂。見同治《南康府志》卷二。

遊玉川門，釋子足兩今嚴陪侍，有詩。

《瞎堂詩集》卷一五《遊玉川門留贈主人》、《題三疊泉二首》詩。《海雲禪藻集》卷二今嚴《杪冬登玉川門》詩二首。

《題三疊泉二首》詩前有引，云："余初遊玉川門，人指為三疊泉，夜歸按古《志》而疑之。翌晨，拉諸子直探其源，始歎天下山川之奇，非好奇之士未易得見。題詩勒石，俾後之遊者，必以是為觀止也。”

今嚴詩其一云：“纔過粵嶺已聞名，漱石空懷兩載情。乘興頓忘冰雪色，望來漸覺骨神清。嵯峨石勢危城出，澎湃溪聲春雨平。心目屢分無可似，寒燈疏磬月微明。”

玉川門，自凌雲峰歷數轉乃至其地。玉川門者，三疊泉之谷口也。見同治《南康府志》卷二二。

和尚與塵異今但闊別五年後，相聚匡廬，對雪吟詩。

《瞎堂詩集》卷一五《還廬山與塵異第一次對雪二首》詩。

今按：詩有“五年相失忽如昨”、“擁被為君賦雪詩”之句，則今但與和尚不相見五年於茲矣。

築山樓於紫霄峰，顏曰淨成精舍，作《淨成閣工口占》詩，勒諸石。

《瞎堂詩集》卷一五。康熙《廬山志》卷六。

詩云：“當初結宇看容易，累石千層費巨財。寶殿未成遲佛住，山樓粗就即僧來。欲移楊柳沿隄入，擬鑿蓮池對戶開。雙手如錐聊話會，一床錦繡待人裁。”

樂說今辯遣丹霞釋子豁大入匡山，手書告澹歸，言傳宏烈欲刻和尚《首楞嚴直指》之事。澹歸有函覆之。

《徧行堂集》卷一〇《與樂說和尚書》。

書云：“豁大來，得手書，極慰老懷。竹君自是快人，可愛可敬也。《直指》每卷後列銜，但今釋已作前序，吾弟當作一後序為《緣起》，具述竹君高雅率拔之風，更有情致。刻成裝釘，與豁大賚送也。聞印書已得百四十部，便將百部於月初發來，得伴即行，遲速如意。若有伴而更俟書，便失算矣。頃因棲賢之信，亦欲早往廬山。過去可痛，現在可慮，亦如吾弟意也。"

今按：《首楞嚴直指》無刊刻年月，卷末有"太子太保撫
蠻滅寇將軍巡撫廣西都察院右副都御史進賢傅宏烈捐資全
刻"三十一字長方牌記。澹歸書函中所云竹君爲傅宏烈。
和尚以本年閏三月抵棲賢，今釋六月出嶺，則傅宏烈捐資
刻《直指》當在本年。

傅宏烈，字竹君，江西進賢人。嘗事永曆，入清守慶陽，
發吳三桂反謀而有功。康熙十六年五月命傅宏烈爲廣西
巡撫。

豁大，丹霞僧。其人未詳。

今辯爲《首楞嚴直指》撰《緣起》。

原書今辯撰《緣起》。《徧行堂續集》卷一〇《與樂說和
尚書》。

今辯撰《緣起》云："老人疏是經，三月而成。入理深
談，多提持向上，啟發悟門，真足爲上根之助。遠邇緇
素，渴仰法味。大中丞傅公竹君遂捐資全刊流通，何其易
也。昔天台智者大師聞是經爲天竺所秘重，晨夕西望懇
禮，願早至此土。歷百餘載，有沙門般刺密諦始攜來，以
國禁嚴密，屢不果。乃書於微細白氎，析臂藏之肉內，航
海而達穗城。時值丞相房融出知南銓，請譯於訶林風旛
堂，親爲筆受。故經中文句，皆明暢而曲析。傅公未識老
人，未讀經疏，而亟欲流通，使法雨得以均沾爲快者，豈
非於《楞嚴》宣勝義中，大有夙契之緣歟？夫菩薩以利
物爲懷，就事就理，雖有淺深；究其指歸，原無二致。公
昔守慶陽，今撫粵西。識度超卓，指麾敏捷。一舉止間，
悉不落尋常蹊徑。其與會中文殊師利摧邪輔正，選擇圓
通，而終出於無是非是機感相類。即事顯理，願公與大地
含靈，同入圓通無礙門，親證如來無見頂相；即理顯事，

願諸閱者與公同發菩提心，現觀世音三十二應身，挽斯世
斯民，躋於羲軒之治。則於老人之法施、傅公之流通，兩
無辜負爾。住丹霞今辯樂談謹述。"

澹歸致書戴怡濤憲副，言江右諸郡，南康最貧；南康
諸山，匡廬最貧；匡廬諸剎，棲賢最貧。故請其捐廉
救助棲賢。

《徧行堂續集》卷一〇《與戴怡濤憲副》。

臘月，來機今再五十一歲生日，和尚有詩賀之。

《瞎堂詩集》卷一八《來機禪人五十一》詩。

詩云："寸絲不掛袈裟舊，放過玄機此再來。五十還教更
五十，蓮花歲歲臘前開。"

是年來機今再募建無著庵全部竣工落成。

宣統《番禺縣續志》卷三六王令撰《鼎建無著庵碑記》。

張紅、仇江《曹洞宗番禺雷峰天然和尚法系初稿》。[1]

今按：蔡鴻生《清初嶺南佛門事略》繫其事在順治十七
年，[2] 不知何據。

無著庵，舊址在今廣州市德政中路麗水坊。

康熙十八年己未（1679）　　七十二歲

[**時事**] 三月，試博學鴻詞科，應者一百四十三
人，取彭孫遹、陳維崧、朱彝尊、汪琬、湯斌、毛奇
齡、施閏章、尤侗等。

---

① 張紅、仇江《曹洞宗番禺雷峰天然和尚法系初稿》，載楊權主
編《天然之光：紀念函昰禪師誕辰四百周年學術研討會論文集》，中山
大學出版社 2010 年版，第 44 頁。

② 蔡鴻生《清初嶺南佛門事略》，廣東高等教育出版社 1997 年
版，第 216 頁。

住棲賢。年初，撰《許明府逸林見過夜話，次早陪上淨成，有詩見投，率筆奉答》詩，有"望望豈知春已入，行行空覺鳥初喧"之句。又有《春日口占呈郡中諸公》、《詠木蘭花》諸詩。

　　《瞎堂詩集》卷一五。

　　許逸林，星子縣令。

二月初九日，雙鏡棲豎棟，詩示諸子。

　　《瞎堂詩集》卷一五《山樓豎棟示諸子》詩。

　　山樓，即雙鏡樓。康熙《廬山志》卷六云："棲賢寺東有淨成精舍，後有雙鏡樓，僧函昰建。"

又撰《寄澹歸二首》詩，以寫相思。

　　《瞎堂詩集》卷一五。

　　詩其一云："年年樗散愧相師，覽鏡遙憐鬢似絲。此道幾人同踢倒，登山饒我獨扶持。湖中春水堪乘興，月下晴雲好共披。荒院木蘭花盛發，折來清供欲貽誰。"其二云："下江路斷偏爲寄，入嶺人頻懶作書。不能仰面成疏放，強欲誅茅似有餘。峰抱石坪宜架閣，屋連荒蘁且開畬。前途未必無知己，卻較還山得自如。"

　　時澹歸在江南請藏。見《澹歸禪師年譜》。

南康倫品卓太守、許逸林明府、李子文郡丞祀匡廬，倫、許二人便道過訪，和尚有詩酬之。

　　《瞎堂詩集》卷一五《倫太守宣明、許明府逸林祀匡廬，便道見過》、《李郡丞子文同倫太守、許明府祀匡廬，倫、許二公入寺，李公獨上白崖，詩以寄之》詩。

　　白崖，志書未載，當去淨成未遠。

淨成牡丹花開，和尚諸子翫賞不已，多有賦詠。

　　《瞎堂詩集》卷一五《與諸子看牡丹用塵異韻》、《淨成邀

看牡丹，是曉風折一枝，行僧送來，口號一律示之》、
《淨成看牡丹》、《巢雲看牡丹酬廣慈靜主》、《淨成石
泉》詩。

廣慈靜主，即今攝。居巢雲庵。

和尚賞牡丹詩傳入嶺南，時海幢書記雲庵古雲有詩恭
和之。

《月鷺集》卷八《恭和天老人廬山賞牡丹》、卷九《和廬
山諸上人侍賞牡丹》詩。

前詩云：“繁華刺眼古今同，獨對名花萬壑中。繡幕妝濃
爭倚日，朱簾人醉更凌風。爲憐絕世天香意，譜出深春別
樣紅。似夢陸郎添一笑，可堪勝事隔長空。”後詩有云：
“嶺南亦有撩春思，未信姚黃盡作家。”

今按：此二詩既和和尚廬山賞牡丹詩，則當作於本年。前
詩之韻，即用和尚《淨成看牡丹詩》之韻者。時古雲在
海幢爲書記。

釋古雲，字不掛，號雲庵，廣東增城人，俗姓周。得甘泉
《心性圖》，深窺其奧。年三十六棄諸生，入廣州海幢寺，
持戒稱精嚴。後嗣阿字法席，皈依方丈者千餘衆。有
《月鷺集》。

結夏之期，和尚患足疾。結夏末，念大事因緣故，有
普說勉衆。

《天然語錄》卷四。

法語云：“壯色不停，喻如奔馬，人命無常，過於山水。
結夏以來，不覺不知已過七十餘日。老僧足疾，久不與大
衆相見，念大衆大事因緣，今日分明普告。《法華經》
云：諸佛世尊唯以一大事因緣故，出現於世。云何名諸佛
世尊唯以一大事因緣故出現於世？諸佛世尊欲令衆生開佛
知見，使得清淨故，出現於世；欲示衆生佛之知見故，出

現於世；欲令眾生悟佛知見故，出現於世；欲令眾生入佛知見道故，出現於世。大眾，作麼生是眾生佛之知見？祇如諸人適來聞鼓聲上法堂，禮拜，拱立，聽老僧說法，豈不是汝諸人佛之知見？佛之知見既是眾生各各具足，何用更開？正是眾生各各具有佛之知見，不能自開，不能自示，不能自悟，不能自入，便日日將佛之知見：從眼門出，爲一切色塵之所留礙；從耳門出，爲一切聲塵之所留礙；從鼻門出，爲一切香塵之所留礙；從舌門出，爲一切味塵之所留礙；從身門出，爲一切觸塵之所留礙；從意門出，爲一切法塵之所留礙。大眾，根塵無知，識心自異。《佛頂經》云：'根塵同源，縛脫無二。識性虛妄，猶若空華。'六祖大師亦云：'色類自有道，各不相妨惱。'祇是眾生直下不曾識得自己佛之知見，必不能安住降伏，於塵境上妄生分別。既生分別，便起愛憎，既成愛憎，便有取捨，從生至生，輪轉不已，即我佛亦不能就在六根門頭使之自認。何以故？眾生沈迷已久，雖在目前，物我不分，動涉塵境。故我佛但說六塵是空、是苦，皆由識心招搖積集，使之知苦、斷集、證滅、修道，其實爲一佛乘故。眾生不知方便，誤爲真實佛之知見，卻成聲聞知見。說十二因緣，說因緣所生法，此有即彼有，使之離塵寂靜，亦祇爲一佛乘故。眾生不知方便，誤爲真實佛之知見，又爲辟支佛知見。說六波羅蜜：爲眾生慳貪心故，菩薩以布施度；爲眾生淫逸心故，菩薩以持戒度；爲眾生粗獷心故，菩薩以忍辱度；爲眾生懶怠心故，菩薩以精進度；爲眾生散亂心故，菩薩以禪定度；爲眾生愚癡心故，菩薩以智慧度，亦祇爲一佛乘故。眾生不知方便，誤爲真實佛之知見，於是又爲菩薩知見。大眾，須知自人、天、聲聞、緣覺、菩薩，總無第二人，亦無第二法，但於方便中微有所重，便成種性。豈惟聲聞、緣覺、菩薩，即西天、此土一切外道亦不曾於佛之知見外別有所從，祇爲錯亂修習，遂成邪見。不見數論師所立冥初生覺，覺生我心？此覺此心，亦非別事，祇是不能徹知本源自性真寂滅地，無有初終，亦無囂寂，妄認目前緣慮以有生滅。折念歸空，泯絕聞見，極於冥然，以爲本所生處，還歸於此。即此土老子亦云，杳杳冥冥，其中有精，昏昏默默，其中有物。此之精物，即彼覺心。此謂杳冥昏默，即同冥始。總之奈目前不得，別取靜默以自依託，終成斷滅。即如莊子，亦是老子之流，時人愛其議論出格、文章高妙，此正莊嚴世論能障正知見，先佛所禁。曾見十年前有一長老乃以拈提宗門，徒見儒門孔子我法判爲儒童菩薩，便相比例。不知菩薩有冥權，有顯權。所謂冥權者，隱其所有而以糠秕，因衆生根欲隨時設教。此在菩薩內秘外現，有如是事。而指方便以爲真實，擇法何在？若因時教所宗，詭曲媚人，以干時譽，此心此行，路人知之。老僧嘗謂：據座之人，須是徹見法源，方許辨別倒正，參議權實。至於立心，猶當正大。道人所爲脫落名利，復何所圖？上承祖道，下式後昆，豈得濫觴至此？近見海內禪席所謂見性明宗，亦只認目前鑑覺。置之聲色，如衣敗絮行荊棘中，已見敗闕。一回憬覺，然後提撕，即使推向無生國裏，豈爲究竟？如此見識，與外道何異？更有莽蕩招殃，以爲一切念皆非他念，一切境皆非他境，引證經語謂：'貪瞋癡即是戒定慧。'大衆，此《圓覺》直指之語，須是情窮理盡，得大總持，方堪覷著。《法華》云：'佛所成就第一稀有難解之法，唯佛與佛方能究盡諸法實相，所謂諸法如是相、如是性、如是體、如是作、如是力、如是因、如是緣、如是果、如是報、如是本末究竟等。'大衆，一切善法、惡法、聖法、凡法，皆有個實相。汝若悟知實相，戒定慧且不可得，何況貪瞋癡。古人說個貪瞋癡即是戒定慧，要人當下聖凡情盡、取捨頓忘。今人說個貪瞋癡即是戒定慧，祇是隨順凡心、恣情生滅。《楞伽》云：'受淫怒癡性已，然後妄想計著淫怒癡性非性。'明明是個異色因，安得不作異色因果？如來說名爲'可憐愍'。大衆，此事極是直捷，極是現成，祇是汝一時不肯擔荷。便擬擔荷，又成錯過。不見我洞上价祖當時辭雲巖云：'他日有人問，還邈得師真麼？教某甲如何祇對？'雲巖良久。大衆，還會麼？老僧謂橫亘十方、豎窮三際，於中世出世間一切理、一切事，有情無情，是法非法，總不出一個'良久'。眼孔定動，總沒交涉。你看雲巖復云：'祇者是。'亦是老婆心切，亦是一個探子。果然价祖涉疑，巖便云：'承當個事，大須審細。'後過水睹影，乃有偈云：'渠今正是我，我今不是渠。'大衆，要知者兩句消息，即是汝諸人適來聞鼓聲上法堂，禮拜，拱立，聽老僧說法底時節。便擬趨向，蚤卻不是了也，還更湊泊得麼？又不見德山一日上堂云：'今夜不答話，問話者三十棒。'真個滿口道盡，兩手分付。一僧纔出，山便打，直是痛快。僧云：'某甲尚未問話，和尚何故打某甲？'山見拏到賊，不肯招供，卻要他納些贓本，便問：'汝是何處人？'僧云：'新羅。'山云：'未跨船舷，好與三十棒。'若是在老僧者裏會得，蚤遲八刻，何況懍懍？又不見南嶽云：'此事如牛駕車，車若不行，打車即是？打牛即是？'者個話真如在千仞洪巖上驀面一推，全死在那裏，全活亦在那裏。馬祖是個根熟底，時節到來，如桶底脫相似。後來有個大慧卻云：'於今人皆云：心喻牛，法喻車，不可除法，只是除心。且喜沒交涉。'者又是大慧老婆心切，要向人容心處一回鏟卻，直教攀仰俱絕，方堪紹續。然雖如是，亦只作死馬醫。我老僧道：自佛及祖、天下一切善知識所有多言少語，若深妙、若剿絕，總不曾道著個事一毫頭許。汝諸人還信得及麽？就如老僧今日一場切怛，若有伶俐衲僧上來推倒禪床，拽向階前痛捶一頓，亦怪他不得。有麽？試出來下手看？良久，云：'如無，老僧自起還合自倒去也。'喝一喝，云：'自首免供。'卓拄杖，下座。"

八月初七日，移居雙鏡樓，以今視昔，始信人之心願，原非虛設。有詩感懷。

《瞎堂詩集》卷一五《曩在海雲偶得"一天風雨沈山閣"之句，時塵異諸子侍坐，命作對語。塵異以"萬古雲烟鎖石門"應，予心異之。己未八月初七入雙鏡樓，忽憶前事正當斯時，因用舊句足成一律，以識夢中之境，始信人之心願，原非虛設也》詩、卷六《雙鏡樓》詩。

《雙鏡樓》詩云："一鏡從空出，清光透檐隙。……遠睇彭蠡濱，秋水連天白。近枕紫霄高，松竹羅其側。"

劉莘叟督漕北行，賦詩送別。

《瞎堂詩集》卷一五《送劉莘叟別駕督漕北行》詩。

劉莘叟，其人未詳。

中秋夜，與諸子翫月，有詩。

《瞎堂詩集》卷一五《中秋雙鏡樓與諸子翫月》詩。

湯來賀謁和尚於淨成。

《天然語錄》附《塔志銘》。

法緯函濟寂，作詩遙寄哀思。

《瞎堂詩集》卷一五《哭法緯濟同學》詩。

詩云："同出師門愧弟兄，烽烟幾歲夢魂驚。悲離已作他生事，悼往終傷此日情。白鶴何年歸華表，黃巖依舊在溢城。一杯清茗將雙淚，千里遙稱妙喜名。"

今按：法緯，法名函濟，宗寶道獨早期侍者。《宗寶語錄》卷一云："後來老母去世，靈泌弟將母衣物一時散卻，山僧亦將靜室中所用器具一時散卻，止剩些破衣襖。兩人共湊六十斤行李，走到博山。者段因緣，舉起太長，約略如此。那時法緯、樵雲都在博山。樵雲在外面，不知何以得個消息，托人向悅眾求入後堂，與山僧鄰單。後來山僧要辭先師，先師苦留，幾次收入行李。及得脫身，二子苦要相隨。"後與剩人函可發配關外。《千山語錄》附天然和尚撰《千山剩人可和尚塔銘》云："逮至下刑部獄，越月釋發瀋陽。師自起禍難至發瀋陽，兩年於此，與縶維同參法緯迄諸徒共五人外，無一近傍。"然在瀋時，法緯其法名又爲函雷。《千山詩集》卷一二有《寄法緯函雷而思諸兄弟》詩，云："萬壑千峰共掩扉，華臺一下願多違。舊時尚有幾人在，遠塞先分隻雁飛。師齒已衰兼久病，世途多難更誰依。亦知不待慇勤囑，大雪題詩淚濕衣。"

又，和尚詩中云"黃巖依舊在溢城"者，殆指和尚與諸同學於崇禎七年從宗寶道獨習佛，嘗謂："甲戌知有此事以來，循覽天下，彼時胸中惟黃巖、天童兩老而已。"參崇禎七年條。

秋深，和尚足疾仍未愈，不免有"人事非"、"壯心違"之慨。

《瞎堂詩集》卷一五《足疾》。

詩云："寸步難行人事非，六時高臥壯心違。黃花自向籬邊綻，白雁誰看天際飛。有約不辭摩竭室，無言長掩懶殘扉。緬惟曠劫匪容易，莫負錦斕當日衣。"

九月九日，有《九日病起登雙鏡樓二首》、《獨鶴》、《孤雁》諸詩以傷逝。

《瞎堂詩集》卷一五。

《九日病起登雙鏡樓二首》詩其二云："萬里秋深松栢哀，幾人於此重徘徊。入簾西日四山暮，極目長天獨雁來。宿草曾經春露早，寒林已見朔風催。川原一往成今昔，誰向峰頭數劫灰。"

劉莘叟督運北歸後，贈詩並紬衲。和尚詩以謝之。

《瞎堂詩集》卷一五《答劉別駕》詩。

詩題下原注："劉督運北回，惠詩並紬衲，依韻復之。"

詩中原注："直省報旱及地震，使者賷溫詔慰諭。"

秋，澹歸今釋爲法弟石鑑今覛遺墨跋尾。

《徧行堂續集》卷九《題石鑑和尚遺墨後》。

文曰："石鑑覛和尚字出於蘇，詩出於王孟，見地超邁，說法峻潔，然一往蘊藉，多風人之致。一住長慶，再住棲賢，惜緣不勝耳。其病時，執事僧强半散去，瞎堂老人每以致慨。莊生曰：鈍子食於其死母，皆眴若棄之而走。不見己焉耳，不得類焉耳，亦何足怪。己未秋，予客半塘，證十禪友自浙中來，其舊書記也。出遺墨索題，內有二詩，爲證十而作，大似倚門倚閭。識此一念，不與海同枯、石同爛，其猶未至於人琴俱亡也，放筆太息。"

八月底九月初，澹歸致書丹霞樂說今辯，言及請藏之事。

《徧行堂續集》卷一〇《與丹霞樂說辯和尚》其八。

書云："八月廿三日至嘉興，九月廿三日往平湖，孝山窮極，無由踐約。坐七十日，同人相助，得五十金湊上路費，所餘以一百零七兩請得正藏矣。續藏尚須四十金，送回盤費亦須四十金，正在料理不徹也。吾弟近履定知清勝，大衆安和，道糧不致掣肘否？念念。老兄以一念之惧，投入金家，生下子女，朱孔暉夫妻只將三個女兒賣了八家，結下訟事，雄者逃走，雌者乃至劫掠寓中行李而

去。又以一念之悞，讀書登科第，欠一至親債千餘金，其
孫窮極，持七百餘金欠約相還，念其苦則不忍，欲救之則
不能，於此有生生世世不作俗人、不作讀書人之願，亦攻
玉之他山石也。去年歲歉，常鎮一路榆皮俱盡，頃再走數
處，料理得藏事成就，送回丹霞，恐在今秋之杪矣。角子
去冬結制，竝無錢糧，大是狼狽。一麟、際朗來廣城化
緣，便附此信，縷舉俗緣，供吾弟一笑，其中尚有零星淘
氣處，然心眼正自翛然耳。下江叢林風氣不堪著眼，楞嚴
有請住之舉，已力辭之，並以相聞。"

冬，塵異今但度嶺歸省，和尚數有詩送之，依依不舍。

《瞎堂詩集》卷八《送塵異歸省》、《遣慧潛隨塵異但子歸
省》、卷一八《送塵異但子歸省二首》詩。

《送塵異歸省》詩云："萬里干戈日，三冬霜雪時。"《遣
慧潛隨塵異但子歸省》詩云："勞汝送予子，子安予乃
安。臨風須早泊，戴月慎朝餐。去路桃花暖，回山梅蕊
繁。此心隨所到，夢倚碧琅玕。"《送塵異但子歸省》詩
其一云："與汝同撐大法船，莫隨風力把頭先。洪波險闊
篙心穩，萬丈厓門驀箭穿。"

今按：塵異今但，廣東新安（今深圳寶安）人。《瞎堂詩
集》卷一五有《放言六首》詩，其三云："入山五日辭歸
省，塵異人疑豈有他。"詩中原注："疑其被債累。"後爲
羅浮山華首臺住持，住山五十餘年。有《羅浮名峰圖
說》、《梅花莊詩集》。

仲冬十一日，和尚又有詩懷塵異今但。

《瞎堂詩集》卷一五《己未仲冬十一日，計塵異當以此時
度嶺，率題長句一章》詩。

詩云："常思吾老及人老，歸省情知許出山。去日自辭星
子石，計程應到庚公關。法門有子皆他子，膝下承顏憶別

顏。相見定難期久暫，海瀕江岸水潺潺。"

賦《夢軒書懷》詩，有"入山早計今生事，三十蹉跎
到此時"之句。又有《大雪開簾看牡丹臺》詩。

《瞎堂詩集》卷一五。

夢軒、牡丹臺，殆在棲賢寺中。

歲末，有詩抒其貧病落寞之情。

《瞎堂詩集》卷一五《己未歲晏》詩。

詩云："山中今又度殘年，七十加三貧病連。同學已歸黃
土盡，及門多在白雲邊。客來到處攢齋料，工去逢人借賞
錢。舊事不堪更提起，生涯只有日高眠。"

倫品卓昆仲過訪，賦詩酬之，有"君家兄弟多高誼，
三徑隨時到不妨"之句。

《瞎堂詩集》卷一五《南康太守倫宣明見過》、《倫憲明文
學入山賦贈》詩。

前詩題下原注："時倫被論待命。"

倫憲明，南康太守倫宣明之弟。

又作《放言六首》詩，寫其齋糧春不謀夏，重修殿宇
工錢無著之窘況。

《瞎堂詩集》卷一五。

其二云："富來架屋連雲棧，轉眼春糧不夏謀。佛殿勉裝
過歲易，工錢賒落待誰酬。竹鏖鶴嶺知難販，鶴鳴山深多
竹，苦多無販者。木取花園勸助修。活計隨時窮則變，人生
何用苦營求。"

今按：詩中云"鶴鳴山"，訶衍今摩所居。

撰《許九環詩集序》。

《天然語錄》卷一二。

今按：九環爲星子令許逸林之父。序云："許公蒞任星子，
適余避地廣南，去夏還山，初晤郡齋。"當爲本年作。

今按：廣南，即廣南道。此指廣州、東莞等地。

十二月八日，廣東提刑按察使王令撰《鼎建無著庵碑記》，既表彰和尚於干戈擾攘之際，以忠孝作佛事，說法利生，振起宗綱之德澤；又稱許來機今再以眷屬爲法屬，擇地造庵，奉母安居，且招納窮嫠苦節、弱息無歸之功業。來機今再立石。

《廣州寺庵碑銘集》。

記云："無著地尼師壇爲比邱尼來機大師所建，以奉焚修之所。地無著有二義：一清淨無貪著故，一能爲天親法侶故。是時，洞宗三十四世天然昰和尚於勝國兵燹擾攘之際，以名孝廉擺脫世紛，超然絕俗，遂接華首洞宗之傳，說法利生，宗綱大振，嶺南江右，八坐道場，四方學者常數千人。又以忠孝作佛事，故賢士大夫多從之遊，拳然皆以爲故佛出世。於是父母妻妹，曰子曰媳，先後具著條衣。摩訶衍爲邑諸生，即和尚之羅睺也。來機大師爲和尚之胞妹，心性貞白，節操堅忍，苦志勵行，有過男兒。笄年入道，壯歲接法於其兄，是爲洞宗三十五世，以眷屬而爲法屬，清淨梵行，萃於一門。噫！可謂盛矣。機師既得法，禪律兼修，行解相應，孝名爲戒，佛即是親，於是擇地羊城小南門外沿濠舊業尚書家園塘，以爲庵所，奉其母智母師太而安居焉。求菽水於香積之廚，奉蒲團於板輿之座，香花梵唄，咒願祝延，仰承色笑，怡怡融融，共樂非世間相也。抑思明季寇亂之餘，鄉閭蕩析，化離家人，婦孺不得相保守，窮嫠苦節，弱息無歸，觸目皆是。機師乃出其餘力，從而招之，止其愁苦慘怛之聲，置之清淨安穩之處，出家在家，弟子恒數百人，非敢曰濫，實亦因時。夫窮民無告，王政所先，而佛門有所裨益，雖王者興，或亦在所嘉尚乎。師曾氏，本番禺望族，家素封，出其餘財，兼資檀施，挹注而成鉅欸，計經始於康熙丁未年，落成於戊午，計十餘年來買地承塘，木石工作，前後共費銀叁萬伍仟捌佰叁拾餘兩，佛殿、祖堂、觀音閣、齋堂、客堂而外，住房三十餘間，放生塘一口，共計稅約八畝，鑄洪鐘以警昏旦，繚垣墉以謹限防，甃濠築塘，立法垂久而規模備矣。予時宦遊嶺南，得交天然和尚之上首阿字禪師，備悉梗概如此，乃爲題額而序其緣起云。"

今摩本年五十歲。和尚有詩寄之。

《瞎堂詩集》卷八《訶衍摩靜主五十初度》詩。

今按：今摩崇禎二年生，至今五十歲。

康熙十九年庚申（1680）　七十三歲

［**時事**］免去年江西旱災區額賦。　八月，賜尚之信死。

住淨成。初春，得歸省南粤之塵異今但去冬書，喜而有詩。

《瞎堂詩集》卷一五《庚申初春得塵異去冬書》、《正月二十一日》詩。

今按：前詩有云："一程書信隔年還，細讀猶能慰老顏。"後詩有云："退院七年成後座，歸人三月滯南方。"此歸人指塵異今但，以其爲寶安人也。

五月，作《觀世音像讚》。

《天然語錄》卷九。

汪譜按：凡六首。今臺山黃氏藏第三首，款署庚申仲夏。

七月二十九日感舊，有詩寫其或將辜負師恩、夙願成空之憂。

《瞎堂詩集》卷一五《偶得辛丑八月上華首臺作，不覺潸
然，復用原韻成詩，聊寫懷抱，時庚申七月晦日也》詩。
八月前，澹歸今釋親書遺札，將詩文集續稿及所編校
之石鑑今覯遺稿，寄還丹霞，請樂說今辯續校，並以
相從三十年之鐵鉢贈樂說。後四年，樂說爲刊《徧行
堂續集》，編次一依前集。

《徧行堂續集》今辯序。
八月九日，澹歸今釋病發，卒於吳門當湖，年六十七。
臨終遺言：“吾去世後，……汝等不得留吾臭皮囊，
作扶龕回山、擇地建塔之局，累諸護法。隨處死，隨
處燒，隨處散骨水中。吾出嶺時便有此語，非今日始
作此語也。若違此語，惡同凶逆！”又示偈稱：“入俗
入僧，幾番下火。如今兩腳捎空，依舊一場懵懂。莫
把是非來辨我，刀刀只砍無花果。”

《憺園集》卷三二《澹歸釋禪師塔銘》。《海雲禪藻集》
卷一。吳天任《澹歸禪師年譜》。
訃音傳來，和尚痛哭之，終日不能自抑。

《瞎堂詩集》卷六《哭澹歸》詩。
詩云：“人生莫不死，既死安可傷。形役一百年，終歸無
何鄉。況已六十七，詎足論短長。所傷法運衰，死者皆賢
良。法眼在一時，歲月多荒唐。波旬入人心，善觀其向方。
狂者中以名，狷者與世忘。忘世非佳士，狥名豈道望。名
反以利終，菽林雜蘭芳。斯人向予言，相對生悲涼。已矣
無真人，少壯猶茫茫。掩户坐晨夕，淚血沾巾裳。”
中秋，倫品卓等見過，有詩。

《瞎堂詩集》卷一五《中秋倫太守見過》、《倫太守昆仲、
楊文學以貞過訪》詩。

前詩云："宦海波濤覺後驚，人間如夢信空名。東林不滿陶公意，逶路殊深楊子情。萬里秋風催錦瑟，千門寒月駐霓旌。豪華易盡心難盡，誰向鍾山悟此生。"

倫太守昆仲，即倫宣明、憲明也。楊以貞，其人未詳。

爲倫品卓《繹騷》作序。

《天然語錄》卷一二。

序云："南康使君倫公，遭康殘破，適丁外艱，報上官以其才能戡亂，疏於朝廷，奪禮治事，寇退民逃，四五年招徠修備，百廢待舉，一旦遭讒被檄，無以自白，閉户讀騷，咄咄發言，有類乎古之孤憤者。"

汪譜按：亦無年份，惟《詩集》卷十五有《南康太守倫宣明使君見過》，及《倫太守被讁待命》詩，次於《己未歲晏》詩後，又有《柬倫太守》詩，有"獨憐狡兔川原盡，翹首九重淚點巾"句，次於《哭澹歸釋子》詩後，則爲庚申作矣。

又有《秋興八首》詩，懷古而傷時。

《瞎堂詩集》卷一五。

閏八月初八日，賦《培牡丹》詩，有"珍重花開時，灌漑先秋日"之句。閏中秋日，賦《閏中秋翫月》詩，有"休更懷宿昔，爾乃矜目前"之句。

《瞎堂詩集》卷六。

《閏中秋翫月》詩題下原注："是歲中秋無月。"

在淨成付廣慈今攝大法，並示法偈曰："已住盧山十二年，水雲深處落機前。於今解進竿頭步，隱坐千峰跨五天。"立爲第十法嗣。時廣慈今攝年六十二，居巢雲庵，隨侍和尚。

《海雲禪藻集》卷一。

汪譜按：海幢寺所藏《世系表》列今攝爲第九法嗣，然

《海雲禪藻集》稱其付法於淨成，則爲第十明矣。

作《聞雁》、《塵異、廣慈呈對雪詩，用韻和之》、《牙痛，諸子入侯。時正大雪，命西軒圍爐分賦》、《天鳳》、《冬杪示諸子》諸詩，寫年老貧病而得及門擁護之喜慰，有"老病日思先佛訓，寒溫時感後昆情"、"去留但聽諸來者，第一同居莫厭貧"之句。

《瞎堂詩集》卷一五。

每一念及新逝之釋子澹歸今釋，即黯然神傷，氣咽不能續。

《瞎堂詩集》卷一五《哭澹歸釋子二首》。

詩其一云："憶別山堂意黯然，相期隔歲返林泉。木蘭花發詩頻寄，山菊霜零夢已先。僧史未酬當世業，道風空付後人傳。普賢行願誰如汝，長子於今永絕絃。"詩中原注："去春有詩促歸，今秋夢來辭行，數日即得訃音。"又注："澹歸欲重修僧史。"

其二云："愛物情深轉似瞋，隨緣衣鉢散僧貧。生營獅座酬初志，死塔他山見凤因。每念孤懷真類我，嘗於岐路愧求人。師資相搆何期合，百劫千生兩認真。"

未久，海雲寺願海今普訃音又至，和尚老眼揮涕，無以自遣。

《瞎堂詩集》卷六《輓願海》詩。

詩云："國久無真忠，忠者多見戮。家久無真孝，孝者先無祿。爲孝豈凶德，老病宜孤獨。秋中痛吳門，氣咽不能續。再展海雲章，零淚繼宵凤。天高霜氣寒，林空山木禿。代謝理恒然，老少相往復。委運付生平，饑食聊自足。早不聞孝思，使汝長受福。"

今按：詩云"秋中痛吳門"，即指澹歸今釋之逝也。

塵異今但掩關，有詩送之。

《瞎堂詩集》卷八《送塵異掩關》詩、卷一五《送塵異但
子掩關》詩。

今按：後詩次於《辛酉元夜吟》之前，當在本年作。

寄詩倫品卓，有"保障江城艱鉅身，十年風雨見孤
臣"之句，表其有功而受抑之孤忠。

《瞎堂詩集》卷一五《柬倫太守》詩。

詩題下原注："南康之警，公適報丁艱，兩臺以其能，疏
請奪情禦寇，事定論敘弗及，且齮齕之。予感其事，爲作
此詩。"

澹歸今釋侍者遵囑荼毗，後奉骨灰歸棲賢，再返丹霞，
建塔於海螺巖。澹歸靈骨入塔，和尚有詩志之。

《瞎堂詩集》卷一五《澹歸靈骨入塔》詩。

詩云："投江料非諸子事，歸嶺寧違汝夙心。既訂生還三
峽寺，何妨死塔五溪岑。孤衷豈植燃燈後，大願還同樓至
深。老眼淚涔揮不斷，千生魂魄許相尋。"詩中原注：
"澹歸臨寂，囑諸衲闍維後將骨石投大江，復云汝輩若持
骨石塔丹霞，必得凶報。"

樂說今辯爲作《行狀》，徐乾學爲作《丹霞澹歸釋禪
師塔銘》。

《憺園集》卷三二《丹霞澹歸禪師塔志銘》。

謝楸以《梅影》詩奉呈和尚，和尚答詩，有"休傷歲
暮難爲折，惱亂春愁是此時"之句。

《瞎堂詩集》卷一五《謝鄴門貽梅影詩，用韻和答以酬其
意》詩。

今按：謝鄴門，即謝楸。見前。其《梅影奉和本師天老
和尚》詩見《海雲禪藻集》卷四。

撰《寄酬閩中諸護法》、《慰長慶諸衲》諸詩以謝閩中
之請，中云："笠瓢幾度戒前程，老病人扶畏遠征。"

"僧歸閩寺休惆悵，須念而翁滿鬢霜。"

《瞎堂詩集》卷一五。

又有《劉莘叟攜其子二人、孫四人入山，有詩見贈而韻四出，予即依其格答之。蓋詩取見情，不必區區也》、《憶方樓岡》等詩，感諸居士之言真情至。

《瞎堂詩集》卷八。

今按：詩次於《辛酉元夜吟》之前，故繫於此。

除夕有詩，志明年新春棲賢寺之約。

《瞎堂詩集》卷一八《庚申除夕》詩。

詩云："白頭只合老青山，山事如今且未閑。明日又歸三峽寺，千峰林下水潺潺。"

三峽寺，即指棲賢。

黃周星卒。

康熙二十年辛酉（1681）　七十四歲

[**時事**] 十月，昆明城破，吳世璠自殺。三藩之亂息。

是年在淨成。元夜有詩。

《瞎堂詩集》卷八《辛酉元夜吟》詩。

繼有《固窮吟三首》詩。

《瞎堂詩集》卷一八。

詩其一云："近來有個固窮法，只是堆堆不著忙。聞說棲賢無米爨，但教伸手向村坊。"其三云："修行到老空餘我，我是人間倔僵僧。水草東西隨分過，不干名利日騰騰。"

今按：此詩《瞎堂詩集》次於《庚申除夕》詩之後，當作於此時。

初春，有《和塵異松下春蘭詩二首》、《送澤萌遇長老住華首》、《初春送山焰監寺之西安》等詩。

《瞎堂詩集》卷八。

今按：此數詩《瞎堂詩集》次於《辛酉元夜吟》之後。

山焰，其人未詳。

李藿思赴開化知州任，和尚有詩送之。

《瞎堂詩集》卷一五《送李藿思刺史開化》詩。

詩云："將軍急爲收滇郡，刺史新除出紫薇。"當作於本年春。

李藿思，其人未詳。

二月四日，偶簡殘帙，忽憶旋庵今湛，悲淒哽咽，悼之以詩。

《瞎堂詩集》卷一五《簡殘帙得悼旋庵作》詩。

詩云："誼重難爲繼後塵，道衰聊與數前因。非關今日方知汝，卻憶當時尚有人。海寺再來曾四夏，湖山歸去又三春。淒涼偶檢殘章句，舊恨隨聲雙淚頻。"題下原注："二月初四日。"

今按：旋庵寂於康熙十六年秋。所謂"湖山歸去又三春"，則是作於本年。

隨有《牡丹發蕾》、《眼昏》、《諸衲呈〈望牡丹花不開〉詩》、《隱几》、《百合花用足兩韻二首》諸詩以酬諸子。

《瞎堂詩集》卷一五。

《牡丹發蕾》詩云："年年三月牡丹開，未及花開春漸回。"《眼昏》詩云："去年齒痛疑生盡，今日偷生眼又昏。"《諸衲呈〈望牡丹花不開〉詩》詩云："白首自知山日永，洛陽笙管爲人催。"作於同時。

足兩,即今嚴。

三月,有《雨打牡丹花殘二首》、《雨後牡丹二首》、《閒步松下偶憶亡過諸衲二首》諸詩,寫其晚年落寞悲愁。

《瞎堂詩集》卷一八。

後詩其一云:"出嶺三春百念休,溪山雲月兩淹留。松花滿地何人去,誰謂高年不白頭。"

今按:此數詩《瞎堂詩集》次於《庚申除夕》詩之後,以前引《牡丹發蕾》詩目之,當作於此時。

是年七月阿字今無省和尚於棲賢,附王觀察舟,到梅關宿痢並作。九月,還海幢,與侍者云:"叢林一切事照舊,無可再說。"二十二日丑時,今無云:"我過三時去矣。"辰時示寂。世壽四十九,僧臘三十。

《光宣臺集》卷首釋古雲《海幢阿字無禪師行狀》。《海雲禪藻集》卷一"今無傳"。

王觀察,即王令。

此前,廬山刻《天然昰禪師語錄》,阿字今無爲撰卷首和尚像讚。

《天然語錄》卷首。

讚曰:"五老峰頭,白雲萬頃。淨成樓閣,歸霞倒影。坐斷密移,振衣挈領。齊古德之獅絃,軼時賢之塵柄。誰堪智通,嗤滅德而弗彰;獨抱閒情,擁孤光而自遠。砥柱洞流,楷模後學。此吾老人,南極一星,使人景仰而不可即者也。"

和尚聞訃,一時天地爲之黯然,欲哭無淚。雖見春花頻落,頗覺力盡勢窮,而悲願寔深,建立未敢云已。

《瞎堂詩集》卷一六《哭阿字無子二首》詩。

詩其一云："珠江絕袂幾傷神，千里歸山尚早春。離合分明今日事，行藏誰定剎塵身。失群鴻雁高飛急，背水將軍轉戰頻。力盡勢窮還法運，一條直路出風塵。"其二云："法界何曾有短長，長生路上見參商。餘年頻送春花落，掩室都忘秋葉黃。萬里寒空人寂寂，千峰殘月曉蒼蒼。筌筬妙指無宵晝，卻教門庭事更忙。"

又有七絕行書幅悼阿字，云："四十九年一字無，分明此日絕名模。現前面目非今古，莫向春深聞鷓鴣。"

《光宣臺集》卷首。

今按：此詩《瞎堂詩集》、《天然語錄》未收。

《孝子吟》詩亦爲悼輈阿字而作。

《瞎堂詩集》卷六。

詩云："我有一孝子，不幸先我死。子死父爲癡，父死當誰理。今年七十四，建立猶未已。法界如轉環，誰起復誰止。努力且向前，有事如無事。無事即坐禪，有事隨時處。處到沒遮闌，兩腳捎空去。生死與涅槃，大衆留不住。違順爭目前，身後還歸汝。順亦汝心生，違亦汝心起。生起即爲因，形影相依倚。法空汝不空，有無成妄計。先佛曾有言，慎莫信汝意。"

雪木今毲領鑑光行乞臨川，有詩勉之至再。

《瞎堂詩集》卷一八《雪木書記同鑑光行乞臨川二首》詩。

詩其一云："爲道相隨二十年，清泉白石自安眠。於今拓鉢非他事，念我頹齡一衆先。"其二云："我病偷閑且聽天，天教老漢樂餘年。支援大廈先一木，信植同行有普賢。"

雪木，即今毲。按所謂相隨二十年者，以雪木於順治辛丑年受具，至今恰二十年。

鑑光，其人未詳，普賢或其法名也。

中秋有詩。

《瞎堂詩集》卷一五《辛酉中秋》、《秋思二首》詩。

高欽如、許書入山過訪，有詩酬之。

《瞎堂詩集》卷一五《高方伯欽如入山》、《許太守浣月入山》詩。

前詩有云："遠客登山談往事，無端併起刹塵心。"

許書，號浣月，歙州郡城人。由禮部出知南康，吏治民俗爲之一變。匡廬素多虎災，彭蠡又爲盜藪。書爲文告神，虎盜遂息。以母老告歸，里人祀於鄉賢祠。

高欽如，其人未詳。

又作《山居十首》詩。

《瞎堂詩集》卷一六。

詩題下原注："紫霄淨成作。"

今按：詩當非一時作，而集中繫於此也。

倫品卓去官歸里，賦詩送之。

《瞎堂詩集》卷一六《送倫太守歸里》、《倫公備述去志，未免有懷，再賦二章》、《送楊以貞文學》詩。

《送倫太守歸里》詩云："無意馬嘶芳草白，有情雁叫菊花黄。"《送楊以貞文學》詩題下原注："久在倫太守幕中，倫罷官，與之同歸。"

重陽前後，有詩。

《瞎堂詩集》卷一六《重陽先一日文日送白菊，命行者和茗，稍覺後時，戲作》、《辛酉九日》、《秋杪偶成》、《秋杪夜坐》詩。

初冬，有詩示玉泉侍者，有"不信吾宗竟陸沉"之句。

《瞎堂詩集》卷一六《初冬示玉泉侍者》詩。

詩云："不信吾宗竟陸沉，梅花初綻雪霜侵。庚辰已辦終焉計，甲午還尋夙昔心。雙樹尚零金槨淚，孤桐難續嶧陽音。乘桴浮海誰從我，俯仰雲霄可自任。"

今按：詩所謂"庚辰"者，即崇禎十三年。時和尚在廬
山歸宗寺祝髮受具。參見崇禎十三年條。

玉泉侍者，其人未詳。

作《淨成上老父供，阻雪十日二首》，有"因展先容
歸故隱"句。

《瞎堂詩集》卷一六。

劉莘叟入京，賦詩送別，兼寄劉默庵，有"功曹轉運
忽三年，話別秋陰山月圓"之句。

《瞎堂詩集》卷一六《送劉別駕莘叟賫捧入京，兼寄少司
農劉默庵》詩。

劉默庵，其人未詳。

又撰《思過示諸衲》、《自慰》、《歲晏》諸詩。

《瞎堂詩集》卷一六。

《思過示諸衲》詩云："尼山有過幸人知，我又何人敢自欺。
功罪已明應共見，是非終定不須疑。蓮花出水非今日，柳
葉隨風惜往時。一回提起慚何極，願汝諸賢自得師。"

康熙二十一年壬戌（1682） 七十五歲

［**時事**］正月，耿精忠等分別凌遲及梟、斬。
二月，朱方旦案起。

住淨成。正月，有《早春周贊皇郡丞攜二子並呂、胡
兩文學見訪》、《寄雪悟禪師》、《春日送許逸林明府行
取入京》諸詩，與諸道友酬唱。

《瞎堂詩集》卷一六。

周贊皇，南京人。生平未詳。

雪悟，東古寺僧。見康熙十二年條。

二月，有《二月醉梅》、《掩關淨成，玉泉入候未見而返，次日呈詩，即用其韻答之》諸詩。

《瞎堂詩集》卷一六。

釋子非影古電、慧潛行乞餘干，有詩送之。

《瞎堂詩集》卷一八《非影、慧潛行乞餘干，臨別示詩二首》詩。

詩其一云："我病偷閑且閉關，相勞爲衆往他山。調心多是近人處，抗互俱非大似頑。"

慧潛，其人未詳。

又有《虔州郡丞董昭時、南康郡丞周贊皇、都閫徐質美見訪，因病掩關不得出迎，走筆以謝》、《偶作》、《劉別駕莘叟入山》諸詩。

《瞎堂詩集》卷一六。

《劉別駕莘叟入山》詩題下原注："劉從都中初歸，以潞紬見惠，予臥病弗獲展待。"

徐質美，即徐价人。澹歸今釋有《與徐价人都閫》書，見《徧行堂集》尺牘卷五。

董昭時，其人未詳。

秋，撰有《秋夕關中》、《紀夢》、《紀夢詩成後再賦一章》、《彭少參眉白同檗庵道者入山》、《關中七月廿九日早起》《中秋病起與諸子玩月二首》、《王昌侯觀察過訪》諸詩，與諸人切磋酬和。

《瞎堂詩集》卷一六。

《紀夢》詩有引，云："壬戌七月二十日夜三更夢慈雲閣上堂，閣下有樓，失其名，所呈法語有'綠鴨江三十萬'句，前後皆忘。法侶中數人屈指如某某他年皆同來此云。覺後紀之以詩。"

《紀夢詩成後再賦一章》詩云："寄迹塵寰豈異塵，因隨
流布幻中真。癡心尚有無窮願，業運徒遷有限身。夢去總
皆天上事，病來難戀眼前人。但知法界無由入，盡此餘生
且莫陳。"

《彭少參眉白同檗庵道者入山》詩題下原注："少參軍功
報最，將入都謁補。"

檗庵，即鄺日繻。見康熙十五年條。王昌侯，即王令。

彭眉白，其人未詳。

九月九日，與塵異今但登雙鏡樓，有詩。雪木今毚寄
詩和之。

《瞎堂詩集》卷一六《九日同塵異登雙鏡樓》詩。《海雲
禪藻集》卷三今毚《恭和本師九日登雙鏡樓》詩。

今按：雪木今毚和詩有云："巾瓶雖未侍登臨，遙見恁高
此日心。"《海雲禪藻集》卷三今毚又有《輓本師天老人》
詩序云："重陽後四日，今毚始於丹霞聞訃，亟趨雷峰。"
則今毚時當在丹霞。

又撰《聞非影病餘干》、《秋杪病起得嶺南耗》、《玉泉
呈雁字詩》、《塵異獻菊》、《答張文學二首》諸詩，以
紀時事。

《瞎堂詩集》卷一六。

《答張文學二首》詩前有引，云："與周贊皇郡丞同入山，
別後以詩見贈，推獎過情，甚愧於心，即用原韻答之。"

非影，即古電；塵異，即今但。

冬，有《雪中上淨成》詩。

《瞎堂詩集》卷一六。

詩云："一病沉沉夏復秋，已將身世等蜉蝣。盤空未盡千
峰勢，坐石重看三峽流。恩大難酬塵刹願，道衰徒負幾人
憂。波波揭揭成何事，冒雪還應到上頭。"

今按：此是上老父供時所詠者。去年亦有《淨成上老父供阻雪十日二首》之作。見康熙二十年條。

又賦《壽倫太守》、《謝君章郡丞入山》詩，以酬答諸檀越。

《瞎堂詩集》卷一六。

前詩云："豪華易盡誰堪托，甲子難教再一週。"則倫品卓六十歲生日也。

謝錫袞，字君章，浙江紹興人。據和尚詩題及題下注，君章時爲南康郡丞兼攝郡事。康熙二十九年，任贛州知府，有政聲。

冬至日，有《長至書懷》詩。

《瞎堂詩集》卷一六。

除夕有詩。

《瞎堂詩集》卷一六《壬戌除夕》詩。

顧炎武卒。

陳維崧卒。

康熙二十二年癸亥（1683）　七十六歲

[**時事**]　八月，施琅入臺灣，鄭克塽迎降。　十月，詔沿海遷民復歸田里。　冬，廣東大雪霜，樹木多枯死。

和尚在廬山。年初，有《送許太守浣月歸養》詩。

《瞎堂詩集》卷一六。

詩云："郡齋如水一閒身，拜表辭官爲老親。家有田園堪仰事，船兼琴鶴莫憂貧。山樓看月思玄度，道路攀車借寇恂。歸去庭幃多樂事，板輿佳話又重新。"

今按：知府許書以母老歸養歙縣也。見康熙二十年條。

又作《束南雄太守李廷標》詩，有"回思十載雄州
事，軒冕麻衣去住心"之句。

《瞎堂詩集》卷一六。

除夕，和尚有詩。

《瞎堂詩集》卷一六《癸亥除夕》詩。

本年樂說今辯在番禺海雲寺，初春與諸同學遊三昧澗，
有詩酬唱。

《海雲禪藻集》卷一今辯有《癸亥初春與諸同學遊三昧澗
分得吟字》詩。

三昧澗，宣統《番禺縣續志》卷二載："三昧泉，在員岡鄉
三老峰麓。三石穴迤邐相連，大者徑數尺，小纔如盆。泉極
甘冽，春夏不溢，秋冬不涸。僧今辯有《遊三昧澗》詩。"

呂留良卒。

康熙二十三年甲子（1684）　七十七歲

[時事] 五月，命纂《大清會典》。　嚴禁於分撥
地畝時，圈佔民田或以低劣地畝抵換良田。

和尚在廬山。春，郡丞周贊皇入都，有詩贈行。

《瞎堂詩集》卷一六《春日送周贊皇郡丞》詩。

詩題原注："周贊捧入都，便道爲其公郎畢姻兼攜家回
署，故中間並及之。"

三月十三，和尚在棲賢作《吾生》詩，感慨所願未
酬，而寄意來者。

《瞎堂詩集》卷六。

詩云："吾生豈不樂，人事轉參差。所願殊未酬，覷睍紆歲時。舉世無真人，將以遲初機。愚昧寡所見，異同爲是非。道衰絕儔輩，相對强言辭。懼以小人心，翻成愛見悲。久割三界因，戀戀欲何爲。先德不可負，後死安可期。垂垂衰病年，飲淚豈自知。綢繆苦不早，歎息貽來茲。"詩題原注："甲子三月十三樓賢作。"

尚之孝入山過訪，布施修建梵殿。和尚賦詩答謝。

《瞎堂詩集》卷一六《尚都統宜芾入山，時將構梵殿，叨承淨檀，賦贈並謝》詩。

詩云："久囑靈山紹祖風，先王行業與心同。精忠已泐天潢上，法輔長留海嶽中。舊沐恩波歸鶴蔭，新承祇布壯龍宮。無窮感慨成今昔，干舞堯階忻共逢。"

尚宜芾，即尚可喜子之孝。嘗在尚可喜藩下任都統，康熙二十二年削職爲民。

祖太守持服北歸，和尚賦詩送之。

《瞎堂詩集》卷一六《送文水祖太守持服北歸》詩。

祖太守，其人未詳。據同治《南康府治》所載，當爲祖澤溶。

春末夏初，在淨成。作《病中》、《勉衆》、《觀世》、《偶作》、《書懷》、《寄塵異但侍元》諸詩。

《瞎堂詩集》卷一六。

《書懷》詩云："杜宇啼殘春已歸，病羸猶未脫寒衣。"則此數詩均作於春末夏初。

秋，賦《秋日移榻上雙鏡樓》、《中秋》、《秋懷八首》、《甲子九日》諸詩。

《瞎堂詩集》卷一六。

釋子山焰遠赴西安有年，念念不已。

《瞎堂詩集》卷一六《懷山焰監寺》詩。

詩云：“寒月疏星處處同，行人應在碧霄中。計程暗數千山外，歸日還期九月終。夢裏音書傳小子，覺來疑慮問長空。天涯一別如蓬斷，渭水廬峰望欲窮。”

今按：和尚前有《初春送山焰監寺之西安》詩，見康熙二十年條。

賦《淨成即事》詩，感時光之流逝。

《瞎堂詩集》卷一六。

康熙二十四年乙丑（1685）　　七十八歲

[時事] 三月，詔修《賦役全書》。　開海禁，設粵海、閩海、浙海、江海四關。

初春，在淨成。賦《乙丑初春即事》詩。

《瞎堂詩集》卷一六。

詩云：“守拙匡徒五十年，未嘗俯仰向人前。訪予攜手談松下，送客扶筇揖澗邊。老臥千峰忘貴賤，病移深谷廢周旋。自知有過隨雲水，不敢逡巡累後賢。”有南歸之意存焉。

今按：所謂“五十年”，指和尚自崇禎九年在匡山禮道獨參禪時至今也。“未嘗俯仰向人前”者，殆和尚不肯與新太守周旋也。

南康郡守以世法繩諸剎，和尚乃入嶺養疴。

《天然語錄》附《行狀》。

《海雲禪藻集》卷一今摩小傳云：“聞山中僧徒悉編保伍，遂還雷峰。”所謂“世法”，似指保伍事。

郡守，不知何人。據同治《南康府志》，倫品卓康熙十三年任，周燦康熙二十五年任。則此郡守當爲倫品卓之後、周燦之前之另一人。

南歸途中多有詩什，紀其行旅之慨，雖衰病支離，而振起之心未稍休歇。

《瞎堂詩集》卷一六《樟樹舟中》、《過贛州關》、《舟抵南安二首》、《度大庚嶺二首》詩。

《過贛州關》詩云：“衰病支離過贛城，巍然雄據拱神京。僧衣不稅水雲貴，國法無私官吏平。我守先宗違世諦，誰貽後學惜身名。鄉關漸近仍爲客，且以優遊老此生。”

還海雲寺，病中有詩書懷。

《瞎堂詩集》卷一六《還海雲》、《病中書懷二首》詩。

《病中書懷》詩其二云：“休將貧病擬袁安，雪未填門見亦難。楓葉滿山山色麗，鶴翎投樹樹聲寒。清溪老我聽潮上，白眼看人到夕殘。道者孤懷渾似雪，天風一夜響琅玕。”

八月初五日，有詩留示諸子，叮嚀長別。

《瞎堂詩集》卷一六《八月初五日示諸子》詩。

詩云：“連年衰病意遲遲，短景蕭條卻爲誰。户外已驚黄葉墜，床頭休問菊花期。安身有策非今日，抱道尋僧惜往時。不是叮嚀長別日，黄雲青靄好相思。”

及二十七日酉時，親書偈別衆曰：“生也如是，死也如是。是如是，不是亦如是，是不是亦如是。星宿經天，霜風匝地，汝諸人到者裏，大須仔細。七十八年老道翁，翻轉面來，不知是我是你。信手拈來，猶較些子。”終於海雲寺丈室。

《天然語錄》附《行狀》。

九月十三日，釋子雪木今毬於丹霞聞訃，作《挽本師天老人》三首。

《海雲禪藻集》卷三。

詩前有序，云："重陽後四日，今毬始於丹霞聞訃，亟趨雷峰，泥首因悼曇花之罕現，嗟泰嶽之忽頹，回憶久侍巾瓶，雖滯鈍根，亦稍窺和尚觀機說法，或時用棒，或時用喝，或時建立，或時掃蕩，剛柔獨斷，急緩中調，猶善弄弦，自成流水，非關琴譜，可作知音，不識寂光中首領此言否耳。痛極不文，謹賦三章，聊誌哀慕。"

詩其一云："法幢聞折此山阿，烟水微茫竟若何。花雨散時勞覓影，簷鈴飄處强爲歌。奢華血沒鴻飛少，臥樹聲寒淚落多。惜與我師緣尚淺，未能持供學純陀。"其二云："名藍髣髴比雙林，八部如聞哀慟音。糞土尚斷窮子志，髻珠誰枉聖王心。薩婆若海無來去，優鉢花名著古今。慘澹風雲泥首處，一龕燈火靜沈沈。"其三云："猶憶追隨廬嶽巔，廿年立雪愧庭前。當時誰識黃龍手，後世空聞赤眼禪。詞藻舊收湖嶠勝，窣波新映竹松鮮。亭亭千古同瞻仰，翻信尼山歎逝川。"

今按：和尚寂後，今毬爲編《瞎堂詩集》。並有《懷淨土詩》傳世。

約九月二十五日，鼎湖山方丈在犙弘贊和尚命一機圓捷來雷峰海雲寺致祭。

釋圓捷《塗鴉集》書問卷下《與草堂在和尚書》。

書云："開讀慈旨，擬即趨聞命令，緣有道場之建，職在周旋，二十三、四至象林矣。憶先老和尚涅槃，空老人尚於末七後始行祭禮，則本山今日於雷峰而四七往，何得云遲。命作祭文，粗成三首獻上削用，如俱不可，再索枯腸，不則另委能者爲之，亦無不可。某稽首和南，主臣奏復。"

所謂四七者，以和尚八月二十七示寂，則爲九月二十五日也。一機，字圓捷，廣東番禺人。俗姓李。會國變，禮以霶長老出家。旋入鼎湖，謁棲壑受具。後爲慶雲六代住持。

和尚示寂後，樂說今辯主海雲、海幢兩山。

《海雲禪藻集》卷一今辯小傳。

康熙二十五年丙寅（1686）　寂後一年

四月六日，塔全身於丹霞對岸佛日山麓。

《天然語錄》附《行狀》。

今按：《丹霞山志》卷七"田土"載："仁化劉資深居士昆仲於康熙八年四月初八日，將豐坑洞封河壩邊土名犁壁燕土地並山一帶送與本山爲業，載糧壹升捌合。後改名佛日山，天老和尚塔銘並塔院在焉。"

樂說今辯爲撰《行狀》，有云："得度弟子，多不勝紀，英靈鐵漢，死心相依，一時稱盛。承記莂者，海幢阿字無、棲賢石鑑覭、丹霞澹歸釋、雷峰西堂仞千壁皆先師而逝，餘則或隱或顯，今高隱鶴鳴峰訶衍摩即師之羅睺羅也。師生平古道自持，壁立千仞，提唱綱宗，眼空今古。婆心爲物，至老不衰。於門庭設施，悉任外緣，意合則住，不合則行，未嘗一字一語仰干豪貴。吾粵向來罕信宗乘，自師提持向上，縉紳縫掖執弟子禮問道不下數千人，得度弟子多不勝紀。尤喜與諸英邁暢談，窮其隱曲，以發其正智。於生死去就，多受其法施之益。即一闡提與自負奇才而不可一世者見之，無不心折。且師闔家出世在盛平時，生我、同生、所生，以至妻、媳，舍世緣如棄敝屣，不讓古龐公。故父子兄弟相率剃染，粵中爲多云。師暮年爲法求人，心焉益切，每談及先宗，淚即沾襟。期諸後起，如地藏之遇清涼，圓悟之得妙喜，庶幾無憾。故法道

隆替，雖繫乎時，逆撑洞流，志無少屈。足見護念佛
祖慧命，亘古而不磨也。”

《天然語錄》附《行狀》。

自是年起，澤萌今遇主席丹霞十餘年。雲水入門，不費
紙裹，出納淨財，悉歸庫司，別無所營。衣敝自補，不
求新製。服垢自浣，不委侍隨。稍有贏餘，分給窮乏。
二時行道，不間晨昏。有《丹霞澤萌遇禪師語錄》傳世。

《咸陟堂集》卷六《澤萌遇禪師傳》。

法孫古雲撰《各山門下供雷峰先老和尚疏》、《雷峰門
下優婆塞供先老和尚疏》。

《月鷺集》卷四。

《各山門下供》云：“死生路上，低迴窮子之林；涅槃城
中，高掩法王之座。蓋衆情未能即泯，斯一燈頓覺初虧。
起倒非他，笑啼無主。惟本師尊貴宗門，端嚴道域，春秋
不涉。示慈憫於垂耄之年；山岳難移，絕淘汰於兼容之
日。往往非凡非聖，打開滑腳石頭；時時獨往獨來，豎起
當臺寶鏡。數千里乍歸廬阜，兩三月深泛海雲。掉臂竟
行，閉關終隱。某等有懷躑地，沒淚傾天，望父所以無
從，悲觀未落；登祖堂而若喪，恨失萍蹤。誰能酬累劫之
深恩，空歎電光之謝；自覺戀微塵之苦海，重期鉢水之
緣。所冀毗廬頂際，掀翻大冶之紅爐；常寂光前，捥轉千
江之皓月。現色身而非去住，出境界而見波瀾。慣奉嚴
慈，休伴玉堦深夜裏；莫辜孫子，好排金殿巧簾旁。何曾
隔絕妙音，應有回看赤塔。千花圍泣，勺乳申誠。”

《優婆塞供》云：“惟本師一乘發悟，衆德披香。人登龍
虎文壇，南海繞衣冠之瑞氣；法唱象獅道苑，東林仰椎拂
之雄聲。淘礦并淘金，湛徹靈機全耀；選官兼選佛，清華
貴望崇標。八十年過，化不離山，一千衆圍，來常吐舌。

續慧命於將危之際，振宗風於最晚之林。某等未脫紅塵，
交修白業，幸同墙宇，誼屬優婆。月裏寒潭，睹妙容而心
服；空中寶鏡，聆半偈以神開。方倚勝幢，忽驚隻履，典
型何在，追慕難忘。爲禮懺法於梁皇，用施食儀於阿難。
仗斯微悃，普告十方。所望因花愈茂，揭智焰而長榮；果
海增深，扇仁風而益洽。慈波歪朗潤，與願王把臂同遊；
法眼永高懸，徧剎土分身常現。叢林秀挺，衆葉傳芳。籌
室寬羅，萬靈攝化。"

康熙二十六年丁卯（1687）　寂後二年

樂說今辯以書狀請湯來賀撰《塔志銘》，銘曰："三教
同源等無異，惟茲杓人乃二視。儒門澹泊世交喪，誓
向空王豎赤幟。諸見既滅覺照空，得無所得住圓位。
一毛頭上現全身，大千拋擲同遊戲。從上窠窟盡掀翻，
瓦礫生光無剩義。目空今古道風孤，世出世間扶正氣。
八坐道場四十秋，龍象蹴踏誰能企。南天佛國賴重興，
洞上綱宗終不墜。我無生滅隨因緣，道樹忽枯涅槃至。
恒沙劫壞塔巍峨，如是如是亦如是。"

《天然語錄》附《塔志銘》。

康熙三十年辛未（1691）　寂後六年

樂說今辯應西粵永寧之請，奉三世《語錄》入藏。和
尚所著《語錄》附錄《梅、雪詩》、《首楞嚴直指》、
《楞伽心印》三種，同請入嘉興藏。

《海雲禪藻集》卷一今辯小傳。《嘉興藏目錄》。

今按：所謂"三世"者，即指海雲法系"道"、"函"、"今"三輩高僧也。樂說所奉三世《語錄》，有宗寶道獨《長慶宗寶獨禪師語錄》、《廬山天然昰禪師語錄》、《海幢阿字無禪師語錄》、《千山剩人可禪師語錄》、《丹霞澹歸釋禪師語錄》等，《嘉興藏》又續藏中收錄。

康熙四十七年戊子（1708）　　寂後二十三年

十二月八日，雷峰海雲寺新建瞎堂成，法孫古奘有詩紀之。

釋古奘《虛堂詩集》卷二《戊子臘八雷峰瞎堂新成紀事》詩。

詩云："南方位重離，實爲吾宗系。六爻有回互，偏正無駁戾。曹溪汩其源，石頭揚其瀬。佳氣鬱靈明，山川盡真諦。吾祖天然翁，千載投針芥。少小窮太極，粃糠帝堯世。三自上黃巖，坐斷金輪際。沐浴扶桑日，聲光何赫大。寶鏡懸高空，天人皆擁篲。家風承淵源，縝密自相濟。十坐菩提樹，葉落乃歸柢。室中獅子兒，再請法論繼。大道無去來，還家兒孫計。畫棟既嵯峨，繡金亦輝麗。梵聲放六時，花雨盈雕砌。玉幢映珠鐙，交徹山光遞。銀盌盛香雪，妙饌來他界。悲心及物平，故舊一體祭。如聞聲欷音，山阿尚含睇。百年三萬日，反覆戊子歲。師翁以先戊子受請雷峰。奘也忝孫枝，日月送萍蒂。升沈遂生涯，歸來偶斯會。溪山曾不異，法庭感興替。靈源如可遊，請作參同契。"

釋古奘，字願來，小字拾影，號影堂。廣東新會人，俗姓湯。長參角子今䑓禪師，後住持海幢。有《虛堂詩集》、《蠹餘集》。

康熙五十三年甲午 （1714）　　寂後三十年

十月，釋子塵異今但遷和尚全身塔於羅浮山麓黄牛徑下梅花之莊。

> 陳伯陶《羅浮志補》。汪兆鏞《微尚齋雜文·海雲禪藻集序》。
>
> 陳《志》載："自黄龍洞口西行，過黄牛徑（原注：亦名黄龍徑）三里許，度雨花橋，又北五里至華首臺。"
>
> 汪序云："和尚塔在華首臺之南六里三堡洞黄花寺，弟子今但所營造，今《塔銘》尚存。"
>
> 今按：仇江《天然和尚塔墓訪尋記》載丹霞山天然和尚衣鉢塔中遷塔碑文云："康熙甲午十月，華首門人今但遷天祖全身於羅浮山梅花之莊。丹霞大衆哀慕不已，後奉衣鉢葬此，蓋不敢忘其初也。口於本年臘月十有七日戌時。嗚呼！山川有靈，天地有窮，此衣鉢之法永傳而不息也。住丹霞法孫古奘立。""梅花之莊"，原莊名無考，地即今日三堡洞，建塔於華首臺下院北側，下院原名或稱黄花寺，塔遷寺側，該寺又名塔庵，近世又稱三堡廟、白廟、白石廟。至道光二十七年，海幢寺僧純謙集海雲、龍藏諸僧徒，修繕空隱、天然、塵異三塔。又至民國二十四年，羅浮老僧告知汪永覺天然和尚之塔址，當時塔墓碑銘尚存。後寺、塔皆廢毁不存。①

十二月十七日，丹霞山徒子暨孫建衣鉢塔，以示永久紀念。

> 仇江《天然和尚塔墓訪尋記》。②

---

① 仇江《天然和尚塔墓訪尋記》，載鍾東主編《悲智傳響：海雲寺與別傳寺歷史文化研討會論文集》，海關出版社2007年版，第260—265頁。
② 同上。

天然函昰和尚著述考略

本《考略》主要參考汪譜所附《天然和尚著述考》（以下簡稱汪考）及冼玉清《廣東釋道著述考》（以下簡稱冼考）二種文獻，又搜羅地方各史志文藝略中之相關材料，著錄天然和尚著述三十餘種，另遺文若干首。其體例詳略未可一以概之，大抵以其撰年之先後編次。前人未及敍錄者，固不避瑣細而論列之；倘有與前人不同之膚論，亦不揣譾陋，以"今按"出焉。要之與年譜相發明。此仍未可斷言即是和尚著述之總錄，且其中有多種著述之傳本或秘藏，或毀滅，今不可見，因之和尚宗教活動之諸多關節亦尚未得復原，對其宗教及文藝思想之探索亦遇阻不少，誠爲恨事。切盼方家有以教我，而同道者慷慨贊成之也。

周易注

未見。汪考、冼考及諸史志未著錄。

據《天然語錄》附《行狀》、《塔志銘》：明萬曆四十八年，和尚年十三，擬注《周易》。問"太極相生"於塾師，爲依文解說。和尚曰："此名言耳。太極究爲何物？且兩儀未生，極何從往？兩儀既判，極何從去？"塾師不能答。可見其精研至理，發自齠齡。

此書當未成。

［崇禎］東莞縣志

此書題明汪運光修，張二果、曾起莘纂。曾起莘，即和尚未出家時俗名。有明崇禎十二年刻本。今廣東省立中山圖書館藏清抄本。前有明崇禎十二年汪運光《重修〈東莞縣志〉序》、郭應木《舊志序》、陳璉《正統七年志序》、盧祥《天順八年志序》、劉存業《弘治十七年志序》、《原志凡例》及《東莞志總目》。卷端題"邑人張二果、南海曾起莘重修"。云"重修"者，乃在陳璉正統《東莞縣志》基礎上新修者。是志總目下有子目，子目下又注分撰之作者，計有葉椿、楊錫袞、彭應熙、丁邦禎、李貞、王任相、龍珨、陳萬幾、李若璉、張文錄、黎起明、尹體震等。分八卷，卷一地輿志，卷二政治志，卷三學校志、兵防志，卷四官師志，卷五人物志，卷六、卷七藝文志，卷八外志。

汪譜著錄，云："未見。"

今按：《東莞縣志》前汪序云："是志也，孝廉張君實爲月旦所推許，力砥空平，以總其裁，復聘曾君宅師訂證之。"又云："五年捃摘，再浹月而卒業"。款署："今上崇禎拾貳年歲在己卯，寶安邑志告成。"卷首署"邑人張二果、南海曾起莘重修"。

今有楊寶霖據廣東省立中山圖書館藏抄本點校整理，東莞市人民政府辦公室一九九五年鉛印流通。

訶林問答（訶林別錄）

未見。汪譜、冼考及諸史志未著錄。

和尚於明崇禎十五年省親廣州，爲陳子壯等邀住訶林，十

月朔入院，有法語。《天然語錄》卷一載："上堂，師拈香祝
聖畢，復拈香云：……遂就座。問答別錄。"而其下誤接"山
僧承諸大居士、大耆德請住此院，今日爲諸兄弟結制，事不獲
已，聊赴個時節……"之內容。"問答別錄"四字頗覺突兀，
不免疑惑。實則此非正文，而是小字夾注，以大字混同正文
者。"問答"云者，和尚說法語錄之一體也；"別錄"云者，
"另出一本"之意也。其下必有大段內容抽出，而別本單行，
或即名《訶林問答》，或名《訶林別錄》也。

書或成於明崇禎十五年。《天然語錄》卷七有"問答並
頌"二十首，卷八有"問答"近四十首，然未有明確綫索證
明何爲和尚在訶林說法時所錄者。《光孝寺志》卷九"語錄
志"中載和尚上堂、小參等法語亦近四十首，而無"問答"
一體。《訶林問答》（或名《訶林別錄》）似已杳無蹤跡，無
怪乎向無人屬意焉。

參見本譜崇禎十五年條。

訶林語錄

明崇禎十六年初刻本，清順治六年或有續刻本。未見。

汪考著錄，云：《行狀》謂"著有各刹《語錄》行世"。
陸世楷撰"語錄序"謂"向在雷峰、棲賢、訶林諸山皆有
《語錄》行世"。各錄刻本未見。今嘉興續藏本有住訶林、雷
峰、棲賢、華首、海幢、芥庵、丹霞、歸宗諸山《語錄》，當
即此。惟編次依體分類，遂難析別。《光孝寺志》載和尚《語
錄》，皆訶林部分，注云："選原集，間有《嘉興續藏》本所
未載者。"知《寺志》所據當爲《訶林語錄》原本，而今辯彙
編《語錄》時略有刪節，或有未見歟？

今按：此書之集輯始於崇禎十五年，有函修所撰序。而其

初刻則在十六年也。和尚有《刻訶林語錄成，謝諸檀越二首》詩。參見本譜崇禎十六年條。後《訶林語錄》續有增入。清順治五年，和尚由雷峰海雲寺再返光孝寺，住持至順治六年，有重修殿堂之舉，時多示法語。故《訶林語錄》必有續增者，其傳本或非止一種，不僅有初刻、續刻，或有合刻。《光孝寺志》卷九有據原本選錄者。後一同彙入《天然昰禪師語錄》。

獅峰語錄

未見。汪譜、冼考未著錄。

今按：崇禎十六年和尚離粵入閩。旋由邵武還羅浮，取道普慶。林德賓居士請遊獅子峰，同合寺大眾懇請說法，有語錄，後彙入《天然語錄》。其語錄應有刻梓或鈔本流通。參見本譜崇禎十六年條。

西樵語錄

未見。汪考著錄。

今按：和尚於清順治三年末廣州之亂中入西樵，有《樵山聞亂》詩。明年初，又有《西樵寫懷》十首、《西樵碧玉洞與諸子卜築》、《樵山新篁吟贈同庵道者》、《樵山新篁吟寄若雲道者》、《答同庵上壽》、《示龐若雲居士二首》、《復梁同庵、龐若雲兩居士》、《示梁同庵居士》諸詩。又多有法語開示。是書之輯當在順治四年底，而順治五年春梁殿華爲之序。清康熙元年八月，錢謙益《復天然昰和尚書》有“《金剛眼》、《西樵錄》諸書，錯列經笥，如奉圓音”云，《金剛眼》，指《金剛正法眼》；《西樵錄》，即指此書。參本譜清順治五年條、康熙元年條。

是書當有清順治刻本或傳鈔本，後彙入《天然昰禪師語錄》。

雷峰語錄

未見。汪考著錄。

和尚於清順治五年，爲旋庵今湛請入雷峰，爲海雲寺開山第一祖。自是以此山爲根據地，迅爾建成海濱第一道場。和尚後雖往來於廣州光孝寺、海幢寺、匡盧歸宗寺、棲賢寺、羅浮華首臺、東莞芥庵、韶關別傳寺等地開壇說法，而退院之後均歸於雷峰，竟終老於方丈瞎堂。多有法語示衆。其法語必有輯錄。

當有傳本流通於世，或書記寮有專門册頁文獻保存。惜該寺民國間毀，僅存瓦礫矣。其原始文獻或有散落人間者歟？和尚寂後，幸有今辯選錄彙入《天然昰禪師語錄》。

禪　醉

汪考著錄。冼玉清《廣東釋道著述考》著錄有王蘭堂抄本，未見。

汪考云：《行狀》謂“著有《禪醉》行世”。刻本未見。《語錄》十一有《禪醉》十篇，前有小序。一“致知”，二“近非道”，三“天不可合”，四“天不可非”，五“鴨腳木”，六“性習”，七“百姓日用而不知”，八“椎魯”，九“聰辯”，十“非習非心”。乃應崔采、巖子、潛子、破子卷諸人間而作。其“近非道”篇有“戊子夏阻饑海雲”語，疑爲是年間所撰，詳《年譜》“順治五年”條。《瞎堂詩集》十七有《示崔石師》及《悼崔石師》詩。石師名采，見《喻園集·較

刻同社姓氏》。《語錄》九有《示巖侍者偈》。《海雲禪藻集》
有古卷字破塵。澕子待考。

參本譜順治五年條。

焚　草

未見。汪考著錄。

汪考云：《行狀》謂"著有《焚筆》行世"，刻本未見。
道光《廣東通志·藝文略·集部》作《禪醉》、《焚筆》，下
注"存"字。然《禪醉》已刊入《語錄》，故另列之。

今按：光緒《廣州府志》卷九五據《粵東詩海》著錄爲
《禪醉》、《焚草》，則《焚草》亦當是詩歌之類，後或彙入
《瞎堂詩集》中。

焚　筆

未見。

和尚《行狀》謂有《焚筆》行世。冼玉清《廣東釋道著
述考》著錄，云"筆"爲"草"之形誤。則就其內容言，即
與《焚草》爲一書，而傳本有異，或題《焚草》，或題《焚
筆》也。

今按："筆"者，散文體之稱。或詩稱"焚草"，文稱
"焚筆"也。則冼考偶誤也？

禪醉焚草

未見。

冼考著錄，云：《著述考》（今按：指汪宗衍《著述考》）

分爲三書，而阮《通志》合"禪醉焚草"爲一條，著錄於集部別集，且云"存"，並附載《詩海小傳》，一若此書爲詩集也者，因其未見原書，故所云如此。

今按：《禪醉》，今存《天然語錄》卷十一。此當合《禪醉》、《焚草》爲一本，題爲《禪醉焚草》而流通者。具體待考。

古岡語錄

未見。汪考、冼考未著錄。

和尚於清順治六年至七年，被邀入古岡大雲山說法。清康熙元年，又被邀入古岡，在暇園等地說法。當有語錄彙刻流通。後彙入《天然昰禪師語錄》。參本譜順治六年、順治七年、康熙元年條。

天然和尚同住訓略

《天然和尚同住訓略》一卷，今應校輯。清順治海雲寺刻本。半葉七行十八字，白口，四周單邊。卷端署"雷峰寺監院今應梓"。書前有類似小引之"同住之始"。汪考、冼考著錄。

據書前小引，則似可認爲此書之梓行在天然和尚住持雷峰寺之順治五年。然此時時局動蕩不寧，雷峰寺規模未具，常住僧衆不多，聲譽不響，而又離廣州城區較遠，往來不便，前朝逃禪遺民以及普通居士、信衆對雷峰寺並未重視。天然和尚時住廣州光孝寺，其最初想法大約不過在雷峰寺僻靜之處閉關修行，出關之後其行蹤不定，而以在光孝寺時間居多。順治六年底，又在古岡大雲興寺說法數月。故此時和尚實際不遑辦理

"同住訓略"之事，雷峰寺亦不具此機緣。對《訓略》產生之背景，今廣東省立中山圖書館藏汪宗衍一九四四年抄本有跋，曾予以考證。今迻錄於下：

> 右《天然和尚同住訓略》，蓋天然函昰所撰也。次行題雷峰監寺今應梓。雷峰，在番禺縣員崗鄉，山麓有海雲寺，天然開法於此。其書前半爲寺中職事規條，後半則訓誡之語。湯來賀撰《天然塔志銘》，所謂"和尚所立規矩整肅森嚴"，即指此書也。
>
> 今應，字無方，番禺人，俗姓許。順治己丑出世，禮天然受具，繼旋庵湛公爲雷峰監院。曾修殿宇，指麾匠石，皆中繩度。殿之宏麗鞏固，應有力焉，惜未竣已西首矣。見《海雲禪藻集》二。未言其爲監寺之年，湛傳亦無晉都寺年份。《番禺續志》載海雲寺銅佛款識云"博山下二世雷峰隆興寺本師天然昰率大檀越選越喜鑄監寺今應謹識"。喜者，尚可喜也。雖無紀年，而今釋撰《雷峰海雲寺碑記》謂"壬辰鑄鎏金釋迦如來一軀"是也。壬辰爲順治九年，時應已爲監寺。《碑記》又謂"戊戌大雄寶殿落成"，是年天然自廬山還雷峰。《瞎堂詩集》悼無方二首，有"歸山將一歲，哭子畏心傷"及"一上金仙殿，常思作殿人"之句，是應卒於順治十五年，而天然以順治十一年甲午入廬山，竊疑此書作於甲午以前。海雲寺先名隆興寺，有順治壬辰鑄鐘款識，只稱"奉雷峰大殿"，又順治十六年己亥浴佛日鑄銅鐘款識則稱"供奉雷峰海雲寺大殿"。余曾考其改名在順治十五年（見《天然年譜》），此書亦只題雷峰而不名隆興、海雲，與銅爐款識同，殆在未改名海雲之前，故只稱地名也。原書爲寫刻本，省、府、縣志向未著錄，流傳甚罕，因迻錄副。昔年余輯《天然年譜》，未獲見此，爰詳考其原委焉。甲申四

月浴佛日番禺汪宗衍識。

此書雖冠以天然和尚之名，而卷端題"雷峰監寺今應梓"，事實上"梓"中寓"編校"之意在焉。汪跋"疑此書作於甲午（順治十一年）以前，後汪宗衍《明末天然和尚年譜》（修訂本）明確系刻書事在順治九年，無疑近於事實。其理由最少有三：一是本年雷峰寺之規模及影響已與天然和尚剛入住時不可同日語，有高僧及大居士向慕遠來，例如號稱南明"五虎"之澹歸和尚與袁彭年居士。二是有大護法斥資興建土木，例如平南王尚可喜爲雷峰寺鑄銅佛，又爲廣置寺田；廣東按察司副使劉應璧奉銅爐於雷峰殿前永遠供養。三是無方今應本年任雷峰監寺，其人在具體執行寺院管理及道風建設職責時，將天然和尚擬具之規約整齊編理，付梓刷印，頗爲必要。

叢林清規，自宋百丈禪師始。明中葉以後，教門規制混亂，叢林行法亦隨之廢弛，以至僧衆有不知清規戒律爲何物者。晚明以四大高僧爲代表之佛教界始著力於挽救其頹勢，主張禪淨兼修、禪律一體。然明清之際僧團人數激增，來源複雜，其中各種"禪病"仍有蔓延之勢。天然和尚師翁無異元來即痛斥道："今天下稱知識者，莫不云秉達磨大師單傳之旨，交馳棒喝，彌滿世間，豈但叢林，即街頭傭豎，悉妄言悟入，皆邪師過謬。"嶺南狀況較之江南等地，則更下。憨山德清於明萬曆二十九年到達六祖慧能弘揚南宗禪法之著名佛寺粵北南華大禪寺時，見佛法衰敗之甚，令其痛心疾首。正因此，嶺南向道之人痛下決心，腰包度嶺而北，參訪名山大德。天然和尚之師宗寶道獨，即其代表。《長慶宗寶獨禪師語錄》卷二"博山老和尚忌日示衆"云："最苦嶺南前二三十年，無一人談及個事。漫道個事，就持戒念佛也少。山僧當此時設有一人爲我剖斷，便願身爲床座，身爲奴僕。……就使在十字街頭，破衣糲飯，終日叫化，也都甘心。後同靈泌弟參博山，便絕念嶺南。"在此嶺南之地,欲光大禪門,弘揚佛法,其困難可想而知。《訓略》前有序稱:"古設叢林,崇爲養道向上之士,不宜限之準繩。但晚近以來,人多中下,故重以莊嚴,過望賢俊,不妨損之又損,以至於無。要使入而就理,不作事障;出而就事,不墮理論,然後以超越之心,同於凡小,上可踐吾門尊貴之路,下可免流俗豁達之譏。同住之始,是用申明。幸各洗心,毋墜先緒。"其出語婆和,而用心深苦。

此書前半敘寺中職事之規則,凡"責擯"五款,"不同住"四十一款,"鐘板堂"三十款,"首座"四款,"侍者、書記"十四款,"兩序、各堂寮"三十四款,"老病堂"十二款,"常住存發定式"九款,"聖節朔望、日用參見禮儀"、"掛搭"各三款,"補堂寮"、"補侍寮"、"退侍寮"、"退堂寮"、"退隨衆寮"、"補職日限"、"息緣慮"、"告假"各一款,"抽罰"二款,帶有明確懲戒性;後半則勸誡之文,有"設思過從新兩寮"、"責誡童行"、"揀俗稱"、"知事須知"、"戒立徒"、"行門輕重相准"、"是非功勳"、"平氣"、"止勞誇"、"毋急說"、"慎憎愛"、"恤老病"、"謹言"、"損傲"、"禁奢"、"伐同異"、"忘非省過之難"、"舉過不易"、"功行不可以語道"、"任情非隨緣"各一款,"巡照警夜歌"三首,"中夜回向文"一首,"禪門念佛說"一首,多是正面教育引導。

《訓略》之特點,冼考論云:"此書申明教誡,多履常規,首創不念阿彌陀佛,而念釋迦如來,與淨土特異。《禪門念佛說》真得未曾有。"[1] 其實,"多履常規"乃自然之事,爲整頓僧團、培植僧材不得標新立異,非履常規不可;而"念釋

---

① 冼玉清《廣東釋道著述考》,載《冼玉清文集》,中山大學出版社 1995 年版,第 543 頁。

迦如來",亦並非"得未曾有"。憨山德清曾提倡念佛淨心,
而並不太強調念佛往生,廣泛宣傳"苟能念念不忘,心心彌
陀出現,步步極樂家鄉,又何必遠企於十萬億國之外,別有淨
土可歸耶?所以道:心淨則土亦淨,心穢則土亦穢"。見《憨
山老人夢遊集》卷二《示優婆塞結念佛社》。天然和尚顯然受
憨山德清影響,然亦並非排斥淨土。據釋今無《光宣臺集》
卷一〇《智母師太塔志銘》稱,天然和尚之母智母師太之母
郭氏依於女,以和尚事佛,遂發信心,修西方法門,暮年感佛
光照空者再。又,《光宣臺集》卷九《爲雷峰目無直歲舉火》
云:"目無公……我昨聞你病篤,夜歸相看,握手時先除去世
諦愛戀之語,發你清淨心,求生極樂。你聞之合掌躍頭而起,
如飲甘露。這一念淨信過於金剛,惟心淨土,自性彌陀,你已
全身領荷。"可見海雲一派雖更注重發明心地,然不無信仰淨
土者在。《訓略》提倡"念釋迦如來",卻並未限定,故未入
規條,而僅冠以"說"字。

《訓略》另一重要特點,即主張"因材施教"。因海雲系
僧多遺民士大夫,長於文理,又有來自其他各行業者,習於筋
力,故天然和尚對此特爲關心,《訓略》設"行門輕重相准"
條。以此設教,則寺院正如學院,人人可以發揮所長以辦道。
故天然和尚門下有撐持門庭、善於應事者如無方今應、石鑑今
䫆等,有長於研求典籍、吟詩作字者不計其數,更有文理和筋
力兼擅者如澹歸今釋、阿字今無等。故海雲系有規模宏大之大
寺,且就吟詩一路而言,竟有在嶺南詩壇影響深遠之海雲詩
派。《訓略》對於明末清初之嶺南佛門,其意義和價值不可
估量。

《訓略》除應用在海雲寺之外,後天然和尚被邀請至丹霞
山別傳寺開法,自然攜往。陳世英等纂《丹霞山志》卷四
"規約"門收錄《訓略》部分條款,卷端題"天然昰禪師著"。

天然和尚在住持海雲寺之前，又嘗住持華首臺、光孝寺諸名寺，《訓略》是否早已初具規模，則未有文獻足以證明，且有待於來者。

今傳順治本第六頁"不恤老病，不同住"至"中夜回向，在本堂維那查點。各堂寮應堂寮"爲道光以後所補版，第十四頁亦有少許補版。汪宗衍抄本行款均與刻本同，然個別文字稍有出入。此書刻本及抄本均爲稀見珍本，收藏於廣東省立中山圖書館，其他館未見。

參本譜順治九年條。

歸宗語錄

未見。

和尚於順治十年至十一年、康熙十年至十三年，二度入住歸宗寺，多有法語示衆。參本譜相關各條。汪考著錄"各剎語錄"，云有《歸宗語錄》刻梓流通。後彙入《天然昰禪師語錄》。

歸宗山籟

未見。汪考、冼考未著錄。

此乃集詩作一百四首，清順治十一年，和尚在廬山歸宗寺作。前有序，云："吾道貴悟明心地耳，古云離文字相，離心緣相，使其獲自本心，盡天下人目爲不通文，不達理，亦復何愧。老僧固曾習魯論者，設禁以來，不作詩文三年於茲矣。自歸匡嶽，乃有《山籟》，繇其天有所甚樂，故其籟有所自鳴也。"

今按：所謂"設禁以來"，指和尚於順治九年在雷峰海雲寺發佈《同住訓略》以來，以其"鐘板堂"條第三款有"不準吟哦詩句"之禁戒；"不作詩文"，非不作詩文也，乃指不在寺廟生活中作參禪詩文，且不結集流通也。今觀《瞎堂詩集》，自順治九年至十一年二年間，和尚所作詩文絕多爲交遊應酬之什，可知也。

此一百四首，必有刻本流通。和尚寂後，今毬彙編入《瞎堂詩集》，單立一卷。參見本譜順治十一年條。

梅花詩

此書有清康熙九年古鍵寫刻本，內封頁有"板藏廣州海幢寺"七字。半葉七行十六字，單框，白口，版心上題"梅花詩"三字，下注頁幾。無避諱。前有山西布政司王庭序。

汪考著錄，按云：《語錄》卷十二、《詩集》卷十九、二十爲《梅花詩》、《雪詩》，依平聲韻爲五律、七律、七絕各一首。

今按：《梅花詩》之作早於《雪詩》，當作於清順治十一年，有稿本。故《梅花詩》雖有康熙九年古鍵寫刻本，然此並非最早傳本。李福標《天然老人梅雪詩單刻本的文獻價值》一文有所論及。[①]

參本譜順治十一年條。

棲賢語錄

未見。

和尚於清順治十一年四月結制前，由歸宗寺移居棲賢寺，

---

① 李福標《天然老人梅雪詩單刻本的文獻價值》，載《文獻》2007 年第 1 期。

住持至順治十五年。康熙十一年住持歸宗時，亦時來棲賢說法。康熙十七年至十八年又住棲賢。棲賢乃和尚主要弘法道場，其法語當有多次結集。汪考著錄《各刹語錄》，云中有《棲賢語錄》者。後彙入《天然昰禪師語錄》中。

博山語錄

未見。汪考、冼考未著錄。

清順治十一年冬爲無異元來八十冥壽，和尚奉宗寶道獨召命，入信州之博山掃塔。有法語示衆。當有《語錄》單獨結集，或與其他語錄相合。後彙入《天然昰禪師語錄》。

參見本譜順治十一年條。

金剛正法眼

未見。

今辯撰《行狀》謂："著有《楞伽》、《嚴》、《金剛》三疏行世。"

汪考著錄，按：其《楞伽心印》、《首楞嚴直指》二種已刊，惟《金剛正法眼》未見傳本，著作年月未詳。道獨嘗爲作序，當著於本年（今按：指順治十八年）以前。《番禺縣志》及《續志》均未著錄，據《牧齋有學集補·復天然昰和尚書》，曾有刻本。

參本譜順治十八年條。

華首語錄

未見。

清順治十八年八月，和尚繼宗寶道獨主羅浮華首臺，有法語示衆。另，和尚早在明崇禎十四年隨道獨還粵時，首衆立僧，即有法語開示。汪考著錄《各刹語錄》，云中有《華首語錄》。後彙入《天然昰禪師語錄》。

參本譜崇禎十四年條、順治十八年條。

海幢語錄

未見。

清康熙元年三月，飯禮諸檀信大中丞李瑞梧、侍郎王圓長、總戎張葵軒、方伯曹公秋岳等邀和尚繼宗寶道獨出主海幢，而以阿字今無首衆監寺事。有法語示衆。汪考著錄《各刹語錄》，云中有《海幢語錄》者。後彙入《天然昰禪師語錄》。

參本譜康熙元年條。

芥庵語錄

未見。

清康熙二年至四年，和尚住芥庵。多有法語示衆。汪考著錄《各刹語錄》，云中有《芥庵語錄》。後彙入《天然昰禪師語錄》。

棲賢逸錄

未見。汪考、冼考及各史志均未著錄。

《徧行堂集》卷九澹歸今釋爲撰《募刻丹霞語錄疏》云："吾師天然老人自《棲賢逸錄》後數年，法語未授剞劂，四衆傾渴，延首流通。"參本譜康熙九年條。

今按：殆《棲賢語錄》成書之後，又集《語錄》未及錄者、不錄者而成。後當彙入《天然昰禪師語錄》。

楞伽經心印

《楞伽經心印》，全稱《楞伽阿跋多羅寶經心印》，四卷。今無、今覲校。清康熙二年撰成，並有刻本。後又有雍正海幢經坊重刻本、《嘉興藏》又續藏、《大日本續藏經》本。今有馮煥珍點校本。

馮煥珍《〈楞伽經心印〉校勘前言》稱："禪師之疏是經，蓋有四大因緣：其一是弟子請益。阿字今無《楞伽心印緣起》自述說：'壬癸之歲，日與石鑑諸弟請益唯識，謂本《楞伽》。……因申旨要，遂啟《疏》緣。'此爲近緣。其二是他主張禪教並重。禪宗以'佛語心爲宗，無門爲法門'，故宗門大德多直超言傳而示以身教。但天然禪師認爲，這並不意味著宗門睥睨言教，在他看來，宗門具德祖師（他稱爲'大沒量人'）無不'自宗明白，讀教乘便知言外之旨，不爲教理所縛；辨宗趣便知從上來事，不爲當機所乘'。依禪師之見，'教而無祖則趣無所歸，玄言妙義悉屬筌蹄'，然'祖（禪）不可無教'，'無趣則宗無所造'。可以說，這是禪師疏解《楞伽》等經的根本原因。其三是當時禪林凋敝。禪師《疏》序有云，'今禪者空疏，至有生平未嘗展卷'，以致彼等'所謂見性幾同神我，透脫一路無異冥初'。此非禪師聳人聽聞之危言，實乃當時禪林之寫真，禪師之師祖博山禪師早前對此禪病已有痛切針砭……此等狂禪，概皆不解教理、癡禪暗證之惡果，禪師之疏經，實有鑒於此。其四是該經有關注疏有所未達。……天然禪師認爲，該經此前雖有注疏十數家，但鮮有能入其法眼者，他在《疏序》中說：'求之義學，唯洪武初宗泐、如圯奉詔合《疏》，萬曆末德清《筆記》，崇禎中智旭《義疏》，外此不少概見.'後三者總爲深因。
……由此，他疏解經中每一法義時，除疏通經義外，都注重一
一會歸一真法界，俾令學人每有披覽，皆能因指見月、當下知
歸，而不至於執相迷性、執權迷實。此雖亦禪家本色，但在
《楞伽》諸疏中則不可不謂頗有特色。"①

　　該疏有康熙三年刻本，刻地當在芥庵，其刻板先藏於芥
庵，後轉藏於海幢，康熙九年有海幢經坊印本，經今辯送入
《嘉興藏》。又有雍正二年海幢經坊刻本，前函金附記云："此
書之成在康熙癸卯，門下請付剞劂流通。阿字無和尚敘題云
'康熙甲辰'，則此《疏》之刻在康熙甲辰，《疏》板初藏芥庵，
後藏海幢。至康熙辛未，樂說今辯和尚取合《直指》板，同請
入《嘉興藏》，廣其流通迄今。雍正癸卯，華首常住捐資，請
《心印》合《直指》，就海幢重刻，海幢常住助其工食。工竣，
《心印》之板和《直指》之板並藏海幢經坊。於是廣州梵刹復
得二《疏》流通，法侶咸爲抱喜云云。"又云："《心印》先出
《直指》八年。"指康熙九年海幢寺刷印《心印》事。

　　參本譜康熙二年、康熙三年、康熙九年條。

棲賢詩文彙集

　　未見。汪考、冼考及各史志均未著錄。

　　清康熙三年，釋今無、今覷編。此編乃集前人有關棲賢之
遊覽記載，與和尚山居時詩文而成者。有程可則跋文、阿字今
無跋文、澹歸今釋書後。參見本譜康熙三年條。

　　今按：此中和尚詩文當編入《瞎堂詩集》及語錄。

---

①　馮煥珍《〈楞伽經心印〉校勘前言》，載楊權主編《天然之
光——紀念函昰禪師誕辰四百周年學術研討會論文集》，中山大學出版
社2010年版，第56—57頁。

丹霞詩

未見。汪考著錄。

清康熙五年，和尚住丹霞，澹歸請和尚作。因隨足力所及，成《初入丹霞》、《法堂》、《望長老峰》、《紫玉臺》、《篑竹坡》、《芳泉》、《晚步松嶺》、《登海螺巖》、《龍王閣》、《與諸衲繞海螺山腳二首》、《過錦巖》等，實爲十一題十二律，並命諸衲隨意屬和，不拘體格，以識一時山川人事之合。諸衲之和詩，今存者有澹歸《徧行堂集》卷三七《和天然老人丹霞詩十首》，和題爲《初入丹霞》、《法堂》、《望長老峰》、《紫玉臺》、《晚步松嶺》、《篑竹坡》、《芳泉》、《登海螺巖》、《龍王閣》、《繞丹霞》等。又有寄示廣州海幢寺者，阿字今無和尚有《本師天老人入丹霞寄示一律，依韻恭答二章》詩（見《光宣臺集》卷二〇）。前有和尚詩序，後有澹歸今釋《題瞎堂老人詩卷》（見《徧行堂續集》卷八），稱"書記寮發出唱酬草本，特爲流通"，然此流通草本未見。參本譜康熙五年條。

康熙七年有刻本流通，今無爲作《丹霞詩序》，見《光宣臺集》卷六。參本譜康熙七年條。此組詩後彙編入《瞎堂詩集》，其單刻本不傳，殆毀於乾隆四十年澹歸案。今存陳世英編《丹霞山志》卷九《藝文志》錄有衆僧唱和之作，當爲此本之節錄。

雪　詩

汪考著錄，云此書單行本未見。

今按：《瞎堂詩集》卷一二《六十一詩十四首》，作於康

熙七年。其十云："久住匡廬無雪詩，去年二月苦吟時。"則
《雪詩》作於康熙六年。有清康熙刻本，《四庫禁毀書叢刊》
據杭州市圖書館藏本影印，題爲明釋古翼撰，顯因卷首題
"侍僧古翼錄"而致誤。半葉八行二十字，四周單邊，有格，
白口，版心上鐫書名，下注頁幾。分四卷，不標卷次。陸世楷
爲之序，澹歸作跋。後彙入《天然語錄》卷十二、《瞎堂詩
集》卷二〇。李福標《天然老人梅雪詩單刻本的文獻價值》
於《雪詩》有所考述。①

參見本譜康熙六年條。

似　詩

汪考著錄云：《行狀》謂"著有《似詩》行世"，刻本未
見，自序見《瞎堂詩集》卷首，詳《年譜》康熙七年條。

今按：此書當與《雪詩》前後刻，乃王邦畿、王隼父子
供養天然和尚之舉。《似詩》爲和尚生前最大規模之詩集。和
尚寂後，今毬編刻《瞎堂詩集》時，乃移其序爲序，附識云：
"此老人早歲刻《似詩》自序也。"殆《似詩》爲《瞎堂詩
集》之主體部分。

單行本未見，殆毀於乾隆四十年澹歸案。

丹霞天老和尚古詩

未見。汪考著錄。

清康熙七年八月，和尚手書命阿字今無曰："近日禪講
暇，偶爲古詩。諸子請付梓，欲少待之不可，汝其序之。"阿

---

①　李福標《天然老人梅雪詩單刻本的文獻價值》，載《文獻》
2007 年第 1 期。

字奉命爲序，見《光宣臺集》卷五。澹歸爲之跋，見《徧行堂集》卷一七。然其傳本未見。後彙入《瞎堂詩集》。參見本譜康熙八年條。

傳本殆毀於乾隆四十年澹歸案。

丹霞語錄

未見。汪考著錄。

和尚於清康熙五年入丹霞，至康熙十年退院，住持五載，多有法語。清康熙九年，慧則今鷟發願行乞募刻《丹霞語錄》，澹歸今釋爲撰《募刻丹霞語錄疏》。有康熙九年上元日陸世楷撰序。汪考著錄《各刹語錄》，中有《丹霞語錄》。後彙入《天然昰禪師語錄》。參本譜康熙九年條。

單行本殆毀於乾隆四十年澹歸案。

首楞嚴直指

《首楞嚴直指》十卷，今辯校。清康熙刻本。後入《嘉興藏》又續藏本、《大日本續藏經》本。汪考、冼考著錄，有揚州刻經處刻本。

澹歸撰序，今辯撰《緣起》。卷末有"太子太保撫蠻滅寇將軍巡撫廣西都察院右副都御史進賢傅宏烈捐資全刻"三十一字長方牌記。又《楞伽心印》卷末有釋函昰識云："《心印》先出《直指》八年。康熙辛未，樂說辯和尙取《心印》、《直指》板同請入《嘉興經藏》，廣其流通。雍正癸卯，華首常住捐資就海幢重刻《心印》云。"故《心印》尚存海幢，《直指》近少傳本。

今按：二〇一一年西泠印社出版社有釋普明、馮煥珍點校本。前有釋普明、馮煥珍校點《前言》，云："《楞嚴經》，具名《大佛頂如來密因修證了義諸菩薩萬行首楞嚴經》，唐中宗神龍元年（西元七〇五年），中印度高僧般剌密帝攜梵本來華，譯於廣州制旨寺。……《楞嚴經》之內容廣博而精微，融攝禪淨密律，性相空有，蕅益大師嘆其爲'宗教司南，性相總要，一代法門之精髓，成佛作祖之正印'。天然禪師云：'《首楞嚴經》者，諸佛之慧命，衆生之達道，教網之宏綱，禪門之要關也。世尊成道以來，五時設化，無非爲一大事因緣；求其總攝化機，直指心體，發宣真勝義性，簡定真實圓通，使人轉物同如來，彈指超無學者，無尚《楞嚴》矣。'故《楞嚴經》傳世以來，宗門教下之高僧大德，悉奉爲無上寶典，目爲正法代表，廣爲疏解，讚歎之詞遍及諸疏。……禪師之疏是經，文字簡約，博引古今之經論疏著，精簡提煉而成，多直指當陽，提持向上一路。故讀此疏者，貴在能於言下知歸。"

參本譜康熙九年、十六年、十七年條。

般若心經論

汪考、冼考著錄。

本書不具撰年。約撰於順治末康熙初年，而卷端題丹霞沙門釋天然函昰撰，則最後定稿流通當在康熙八年前後，與《似詩》前後刻。參本譜康熙七年條。

收入《天然昰禪師語錄》卷十二。《嘉興藏》又續藏、《大日本續藏經》第四十二冊單出一卷。

各刹語錄

各志書"藝文錄"著錄有《各刹語錄》。

汪考著錄，云：今《嘉興》續藏本有住訶林、雷峰、棲賢、華首、海幢、芥庵、丹霞、歸宗諸山《語錄》，當即此。惟編次依體分類，遂難析別。

今按：汪譜所言之"各刹語錄"，實即樂說今辯所彙輯之《天然昰禪師語錄》也。而各地方史志所著錄之"各刹語錄"，乃和尚所住各刹語錄之總名，初非專書之名。然或在今辯彙編《天然昰禪師語錄》之前，而確有此彙編之初稿，題爲《各刹語錄》耶？待考。

天然昰禪師語錄

《天然昰禪師語錄》十二卷，又題《廬山天然禪師語錄》，樂說今辯重編。汪考、冼考著錄。據《海雲禪藻集》卷一今辯小傳稱：和尚示寂後，今辯應西粵永寧之請，於康熙三十年奉三世《語錄》入《嘉興藏》又續藏。所謂"三世《語錄》"者，即指洞宗華首一系"道、函、今"三代也。以《語錄》入《嘉興藏》者，除和尚而外，還有剩人函可、阿字今無、澹歸今釋等。除《語錄》外，和尚著述奉入藏者尚有《首楞嚴直指》、《楞伽心印》等。

此書乃集合各刹《語錄》本而分體重輯。書前有明崇禎十五年函修序，乃序《訶林語錄》者；清順治五年梁殿華序，乃序《西樵語錄》者；康熙九年陸世楷序，乃序《丹霞語錄》者。書前又有目錄、湯來賀撰《塔志銘》、今辯撰《行狀》。卷一上堂，卷二、卷三小參，卷四普說，卷五普說、茶話，卷六室中垂示，卷七舉古、問答、頌，卷八問答、頌古，卷九贊、頌、銘，卷十書問，卷十一雜著，卷十二雜著、佛事、附《梅、雪》詩。

汪考按：此書乾隆間列入《禁書總目》、《違礙書目》，傳本極罕。孫殿起《清代禁書知見錄》著錄“康熙庚戌嘉興楞嚴寺般若堂刊本”，庚戌爲康熙九年，《語錄》收有康熙十九年之作，不合。有故宮藏《嘉興續藏》本、勵耘書屋抄本。

今有香港夢梅館二○○七年陶乃韓點校本行世。

瞎堂詩集

《瞎堂詩集》二十卷，清釋今毱編。汪考、冼考及各史志著錄。

此集爲和尚寂後，侍者雪木今毱取《似詩》與其他已刻、未刻稿彙編而成。清乾隆間列入《禁書目》，原刻本未見。清道光刻本卷首有像，張維屏撰像讚，《似詩》自序附今球跋，湯來賀撰《塔志銘》。目錄：卷一古歌謠、風雅體、騷體，卷二樂府，卷三至五五言古，卷六五言古及七言古，卷七至九五言律，卷十至十六七言律，卷十七至十八五言絕及七言絕，卷十九梅花詩，卷二十雪詩。總計一千七百餘首。

此書移和尚《似詩》自序爲序，末有今毱小識云：“此老人早歲刻《似詩》自序也。老人生平吟詠之意，已盡於是。讀者玩索之，不唯老人之詩可悟，即老人之人亦可得。故全集編定，即錄以爲序。今毱謹識。”

宣統《番禺縣續志》卷三一著錄，按云：湯來賀撰函昰《塔志》云：“著有《禪醉》、《焚草》、《似詩》諸書。”阮《通志》著錄《禪醉》、《焚草》，無《瞎堂集》。而此集卷首今毱跋謂老人早歲刻《似詩》，蓋《似詩》、《焚草》皆前刻，今已亡佚，此集則爲諸弟子併《似詩》、《焚草》兩本彙編刻爲二十卷，海雲寺有函昰自書“瞎堂”扁可證。《府志》、《李志》皆作“瞎然集”，誤也，茲訂正之。

汪譜序云：“今讀《瞎堂集》，於殉難諸臣，多有詩哀挽，其故可深長思已。至其心懷故國，遺臣志士咸集其門，獨能超然無所連染者，是其法力偉大，感人甚深，異於出世者流徒耽寂滅也。"按此論乃以世法繩出世法，可置之。然和尚以忠孝節義垂示及門，以詩文創作訓練徒子，於接引習禪之遺民，均一大方便法門。和尚不但創作大量詩文，且在丹霞、雷峰等處組織文社，集合訓練僧衆。澹歸《王說作詩集序》云："雷峰（天然）雖提持祖道，然不廢詩，士之能詩者多至焉。"其弟子中固然多有文士，或有諸生、舉人甚至進士出身者，學問修養頗深。其弟子最爲著名者有所謂"十今"；"今"字輩以下再傳弟子及俗家弟子大都通詩，或有在詩壇上頗引人注目者，如屈大均、陳子升、程可則等。此時詩集大量印行。何桂林《蓮西詩存序》云："大率明季甲申、丙戌之遺老而逃於禪者多，如憨山之有《夢遊集》，空隱之有《芥庵集》，正甫之有《零丁山人集》，天然之有《瞎堂集》，祖心之有《千山集》，阿字之有《光宣臺集》，石鑑之有《直林堂集》，訶衍之有《鶴鳴集》，真源之有《湛堂集》，仞千之有《西臺集》，樂說之有《長慶集》，澹歸之有《徧行堂集》……百餘年來，悉以海雲爲宗，海幢爲派。"

和尚詩集，留存至今，流傳經歷如下：（一）《似詩》，函昰生前主丹霞禪院時手編，清順治康熙間丹霞山別傳寺刻本。（二）《天然老人梅花詩》，清康熙刻本。（三）《丹霞天老人雪詩》，清康熙刻本。（四）《天然昰禪師語錄》，今辯編，卷十二附入《天然老人梅花詩》、《丹霞天老人雪詩》。清康熙刻本，後入《嘉興藏》。（五）《瞎堂詩集》，天然老人示寂後弟子今毬取天然未刻詩稿及傳世單行本《天老人梅花詩》、《天老人雪詩》與《似詩》匯刻一集，更名《瞎堂詩集》，爲二十卷。有康熙海雲寺刻本。今毬，字雪木，東官尹氏子，童年子身雷峰爲沙彌，隨函昰七住道場。爲人耿介，居約甘菲，不肯低眉仰面一人。函昰《雪木書記同鑑光行乞臨川二首》詩中有“爲道相隨二十年”、“支持大廈先一木”云。乾隆四十年因丹霞澹歸文字獄發，此書與澹歸《徧行堂集》一道，被奏“集中多狂誕之語”，皆列入禁毀書目，版片被銷毀。（六）《瞎堂詩集》道光海幢寺重刻本。此書十行廿一字，白口，雙魚尾，四周雙邊。卷首有天然和尚像、張維屛撰像讚、自序、湯來賀撰《塔志銘》等。此本后有重印本，書末附錄捐資付梓人員名單多出數人。一九七六年何氏至樂樓又有影印本，編入《何氏至樂樓叢書》第十三種。《四庫全書禁毀書叢刊》亦據道光海幢寺刻本影印。李靈年、楊忠《清人別集總目》著錄，《瞎堂詩集》尚有康熙刻本傳世，藏於國家圖書館、南京圖書館、復旦大學圖書館和浙江大學圖書館。此外，還有乾隆嘉慶刻本、同治廣東刻本、民國十五年廣州重刻本等。未知其何據也。

今中山大學出版社二〇〇六年李福標、仇江點校本，乃以中山大學圖書館藏道光海幢寺刻本爲底本，參校《梅》、《雪》詩單行本及《天然昰禪師語錄》嘉興藏又續藏本而成。

青原頌古摘珠

未見。汪考、冼考及各史志未著錄。

李君明撰《嶺南佛門瑰寶——〈開元寺傳燈錄〉》一文，介紹《開元寺傳燈錄》一書梗概。云此書前有序，述成書緣起：“歷閱《五燈會元》及《指月錄》，而本宗的派枝脈均系至東京芙蓉道楷祖，以下並無稽查，杳不悉上祖代世。近閱廬山歸宗昰禪師撰刻《青原頌古摘珠》一書，自六祖傳至博山來祖，代有法語。……代世相傳，從無舛錯。”據此，李文稱：“天然和尚學識淵博，著述繁多。以前所見多是經解語錄和詩文書狀，《青原頌古摘珠》此僧史類著作是第一次發現。

雖未見全豹，亦可觀其一斑。"①

今按：此種著述之有無，李文僅以間接材料論斷，未能信人。雖然，據宗寶道獨撰《靈泌涵公頌古序》云："予戊寅度嶺以示首座麗中，麗中視若固然。詢之，則黃巖時麗中已見，且相得若水乳，聞以谷泉、普化自命云。"（《宗寶語錄》卷六）既靈泌有《頌古》，而和尚與之交誼若水乳，當亦有與之酬和砥礪。今《天然語錄》即有"頌古"一體，可見和尚樂於撰作此類。具體待考。

天然禪墨

朱萬章編。乃搜集香港中文大學文物館、台灣何創時書法藝術基金會、香港何氏至樂樓、廣東省博物館、廣州藝術博物院等處收藏之天然墨寶原件及拓本、法帖而成者，共行書、行草五十幅，分十六組，並對此十六組禪墨作注。前有陳永正《清初嶺南禪墨序》。

今按：和尚不惟禪宗泰斗，且在詩國中自領一隊，其書法亦別具一格。麥華三《嶺南書法叢談》云："吾粵高僧之能書者，以函昰爲最有名。……嘗見其七言聯'淺深綠樹藏茆屋，開落紅花蔭草籬'，筆勢天矯，筆力蒼勁。字徑或大或小，歷落有致。又見其阿侍者詩偈，書法北海，極得筆意，海雲諸今書法所從出也。"故此書之輯，可從藝術之角度，領略和尚精神風貌，洵可寶也。又，此書所蒐和尚存世墨本，爲輯佚、校勘提供最信之材料，尤爲難得。

有浙江富陽華寶齋書社二〇〇四年影印本。

---

① 李君明《嶺南佛門瑰寶——〈開元寺傳燈錄〉》，載鍾東主編《悲智傳響：海雲寺與別傳寺歷史文化研討會論文集》，海關出版社2007年版，第238—246頁。

天然遺文

汪譜著錄和尚遺作有：《與空隱和尚書》、《長慶老和尚行狀》，見《宗寶語錄》；《楞伽心印自述》，見原書；《書卷子與陳喬生》、《寄陳喬生》，見《中洲草堂遺集》卷末；《建造雷峰寺書》，見《廣東文物》影印本，下半不全；《忠敏公黎美周先生像讚》，見《蓮鬚閣集》卷首；《雷峰海雲寺放生社置田碑後記》，見《番禺縣續志》卷三六；《病中示偈》，見今辯撰《行狀》；《今無像讚》，見《光宣臺集》卷首；《付今無大法偈》、《付今覞大法示偈》、《付今釋大法示偈》、《付今攝大法示偈》，見《海雲禪藻集》；《喜阿侍者呈偈示此》，見汪譜順治十六年條；《竹簡銘付摩子》，見汪譜康熙三年條。以上均《天然語錄》、《瞎堂詩集》所未載。

謝暉《天然和尚集外詩拾遺》一文，據廣東省博物館朱萬章《天然禪墨》收集天然和尚遺墨，得五言律《棲賢山居》詩一："客到無留處，情乖懶見人。床前多病衲，殿角一閑身。夜色秋旻淨，泉聲曉夢真。昨聞江上信，又阻白門津。"五言絕句一："香暗隨風度，颺颺不欲存。聞香意何限，花自到黃昏。"五言絕句一："寒色擁千樹，尋香只一枝。何因重攀折，欲復樹上時。"七言律詩一："深山一自理清影，誰向鶯活與裏行。無著嶺頭空有約，天親湖上□知名。木樨可遂聞香□，蓮社應無□那情。照就松培解磅礴，他年須□鶴歸聲。"又從康熙三十年刻朱載震《章江集》中輯得七言律一首："野人守拙埋山谷，楚客相尋入翠微。論世遂成多劫外，問交殊覺故人稀。高譚欲盡平生概，匹馬難留初日暉。別去豈堪回顧處，白雲流水自依依。"總計五首。①

---

① 謝暉《天然和尚集外詩拾遺》，載《學術研究》2004 年第 9 期。

人名索引

四　畫

今　音（曾起霖）146，163，164，177，182，183，
　　　220

今　宣（何運亮）12，103，125，239，240

今　葒（羅龍祥）59，60，103

今　荊（關天放）75，80，81，101，181

今　盌（曾起芸）5，102

今　悟（謝長文）103，129，183

今　幟　98，99，191，221，252，263，264

今　毱　2，85，220，258，303，330，331，425，429，
　　　434，435，453，459，463，464

今　從（李雲子）19，60，110，220，268

今　象（梁聲）103

今　竟　322，334，337

今　彭（黎彭祖）103，182

今　報（楊晉）103

今　葉（王瑯）92，96，103，135

今　揚（張審鵠）103

今　晴（李廷標）313，342，393，431

今　遇　21，359，377，395，437

今　嵒　77，80，128

今　無　1，3，26，42，59，85，86，89，112，114，
　　　134－135，146，149－152，155，158，159，
　　　168－172，177－181，183，185，190，197－
　　　199，213，219，226－228，230，233，240，
　　　244－246，248，250－253，256，258，266，
　　　267，272，275，281，285，286，288，289，
　　　292－294，296，303，305，306，311，313，

399－401，413，418，451，456，457，467

今　墮（黎啓明）　100，101，118－120，125，135，
　　　195，201

今　趣（何國相）　103

今　輪（于密）　230

今　摩（曾琮）　23，39，114，115，125，165，182，
　　　183，186，243，244，252，281，368，395，
　　　415，417，433

今　讀　221，351

今　醒（張安國）　134，160，161，188，189

今　錫（黎國賓）　226，369，379，389

今　焰（龐嘉臺）　64，72，73，75，96，103，200，
　　　384

今　龍　204，205，322，326，327

今　壁　191，282，347，351，398，400

今　聲　286，300，335，372

今　稊　182

今　邈　300

今　應　100，120，121，129，130，181，197，447－449，
　　　451

今　濟（崔植）　103，104

今　濟（謝振翽）　104

今　轉（梁殿華）　63，72，73，75，78，90，96，
　　　108，120，136，137，290，444，462

今　離（黃尚源）　52，81，142，162，185，361，362，
　　　368，369

今　嚴（羅君爽）　100，108，118，141，142，156，

十七畫

十八畫

十九畫

引用書目

天然和尚及相關著述

楞伽經心印　清釋函昰撰　西泠印社 2011 年馮煥珍點校本

首楞嚴經直指　清釋函昰撰　西泠印社 2011 年釋普明、馮煥
　　珍點校本

般若心經論　清釋函昰撰　民族出版社影印清刻《嘉興藏》
　　續藏本

天然和尚同住訓略　釋今應編　清順治九年（1652）海雲寺
　　刻本

天然昰禪師語錄　清釋函昰撰　香港夢梅館 2007 年陶乃韓點
　　校本

梅花詩　清釋函昰撰　清刻本

雪詩　清釋函昰撰　清刻本

瞎堂詩集　清釋函昰撰　中山大學出版社 2006 年李福標、仇
　　江點校本

［崇禎］東莞縣志　明汪運光修　張二果、曾起莘纂　1995
　　年楊寶霖點校本

天然和尚年譜　汪宗衍撰　台灣商務印書館 1986 年版

天然函昰　楊權撰　嶺南美術出版社 2012 年《廣東歷代書家
　　研究叢書》本

天然禪墨　朱萬章輯　華寶齋書社 2004 年鉛印《華嚴叢
　　書》本

悲智傳響：海雲寺與別傳寺歷史文化研討會論文集　鍾東
　　主編　海關出版社 2007 年版
天然之光：紀念函昰禪師誕辰四百周年學術研討會論文集
　　楊權主編　中山大學出版社 2010 年版
天然禪師與嶺南文化　釋印覺、馮煥珍主編　巴蜀書社 2014
　　年版

其他用書

明史　清張廷玉等纂　中華書局 1974 年版
清史稿　趙爾巽等纂　中華書局 1977 年版
東華錄　清蔣良騏輯　清刻本
通鑑輯覽　清文淵閣四庫全書本
觚賸　清鈕琇撰　清康熙四十一年（1702）鈕氏臨野堂刻本
觚賸續編　清鈕琇撰　清臨野堂刻本
靄樓逸志　清歐蘇撰　廣東人民出版社 2010 年李龍潛等點校
　　《明清廣東稀見筆記七種》本
社事始末　明杜登春撰　清嘉慶刻《藝海珠塵》本
復社紀事　清吳偉業撰　清道光刻《昭代叢書》本
明季南略　清計六奇撰　北京中華書局 1984 年任道斌、魏得
　　良點校本
永曆實錄　清王夫之撰　岳麓書社 1982 年版
南明史　〔美〕司徒琳著　李荣庆等译　上海古籍出版社
　　1992 年版
南明史　南炳文著　南开大学出版社 1992 年版
小腆紀年附考　清徐鼒撰　中華書局 1957 年版
平定三逆方略　清紀昀輯　民國二十四年（1935）上海商務
　　印書館影印本

清稗類鈔　清徐珂撰　民國商務印書館鉛印本

嶺南叢述　清鄧淳纂　清道光十年（1830）東莞鄧氏刻本

清初嶺南佛門事略　蔡鴻生著　廣東高等教育出版社 1997
　　年版

中國禪宗通史　杜繼文、魏道儒撰　江蘇古籍出版社 1993
　　年版

中國曹洞宗通史　毛伯賢撰　江西人民出版社 2006 年版

中國禪宗史　印順法師撰　臺北正聞出版社 1992 年版

禪宗宗派源流　吳立民撰　中國社會科學出版社 1998 年版

廣東佛教史　梁永康撰　香港中華佛教圖書館 1984 年鉛印本

八旗通志　清鄂爾泰等修　清嘉慶元年（1796）武英殿刻本

［道光］歙縣志　清道光八年（1828）刻本

［光緒］江西通志　清劉坤一等修　清光緒七年（1881）
　　刻本

［同治］南康府志　清盛元纂修　清同治十一年（1872）南
　　康府署刻本

［同治］星子縣志　清藍煦修　清同治十年（1871）刻本

［雍正］廣東通志　清郝玉麟等修　清雍正九年（1731）
　　刻本

［道光］廣東通志　清阮元纂修　清同治三年（1864）廣東
　　督署刻本

［光緒］廣州府志　清戴肇辰、史澄纂修　清光緒五年
　　（1879）刻本

［嘉慶］直隸太倉州志　清王昶纂修　清嘉慶七年（1802）
　　刻本

［光緒］平湖縣志　清彭潤章等修　清光緒十二年（1886）
　　刻本

［乾隆］番禺縣志　清任果修　清乾隆三十九年（1774）番

禺縣署刻本

［同治］番禺縣志　清李福泰修　清同治十年（1871）廣州
　　光霽堂刻本

［宣統］番禺縣續志　清梁鼎芬等修　民國二十年（1931）
　　番禺縣署刻本

［嘉慶］增城縣志　清趙俊修　清同治十年（1871）補刻本

［民國］東莞縣志　陳伯陶撰　民國十六年（1927）東莞縣
　　養和書局鉛印本

［康熙］花縣志　清王永名修　清同治五年（1866）刻本

［同治］韶州府志　清林述訓修　清同治十三年（1874）
　　刻本

廬山志　清毛德琦撰　清乾隆五十八年（1793）順德堂刻本

楚庭稗珠錄　清檀萃撰　清乾隆三十八年（1773）刻本

羊城古鈔　清仇巨川撰　陳憲猷校　廣東人民出版社 2011 年版

廣州城坊志　黃佛頤撰　廣東人民出版社 2011 年版

番禺河南小志　黃任恆撰　廣東人民出版社 2012 年版

羅浮志補　陳伯陶撰　民國九年（1920）刻本

光孝寺志　明張惏纂修　清顧光重修　中華書局 2000 年仇
　　江點校本

曹溪通志　清馬元修　清釋真樸纂　清康熙刻本

丹霞山志　清陳世英纂　中華書局 2003 年仇江、李福標點
　　校本

鼎湖山志　清釋成鷲纂　中華書局 2006 年李福標、仇江點
　　校本

明清江蘇文人年表　張慧劍撰　上海古籍出版社 1986 年版

明末清初廣東文人年表　李君明撰　中山大學出版社 2009
　　年版

清代人物大事紀年　朱彭壽撰　北京圖書館出版社 2005 年版

粵詩人彙傳　中山大學中國古文獻研究所編　嶺南美術出版社 2009 年版

勝朝粵東遺民錄　陳伯陶撰　上海古籍出版社 2011 年版

明末廣東抗清詩人評傳　黃海章撰　廣東人民出版社 1987 年版

明清之際廣東抗清文人年譜六種　韋盛年撰　中山大學 2006 年博士毕业论文

五燈會元　宋普濟撰　中華書局 1984 年蘇淵雷校注本

釋氏疑年錄　陳垣撰　中華書局 1964 年版

明季粵高僧傳　馬國維撰　臺北市廣東同鄉會 1975 鉛印本

元功垂範　清釋今釋校訂　北京圖書館出版社影印《北京圖書館藏珍本年譜叢刊》本

丹霞日記（起於六月二十九日，止於十一月三十日）　清釋今釋撰　稿本

錢牧齋先生年譜　金鶴沖撰　民國三十年（1941）鉛印本

方以智年譜　任道斌撰　安徽教育出版社 1983 年版

玉林通琇年譜　清超琦撰　清同治十三年（1874）刻《大覺普濟玉林禪師語錄》本

山翁忞禪師隨年自譜　清釋道忞撰　清抄本

明末剩人和尚年譜　汪宗衍撰　台灣商務印書館 1986 年版

屈翁山年譜　汪宗衍撰　人民文學出版社 1996 年《屈大均全集》本

澹歸禪師年譜　吳天任撰　香港 1988 年鉛印本

澹歸大師年譜稿　王崇煥撰　稿本

金堡年譜　容肇祖撰　民國鉛印《中山大學歷史語言研究所週刊》本

張穆年譜　汪宗衍、黃莎莉著　香港中文大學出版社 1991 年版

朱彝尊年譜　張宗友撰　鳳凰出版社 2014 年版

廣州寺庵碑銘集　李仲偉、林子雄、崔志民編　廣東人民出版社 2008 年版

增訂晚明史籍考　謝國楨撰　中華書局 1964 年版

廣東釋道著述考　冼玉清著　中山大學出版社 1996《冼玉清文集》本

廣東新語　明屈大均撰　廣東人民出版社 1991 年版

履園叢話　清錢泳輯　清道光三年（1823）虞山錢氏刻本

明清之際黨社運動考　謝國楨撰　上海書店 1989 年影印《民國叢書》本

明季滇黔佛教考　陳垣撰　中華書局 1989 年版

清初僧諍記　陳垣撰　中華書局 1962 年版

至樂樓書畫錄　勞天庇輯　香港何氏至樂樓 1973 影印本

廣東省博物館藏品選　鄧炳權輯　文物出版社 1999 年版

廣東省博物館藏法書選集　廣東省博物館輯　文物出版社 1996 年版

嶺南畫徵略　汪兆鏞輯　汪宗衍增補　廣東人民出版社 2011 年版

楞嚴正脈　明真鑑述　明張二果校　清乾隆五十七年（1792）廣州海幢寺刻本

華嚴寶鏡　明釋道獨撰　清道光刻本

密雲禪師語錄　明釋圓悟撰　清康熙刻嘉興藏本

博山無異禪師廣錄　明釋元來撰　清康熙刻嘉興藏本

長慶宗寶道獨禪師語錄　明釋道獨撰　清康熙刻嘉興藏本

千山剩人語錄　清釋函可撰　清康熙刻嘉興藏本

嶺南禪文化　覃召文撰　廣東人民出版社 1996 年版

石濂大汕與澳門禪史：清初嶺南禪學史研究初編　姜伯勤著　上海學林出版社 1999 年版

金正希先生文集輯略　明金聲撰　清初刻本

牧齋初學集　清錢謙益撰　上海古籍出版社 2009 年版

牧齋有學集　清錢謙益撰　上海古籍出版社 1996 年版

喻園集　明梁朝鍾撰　民國影印《廣東叢書》本

蓮鬚閣集　明黎遂球撰　清道光二十年（1840）南海伍氏詩
　　雪軒刻《粵十三家集》本

百城集　清釋道忞撰　清抄本（清代詩文集）

弘覺忞禪師北遊集　清釋道忞撰　清康熙刻本

顧與治詩集　顧夢遊撰　民國上元蔣氏慎修書屋鉛印本

田間詩集　清錢澄之撰　清康熙斛雉堂刻本

定山堂集　清龔鼎孶撰　清光緒刻本

靜惕堂詩集　清曹溶撰　清雍正三年（1725）刻本

千山詩集　清釋函可撰　清康熙四十二年（1703）廣州刻本

遂初堂別集　清潘耒撰　清康熙四十九年（1710）刻本

木人剩稿　清釋弘贊撰　清康熙刻本

塗鴉集　清釋一機撰　清初寫刻本

徧行堂集、續集　清釋今釋撰　廣東旅遊出版社 2008 年段曉
　　華點校本

阿字無禪師光宣臺集　清釋今無撰　清嘉慶二十四年
　　（1819）刻本

翁山文鈔　清屈大均撰　民國影印《廣東叢書》本

翁山詩外　清屈大均撰　清宣統二年（1910）國學扶輪社鉛
　　印本

南枝堂稿　清薛始亨撰　1974 年何氏至樂樓影印本

蒯緱館十一草　薛始亨撰　民國三十七年（1948）商務印書
　　館鉛印本

鐵橋集　清張穆撰　清康熙刻本

鐵橋山人遺稿　清張穆撰　容庚輯　抄本

不去廬集　清何絳撰　抄本

耳鳴集　清王邦畿撰　明末古厚堂刻本

曝書亭集　清朱彝尊撰　清康熙五十三年（1714）朱稻孫
　　刻本

魏伯子集　清魏際瑞撰　清道光二十五年（1845）寧都謝庭
　　綬綏園書塾刻《寧都三魏全集》本

南淮集　清彭孫遹撰清乾隆八年（1743）刻《松桂堂全
　　集》本

儋園集　清徐乾學撰　清康熙冠山堂刻本

海日堂集　清程可則撰　清道光五年（1825）刻本

中洲草堂遺集　清陳子升撰　清道光二十年（1840）南海伍
　　氏詩雪軒刻《粤十三家集》本

二十七松堂集　清廖燕撰　清乾隆三年（1738）刻本

廖燕全集　清廖燕撰　上海古籍出版社2005年林子雄點校本

月鷺集　清釋古雲撰　清康熙刻本

虛堂詩集　清釋古奘撰　清康熙五十八年（1719）刻本

咸陟堂文集　清釋成鷲撰　清康熙耕樂堂刻本

明詩紀事　清陳田輯　上海古籍出版社1993年版

清詩紀事初編　鄧之誠輯　中華書局1965年版

清詩紀事　錢仲聯主編　江蘇古籍出版社1987年版

粤東詩海　清溫汝能輯　清嘉慶十八年（1813）順德溫氏
　　刻本

嶺海詩鈔　清凌揚藻輯　清嘉慶二十五年（1820）刻本

海雲禪藻集　徐作霖、黃蠡輯　西泠印社2004年黃國聲點校
　　整理本

靜志居詩話　清朱彝尊撰　清嘉慶二十四年（1819）扶荔山
　　房刻本

嶺外別傳：清初嶺南詩僧羣研究　李舜臣撰　廣州南方日報

出版社 2017 年版

微尚齋雜文　汪兆鏞撰　民國三十一年（1942）鉛印本

陳垣來往書信集　陳智超輯　北京生活・讀書・新知三聯書
　　店 2010 年增訂本

後 記

　　子曰："父母在，不遠遊，遊必有方。"粵余小子，生長嶺北山鄉，本應秉承祖訓，鑿井而飲，耕耨而食，不意少年驅車出與同學遊，中道誤入儒林，竟耽而忘返。歲丙戌，先母突患腹腫不治，未一月而長逝，方遭古語之痛而罪悔晚矣。嗚乎！吾弟及妹皆侍於親側，操本業，何爲吾一人赤腳而著西洋之靴，蓬轉於南北無泥之區，幾幾乎卅載，性也，命也，勿復再言。一夕鏡中忽生二毛，不禁嗚咽久之，既驚白駒如電閃，且悲人生之多艱也。時仇江師見余心有餘戚，乃曰："君大事未明，盍讀佛經，見他山之石，或可攻汝之病。"遂拉至丹霞。半山有寺翼然，睹其額曰"別傳"，初爲清初澹歸今釋禪師所闢，而甫登寶殿，最先耳其名如雷音者，即別傳一代祖師天然昰和尚也。乃然香展讀譜與詩，清風徐來，洪鐘撞耳，不知夜何爲而之旦也。始識和尚乃大乘菩薩，雖身歷大劫，而樹大光明幢於此奇特山水間，數百年前，大慈大悲，救苦拯溺；數百年後，亦可作吾幻中人脫世梏、了死生之指南也。自是致意佛圖氏，嶺海招提，出入無間。即因故而來中原、江南諸方，必首往仁祠瞻禮焉。凡遇有關天然和尚之史料，輒探入囊中，以備考覈云。譜既有粵中先賢汪氏創之於前，已錄和尚一生大節，以爲忠孝廉節乃其開法之關鍵也。而小子不揣譾陋，時將唪誦和尚及其高弟詩文、語錄、著疏之心得，腋集漸多，隨而補綴於後，或汪氏棄之不用者歟？吾則寶之甘之，亦意欲圖發和尚道風孤峻，實行圓融，而施之無遺類也。今出此稿，招世間簀下獻日之譏，吾固所不辭，而其錯漏斑駁，在在而有，仍欲付梓流通於世者，何也？時不我與，彈指頃吾客於天南已十數夏，而先母逝將十年矣。古稱一飯不忘，而吾阿嬢每警余以人生當知恩也。吾力雖纖薄，而幸有寸誠微熱，惟將此錦江一掬水，化作吾半百遊子吟，奉以助先母往生蓮花淨土，則不孝兒亦得立歡喜之地矣；且以供和尚香案，冀其智焰輝耀於吾身所觸之含識有情，則吾心或不愧斯土之重饋矣。

　　此譜纂述之始壬子孟夏，蕆事於歲乙未春月，其後又數有刪補，藉師友指教、襄助良多。其間黃國聲師、仇江師、沈展雲先生、羅韜先生、胡文輝先生、沈正邦先生、達亮法師及吾忘年友孫子國柱、郭子鵬飛，饋我最厚。韶關丹霞山頓林方丈、廣州華嚴寺印覺方丈數爲舉辦天然和尚學術研討會，余每廁其末座，獲聞緒論，並亦得蔡鴻生教授、陳永正教授、存德大師、楊權教授、馮煥珍教授、林子雄研究員、何方耀教授、李舜臣教授、鍾東教授、曹旅寧教授等專家學者賜示不少。余少日遊於醴泉閻琦教授、潮郡吳承學教授門下，蠹食文史之書，纔破百十卷，忽又以禪宗燈錄遣日，業師亦不以爲忤，而時加謬獎焉。感激之心，何所託付。伏維吾師暨友得佛加持，身心康泰，延年益壽，其功德將與日俱隆，普及一切云。二〇一六年歲丙申仲夏嶺梅欲熟時，湘南李福標修福氏合掌謹志於康樂園馬崗頂。

　　附識：本譜數年前初稿題《天然函昰和尚年譜》，旋因莫名之故，致出版受阻，清樣壓之篋底。余以爲因緣當如此，譜亦實未至成熟時節也，得閒復修善之，不亦美乎。而出版社沈展雲先生等樂爲和尚隔代護法，必千計流通之而後可，終使復許出版，然則須更易原書名，此中因由，非爲外間所能道也。日出日入，嶺南荔枝今又三餐之矣，乃請教多方，一時教、學二界專家賜示紛至。以本譜登入《嶺南文庫》，固不合稱"廬山天然年譜"之外，或曰"天然年譜"，或曰"丹霞天然年譜"，或曰"海雲天然年譜"，或曰"粵東天然年譜"，琳瑯滿目，擇之可難。余心動之餘，且拈出"丹霞天然年譜"一題奉報沈先生，以爲和尚雖在羅浮華首臺、廣州訶林、雷峰、海幢、韶關丹霞諸山開壇講法，丕振宗風，竟有華首法系、海雲法系之目，而數百年滄桑之餘，別傳一寺雖經乾隆隳敗，法難最酷，未幾冷灰復燃，至今傲立丹霞，和尚法施經營之功德如此，足可爲南嶺增重矣。題"丹霞天然"，亦能表我南粵丹霞天然和尚與古德唐南陽丹霞天然法名同、弘法地名同、出世行跡亦頗相似之奇緣也。又，和尚雖披薙於明末，而開法丹霞實已是清康熙五年之事矣，故又改定爲《清初丹霞天然年譜》。此題固有其佳處，而不圓滿，湘南旅客李福標頗以爲恨，特揭其隱曲，以敬告讀者，讀者其諒諸。二〇一九歲己亥處暑後三日捉筆於穗城。